HTML5
+CSS3
실무
테크닉

Foreign Copyright:
Joonwon Lee
Address: 10, Simhaksan-ro, Seopae-dong, Paju-si, Kyunggi-do,
         Korea
Telephone: 82-2-3142-4151
E-mail: jwlee@cyber.co.kr

웹 표준에 맞는 HTML5와 CSS3를 한번에 끝내자

HTML5+CSS3 실무테크닉

2015. 3. 31. 1판 1쇄 발행
2016. 6. 22. 1판 2쇄 발행
2019. 6. 25. 1판 3쇄 발행

저자와의
협의하에
검인생략

지은이 | 김은기
펴낸이 | 이종춘
펴낸곳 | **BM** (주)도서출판 성안당

주소 | 04032 서울시 마포구 양화로 127 첨단빌딩 3층(출판기획 R&D 센터)
      10881 경기도 파주시 문발로 112 출판문화정보산업단지(제작 및 물류)

전화 | 02) 3142-0036
      031) 950-6300
팩스 | 031) 955-0510
등록 | 1973. 2. 1. 제406-2005-000046호
출판사 홈페이지 | **www.cyber.co.kr**
ISBN | 978-89-315-5345-1 (13000)
정가 | **20,000원**

이 책을 만든 사람들
책임 | 최옥현
진행 | 조혜란
기획·진행 | 배경희
교정·교열 | 안종군
본문·표지 디자인 | 디박스
홍보 | 김계향, 정가현
국제부 | 이선민, 조혜란, 김혜숙
마케팅 | 구본철, 차정욱, 나진호, 이동후, 강호묵
제작 | 김유석

웹 표준에 맞는 HTML5와 CSS3를 한번에 끝내자

HTML5 +CSS3

실무 테크닉

김은기 지음

BM 성안당
www.cyber.co.kr

머리말

웹의 발달로 이제는 누구나 쉽게 웹 문서를 만들어 웹상에 게시할 수 있습니다. 블로그에 글을 쓰는 것도 웹 문서를 만들어 웹상에 게시하는 것입니다. 단지 우리가 직접 HTML 태그나 CSS를 입력하여 웹 문서를 만들지 않기 때문에 피부로 느끼지 못하는 것뿐입니다. 우리가 블로그에 글을 쓸 때 이용하는 에디터가 웹상에서 사용할 수 있는 HTML 에디터입니다. 이러한 기능을 통해 여러분이 만든 블로그는 메뉴와 웹 문서를 가지고 있는 하나의 웹 사이트입니다. 여러분은 자신도 모르는 사이에 이미 웹 문서와 웹 사이트를 만들고 있었던 것이지요.

웹 사이트를 만드는 데에는 웹 에디터를 이용하는 방법이 있습니다. 웹 에디터는 한글이나 MS 워드와 같이 문서를 만드는 프로그램이지만, 이 두 가지의 차이점은 일반 문서가 아닌 웹 문서를 만들기 위한 프로그램이라는 것입니다. 웹 에디터를 이용해 만든 웹 문서는 우리가 이 책에서 배우고자 하는 HTML5 태그와 CSS3로 이루어져 있습니다.

그러나 웹 에디터와 같은 툴을 이용하면 웹 사이트를 만들기는 쉽지만 좀 더 세련되고 멋있는 웹 사이트 또는 자기의 생각을 표현하는 웹 사이트를 만드는 데에는 한계가 있습니다. 웹 에디터를 이용하여 만든 홈페이지에 날개를 달려면 HTML5와 CSS3에 대해 알고 있어야 합니다. 이러한 기초 지식들은 웹 사이트를 만드는 능력을 뒷받침하는 중요한 요소입니다.

이 책은 웹 사이트 제작에 필요한 HTML5와 CSS3에 대한 내용을 담고 있습니다. 처음 시작하는 분들이라도 따라하기를 통해 쉽고 재미있게 배울 수 있고, 실무에서도 활용할 수 있도록 구성하였습니다. 여러분이 웹 사이트를 만드는 데 필요한 내용만을 다루었기 때문에 지루한 이야기나 쓸모없는 설명에 시간을 빼앗기지 않고 필요로 하는 정보만을 습득할 수 있습니다.

이 책이 여러분에게 HTML5와 CSS3의 기본을 다지고 실무 활용도를 높이는 데 조금이나마 도움이 되길 바랍니다. 끝으로 이 책을 쓰는 데 도움을 주신 분들께 감사드립니다.

김은기

베타테스터

이 책은 베타테스터를 통해 출간 전에 책 내용을 초보자들이 따라할 수 있는지 미리 점검해보고,
책의 내용을 보강하였습니다. 다음은 베타테스터로 참여한 황미정님과 원종표님의 소감입니다.
베타테스터로 참여했던 분들을 믿고 여러분도 도전해보세요.

인터넷을 이용하다 보니 다른 사람의 홈페이지가 아닌 나의 홈페이지를 만들고 싶었습니다. 그래서 HTML5를 공부해볼까 고민하다가 베타테스터를 신청하게 되었습니다. 막상 베타테스터를 신청하고도 HTML의 여러 가지 복잡한 태그가 떠올라서 걱정했는데 친절하고 쉽게 설명되어 있어서 어려움 없이 따라할 수 있었습니다. 특히, 브래킷이라는 에디터와 크롬의 사용 방법에 대해서도 설명하고 있어서 생소한 프로그램을 이용하는 데에도 문제가 없었습니다. 예제 또한 다양하고, 마지막의 실무 예제는 제 홈페이지에 바로 사용할 수 있을 정도로 만들어져 있어서 이제 막 HTML로 홈페이지를 만들어 보려는 제게 많은 도움이 되었습니다.

이 책은 최신의 HTML5뿐만 아니라 CSS3까지 다루고 있어 저처럼 나만의 홈페이지를 꾸미고 싶은 분들과 최신의 정보를 배우고 싶은 분들에게 많은 도움이 될 것이라 생각합니다. 이 책으로 멋진 홈페이지를 만들어 보세요.

황미정(24세, 학생, finkgirl3@naver.com)

HTML4를 알고는 있었지만 필요한 태그만 사용하다 보니, 새로운 기능이나 예쁜 디자인을 위한 태그를 몰라 답답한 점이 있었습니다. HTML5는 추가된 기능들도 많고, 멀티미디어 표현이 더욱 강력해졌다고 해서 어떻게 공부할까를 고민하다가 이번 베타테스터를 신청하였습니다.

이 책은 HTML4와 HTML5의 차이점을 꼼꼼히 짚어주고, 기본부터 체계적으로 설명해 주어 이해하는 데 많은 도움이 되었습니다.

기능이나 태그마다 설명, 소스, 화면으로 구성으로 되어 있어 내용을 직관적으로 이해할 수 있고, 바로 따라 해 보고 조금씩 응용해볼 수 있는 점이 좋았습니다.

또 CSS를 적용하여 HTML 문서를 꾸는 방법도 쉽게 설명되어 있어서 HTML 문서에 스타일을 쉽게 적용할 수 있었습니다. 여기저기 흩어져 있던 HTML에 대한 지식을 정리할 수 있었고, HTML4와 HTML5의 차이점도 베타테스터를 하면서 알게 되었습니다.

이미 HTML4를 알고 계시더라도 체계적으로 공부를 해보고 싶은 분이나 HTML5와 CSS3를 새롭게 공부하고 싶으신 분께 추천합니다.

원종표(36세, 회사원, dark1997@naver.com)

이 책의 활용

학습의 난이도에 따른 내용을 Lesson 단위로 묶었습니다.

Lesson에서 사용된 예제 파일을 사용할 수 있도록 파일의 경로를 알려줍니다.

Lesson에서 배울 내용을 간결하게 설명합니다.

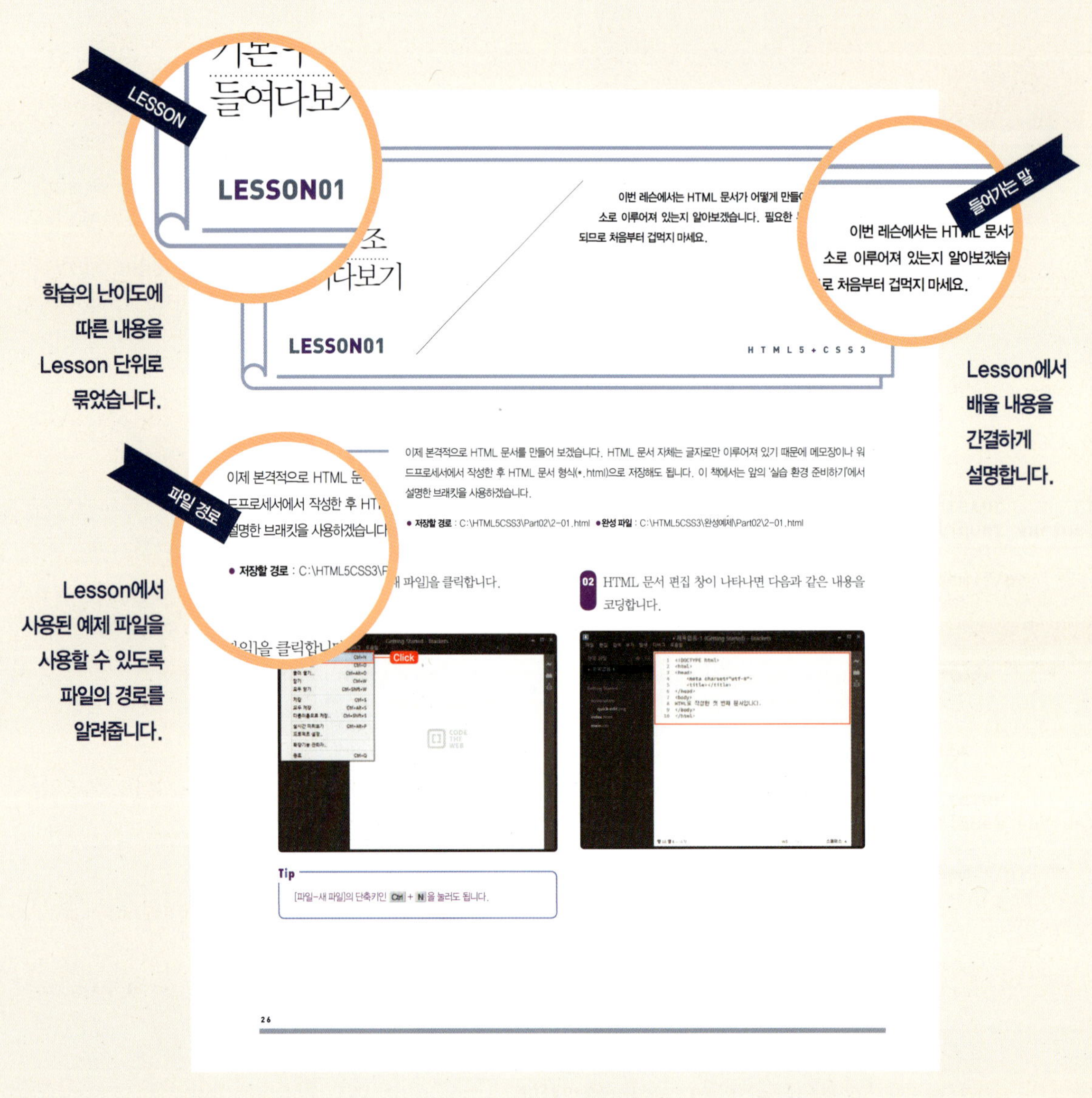

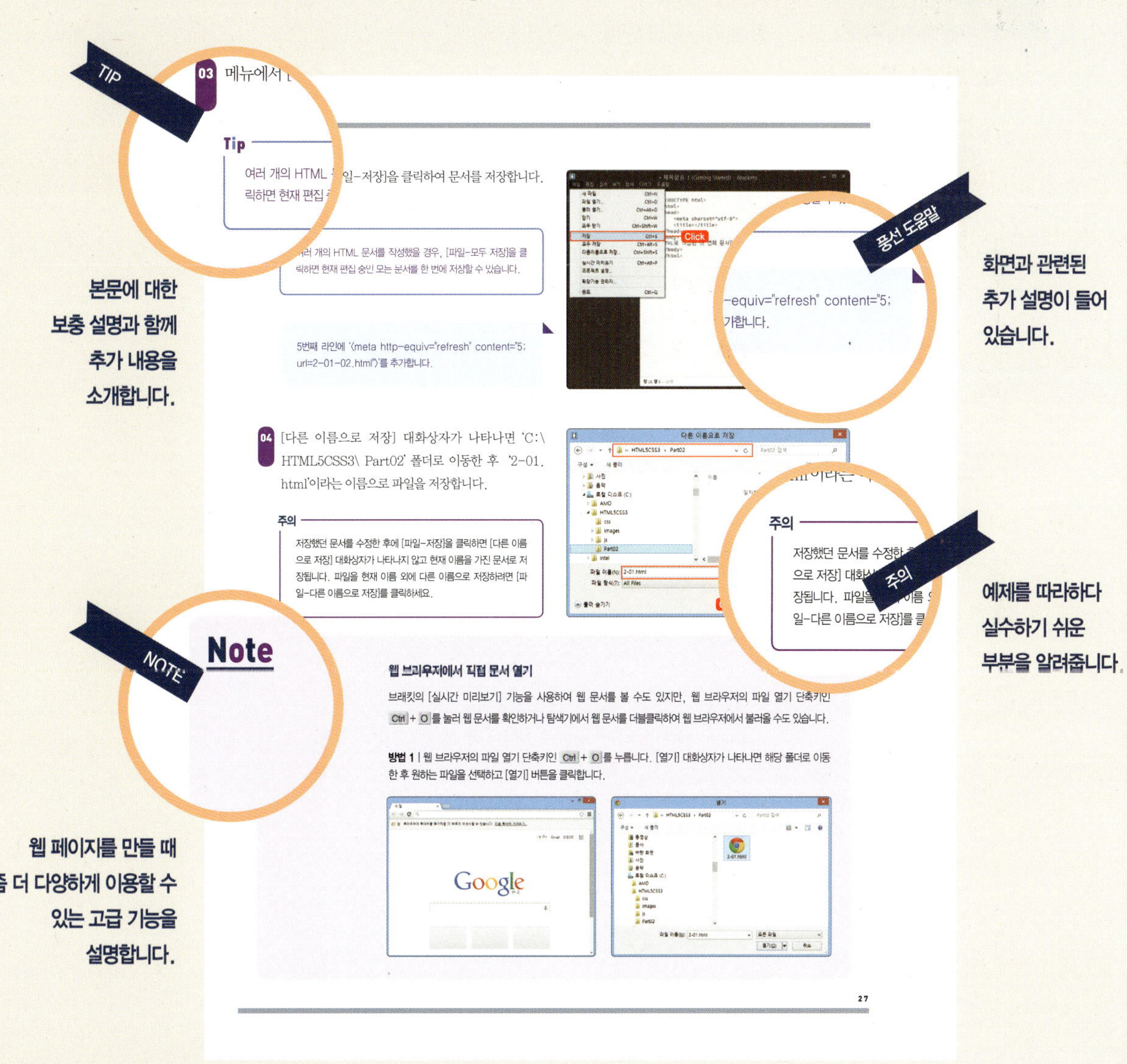

본문에 대한
보충 설명과 함께
추가 내용을
소개합니다.

웹 페이지를 만들 때
좀 더 다양하게 이용할 수
있는 고급 기능을
설명합니다.

화면과 관련된
추가 설명이 들어
있습니다.

예제를 따라하다
실수하기 쉬운
부분을 알려줍니다.

목차

Part 6

따라해보는 실무 예제 및 템플릿

PART
1
HTML5의
기초 다지기
이 장에서는 웹 프로그래밍을 위한 HTML5의 기본 내용과 웹 브라우저에 대해 알아봅니다. 또 이 책을 따라 하기 위해 필요한 프로그램의 설치 및 예제 파일을 준비하는 방법에 대해서도 알아봅니다. 자, 이제 웹 프로그래밍을 확실히 배워보기 위한 워밍업을 시작해볼까요?
HTML5 + CSS3

웹 브라우저의 언어, HTML5

우리는 지금 인터넷 없이는 살아가기 힘든 시대에 살고 있습니다. 하지만 인터넷을 통해 정보를 얻거나 검색하면서도 그것이 표현되는 웹 브라우저에 대해 관심을 가지고 있는 사람은 그리 많지 않습니다. 이번 레슨에서는 웹 브라우저의 언어인 HTML에 대해 살펴보겠습니다.

HTML5 + CSS3

HTML의 개념

HTML이란 'HyperText Markup Language'의 약자로, 웹 문서를 작성하는 마크업 언어(Markup Language)입니다. HTML은 태그로 구성되어 있으며, 태그들을 이용하여 인터넷에 문자와 그림을 표현하거나 하이퍼링크로 서로 다른 문서들을 연결합니다.

HTML로 작성된 문서는 htm 또는 html이라는 확장자로 저장하는데, 우리는 웹 브라우저를 통해 이 HTML 언어가 번역된 결과 화면을 보게 되는 것입니다.

웹 문서
(OOO.htm 또는 OOO.html) ▶ 웹 브라우저에 의해 번역 ▶ 결과 화면 출력

HTML5의 개념

HTML5는 웹 문서를 만들기 위한 기본 프로그래밍 언어인 HTML의 최신 기술로, 2014년 10월 28일 W3C(World Wide Web Consortium)에 의해 표준으로 채택되었습니다. HTML5는 기존의 텍스트와 하이퍼링크만으로 구성되어 있던 HTML에 비디오, 오디오, 그래픽, 위치 정보 등을 처리할 수 있는 기능을 포함시킨 기술을 말합니다. 이에 따라 웹 브라우저를 만드는 업체에서는 표준화가 진행된 기능들을 웹 브라우저에 포함하여 버전 업을 계속 진행하고 있으며, 웹 사이트에서도 HTML5의 기능을 이용하여 콘텐츠를 제공하고자 하는 노력을 계속 기울이고 있습니다.

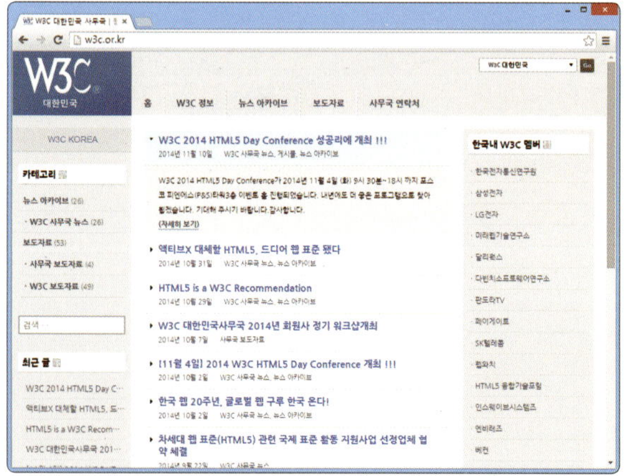

▲ W3C 대한민국 웹 사이트(http://w3c.or.kr)

HTML5 이전까지 HTML에서 지원하지 않는 확장 기능의 내용을 웹 브라우저에서 보기 위해서는 액티브 X(Active X)나 플래시(Flash)와 같은 별도의 프로그램을 설치해야만 했습니다. 예를 들어 우리가 인터넷 뱅킹을 이용하려면 액티브 X를 설치해야 하고, 플래시로 제작된 영상이나 광고를 보려면 플래시 플러그인(Flash Plug-in)을 설치해야 합니다.

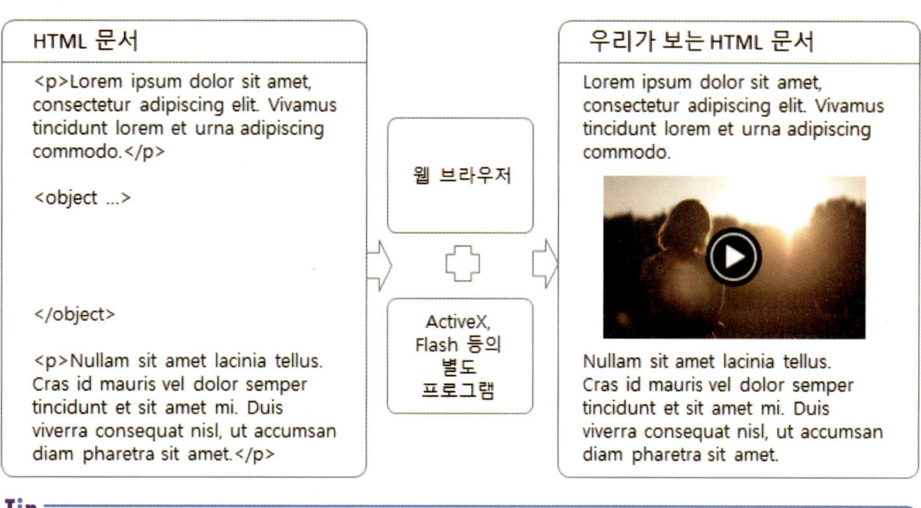

> **Tip**
>
> ### W3C
>
> W3C(World Wide Web Consortium)는 월드 와이드 웹을 위한 표준을 개발하고 장려하는 조직으로, 1994년 10월에 설립되었습니다. W3C는 웹이 지속적으로 발전하도록 하기 위해 국가, 국제 기관 등이 참여할 수 있도록 지원하고 있습니다.

그러나 HTML5에는 기존의 확장 영역에 속해 있던 기능들이 HTML5 표준에 포함되어 있기 때문에 별도의 프로그램을 설치하지 않고도 비디오 또는 오디오를 감상하거나, 파일을 처리하거나, 공인인증서 등을 이용할 수 있습니다.

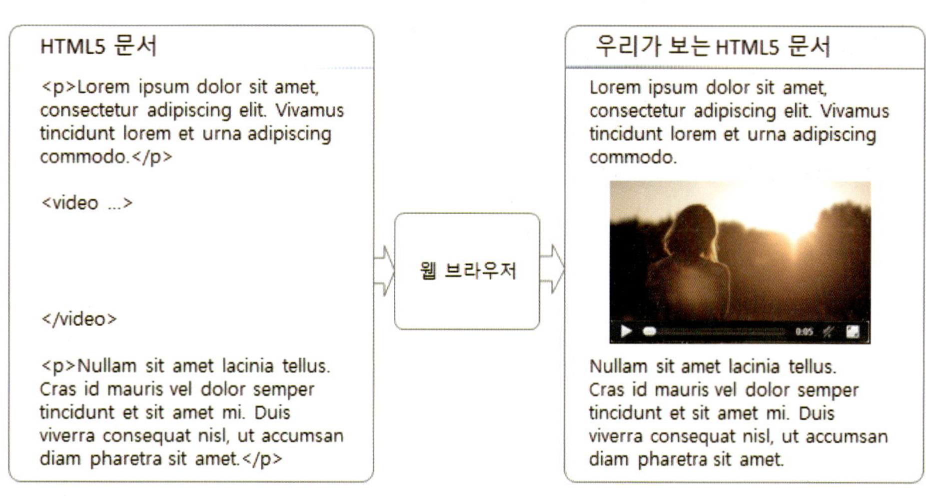

HTML에는 없었지만, HTML5에 포함된 기능은 다음과 같습니다.

주요 기능	설명
비디오/오디오	자체적으로 비디오 및 오디오 지원
웹 폼(Web Form)	사용자의 정보를 입력받기 위해 사용되는 다양한 형태의 인터페이스 지원
CSS3	최신 CSS3로 다양한 스타일 및 효과 제공
시멘틱(Semantics)	웹 문서의 내용이 의미를 가질 수 있도록 시멘틱 태그를 추가하고, 이를 통해 웹 문서의 효율적인 검색이 가능하도록 지원
캔버스(Canvas)	캔버스(Canvas) 기능을 이용하여 그래프, 차트, 2D, 3D 객체 등과 같은 복잡한 이미지를 처리하도록 지원
장치 제어	별도의 플러그인 및 프로그램 설치 없이 장치를 제어할 수 있도록 지원
오프라인 웹 애플리케이션 및 로컬 저장소	인터넷이 연결되어 있지 않은 경우에도 웹 애플리케이션이 정상적으로 수행될 수 있도록 지원
위치 정보	사용자의 지리적 위치 정보를 제공하도록 지원

■ 유튜브(YouTube)의 HTML5 동영상 플레이어 지원

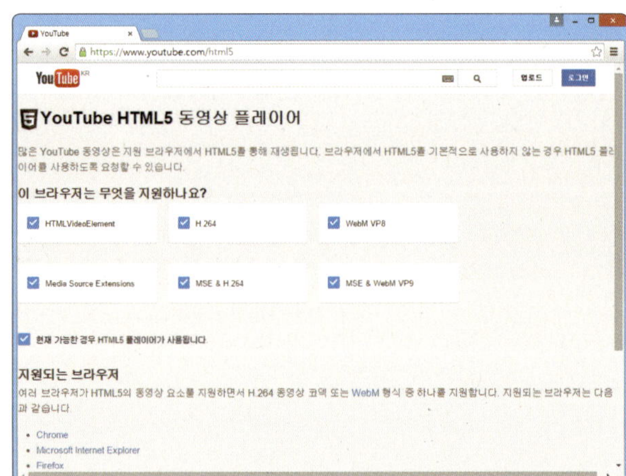

웹 스타일을 책임지는 스타일시트, CSS3

스타일시트(CSS)는 HTML 태그만으로 웹 문서를 편집할 때의 한계점을 보완하기 위한 언어입니다. CSS는 3장에서 자세하게 설명하고, 이번 레슨에서는 기존의 CSS와 새롭게 등장한 CSS3의 차이점에 대해 간단히 살펴보겠습니다.

LESSON02

스타일시트 (CSS)의 개념

CSS는 'Cascading Style Sheet'의 약자로, 웹 문서의 모양과 위치를 지정할 수 있는 언어입니다. HTML은 웹 문서를 보기 좋게 편집하는 데에 있어 많은 한계를 지니고 있습니다. 이러한 한계를 극복하기 위하여 기존의 HTML에 다양한 모양을 추가하거나 변경하여 웹 사이트에 통일감을 부여하고 글자 크기나 모양, 줄 간격, 배경 색상 등을 자유롭게 제어할 수 있도록 한 것이 바로 'CSS'입니다.

```
10
11  /*------------------------------------*/
12  /* 드롭다운 메뉴                      */
13  /*------------------------------------*/
14  /* 1레벨 메뉴 */
15  /* 1레벨 메뉴의 가로 출력/배경색/크기 지정 */
16  .dropdownmenu > li {
17      float: left;
18      position: relative;
19      background: #67b0d1;
20      width: 25%;
21  }
22  /* 1레벨 메뉴의 텍스트 속성/크기 지정 */
23  .dropdownmenu > l1 > a {
24      display: block;
25      font-size: 16px;
26      color: #ffffff;
27      text-align: center;
28      height: 60px;
29      line-height: 60px;
30  }
31
```

▲ CSS 코드

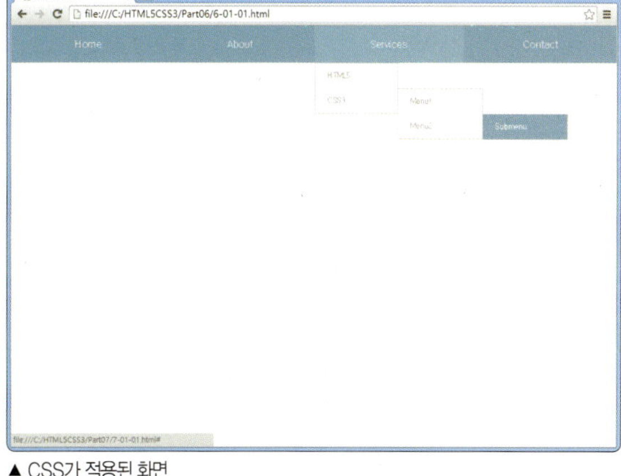

▲ CSS가 적용된 화면

업그레이드된 CSS3

CSS3는 CSS의 최신 기술입니다. CSS는 버전 대신 레벨이라는 단계를 사용하며, 상위 레벨의 기능은 하위 레벨의 기능을 모두 포함합니다. 따라서 CSS 레벨 3의 기능을 사용한다는 것은 최신 기술을 사용할 수 있다는 의미이자, 그 이전에 사용했던 기술도 사용할 수 있다는 의미입니다.

CSS3는 아직 W3C의 권장 표준은 아닙니다. 이 말은 여전히 개발되고 있는 상태에 있다는 것을 의미합니다. 그러나 최신 웹 브라우저에서는 많은 기능을 제공하고 있으므로, CSS3에서 개발 중인 기술들을 최신의 웹 브라우저를 통해 구현할 수도 있고, 이를 실무에 적용할 수도 있습니다. W3C에 의해 권장 표준으로 채택되어야만 공식적인 표준이라고 할 수 있지만, 이미 웹 브라우저가 해당 기술을 지원하고 있으므로 사실상의 표준이라고 할 수 있습니다.

CSS2.1과 CSS3의 큰 차이점은 CSS3가 모듈을 기반으로 개발되고 있다는 것입니다. 다시 말해서 모듈을 통해 CSS2.1에 기능을 추가하거나 일부 기능을 대체하도록 개발되고 있는 것입니다.

CSS2.1까지는 포토샵과 같은 이미지 편집 프로그램이나 JavaScript의 도움을 받아야만 할 수 있는 일들이 있었습니다. 하지만 CSS3부터는 다른 프로그램의 도움 없이도 할 수 있는 일이 많아졌습니다. 예를 들어 이미지로 처리할 수밖에 없었던 둥근 테두리의 박스, 그림자 효과 등을 CSS3 자체에서 표현할 수 있을 뿐만 아니라 2D 및 3D로 변환하거나 애니메이션을 만들 수도 있습니다. 결국 이러한 기능 덕분에 웹 사이트가 더욱 화려해졌고, 사용자에게 편리한 기능을 제공할 수 있게 되었습니다.

CSS3의 주요 기능

주요 기능	설명
selector	사용자 정의 형태를 추가
box	박스에 관련된 속성을 지정
background, border	배경 이미지와 테두리에 관련된 속성을 지정
텍스트 효과(text effect)	텍스트 효과에 관련된 속성을 지정
2D 및 3D 변환	위치와 모양에 관련된 속성을 지정
애니메이션	애니메이션 효과에 관련된 속성을 지정
멀티 컬럼 레이아웃(multi column layout)	여러 개의 컬럼 레이아웃 속성을 지정
사용자 인터페이스(user interface)	사용자 인터페이스에 관련된 속성을 지정

HTML5와 CSS3를 지원하는 웹 브라우저

우리는 웹 브라우저를 통해 인터넷 서핑을 하는데, 이 웹 브라우저에는 인터넷 익스플로러, 파이어폭스, 크롬, 오페라, 사파리와 같은 다양한 종류와 버전이 있습니다. 최신 버전의 웹 브라우저일수록 HTML5와 CSS3를 지원할 확률이 높지만, 모든 사람이 최신 버전을 사용할 수는 없습니다. 사용자 시스템의 한계 또는 기존에 사용하던 업무 시스템으로 인해 버전 업을 할 수 없는 사용자가 의외로 많기 때문입니다.

다음 그림은 웹 브라우저의 버전별 HTML5와 CSS3의 지원 현황을 정리한 것입니다. 이는 2014년 12월을 기준으로 측정한 결과이며, 앞으로도 지원 비율은 계속 높아질 것입니다. 웹 사이트를 만드는 사람들은 각 웹 브라우저가 지원하는 HTML5와 CSS3의 범위를 알고 있어야 합니다. 사용하고자 하는 기능의 지원 여부에 따라 웹 사이트에 해당 기능을 사용해야 할 것인지, 대체 기능을 사용할 것인지를 결정해야 하기 때문입니다.

IE	Firefox	Chrome	Safari
		31: 82%	
		33: 82%	
		35: 83%	
8: 9%		36: 83%	5.1: 58%
9: 24%	31: 81%	37: 86%	7: 67%
10: 53%	32: 81%	38: 87%	7.1: 71%
11: 63%	33: 81%	39: 87%	8: 71%
	34: 81%	40: 87%	
	35: 83%	41: 87%	
	36: 83%	42: 87%	

▲ 웹 브라우저별 HTML5 지원 현황　　　　　출처: http://caniuse.com

IE	Firefox	Chrome	Safari
		31: 71%	
		33: 71%	
		35: 74%	
8: 18%		36: 78%	5.1: 54%
9: 43%	31: 79%	37: 79%	7: 69%
10: 60%	32: 82%	38: 79%	7.1: 75%
11: 62%	33: 82%	39: 79%	8: 75%
	34: 82%	40: 79%	
	35: 83%	41: 79%	
	36: 87%	42: 79%	

▲ 웹 브라우저별 CSS3 지원 현황　　　　　출처: http://caniuse.com

웹 페이지를 새롭게 만드는 자바스크립트 (JavaScript)

LESSON03

웹 문서를 구성하는 요소 중에는 자바스크립트라는 것이 있습니다. 이 책에서는 자바스크립트에 대해 설명하지는 않지만, 실습 예제를 작성할 때 사용되는 경우도 있습니다. 따라서 자바스크립트가 웹 문서의 어떤 부분에서 사용되고, 어떤 점이 좋은지 알아보겠습니다.

자바스크립트 소스

웹 사이트를 만들다 보면 HTML을 이용하여 정보를 보거나 웹 문서끼리 연결하는 것 외에 팝업 창을 열거나 전화번호 또는 이메일 주소를 체크하는 등의 기능적인 요소가 필요한 경우가 있는데, 이때 자주 사용하는 언어가 바로 '자바스크립트(JavaScript)'입니다.

01 웹 브라우저를 열어 네이버 웹 사이트에 접속합니다.

02 웹 사이트의 뉴스 스탠드 영역을 보면 좌우 이동 버튼이 있습니다. 이 버튼을 클릭하면 페이지가 바뀌는 것을 볼 수 있습니다. 이처럼 자바스크립트는 웹 문서에서 사용자가 한 행동에 대한 기능적인 처리를 하게 됩니다.

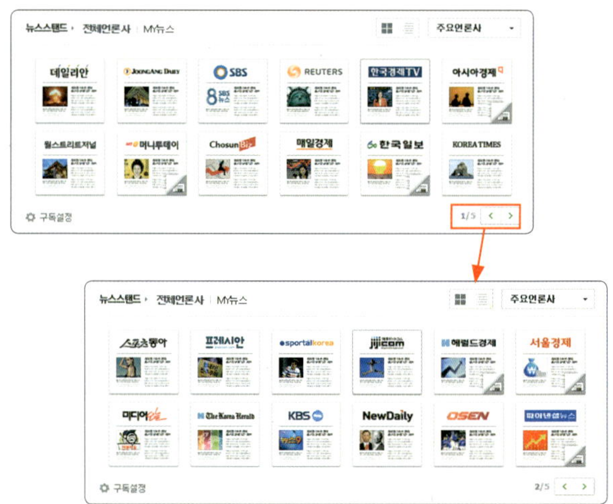

03 웹 문서에서 자바스크립트를 확인하기 위해 웹 사이트의 빈 화면에 마우스 오른쪽 버튼을 클릭하면 나타나는 팝업 메뉴 중에서 [페이지 소스 보기]를 클릭합니다.

04 웹 문서의 소스에서 '<script type="text/javascript">~</script>' 부분이 자바스크립트입니다. 웹 브라우저가 이 부분을 해석하여 사용자의 행동에 따라 필요한 기능을 수행합니다.

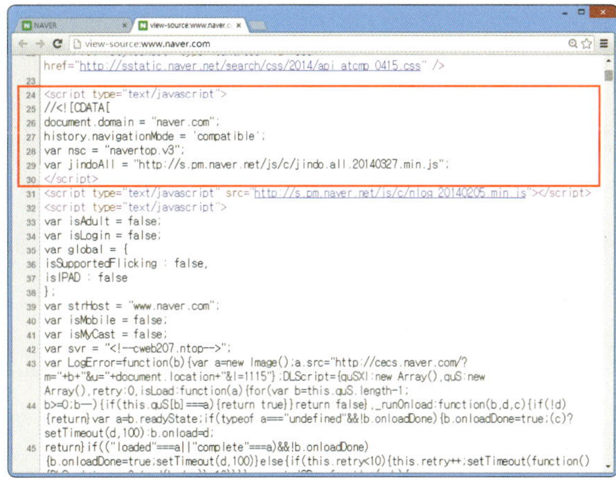

05 자바스크립트는 위와 같이 웹 문서의 소스에서 '<script type="text/javascript">~</script>'로 작성되기도 하고, 자바스크립트만 따로 떼어 내어 파일로 작성하기도 합니다. 화면은 따로 작성된 자바스크립트 파일의 내용입니다.

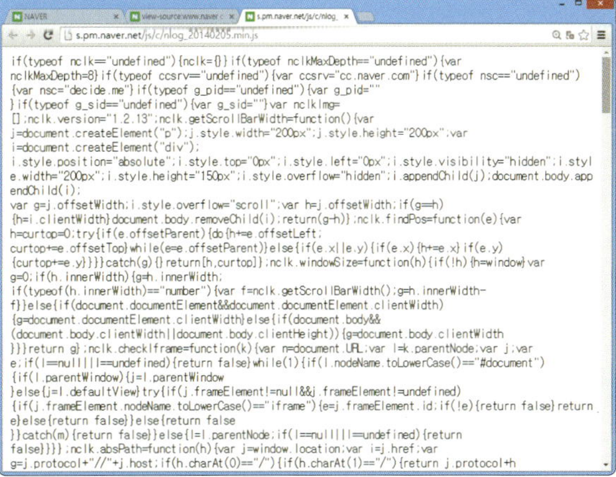

다양한 형태의 동적인 움직임이나 사용자와의 상호 작용이 가능한 웹 문서를 만들고자 할 경우에는 프로그래밍 요소를 추가해야 하는데, 이때 웹 문서에 사용되는 프로그래밍을 '웹 프로그래밍'이라 부릅니다. 웹 프로그래밍에서 주로 사용하는 언어로는 자바스크립트나 VB 스크립트 등이 있는데, 그중에서 자바스크립트는 다음과 같은 장점이 있기 때문에 많은 사람들로부터 사랑받고 있습니다.

■ 배우기가 쉽습니다

프로그램 언어 중에서 자바스크립트만큼 쉬운 언어도 드물 것입니다. 자바스크립트는 매우 단순한 구조로 되어 있기 때문에 짧은 시간에 배울 수 있고, 정확한 문법을 몰라도 원하는 기능만을 골라 쉽게 사용할 수 있습니다.

■ 작은 프로그램을 코딩하기에 적합합니다

웹 문서를 동적으로 만드는 데에는 흔히 JSP, ASP, PHP 등을 이용하지만, 간단한 동적 프로그램을 위해 이렇듯 거창한 프로그램을 구동시키는 것은 낭비가 아닐 수 없습니다. 자바스크립트는 해당 기능만 간단하게 코딩되어 있으므로 웹 문서를 쉽고 빠르게 구동시킬 수 있습니다.

■ 웹 브라우저 자체에서 자바스크립트를 지원합니다

자바스크립트는 별도의 프로그램 없이 웹 브라우저 자체에서 실행할 수 있습니다. 그러나 자바스크립트가 계속 발전하고 있기 때문에 최신 기술의 자바스크립트를 실행하려면 최근에 나온 웹 브라우저를 사용하는 것이 바람직합니다. 다만, 웹 브라우저 자체에서 실행하기 때문에 웹 브라우저의 종류에 따라 표준 자바스크립트만을 지원하거나 추가된 기능 또는 함수를 지원할 수도 있습니다.

■ 함수를 사용하기가 편리합니다

자바스크립트를 사용하는 가장 큰 목적은 프로그램을 손쉽게 코딩할 수 있다는 데에 있습니다. 자바스크립트에 내장된 함수가 많지 않다는 것이 단점일 수도 있겠지만, 그만큼 빨리 배울 수 있다는 장점도 있습니다. 또 문법이 어렵지 않기 때문에 내장된 함수를 사용하지 않고 사용자 정의 함수를 직접 작성하기도 쉽습니다.

■ 소스를 활용하기가 쉽습니다

자바스크립트는 일반적으로 HTML 문서에 직접 기록하여 사용하기 때문에 소스가 공개됩니다. 따라서 직접 작성하지 않고도 다른 웹 사이트에서 코딩한 소스를 복사하여 자신의 웹 사이트에 적용할 수 있습니다.

HTML5, CSS3, JavaScript의 상관관계

지금까지 HTML5, CSS3, JavaScript에 대해 살펴보았습니다. 이번에는 이 3가지 언어는 어떤 관계가 있는지 알아보겠습니다. 여기서는 각 언어의 상관관계만 가볍게 이해하고 넘어가세요.

HTML5 + CSS3

HTML5, CSS3, JavaScript

HTML 초기에는 웹 문서가 '정보 공유 및 전달'이라는 목적을 가지고 있었기 때문에 내용이 모두 텍스트 중심으로 이루어져 있었습니다. 이후 인터넷이 발전하고 사용자가 많아지면서 HTML만으로 만들어지던 웹 문서에 CSS와 JavaScript를 추가하여 화려하고 동적인 웹 문서를 만들게 되었습니다.

세월이 흘러 정보의 양도 점차 많아지고 웹 문서의 내용보다는 모양과 동적인 부분에 신경을 쓴 웹 문서가 많아지면서 검색 엔진으로 우리가 원하는 웹 문서를 찾기가 어려워지게 되었습니다.

이러한 문제점을 해결하기 위해 웹 문서를 쉽고, 정확하고, 의미 있게 검색하기 위한 시멘틱 웹(semantic web)이라는 개념이 만들어지게 되었고, 이와 아울러 HTML5에 시멘틱 웹 문서를 만들기 위한 태그가 추가되기도 하였습니다.

이제부터 우리는 HTML, CSS, JavaScript에 대한 각자의 역할을 이해하고 각자의 역할을 충실히 수행할 수 있도록 웹 문서를 만들어야 합니다. HTML, CSS, JavaScript의 역할은 다음과 같습니다.

구분	역할
HTML5	웹 문서의 내용 작성에 집중
CSS3	웹 문서의 모양 표현에 집중
JavaScript	웹 문서에서 제공하는 액션에 집중

다음 그림을 보면, 이를 좀 더 쉽게 이해할 수 있습니다.

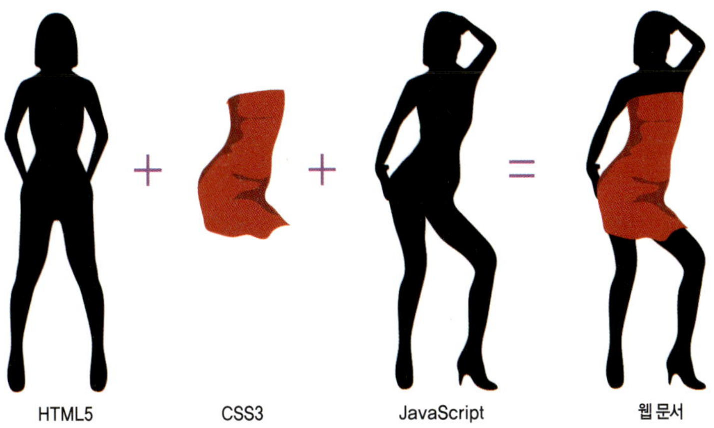

▲ HTML5, CSS3, JavaScript의 상관관계

HTML 문서가 웹 문서의 주 내용인 사람이라고 가정하면, CSS는 그 사람이 입는 옷의 역할을 하고, JavaScript는 그 사람이 취해야 할 행동을 표현하는 역할을 합니다. 우리는 바로 이러한 과정을 거쳐 웹 문서를 통해 춤을 추고 있는 사람을 볼 수 있게 되는 것입니다.

<table>
<tr><td>

**웹 문서 작성 시
지켜야 할 규칙**

</td><td>

1. 웹 문서에서 블록의 의미를 알 수 있는 태그를 사용하여 블록을 묶어줍니다. 대표적인 예로는 header, footer, nav, section 등을 들 수 있습니다.
2. 웹 문서의 제목에는 〈h1〉~〈h6〉 태그를 사용합니다.
3. HTML 태그 내에 모양을 위해 사용하던 속성(attribute)은 모두 CSS로 표현합니다. 글자 크기, 색상, 배경 등에 사용하던 요소들이 이에 해당합니다.
4. 웹 문서의 모양을 표현하는 것들은 모두 CSS 문서에 작성하고, HTML 문서와 CSS 문서는 반드시 분리해야 합니다. 그래야만 추후 웹 문서를 수정하기가 수월합니다. 예를 들어 웹 문서 100개의 제목 글자 색상을 바꿔야 한다고 가정했을 때, CSS 문서가 분리되어 있지 않다면 100개의 HTML 문서를 모두 열어 수정해야 하지만, 분리되어 있다면 CSS 문서 하나만 열어 수정하면 우리가 원하는 작업을 간단히 끝낼 수 있습니다.
5. 웹 문서의 액션을 담당하는 JavaScript에서 공통으로 사용되는 기능은 웹 문서 내에 작성하지 않고 공통 JavaScript 파일을 만들어 반드시 분리해야 합니다. 이는 위의 CSS를 분리해야 하는 이유와 같습니다.

</td></tr>
</table>

Note 아직 HTML, CSS, JavaScript를 본격적으로 배우지 않았기 때문에 무슨 말인지 잘 이해되지 않을 수 있습니다. 여기서는 그냥 읽고 넘어가도 좋습니다.

HTML5와 CSS3를 실습하기 위해서는 HTML 에디터와 웹 브라우저가 필요합니다. HTML 에디터는 우리가 흔히 사용하는 메모장을 이용해도 되지만, HTML 에디터를 이용하면 좀 더 쉽게 웹 문서를 만들 수 있으므로 이 책에서는 브래킷(Brackets)이라는 HTML 에디터를 사용하겠습니다.
또 브래킷과 연동되고 HTML5와 CSS3 지원 비율이 높은 크롬을 웹 브라우저로 사용하겠습니다.

브래킷

브래킷은 HTML, CSS 및 JavaScript로 작업하는 웹 개발자를 위한 오픈 소스 기반의 간단한 코드 편집기입니다. 브래킷은 웹 브라우저와 연동하여 작업할 수 있도록 제작되었으며, 코드의 변경 내용이 웹 브라우저의 화면에 바로 표시되기 때문에 개발 시간을 단축할 수 있다는 장점이 있습니다. 브래킷은 어도비(Adobe) 사에서 만든 엣지 코드(Edge Code)라는 이름을 가진 텍스트 편집기의 기반이 되기도 하였습니다. 어도비 사의 엣지 코드는 더 이상 버전 업이 이루어지지 않을 예정입니다.

이 책에서 브래킷이라는 프로그램을 사용했다고 해서 여러분도 반드시 사용해야 하는 것은 아닙니다. 여러분이 이미 사용하고 있거나 텍스트를 저장할 수 있는 에디터를 알고 있다면 그것을 사용해도 됩니다. 에디터 툴을 배우기 위해 시간을 낭비할 필요는 없으니까요.

■ 브래킷의 주요 기능

01 코드 힌트를 제공합니다. HTML이나 CSS를 입력할 때 힌트를 팝업으로 표시합니다. 모든 코드를 일일이 타이핑하지 않아도 쉽게 입력할 수 있는 장점이 있습니다.

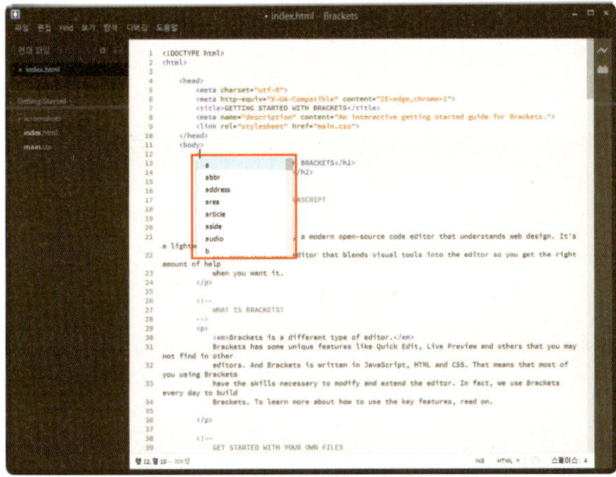

▲ HTML에서 나타나는 힌트

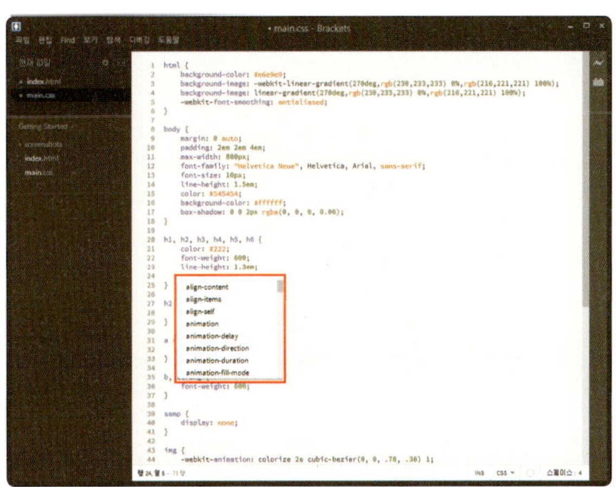

▲ CSS에서 나타나는 힌트

02 인라인 편집 기능을 제공합니다. CSS를 수정할 때에는 파일을 열어서 작업해도 되지만, HTML 태그나 CSS id에 마우스 포인터를 올려놓고 `Command` 나 `Ctrl` + `E` 를 누르면 CSS 편집 창이 열립니다.

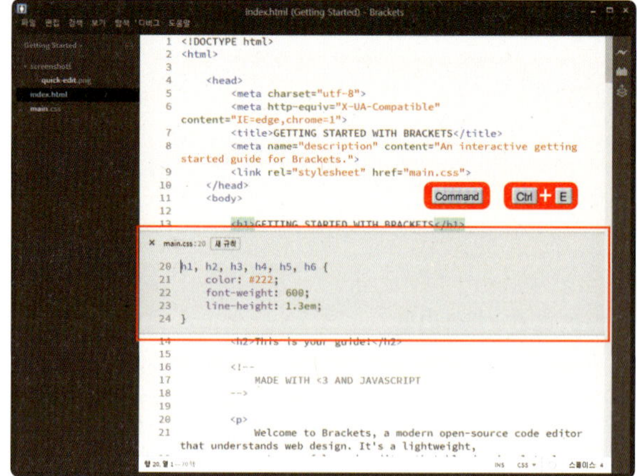

▲ CSS 인라인 편집

03 실시간 미리보기 기능을 제공합니다. 코드 편집과 동시에 웹 브라우저에서 실시간으로 편집된 내용을 볼 수 있습니다. 실시간 미리보기 기능을 사용하기 위해서는 크롬이 설치되어 있어야 합니다.

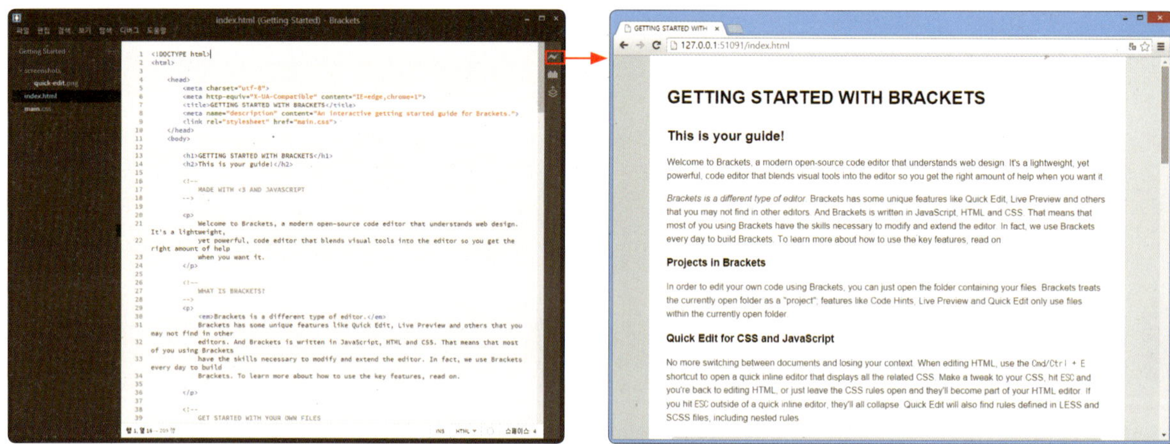

▲ 크롬과의 실시간 미리보기 지원

04 화면 분할 기능을 제공합니다. 화면이 수직 또는 수평으로 분할되기 때문에 여러 개의 파일을 비교하면서 편집할 수 있습니다.

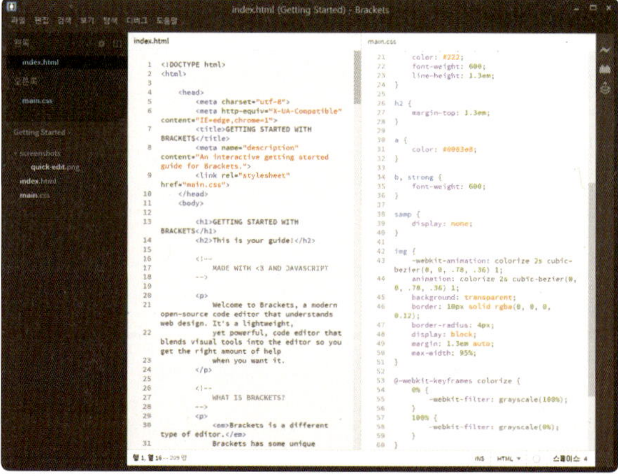

▲ 화면 분할 기능

■ 브래킷 설치하기

01 브래킷은 http://brackets.io에서 무료로 다운로드할 수 있습니다. 웹 브라우저를 연 후 http://brackets.io로 이동하고 [Download Brackets 1.1]을 클릭하여 프로그램을 다운로드합니다.

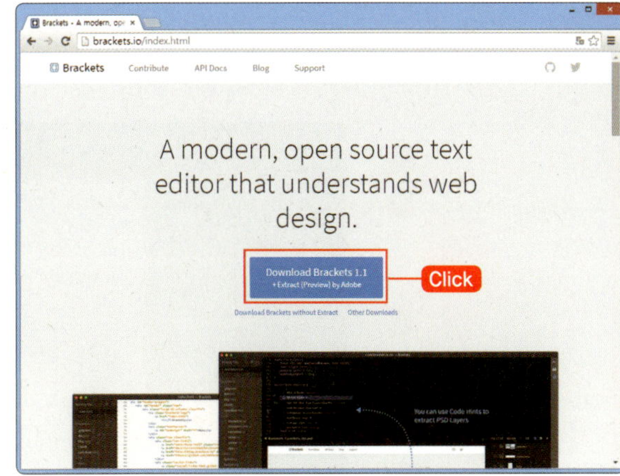

주의

프로그램의 버전은 제작사의 업데이트로 인해 변경될 수 있습니다.

02 다운로드한 설치 파일을 더블클릭하여 실행하면 설치 창이 나타납니다. 설치할 폴더를 선택한 후 [Next] 버튼을 클릭하면 나타나는 창에서 [Install] 버튼을 클릭합니다. 실지가 완료되면 [Finish] 버튼을 누릅니다.

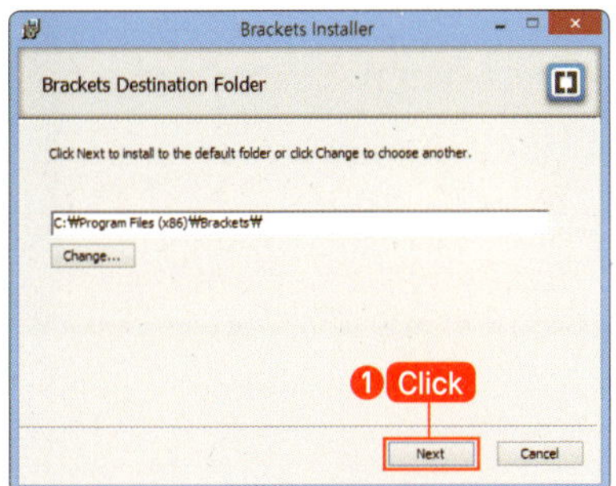

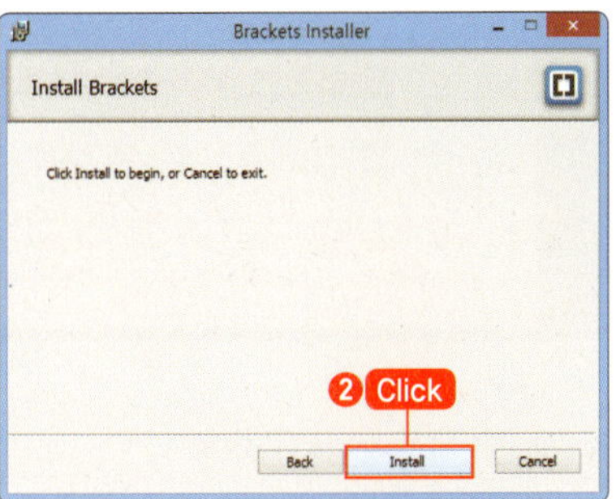

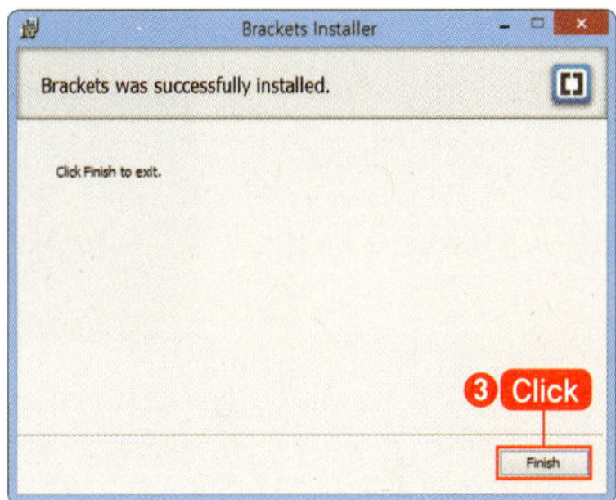

Tip

기본으로 정해진 폴더를 사용하지 않으려면 [Change…] 버튼을 클릭하여 설치 경로를 변경할 수 있습니다.

03 설치를 마치고 프로그램을 실행하면 오른쪽과 같은 화면이 나타납니다.

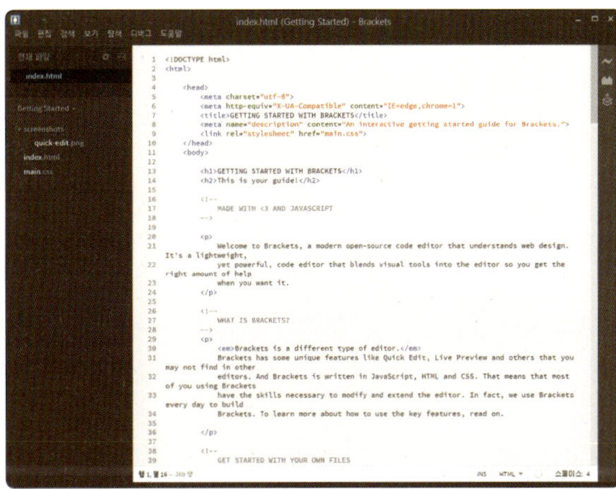

■ 브래킷 화면 구성 살펴보기

브래킷을 실행하면 HTML 편집 창과 함께 여러 도구가 나타납니다. HTML 편집기는 워드프로세서와 달리 태그나 속성
의 색상이 다르게 표시되기 때문에 코드를 작성하거나 수정하기가 쉽습니다.

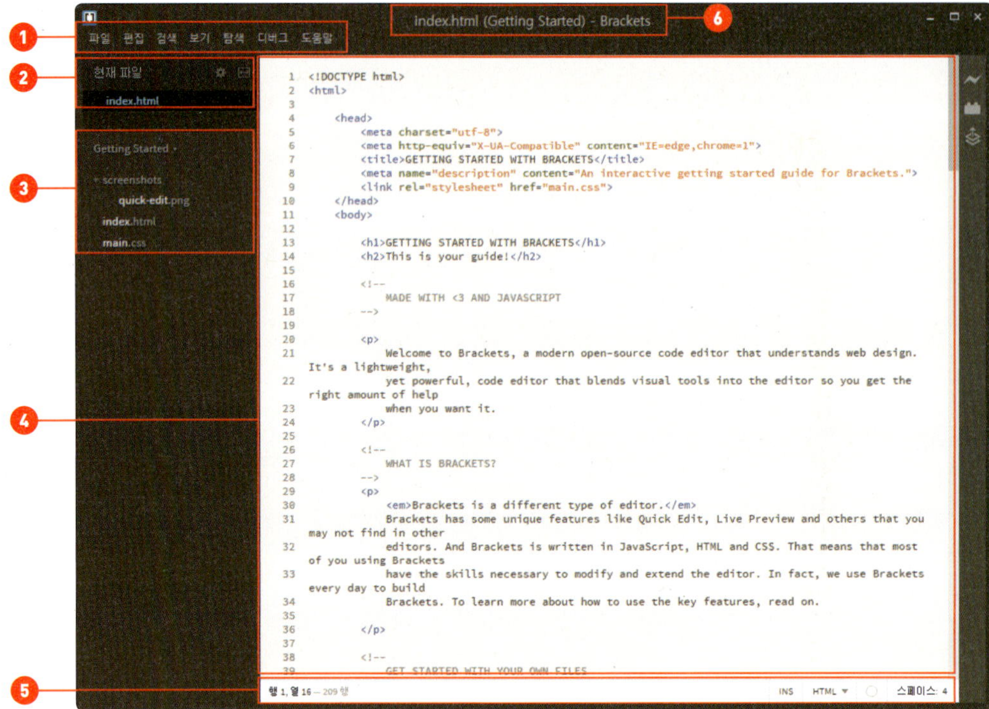

❶ **메뉴** : 기본 메뉴가 드롭다운 형태로 정리되어 있습니다.

❷ **현재 파일 탭** : 현재 열린 파일 목록이 표시됩니다.

❸ **디렉터리 창** : 선택한 폴더의 파일 목록이 윈도우 탐색기처럼 디렉터리 형태로 표시됩니다.

❹ **편집 창** : HTML 및 기타 소스를 편집할 수 있는 창입니다. 태그를 입력할 때 첫 글자만 입력하면 힌트 팝업 창이 나타나는데,
이곳에서 원하는 태그를 선택하여 입력할 수 있습니다.

❺ **상태 표시줄** : 현재 문서의 줄, 칸 등의 정보가 표시됩니다.

❻ **제목 표시줄** : 현재 작업 중인 파일명 및 경로가 표시됩니다.

웹 브라우저, 크롬

HTML5와 CSS3를 실습할 때 두 번째로 필요한 것이 웹 브라우저입니다. 에디터를 이용하여 HTML 문서를 만든 후에는 그 문서가 어떻게 표현되는지 웹 브라우저를 통해 확인해야 하기 때문입니다. 웹 브라우저의 종류는 다음과 같습니다.

▲ 인터넷 익스플로러(Internet Explorer)　　▲ 크롬(Chrome)　　▲ 파이어폭스(Firefox)　　▲ 사파리(Safari)

주로 PC에서 사용하는 웹 브라우저는 인터넷 익스플로러(Internet Explorer, IE), 크롬(Chrome), 파이어폭스(Firefox), 사파리(Safari) 등이 있습니다. 특정 웹 브라우저가 필요하지는 않지만 HTML5와 CSS3를 실습하기 위해서는 각 웹 브라우저의 최신 버전을 사용해야 합니다.

이 책에서는 크롬을 사용하겠습니다. 크롬을 사용하는 이유는 크롬이 앞의 브래킷과 상호 연동되어 실시간 미리보기 기능을 제공하고, HTML5와 CSS3를 현재로서는 가장 잘 지원하고 있기 때문입니다.

■ 크롬 설치하기

01 크롬은 http://www.google.com/chrome에서 다
운로드할 수 있습니다. 웹 사이트로 이동한 후
[Chrome 다운로드] 버튼을 클릭합니다.

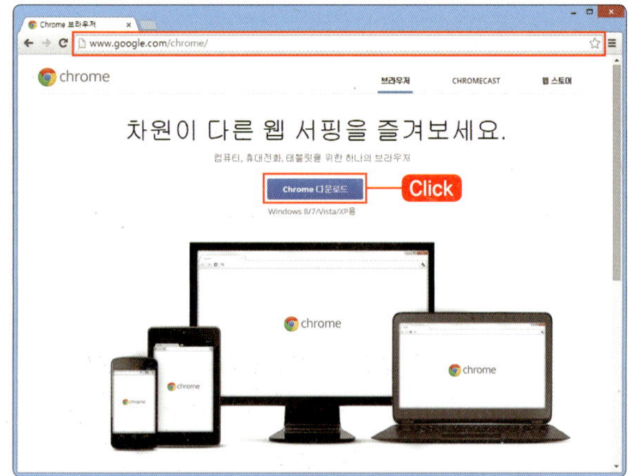

02 서비스 약관 창이 나타나면 'Chrome을 기본 브라우저
로 설정'에 체크 표시를 한 후 [동의 및 설치] 버튼을 클
릭합니다.

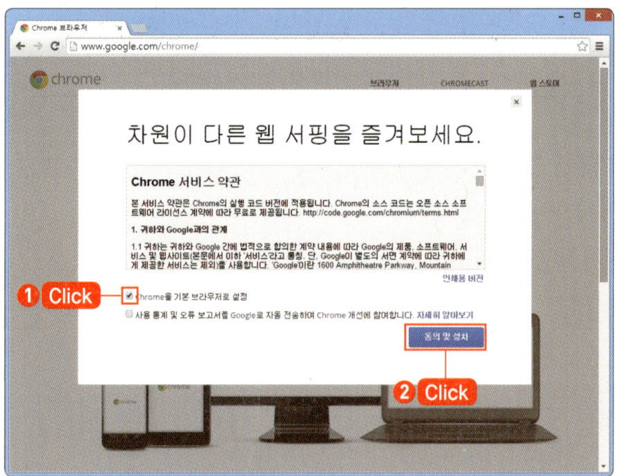

03 설치를 마치고 크롬을 실행한 모습입니다.

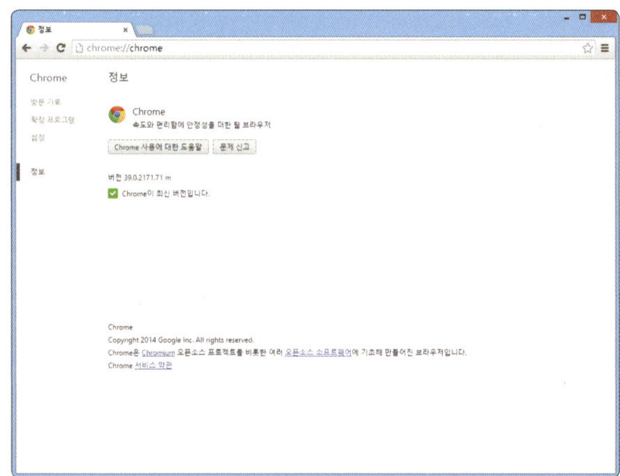

성안당 웹 사이트에서 이 책의 내용을 그대로 따라하면서 만들 수 있는 각종 그림과 소스 파일을 다운로드할 수 있습니다. 이 책을 배울 때 파일을 일일이 사이트에서 다운로드하여 작업하려면 번거로울 것이므로, 이 책을 공부하기 전에 샘플 파일을 다운로드하여 자신의 하드 디스크에 복사해보겠습니다.

01 성안당(http://www.cyber.co.kr) 웹 사이트에 접속한 후 [자료실] 버튼을 클릭합니다. [자료실] 탭을 선택하면 나타나는 목록에서 'HTML5+CSS3 실무테크닉'을 클릭합니다.

02 링크를 클릭하여 [다른 이름으로 저장]을 클릭합니다.

03 [다른 이름으로 저장] 대화상자가 나타나면 C 드라이브를 선택한 후 [새 폴더] 버튼을 클릭하여 새 폴더를 만들고, 이름을 'HTML5CSS3'로 변경합니다. [열기] 버튼을 클릭합니다.

04 탐색기에서 C 드라이브의 'HTML5CSS3' 폴더로 이동하여 다운로드한 압축 파일의 압축을 해제합니다.

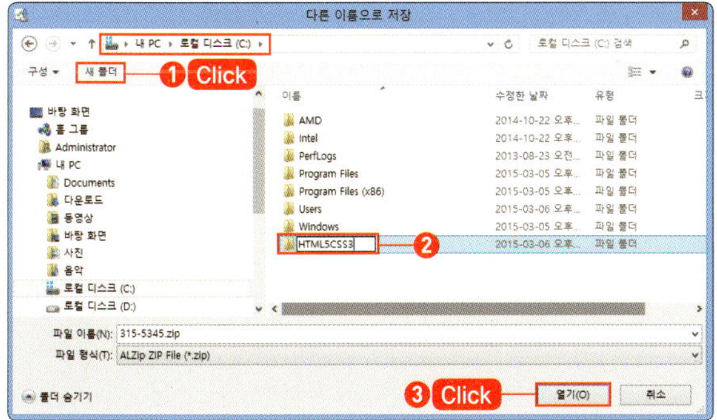

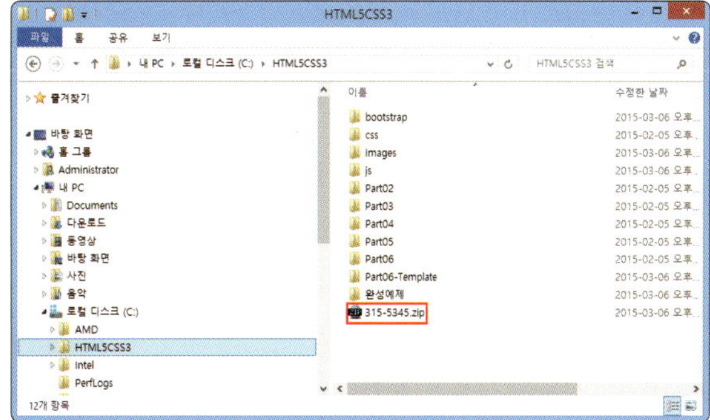

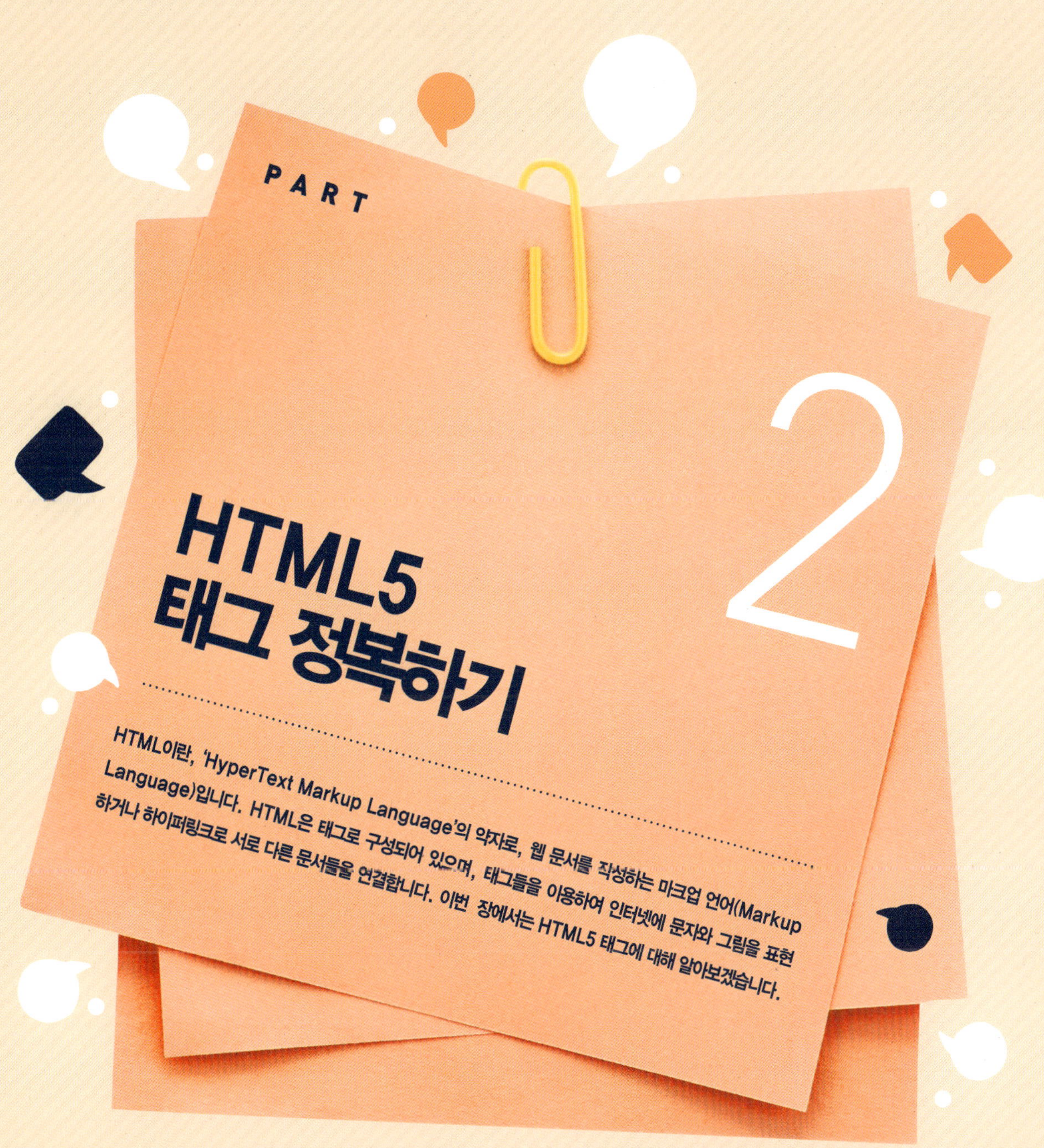
PART

2

HTML5
태그 정복하기

HTML이란, 'HyperText Markup Language'의 약자로, 웹 문서를 작성하는 마크업 언어(Markup Language)입니다. HTML은 태그로 구성되어 있으며, 태그들을 이용하여 인터넷에 문자와 그림을 표현하거나 하이퍼링크로 서로 다른 문서들을 연결합니다. 이번 장에서는 HTML5 태그에 대해 알아보겠습니다.

HTML5 + CSS3

HTML 기본 구조 들여다보기

LESSON01

이번 레슨에서는 HTML 문서가 어떻게 만들어지고, 어떤 요소로 이루어져 있는지 알아보겠습니다. 필요한 부분만 이해하면 되므로 처음부터 겁먹지 마세요.

HTML5의 기본 구조

HTML에서 사용하는 명령어를 '태그(Tag)'라고 하는데, 태그는 웹 브라우저와 약속된 형식이므로 잘못 사용하면 원하는 결과를 얻을 수 없습니다. 우선 HTML 문서의 기본 형식부터 알아보겠습니다.

다음은 HTML 문서의 기본 형식입니다. 매우 간단해 보이지만 이렇게만 구성해도 하나의 HTML 문서가 완성됩니다. 이때 〈html〉이나 〈head〉와 같이 '〈'와 '〉' 기호로 쌓인 부분이 바로 태그인데, 기호를 사용하는 이유는 웹 문서의 내용과 구별하기 위해서입니다.

■ HTML 문서의 기본 형식

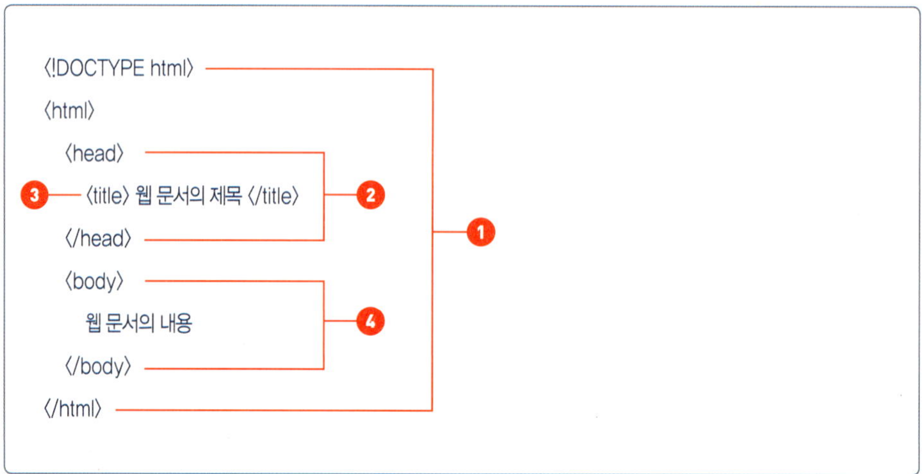

Tip

HTML 문서에 가장 먼저 나온 〈!DOCTYPE〉는 태그가 아니라 HTML이 어떤 버전으로 작성되었는지 미리 선언하여 웹 브라우저가 내용을 올바르게 표시할 수 있도록 해주는 것입니다. HTML 문서를 작성할 때에는 항상 〈!DOCTYPE〉 선언문을 추가하는 것이 좋습니다. HTML5에서는 간략하게 '〈!DOCTYPE html〉'이라고 적습니다.

HTML 문서에서 빈칸은 인식하지 않으므로 〈html〉이나 〈head〉, 〈title〉 등의 앞 열을 굳이 맞출 필요는 없습니다. 지그 재그로 정렬하지 않고 일렬로 입력할 수도 있지만, 일반적으로 태그는 쌍으로 사용되기 때문에 시작 태그와 끝 태그의 앞을 구분하여 맞추는 것이 편리합니다.

■ HTML 문서의 규칙

HTML 문서에는 다음과 같은 규칙이 있습니다.

❶ HTML 문서는 〈html〉로 시작해서 〈/html〉로 끝나며, 그 사이에는 〈head〉 영역과 〈body〉 영역이 있습니다.

❷ 〈head〉 영역은 〈head〉로 시작해서 〈/head〉로 끝납니다. 일반적으로 웹 브라우저에 나타나는 웹 문서의 내용이 아니라 웹 문서의 제목, 키워드, 문자셋 등 웹 브라우저나 검색 엔진에 제공할 정보를 입력합니다.

❸ 〈head〉 영역 사이에는 〈title〉로 시작해서 〈/title〉로 끝나는 태그가 올 수 있습니다. 이곳에는 웹 브라우저의 제목 표시줄에 나타나는 내용을 입력합니다. 웹 문서의 제목이 필요 없을 때에는 〈title〉을 생략해도 됩니다.

❹ 〈body〉 영역에는 웹 문서의 실질적인 내용을 입력합니다. 즉, 이곳에 입력된 글자나 이미지 등이 웹 브라우저의 본문 영역에 표시됩니다.

HTML 태그의 특징

처음에는 HTML 태그와 실제 내용을 구분하기가 어렵습니다. 하지만 다음의 태그 특징을 알면 태그만 보더라도 현재 문서가 어떻게 표현될 것인지 짐작할 수 있습니다.

1. 태그는 일반 글자와 구분하기 위하여 '〈'와 '〉' 안에 넣어서 사용하는데, 이때에는 대소문자를 구별하지 않지만, 일반적으로 소문자를 사용합니다.

소문자 태그	대문자 태그
〈hr〉	〈HR〉

2. 태그는 단독으로 사용하는 경우와 '시작 태그', '끝 태그'가 한 쌍으로 사용되는 경우가 있는데, 시작 태그는 '〈〉', 끝 태그는 '〈/〉' 형식으로 사용됩니다.

단독으로 쓰이는 태그	시작 태그와 끝 태그가 쌍을 이루는 경우
〈hr〉	〈b〉내용〈/b〉

3. 시작 태그, 끝 태그가 한 쌍으로 사용되는 경우에는 태그와 태그 사이의 내용만 태그의 영향을 받습니다.

태그	웹 문서 모양
본문〈b〉내용〈/b〉입니다	본문 **내용**입니다

Tip

'내용'이라는 단어만이 〈b〉 태그의 영향을 받아 표현됩니다.

4. 태그는 중첩해서 사용할 수 있는데 반드시 시작과 끝을 잘 맞춰주어야 합니다. 즉, 가장 먼저 시작된 태그가 가장 나중에 끝난다는 원리를 잘 이해해야 합니다.

태그	웹 문서 모양
<u>본문<b>내용</b>입니다</u>	<u>본문**내용**입니다</u>

5. 태그에는 속성이 있기 때문에 세부적인 설정을 할 수 있습니다.

태그 내의 속성	사용법
<태그 속성="값" 속성="값"></태그>	<a herf="URL">링크</a>

HTML 문서 연습하기

이제 본격적으로 HTML 문서를 만들어 보겠습니다. HTML 문서 자체는 글자로만 이루어져 있기 때문에 메모장이나 워드프로세서에서 작성한 후 HTML 문서 형식(*.html)으로 저장해도 됩니다. 이 책에서는 앞의 '실습 환경 준비하기'에서 설명한 브래킷을 사용하겠습니다.

● **저장할 경로** : C:\HTML5CSS3\Part02\2-01.html ● **완성 파일** : C:\HTML5CSS3\완성예제\Part02\2-01.html

01 브래킷에서 [파일-새 파일]을 클릭합니다.

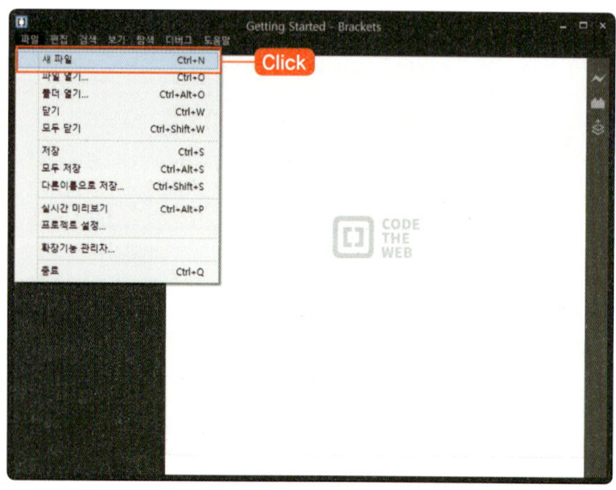

02 HTML 문서 편집 창이 나타나면 다음과 같이 내용을 입력합니다.

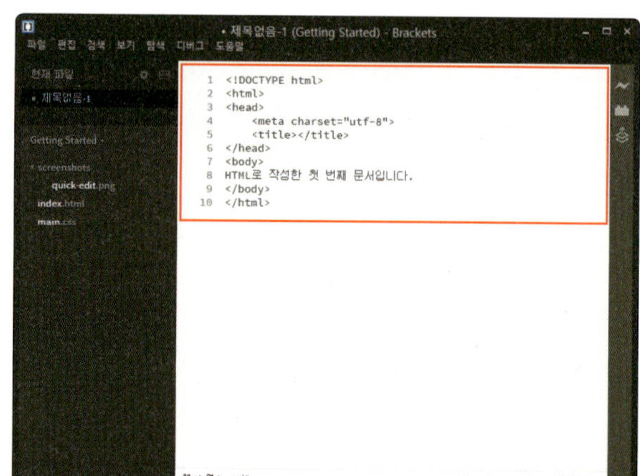

03 메뉴에서 [파일-저장]을 클릭하여 문서를 저장합니다.

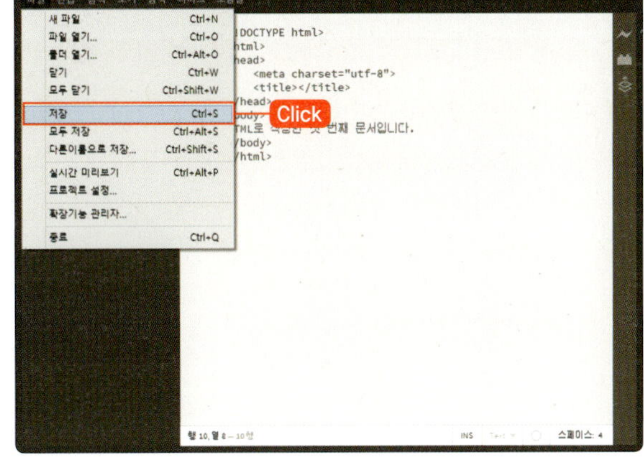

Tip

여러 개의 HTML 문서를 작성했을 경우, [파일-모두 저장]을 클릭하면 현재 편집 중인 모든 문서를 한 번에 저장할 수 있습니다.

주의

저장했던 문서를 수정한 후에 [파일-저장]을 클릭하면 [다른 이름으로 저장] 대화상자가 나타나지 않고, 현재 이름을 가진 문서로 저장됩니다. 파일을 현재 이름이 아닌 다른 이름으로 저장하려면 [파일-다른 이름으로 저장]을 클릭하세요.

04 [다른 이름으로 저장] 대화상자가 나타나면 'C:\HTML5CSS3\Part02' 폴더로 이동한 후 '2-01.html'이라는 이름으로 저장합니다.

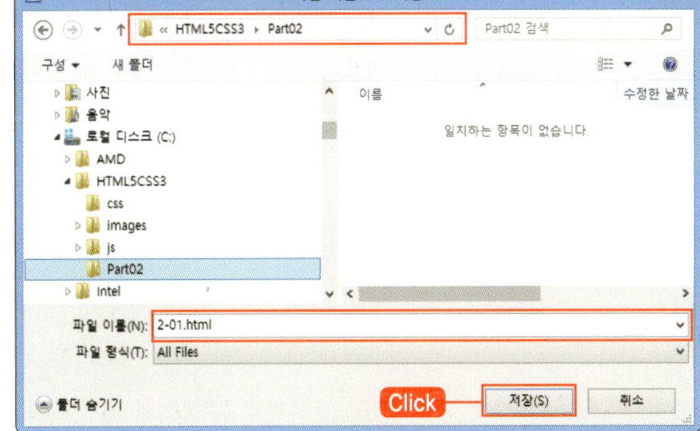

주의

파일 이름에 '.html' 확장명을 반드시 입력하고 저장해야 합니다.

05 문서가 저장되면 제목 표시줄과 현재 파일 탭에 있는 '제목없음'이라는 이름이 '2-01.html'로 바뀝니다.

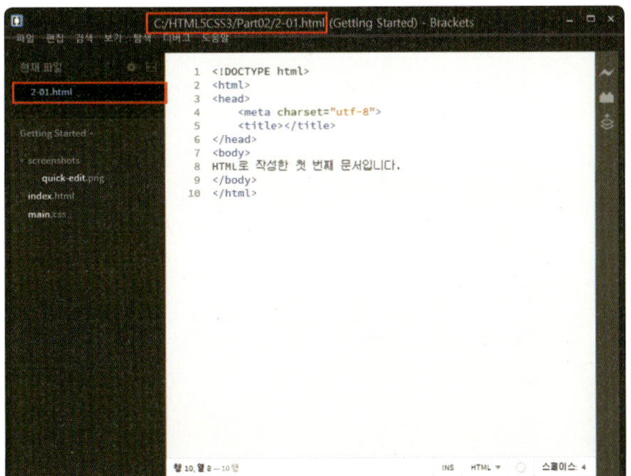

06 이제 웹 브라우저에서 확인해보겠습니다. [파일-실시간 미리보기]를 클릭하거나 오른쪽에 있는 [실시간 미리보기] 버튼을 클릭합니다.

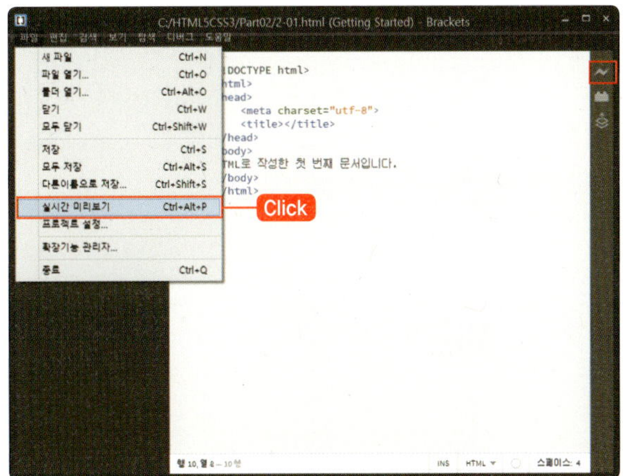

07 웹 브라우저가 실행되면서 자신이 직접 HTML 태그를 입력하여 처음으로 만든 웹 문서를 확인할 수 있습니다.

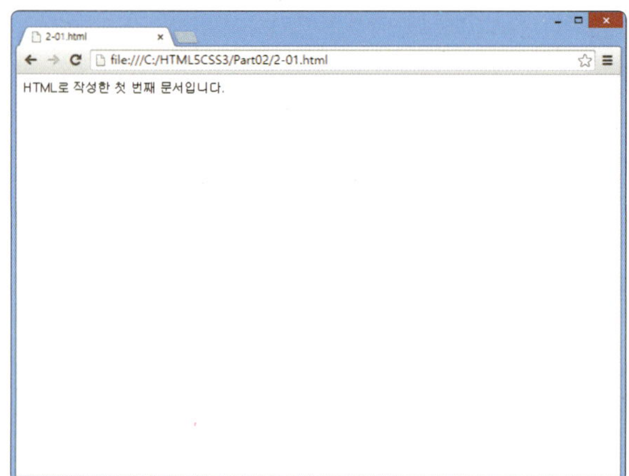

<u>Note</u>

웹 브라우저에서 직접 문서 열기

브래킷의 [실시간 미리보기] 기능을 사용하여 웹 문서를 볼 수도 있지만, 웹 브라우저의 파일 열기 단축키인 Ctrl + O 를 눌러 웹 문서를 확인하거나 탐색기에서 웹 문서를 더블클릭하여 웹 브라우저에서 불러올 수도 있습니다.

방법 1 | 웹 브라우저의 파일 열기 단축키인 Ctrl + O 를 누릅니다. [열기] 대화상자가 나타나면 해당 폴더로 이동한 후 원하는 파일을 선택하고 [열기] 버튼을 클릭합니다.

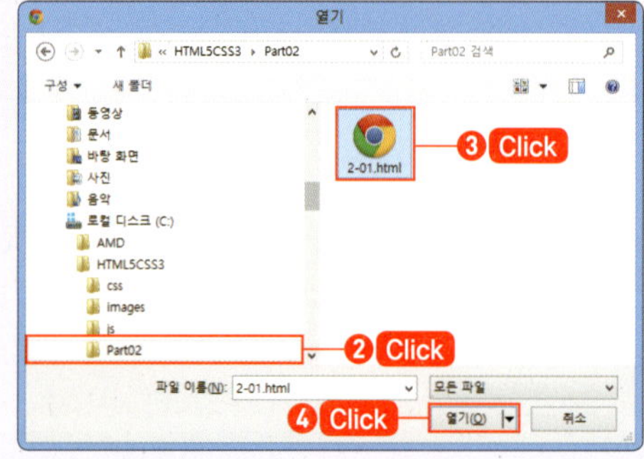

방법 2 | 탐색기를 열고 해당 폴더로 이동하여 원하는 파일을 더블클릭합니다. 선택한 파일이 웹 브라우저에서 열립니다.

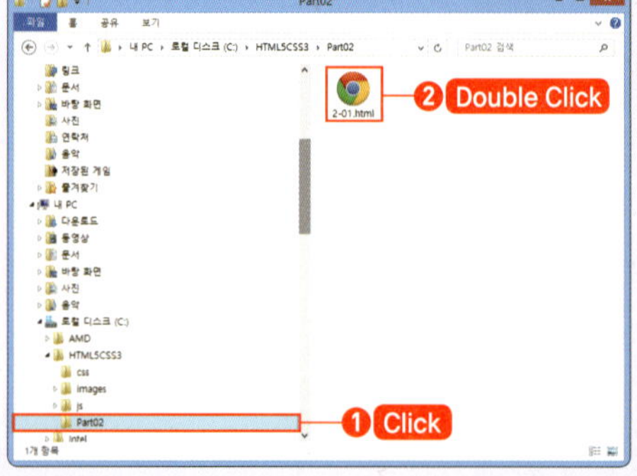

웹 사이트의 안내자 〈meta〉 태그

웹 사이트가 아무리 멋진 디자인과 유용한 정보를 담고 있더라도 방문자가 없다면 웹 사이트를 만든 의미가 없겠지요. 이번 레슨에서는 방문객이 우리의 웹 사이트를 제대로 찾아올 수 있도록 안내하는 〈meta〉 태그에 대해 알아보겠습니다.

HTML5+CSS3

〈head〉 태그 속의 〈meta〉 태그

인터넷에서 자료를 찾을 때에는 네이버, 다음, 구글 등의 검색 엔진들을 주로 이용합니다. 검색 엔진은 어떤 방법으로 많은 웹 사이트 중에서 내가 찾고자 하는 웹 사이트를 찾아내는지 궁금하셨죠? 대부분의 검색 엔진은 웹 사이트의 제목, 〈meta〉 태그의 내용, 본문의 첫 100여 단어 등을 검색한 후 사용자의 검색어와 비교하여 검색 결과를 나열해줍니다. 그러므로 이 세 부분에 자신의 웹 사이트 내용을 축약하여 나타낼 수 있는 핵심어(키워드)를 배치하는 것이 가장 중요합니다. 웹 사이트의 키워드나 주제 등을 나타내는 〈meta〉 태그는 〈head〉와 〈/head〉 태그 사이에 입력합니다. 자주 사용하는 〈meta〉 태그의 구성은 다음과 같습니다.

■ 〈mata〉 태그 구성

```
<!DOCTYPE html>
<html>
  <head>
    <title>메타 태그</title>
    <meta name="generator" content="Edge Code">
      → 웹 사이트를 제작할 때 어떤 툴을 사용했는지 표시합니다.
    <meta name="author" content="홍길동">
      → 웹 사이트의 저작자를 표시합니다.
    <meta name="keywords" content="HTML5, CSS3">
      → 검색 엔진에서 검색할 웹 사이트의 키워드를 표시합니다.
    <meta name="description" content="웹 사이트 만들기">
      → 웹 사이트의 주제를 표시합니다.
    <meta http-equiv="content-type" content="text/html; charset=euc-kr">
      → 문자 셋을 표시합니다.
  </head>
  <body>
  </body>
</html>
```

■ 〈mata〉 태그

태그	설명	HTML4	HTML5
meta	웹 문서의 키워드, 주제, 문자 셋 등을 정의합니다.	O	O

■ 〈mata〉 태그 속성

태그	속성	값	설명	HTML4	HTML5
meta	name	application-name	웹 애플리케이션의 이름을 표시합니다.	O	O
		author	문서의 저자를 표시합니다.	O	O
		description	문서의 설명을 표시합니다.	O	O
		generator	저작 툴을 표시합니다.	O	O
		keywords	문서의 키워드를 표시합니다.	O	O
	http-equiv	content-type	문서의 인코딩을 선언합니다.	O	O
		default-style	대체 스타일시트를 선언합니다.	O	O
		refresh	문서의 새로 고침 주기 및 이동을 선언합니다.	O	O
	content	텍스트	http-equiv나 name 속성의 값을 표시합니다.	O	O
	charset	문자 셋	문서의 문자 셋을 선언합니다.	O	O

문서의 문자 셋 선언하기

〈meta〉는 이 밖에도 웹 사이트에 다양한 기능을 부여할 수 있습니다. 이번에는 실무에서 가장 많이 사용하는 문자 셋 선언 기능에 대해 살펴보겠습니다.

● **저장할 경로** : C:\HTML5CSS3\Part02\2-02.html ● **완성 파일** : C:\HTML5CSS3\완성예제\Part02\2-02.html

01 앞에서 작성한 문서를 이용하여 실습해보겠습니다. '2-01.html' 파일을 열어 4번째 라인의 'utf-8'을 'euc-kr'로 변경한 후 '2-02.html'이라는 이름으로 저장합니다. 웹 브라우저에서 내용을 확인하기 위해 [실시간 미리보기] 버튼을 누릅니다.

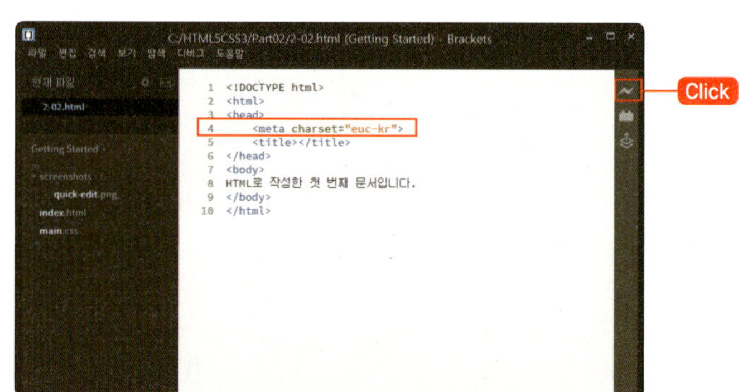

02 웹 브라우저에서 내용을 확인합니다. 한글로 작성한 내용이 문서에서 깨지는 것을 확인할 수 있습니다. 그 이유는 문서의 저장 문자 셋과 〈meta〉 태그에서 지정한 문자 셋이 일치하지 않기 때문입니다.

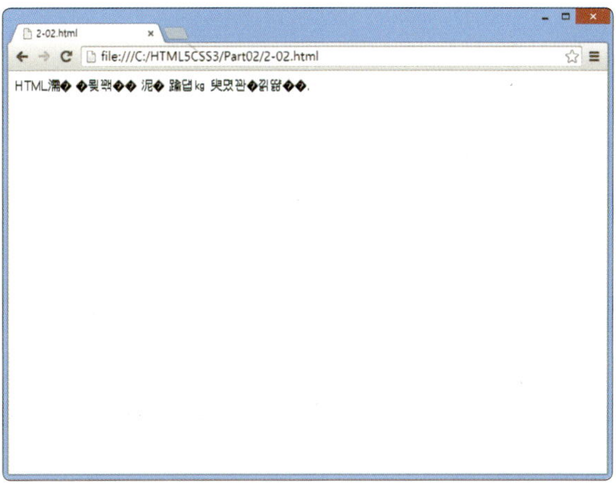

> **주의**
>
> 문서에서 한글로 작성한 내용이 깨져 보이는 이유는 문서의 저장 문자 셋과 〈meta〉 태그에서 지정한 문자 셋이 일치하지 않기 때문입니다. 실습에 사용하는 문서는 모두 'utf-8'로 저장되어 있습니다. 따라서 한글이 정상적으로 출력되기 위해서는 〈meta〉 태그의 문자 셋을 'utf-8'로 설정해야 합니다. 이러한 문제점은 실무에서 디자이너와 개발자 간에 HTML과 CSS 문서를 주고받을 때 종종 발생합니다. 한글이 깨지는 문제가 발생하면 문서의 저장 문자 셋과 〈meta〉 태그의 문자 셋이 일치하는지를 확인해보기 바랍니다.

03 다시 브래킷으로 돌아와 4번째 라인의 'euc-kr'을 'utf-8'로 변경합니다. 웹 브라우저에서 내용을 확인하기 위해 [실시간 미리보기] 버튼을 누릅니다.

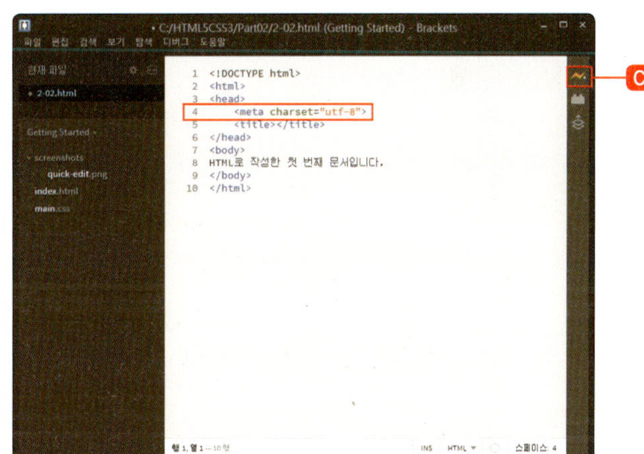

04 웹 브라우저에서 내용을 확인하면 한글이 제대로 보이는 것을 알 수 있습니다.

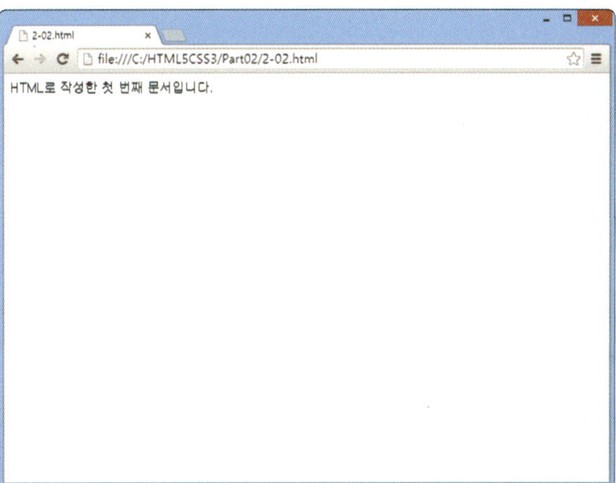

웹 사이트를 운영하다 보면 웹 사이트의 계정을 옮겨야 하는 경우가 발생합니다. 바뀐 웹 사이트의 주소를 기존 방문객들에게 알리고자 할 때 〈meta〉 태그를 사용하면 미리 설정해 놓은 시간이 지난 후 지정한 웹 사이트로 이동하도록 할 수 있습니다. 대기 시간은 초 단위로 입력하고, 'url'에 이동할 웹 사이트 주소나 웹 문서를 지정하면 됩니다.

● **저장할 경로** : C:\HTML5CSS3\Part02\2-03.html ● **완성 파일** : C:\HTML5CSS3\완성예제\Part02\2-03.html

01 새 파일을 열어 다음과 같이 내용을 입력합니다. 문서를 저장하기 위해 [파일-저장]을 클릭합니다.

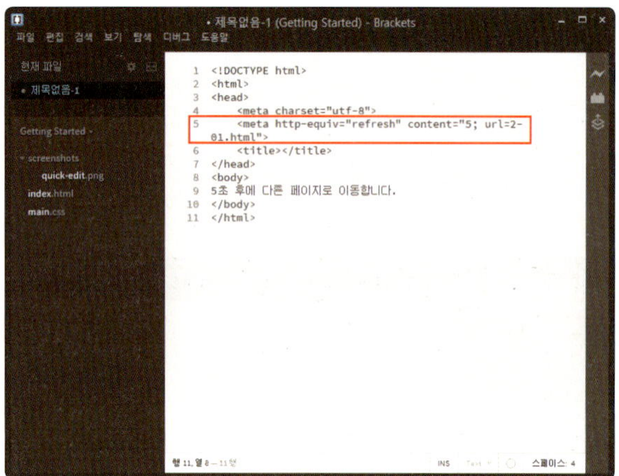

5번째 라인에 〈meta http-equiv="refresh" content="5; url=2-01.html"〉을 추가합니다.

02 [다른 이름으로 저장] 대화상자가 나타나면 'C:\HTML5CSS3\Part02' 폴더로 이동한 후 '2-03.html'이라는 이름으로 저장합니다.

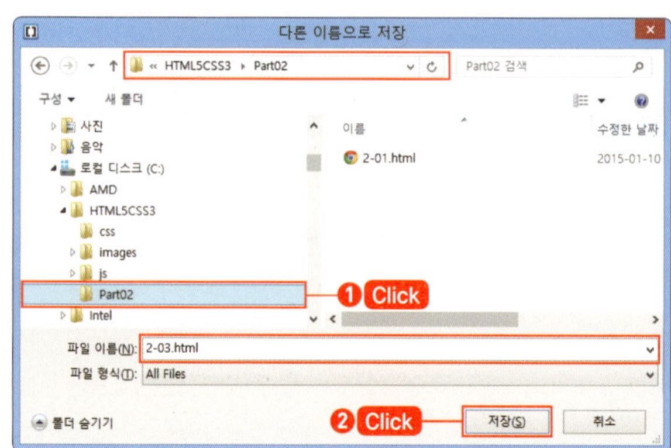

〈meta http-equiv="refresh" content="대기 시간; url=웹 문서"〉

03 웹 브라우저에서 내용을 확인합니다.

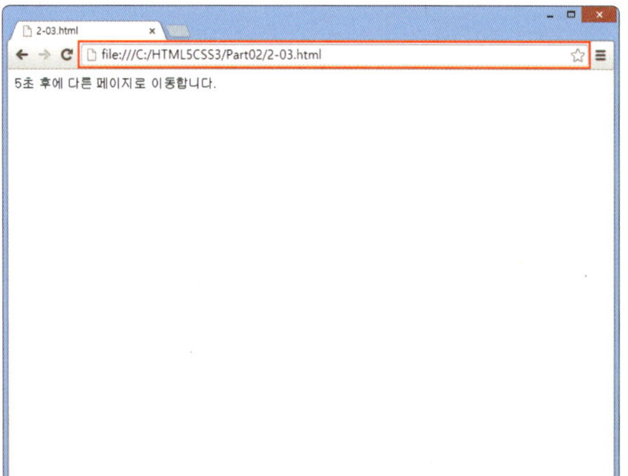

04 〈meta〉 태그에 입력한 것처럼 5초 후에 '2-01.html' 파일로 이동합니다.

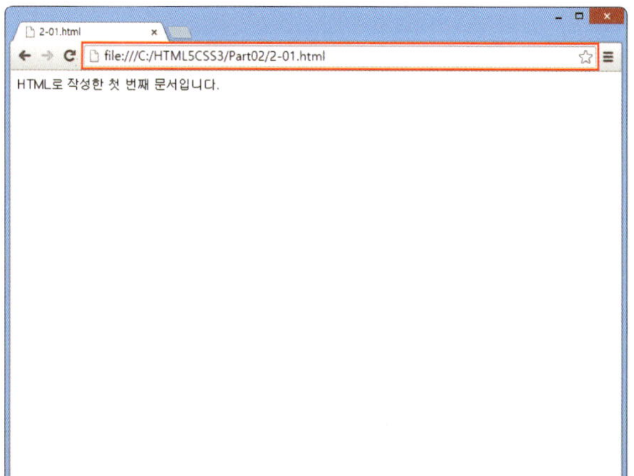

HTML5 시멘틱 구조 태그

HTML5 이전의 웹 문서에서는 문법적인 규칙은 있었지만 구조의 규칙은 존재하지 않았습니다. 태그는 의미와 구조보다는 웹 문서를 표현하기 위한 수단이었습니다. 그러나 HTML5가 등장하면서 태그 자체가 의미를 가지게 되어 문서 구조나 내용을 정확하게 분석할 수 있게 되었습니다.

HTML5 + CSS3

시멘틱 웹의 개념

웹 문서의 목적은 정보 공유 및 전달에 있습니다. 이러한 목적을 위해 수많은 웹 문서가 만들어졌고, 인터넷의 발전과 함께 엄청난 양의 웹 문서가 생산되어 이제는 검색 엔진으로도 찾지 못할 만큼의 방대한 양이 되었습니다. 자료가 방대해지는 것은 정보가 다양해진다는 의미도 있지만, 원하는 정보를 정확하게 찾기 힘들다는 의미도 지니고 있습니다. 특히 모호한 표현과 일관되지 않는 문서 구조는 정확한 정보 검색에 걸림돌이 되었습니다.

이와 같은 이유로 웹 문서를 쉽고 정확하고 의미 있게 검색하기 위한 시멘틱 웹이라는 개념이 만들어졌습니다. 즉, 시멘틱 웹이란, 사용자가 정보를 검색하면 컴퓨터가 정보를 찾아 정보의 뜻을 이해하고, 심지어 추론까지 하는 차세대 지능형 웹 기술을 말합니다. 따라서 웹 문서의 정보를 컴퓨터가 정확하게 분석할 수 있도록 하기 위해 HTML5에는 구획 정의 및 의미를 명확하게 할 수 있는 태그가 추가되었습니다.

■ 구획 정의를 위한 태그

태그	설명	HTML4	HTML5
article	여러 개의 내용으로 나누는 구분을 의미합니다. 본문 내의 세부 절 등에 사용됩니다.	X	O
aside	주요 내용 이외의 문서 내용을 의미합니다. 블로그의 사이드 바 등에 사용됩니다.	X	O
footer	문서의 푸터를 의미합니다. 저작자나 저작권 정보 등에 사용됩니다.	X	O
header	문서의 헤더를 의미합니다. 사이트 소개나 로고 등에 사용됩니다.	X	O
nav	내비게이션을 의미합니다. 웹 문서 내의 메뉴 등에 사용됩니다.	X	O
section	문서의 내용을 의미합니다. 웹 문서의 본문 등에 사용됩니다.	X	O

■ 의미를 명확하게 하는 태그

태그	설명	HTML4	HTML5
figure	이미지 등의 캡션 그룹을 지정합니다.	X	O
figurecaption	이미지 등의 캡션을 지정합니다.	X	O
time	문서 작성 날짜와 시간을 의미합니다.	X	O
mark	강조의 의미를 나타냅니다.	X	O

제목 크기를 조절하는 〈h1〉~〈h6〉 태그

웹 문서에서 제목을 입력하려면 〈h1〉~〈h6〉 태그를 사용해야 합니다. 이 태그를 이용하면 글자의 크기를 총 6단계로 설정할 수 있는데, 태그에 들어간 숫자가 클수록 글자의 크기는 작아지고, 중요도는 떨어집니다. 웹 문서에서 제목의 의미를 부여하기 위해서는 〈big〉이나 〈bold〉 태그를 사용하지 말고 〈h〉 태그를 사용하여 제목임을 표현하는 것이 바람직합니다.

■ 태그 이해하기

태그	설명	HTML4	HTML5
h1	첫 번째로 큰 제목을 표시합니다.	O	O
h2	두 번째로 큰 제목을 표시합니다.	O	O
h3	세 번째로 큰 제목을 표시합니다.	O	O
h4	네 번째로 큰 제목을 표시합니다.	O	O
h5	다섯 번째로 큰 제목을 표시합니다.	O	O
h6	여섯 번째로 큰 제목을 표시합니다.	O	O

● **저장할 경로** : C:\HTML5CSS3\Part02\2-04.html ● **완성 파일** : C:\HTML5CSS3\완성예제\Part02\2-04.html

01 새 문서를 열어 다음과 같이 입력하고 '2-04.html'이라는 이름으로 저장합니다.

```
1 <!DOCTYPE html>
2 <html>
3 <head>
4     <meta charset="utf-8">
5     <title></title>
6 </head>
7 <body>
8 <h1>첫 번째 큰 제목</h1>
9 <h2>두 번째 큰 제목</h2>
10 <h3>세 번째 큰 제목</h3>
11 <h4>네 번째 큰 제목</h4>
```

```
12 <h5>다섯 번째 큰 제목</h5>
13 <h6>여섯 번째 큰 제목</h6>
14 </body>
15 </html>
```

02 웹 브라우저에서 내용을 확인합니다. 웹 문서에 〈h1〉부터 〈h6〉까지의 제목 문자열이 출력되며 숫자에 따라 문자의 크기가 다르게 표현되는 것을 볼 수 있습니다.

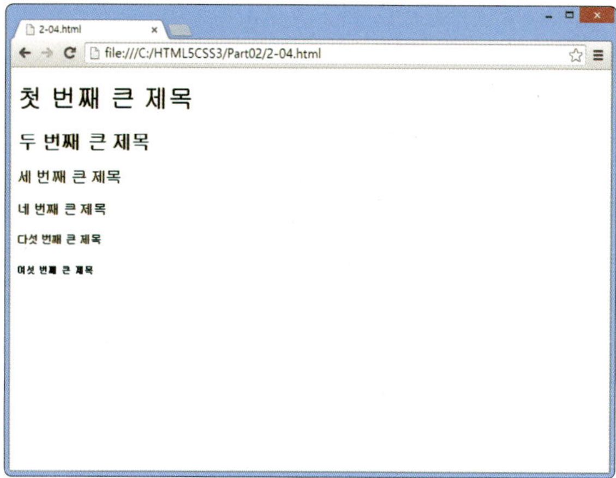

구획 정의를 위한 태그

기존 HTML에서는 웹 문서의 구획을 나눌 때 〈div〉 태그를 사용했습니다. 그러다 보니 그 구획의 의미가 명확하지 않았습니다. HTML5에서는 구조적인 부분을 정의하는 구획 태그가 추가되어 구조의 모호함을 해결하였습니다.

■ 태그 이해하기

태그	설명	HTML4	HTML5
article	여러 개의 내용으로 나누는 구분을 의미합니다. 본문 내의 세부 절 등에 사용됩니다.	X	O
aside	주요 내용 이외의 문서 내용을 의미합니다. 블로그의 사이드 바 등에 사용됩니다.	X	O
footer	문서의 푸터를 의미합니다. 저작자나 저작권 정보 등에 사용됩니다.	X	O
header	문서의 헤더를 의미합니다. 사이트 소개나 로고 등에 사용됩니다.	X	O
nav	내비게이션을 의미합니다. 웹 문서 내의 메뉴 등에 사용됩니다.	X	O
section	문서의 내용을 의미합니다. 웹 문서의 본문 등에 사용됩니다.	X	O

● 저장할 경로 : C:\HTML5CSS3\Part02\2-05.html   ● 완성 파일 : C:\HTML5CSS3\완성예제\Part02\2-05.html

01 새 문서를 열어 다음과 같이 입력하고 '2-05.html'이라는 이름으로 저장합니다.

```
1  <!DOCTYPE html>
2  <html>
3  <head>
4      <meta charset="utf-8">
5      <title></title>
6  </head>
7  <body>
8  <article>본문절</article>
9  <aside>사이드바</aside>
10 <footer>푸터</footer>
11 <header>헤더</header>
12 <nav>네비게이션</nav>
13 <section>내용</section>
14 </body>
15 </html>
```

구획 정의를 위한 태그를 입력하였습니다.

02 웹 브라우저에서 내용을 확인합니다.

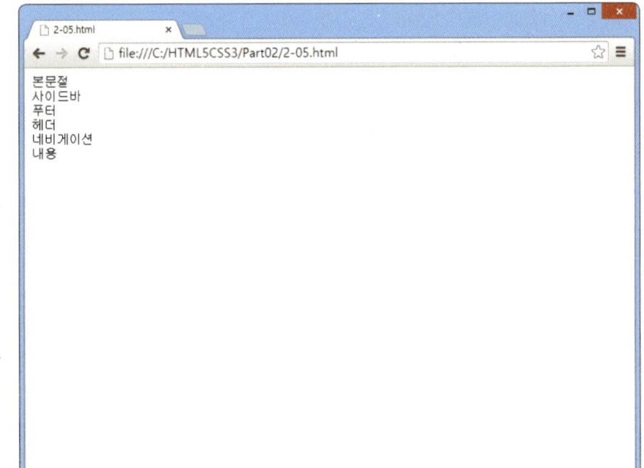

구획 정의를 위한 태그는 그 자체로는 특별한 모양을 가지고 있지 않으며, 단지 문서의 구조를 정의하는 것입니다.

똑똑한 비서, 정리 태그 알아보기

웹 문서는 태그로 작성되기 때문에 화면에 표시된 문단이 웹 브라우저에서 그대로 나타나지 않습니다. 따라서 줄이나 문단을 바꾸는 태그를 사용해야 합니다. 이번 레슨에서는 문단이나 줄 바꿈, 수평선, 자유 입력 태그, 블록 등을 이용하여 웹 문서를 정리하는 방법에 대해 알아보겠습니다.

LESSON04

〈br〉 태그 vs. 〈p〉 태그

웹 문서에서는 워드프로세서에서처럼 Enter 를 누른다고 해서 줄이 바뀌는 것이 아닙니다. 편집기에서 내용을 입력할 때에는 사용자가 원하는 부분에 태그를 사용하여 줄이나 문단을 바꿔야 합니다. 줄을 바꿀 때에는 〈br〉을, 문단을 나눌 때에는 〈p〉를 사용합니다.

■ 태그 이해하기

태그	설명	HTML4	HTML5
br	웹 문서에서 줄을 바꿀 때 사용합니다.	O	O
p	웹 문서에서 문단을 나눌 때 사용합니다.	O	O

■ 태그 속성

태그	속성	값	설명	HTML4	HTML5
p	align	left/right/center/justify	문단 내 문장의 정렬 방식을 지정합니다.	O	X

01 새 문서를 열어 다음과 같이 입력하고 '2-06.html'이라는 이름으로 저장합니다.

```
1  <!DOCTYPE html>
2  <html>
3  <head>
4      <meta charset="utf-8">
5      <title></title>
6  </head>
7  <body>
8  <p>옛날 어느 동물원에 손짓으로 말을 할 줄 아는 아주 특별한 고릴라가 살고
   있었어요.<br>
9  그래서 갖고 싶은 것이 있으면 동물원 사람들한테 손짓으로 말했지요.<br>
10 고릴라에게는 부족한 것이 하나도 없어 보였어요.</p>
11 <p>하지만 고릴라는 슬펐답니다.
12 어느 날 고릴라는 동물원 사람들에게 "나는… 친구가… 필요해."라고 손짓으로
   말했어요.
13 동물원에 다른 고릴라는 없었거든요. 고민하던 동물원 사람들은 아이디어 하나
   를 내었어요.
14 고릴라에게 '예쁜이'라는 이름의 작은 고양이를 데려다 주었어요.
15 "먹으면 안돼." 하고 사육사가 말했어요.
16 고릴라는 '예쁜이'가 마음에 들었어요.</p>
17 </body>
18 </html>
```

첫 번째 문단과 두 번째 문단은 ⟨p⟩ 태그를 사용하여 내용을 작성하였습니다. 그리고 첫 번째 문단에서는 내용에서 줄 바꿈을 원하는 위치에 ⟨br⟩ 태그를 입력하였습니다.

02 웹 브라우저에서 내용을 확인합니다. 첫 번째 문단과 두 번째 문단은 ⟨p⟩ 태그가 입력된 부분에서 문단이 나뉜 것을 확인할 수 있습니다. 그리고 첫 번째 문단에서는 ⟨br⟩ 태그가 입력된 부분에서 줄 바꿈이 된 것을 확인할 수 있지만 두 번째 문단에서는 내용이 모두 한 줄로 출력되는 것을 볼 수 있습니다.

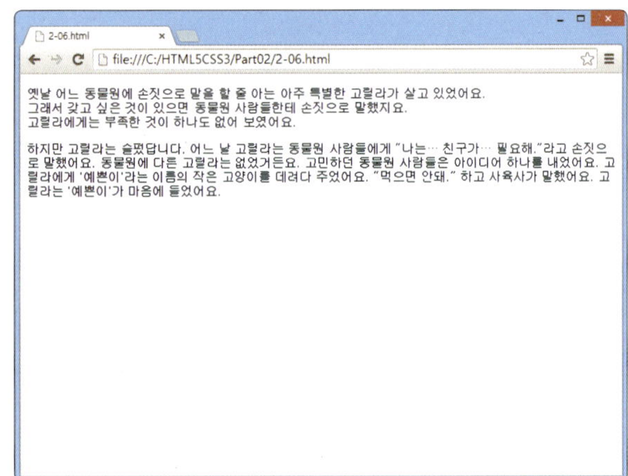

수평선을 긋는 ⟨hr⟩ 태그

방문객이 웹 문서를 보았을 때 정돈된 느낌을 받도록 하는 데에는 여러 가지 요소들이 사용되는데, 이 요소들 중 하나가 수평선입니다. 수평선을 만드는 태그는 ⟨hr⟩입니다. ⟨hr⟩로 수평선을 만들 때에 속성을 설정하면 높이, 넓이, 정렬 방식, 입체 여부 등의 효과를 낼 수 있습니다.

■ **태그 이해하기**

태그	설명	HTML4	HTML5
hr	웹 문서에 수평선을 추가합니다.	O	O

■ **태그 속성**

태그	속성	값	설명	HTML4	HTML5
	align	left/right/center	정렬 방식을 지정합니다.	O	X
	noshade		입체감 없는 선을 만듭니다.	O	X
hr	size	숫자	입력한 크기만큼의 높이를 설정합니다.	O	X
	width	숫자	입력한 크기만큼의 넓이를 설정합니다. 크기를 픽셀 단위로 지정할 수 있고, 웹 브라우저의 넓이에 대한 비율(%)로 지정할 수도 있습니다.	O	X

● **저장할 경로** : C:\HTML5CSS3\Part02\2-07.html ● **완성 파일** : C:\HTML5CSS3\완성예제\Part02\2-07.html

01 2-06.html 문서를 열어 다음과 같이 입력하고 '2-07.html'이라는 이름으로 저장합니다.

```
1 <!DOCTYPE html>
2 <html>
3 <head>
4     <meta charset="utf-8">
5     <title></title>
6 </head>
7 <body>
8 <p>옛날 어느 동물원에 손짓으로 말을 할 줄 아는 아주 특별한 고릴라가 살고 있었어요.<br>
9 그래서 갖고 싶은 것이 있으면 동물원 사람들한테 손짓으로 말했지요.<br>
10 고릴라에게는 부족한 것이 하나도 없어 보였어요.</p>
11 <hr>
12 <p>하지만 고릴라는 슬펐답니다.
13 어느 날 고릴라는 동물원 사람들에게 "나는... 친구가... 필요해."라고 손짓으로 말했어요.
14 동물원에 다른 고릴라는 없었거든요. 고민하던 동물원 사람들은 아이디어 하나를 내었어요.
15 고릴라에게 '예쁜이'라는 이름의 작은 고양이를 데려다 주었어요.
16 "먹으면 안돼." 하고 사육사가 말했어요.
17 고릴라는 '예쁜이'가 마음에 들었어요.</p>
18 </body>
```

이전 예제에서 11번 라인에 <hr> 태그를 추가하였습니다. <hr> 태그는 끝나는 태그 없이 사용합니다.

02 웹 브라우저에서 내용을 확인합니다. 첫 번째 문단과 두 번째 문단 사이에 라인이 추가된 것을 볼 수 있습니다.

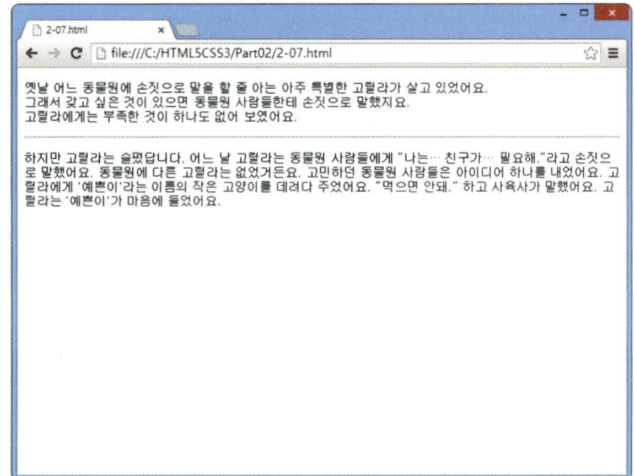

입력한 형태 그대로 보여주는 〈pre〉 태그

HTML 태그를 사용하여 웹 문서를 만들다 보면 태그를 아무리 적절하게 사용한다 하더라도 불편을 느낄 때가 있습니다. 가끔은 한글을 사용할 때처럼 '입력하는 대로 웹 문서에 보여주면 얼마나 좋을까?' 하는 경우가 생기는 것이지요. 편집기에서 입력한 형태대로 웹 문서에 보여주기 위해서는 〈pre〉를 사용합니다.

■ 태그 이해하기

태그	설명	HTML4	HTML5
pre	편집기에 입력한 형태대로 웹 문서에 보여줍니다.	O	O

■ 태그 속성

태그	속성	값	설명	HTML4	HTML5
pre	width	숫자	라인에 입력할 수 있는 최대 문자 수를 지정합니다.	O	X

Note

〈pre〉 태그

〈pre〉 태그는 웹 문서 작성 시 편집을 하기가 편하기는 하지만, 전체 웹 문서의 모양을 흐트러뜨리기도 합니다. 〈pre〉 태그는 문서의 내용에 따라 선별적으로 사용하는 것이 좋습니다. 따라서 〈pre〉 태그는 프로그램 소스를 웹 문서 내에 넣어야 하는 경우처럼 태그를 통한 편집에 많은 시간이 소요되는 경우에 주로 사용합니다.

01 새 문서를 열어 다음과 같이 입력하고 '2-08.html'이라는 이름으로 저장합니다.

```
 1 <!DOCTYPE html>
 2 <html>
 3 <head>
 4     <meta charset="utf-8">
 5     <title></title>
 6 </head>
 7 <body>
 8 <p>
 9 <h3>이적</h3>
10 까마귀     검다 하고 백로야 웃지 마라.
11 겉이 검은들 속까지 검을    소냐.
12 아마도 겉 희고 속 검은 이는       너뿐인가 하노라.
13
14 <pre>
15 <h3>이적</h3>
16 까마귀     검다 하고 백로야 웃지 마라.
17 겉이 검은들 속까지 검을    소냐.
18 아마도 겉 희고 속 검은 이는       너뿐인가 하노라.
19 </pre>
20 </body>
21 </html>
```

이적의 고시조를 Enter 와 Space Bar 를 이용하여 편집하여 2개의 문단으로 만든 후 두 번째 문단만 〈pre〉 태그로 편집하였습니다.

02 웹 브라우저에서 내용을 확인합니다. 첫 번째 문단은 Space Bar 를 이용하여 띄어쓰기를 한 것과 Enter 를 이용하여 줄 바꿈한 것이 적용되지 않았습니다. 반면 〈pre〉 태그를 입력한 두 번째 문단은 입력한 그대로 띄어쓰기와 줄 바꿈이 된 것을 알 수 있습니다.

03 웹 브라우저의 크기를 작게 줄여 웹 문서의 변화를 확인합니다. 첫 번째 문단의 첫 번째 줄이 웹 브라우저의 크기에 맞게 화면에서 자동으로 줄 바꿈됩니다. 그러나 〈pre〉 태그를 이용한 두 번째 문단은 자동으로 줄 바꿈되지 않습니다. 문장의 길이가 고정되어 보이는 것이지요. 따라서 웹 브라우저의 하단에 좌우 스크롤바가 생기게 됩니다.

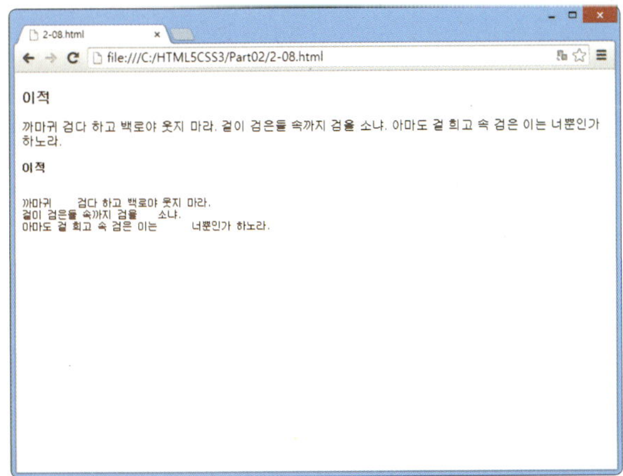

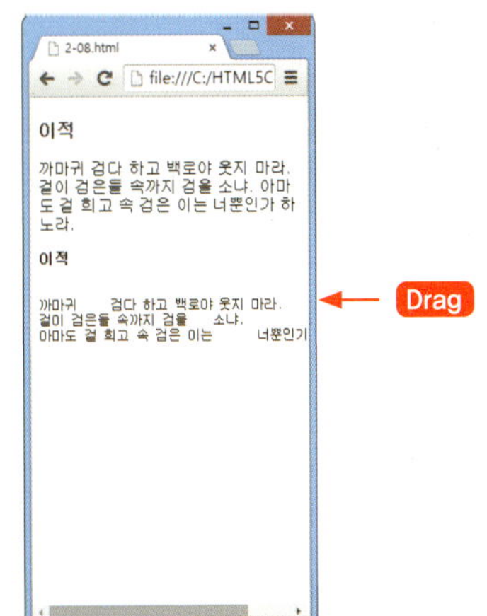

웹 문서의 내용을 나누거나 그룹을 지정하는 용도로 사용합니다. 〈div〉나 〈span〉 태그는 문서의 모양을 나타내지는 않지만, CSS에서 그룹을 묶는 블록으로 주로 사용됩니다.

■ 태그 이해하기

태그	설명	HTML4	HTML5
div	웹 문서의 블록을 지정합니다.	O	O
span	웹 문서의 인라인 블록을 지정합니다.	O	O

■ 태그 속성

태그	속성	값	설명	HTML4	HTML5
div	align	left/right/center/justify	문서에서 〈div〉의 위치를 지정합니다.	O	X

● **저장할 경로** : C:\HTML5CSS3\Part02\2-09.html ● **완성 파일** : C:\HTML5CSS3\완성예제\Part02\2-09.html

01 다음과 같이 입력하고 '2-09.html'이라는 이름으로 저장합니다.

```
1  <!DOCTYPE html>
2  <html>
3  <head>
4      <meta charset="utf-8">
5      <title></title>
6  </head>
7  <body>
8  <div>옛날 어느 동물원에 손짓으로 말을 할 줄 아는 아주 특별한 고릴라가 살
   고 있었어요.
9  그래서 갖고 싶은 것이 있으면 동물원 사람들한테 손짓으로 말했지요.</div>
10 <div>고릴라에게는 부족한 것이 하나도 없어 보였어요.
11 하지만 고릴라는 슬펐답니다.
12 어느 날 고릴라는 동물원 사람들에게 "나는… 친구가… 필요해."라고 손짓으로
   말했어요.</div>
13 <span>동물원에 다른 고릴라는 없었거든요. 고민하던 동물원 사람들은 아이디
   어 하나를 내었어요.</span>
14 <span>고릴라에게 '예쁜이'라는 이름의 작은 고양이를 데려다 주었어요.
15 "먹으면 안돼." 하고 사육사가 말했어요.
16 고릴라는 '예쁜이'가 마음에 들었어요.</span>
17 </body>
18 </html>
```

〈div〉 태그로 감싼 문장 2개와 〈span〉으로 감싼 문장 2개를 작성하였습니다.

02 웹 브라우저에서 내용을 확인합니다.

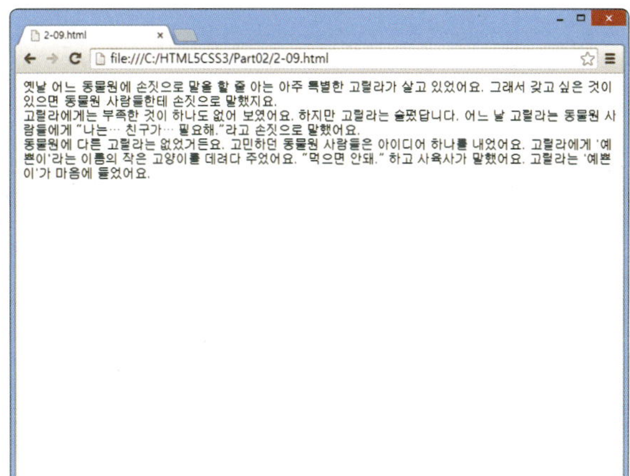

웹 문서의 모양상으로는 큰 차이가 있어 보이지 않습니다. 첫 번째는 〈div〉 태그로 작성한 2개의 문장입니다. 〈div〉 태그로 감싸면 하나의 블록으로 처리되어 2개의 문단처럼 보이게 됩니다. 두 번째는 〈span〉으로 작성한 2개의 문장입니다. 〈span〉 태그는 〈div〉와 같이 블록처럼 표현되지 않습니다. 인라인으로 처리되어 2개의 문장이 하나의 문장처럼 보입니다.

Note

〈div〉와 〈span〉 태그를 이용한 블록 처리

〈div〉와 〈span〉 태그의 가장 큰 차이점은 '블록 처리 이후에 라인이 바뀌는가?' 하는 것입니다. 〈div〉 태그가 온 이후에는 라인이 바뀌어 표현되고, 〈span〉 태그와 같은 인라인 태그는 라인이 바뀌지 않고 하나의 라인에 여러 개의 태그가 올 수 있습니다. 다음과 같이 표현된다고 생각하면 쉽게 이해될 것입니다.

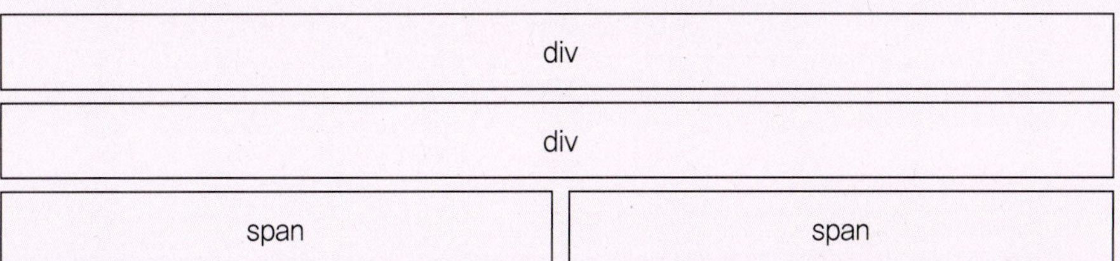

〈div〉와 〈span〉 태그는 순수 웹 문서를 작성할 때보다는 CSS 적용 웹 문서에 많이 사용됩니다. 〈div〉와 〈span〉 태그는 문서이 레이아웃을 만드는 역할을 하거나, CSS를 적용하기 위해 블록으로 묶어주거나, JavaScript를 이용하여 컨트롤할 대상을 묶는 역할을 합니다. 다음은 〈div〉를 이용한 레이아웃 구성의 예입니다.

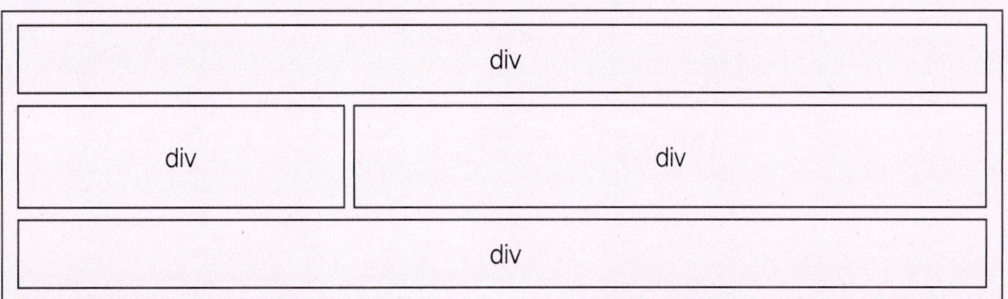

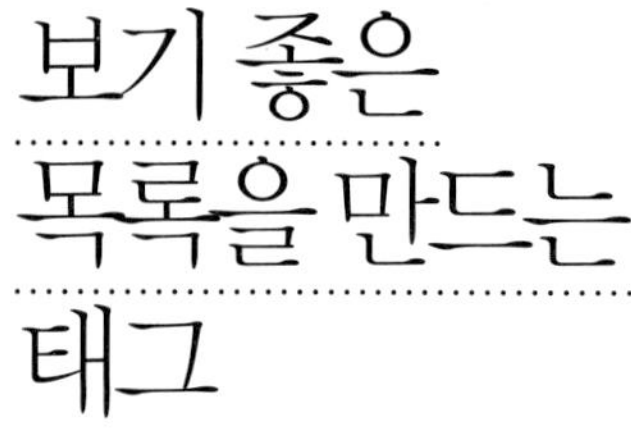

보기 좋은 목록을 만드는 태그

LESSON05

목차 등을 표시할 때에 목록을 사용하면 내용을 보기 좋고 간결하게 표현할 수 있습니다. 목록을 표시하는 데에는 여러 가지 방법이 있는데, 이번 레슨에서는 번호가 없는 목록과 있는 목록을 만드는 방법에 대해 알아보겠습니다.

목록을 만드는 태그

번호가 없는 목록은 점을 찍어 항목을 구분하고, 번호가 있는 목록은 점 대신 숫자나 알파벳을 이용하여 항목을 구분합니다. 이때 점이나 숫자의 모양은 type 속성을 이용하여 모양을 바꿀 수 있습니다.

■ 태그 이해하기

태그	설명	HTML4	HTML5
ul	번호 없는 목록을 만듭니다.	O	O
ol	번호 있는 목록을 만듭니다.	O	O
li	<ul>과 <ol> 태그의 항목을 만듭니다.	O	O

■ 태그 속성

태그	속성	값	설명	HTML4	HTML5
ul	compact	compact	일반 크기보다 작게 표시합니다.	O	X
	type	disc/square/circle	항목에 사용할 점의 모양을 설정합니다.	O	X
ol	compact	compact	일반 크기보다 작게 표시합니다.	O	X
	reversed	reversed	항목의 숫자를 역순으로 표시합니다.	X	O
	start	숫자	항목의 시작 숫자를 지정합니다.	O	O
	type	1/A/a/I/i	항목에 사용할 번호의 종류를 설정합니다.	O	O
li	type	1/A/a/I/i/disc/square/circle	항목에 사용할 점과 번호의 종류를 설정합니다.	O	X
	value	숫자	번호 있는 목록에서 항목의 번호를 지정합니다.	O	O

01 새 문서를 열어 다음과 같이 입력하고 '2-10.html'이라는 이름으로 저장합니다.

```html
1  <!DOCTYPE html>
2  <html>
3  <head>
4      <meta charset="utf-8">
5      <title></title>
6  </head>
7  <body>
8  <ul>
9      <li>HTML5</li>
10     <li>CSS3</li>
11     <li>JavaScript</li>
12 </ul>
13 <ol>
14     <li>Background</li>
15     <li>Border</li>
16     <li>Animation</li>
17 </ol>
18 </body>
19 </html>
```

첫 번째는 〈ul〉 태그, 두 번째는 〈ol〉 태그를 이용하여 목록을 작성하였습니다.

02 웹 브라우저에서 내용을 확인합니다.

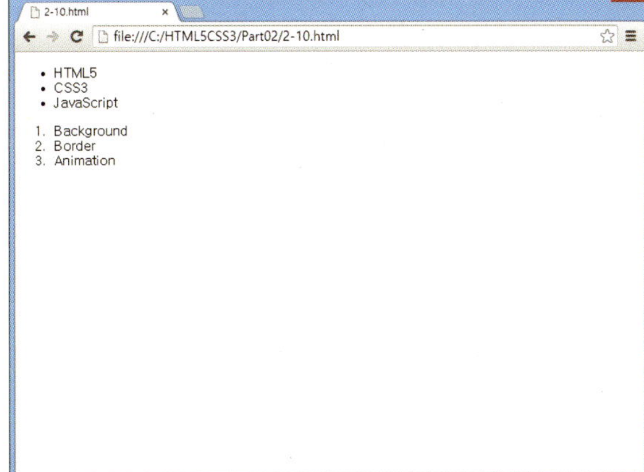

첫 번째는 번호 없는 목록을, 두 번째는 번호 있는 목록을 보여주고 있습니다. 웹 브라우저의 내용을 살펴보면 태그의 역할을 확실히 알 수 있습니다.

03 처음 작성한 내용을 다음과 같이 수정하고 파일을 저장합니다.

```html
1  <!DOCTYPE html>
2  <html>
3  <head>
4      <meta charset="utf-8">
5      <title></title>
6  </head>
7  <body>
8  <ul>
9      <li>HTML5</li>
10     <li>CSS3
11         <ol>
12             <li>Background</li>
13             <li>Border</li>
```

두 번째 〈ol〉 태그의 내용을 첫 번째 〈ul〉 태그의 〈li〉 태그 안에 입력하였습니다.

```
14            <li>Animation</li>
15        </ol>
16    </li>
17    <li>JavaScript</li>
18 </ul>
19 </body>
20 </html>_
```

04 웹 브라우저에서 내용을 확인합니다.

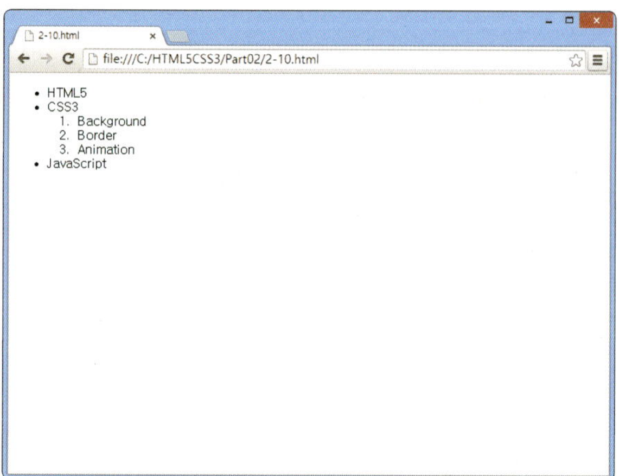

두 번째 〈ol〉 목록이 첫 번째 〈ul〉 목록 중 두 번째 목록의 하위 목록
으로 표현되는 것을 확인할 수 있습니다.

Tip

〈ul〉 또는 〈ol〉 태그 안에 다시 〈ul〉 또는 〈ol〉 태그가 중복되어 올
수 있습니다. 이 경우에 화면에 출력되는 모양은 〈ul〉과 〈ol〉 태그
의 모양으로 보이고, 단지 해당 항목의 하위 목록으로 표현됩니다.
번호가 있는 목록과 없는 목록을 복합적으로 사용하면, 항목을 더욱
보기 쉽게 구분할 수 있습니다.

〈ul〉과 〈ol〉 태그를 이용한 메뉴와 목록

최근에는 〈ul〉, 〈ol〉과 같은 목록 태그가 웹 사이트를 만드는 데 많이 사용되고 있습니다. 메뉴에서부터 항목을 리스트로 표현하는 부분은 거의 목록 태그가 사용되고 있습니다.

❶ 웹 브라우저를 열어 네이버 웹 사이트로 이동합니다.

❷ F12 를 눌러 개발자 도구를 엽니다.

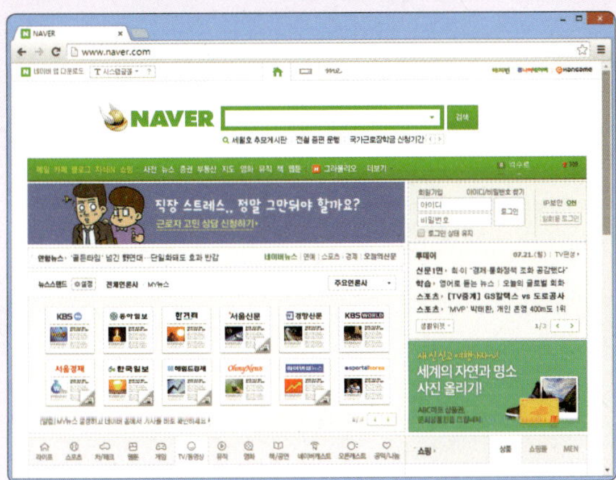

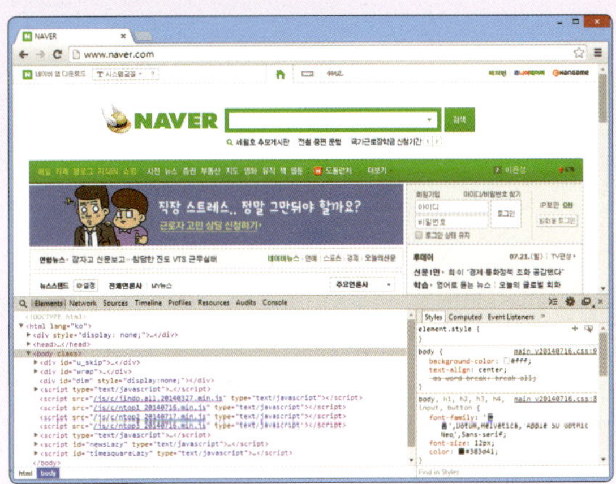

❸ 화면 위쪽에 있는 네이버 홈 아이콘에 마우스 오른쪽 버튼을 클릭하면 나타나는 메뉴 중에서 [요소 검사]를 클릭합니다.

❹ 개발자 도구의 내용을 확인하면 위쪽 메뉴가 〈ul〉 태그로 작성된 것을 알 수 있습니다.

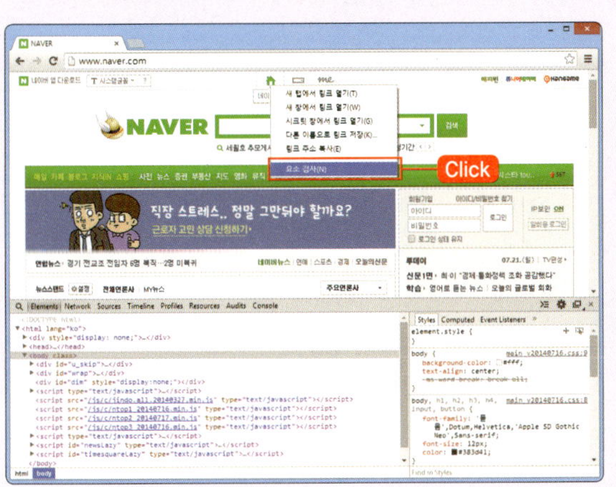

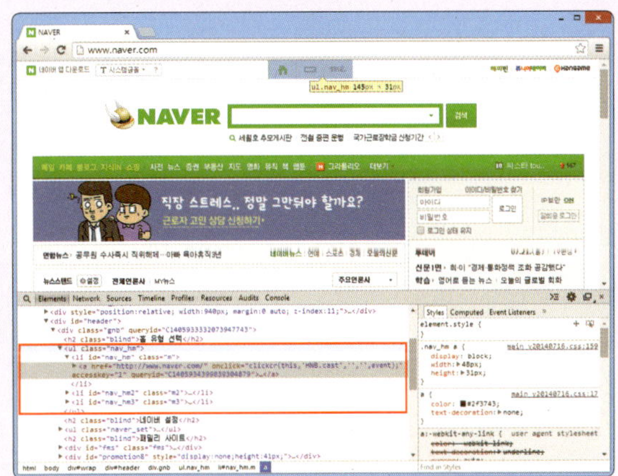

이 밖에도 많은 부분이 목록 태그를 이용하여 작성된 것을 확인할 수 있습니다. 그런데 우리가 실습한 모양과는 많은 차이가 있습니다. 그 이유는 HTML을 이용해 뼈대만 만들어 놓고 CSS라는 옷을 입히지 않았기 때문입니다. 옷을 입히는 과정은 3장에서 학습할 것입니다.

정의된 내용을 설명하거나 계층적인 구조로 나타내고자 할 때에는 다음과 같은 태그를 사용합니다.

■ 태그 이해하기

태그	설명	HTML4	HTML5
dl	정의된 내용을 설명하거나 계층 구조 목록을 만듭니다.	O	O
dt	설명 리스트의 이름을 표시합니다.	O	O
dd	설명 리스트에 대한 세부 내용을 표시합니다.	O	O

● **저장할 경로** : C:\HTML5CSS3\Part02\2-11.htm ● **완성 파일** : C:\HTML5CSS3\완성예제\Part02\2-11.html

01 다음과 같이 입력하고 '2-11.html'이라는 이름으로 저장합니다.

```
1 <!DOCTYPE html>
2 <html>
3 <head>
4     <meta charset="utf-8">
5     <title></title>
6 </head>
7 <body>
8 <dl>
9     <dt>CSS3</dt>
10     <dd>Background</dd>
11     <dd>Border</dd>
12     <dd>Animation</dd>
13 </dl>
14 </body>
15 </html>
```

02 웹 브라우저에서 내용을 확인합니다.

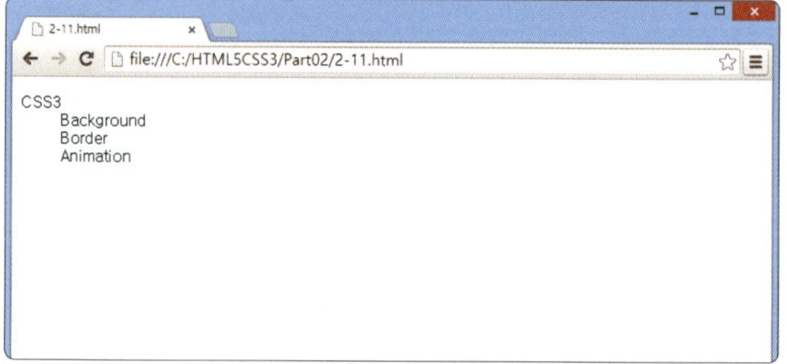

Note

〈dl〉 태그와 〈ul〉, 〈ol〉 태그의 차이

계층 구조를 만드는 〈dl〉 태그는 앞에서 설명한 〈ul〉, 〈ol〉 태그처럼 목록을 만듭니다. 하지만 〈ul〉, 〈ol〉 목록 태그가 점이나 숫자로 표현되는 것을 제외하고는 목록을 표현한다는 것 자체는 크게 다르지 않습니다. 이처럼 화면의 모양상으로는 차이가 없더라도 태그가 가지는 의미에 맞도록 사용하는 것이 웹 문서를 작성하는 데 있어서 지켜야 할 규칙입니다.

타이포에 마술을 거는 태크

앞 레슨에서는 웹 문서를 정리하는 태그에 대해 알아보았습니다. 이번 레슨에서는 웹 문서에서 글자를 다양한 형태로 보여주려면 어떠한 태그들이, 어떻게 사용되는지에 대해 알아보겠습니다.

HTML5 + CSS3

글자 스타일을 바꾸는 태그

웹 문서에서는 글자를 다양하게 편집할 수 있습니다. 이제부터 웹 문서에서 글자를 편집할 때에 사용하는 태그에는 어떤 것들이 있는지 알아보겠습니다.

■ 태그 이해하기

태그	설명	HTML4	HTML5
b	문자를 굵게 표시합니다.	O	O
u	문자에 밑줄을 표시합니다.	O	O
i	문자를 이탤릭체로 표시합니다.	O	O
sub	아랫첨자로 표시합니다.	O	O
sup	윗첨자로 표시합니다.	O	O
strike	문자에 취소선을 표시합니다.	O	X
small	문자를 조금 작게 표시합니다.	O	O
big	문자를 조금 크게 표시합니다.	O	X
tt	문자를 타자체로 표시합니다.	O	X
kbd	키보드 입력으로 표시합니다.	O	O
code	컴퓨터의 코드로 표시합니다.	O	O

01. 다음과 같이 입력하고 '2-12.html'이라는 이름으로 저장합니다.

웹 문서의 내용을 작성할 때 강조 또는 인용 등을 표현하려면 글자 스타일을 바꾸는 태그를 사용할 수 있습니다.

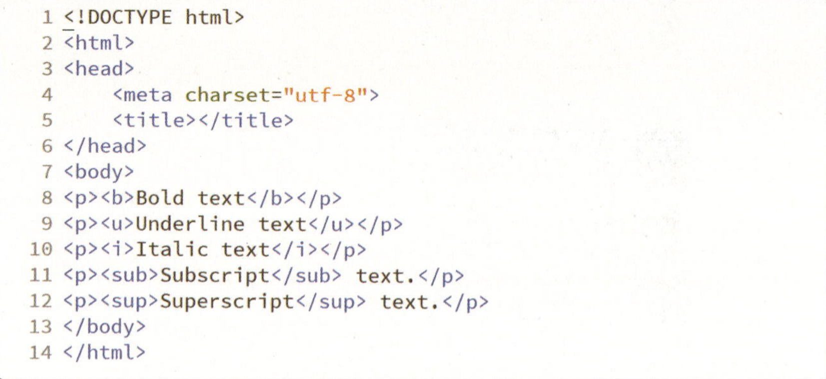

```html
1 <!DOCTYPE html>
2 <html>
3 <head>
4     <meta charset="utf-8">
5     <title></title>
6 </head>
7 <body>
8 <p><b>Bold text</b></p>
9 <p><u>Underline text</u></p>
10 <p><i>Italic text</i></p>
11 <p><sub>Subscript</sub> text.</p>
12 <p><sup>Superscript</sup> text.</p>
13 </body>
14 </html>
```

02. 웹 브라우저에서 내용을 확인합니다. 텍스트가 태그에 따라 다른 모양으로 표현되는 것을 알 수 있습니다.

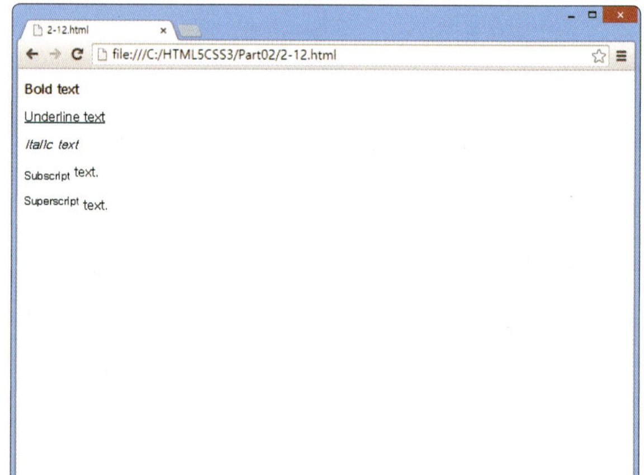

글자 위의 주석, 루비 글자 태그

루비 글자는 일본이나 중국에서 주로 사용하는 표기 방법으로, 단어에 대한 설명이나 읽는 법 등을 보통의 글자보다 작은 크기로 적는 것을 말합니다. 우리나라에서도 한자에 대한 한글 표기 등에 사용하기도 합니다.

■ 태그 이해하기

태그	설명	HTML4	HTML5
ruby	문자 및 단어에 대한 루비 주석을 표현합니다.	X	O
rt	문자에 대한 설명이나 발음을 표현합니다.	X	O
rp	〈ruby〉 태그를 지원하지 않을 경우, 표시 형태를 정의합니다.	X	O

01 다음과 같이 입력하고 '2-13.html'이라는 이름으로 저장합니다.

```
1  <!DOCTYPE html>
2  <html>
3  <head>
4      <meta charset="utf-8">
5      <title></title>
6  </head>
7  <body>
8  <ruby>
9      大韓民國
10     <rt>대한민국</rt>
11 </ruby>
12 <ruby>
13     大韓民國
14     <rp>(</rp>
15     <rt>대한민국</rt>
16     <rp>)</rp>
17 </ruby>
18 </body>
19 </html>
```

02 웹 브라우저에서 내용을 확인합니다.

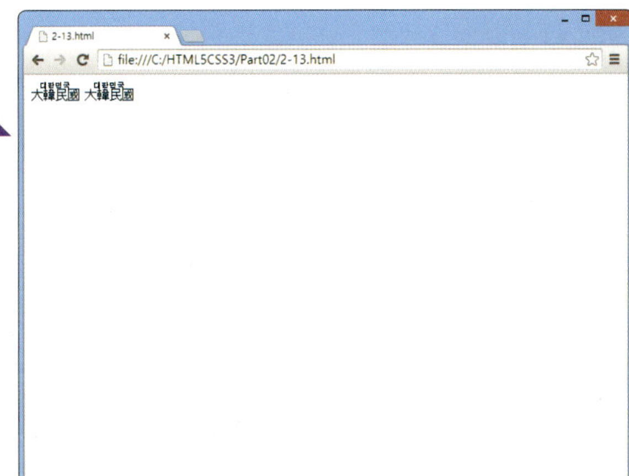

한자로 입력된 '大韓民國' 위에 작은 문자로 '대한민국'이라고 표현된 것을 확인할 수 있습니다.

Tip

현재 웹 브라우저에서 두 〈ruby〉 태그의 표현 방식은 동일합니다. 여기서 작성한 두 번째 〈ruby〉 태그는 웹 브라우저에서 〈ruby〉 태그를 지원하지 않을 경우에 대비하여 작성하는 것으로, 지원하는 웹 브라우저에서는 〈rp〉 태그기 무시됩니다.

특수 문자 입력하기

웹 사이트를 완성한 후 마지막 부분에 저작권 표시를 하려고 하는데 저작권 표시 기호인 '©'를 어떻게 입력해야 하는지 모른다면 무척 당황스럽겠죠. 이때 이러한 특수 문자를 입력하는 데에는 HTML에서 지원하는 코드값(Numeric)이나 약속된 기호(Symbolic)를 입력하는 방법과 키보드의 ㄱ , ㄴ , ㄷ 과 같은 한글 자음과 한자 를 이용하여 입력하는 방법이 있습니다.

■ Numeric과 Symbolic

Numeric과 Symbolic은 이미 정의된 값이나 기호를 입력하는 태그로, 웹 브라우저에서 해석하여 특수 문자를 표현합니다. 일반적으로 Numeric보다는 Symbolic이 기억하기 편하기 때문에 특수 문자를 Symbolic으로 입력합니다.

Numeric	Symbolic	결과	설명
		공백	공백을 출력합니다.
<	<	〈	부등호를 출력합니다.
>	>	〉	부등호를 출력합니다.
&	&	&	앰퍼샌드를 출력합니다.
"	"	"	큰따옴표를 출력합니다.
©	©	©	Copyright 기호를 출력합니다.

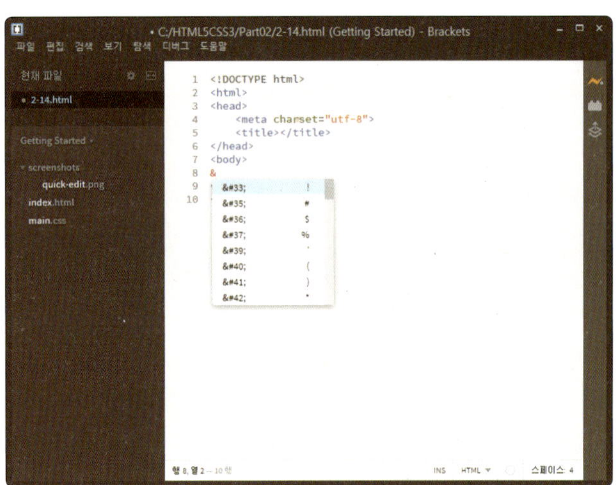

이 책에서 사용하는 브래킷에서 '&' 문자를 입력하면 다음과 같이 사용 가능한 특수 문자들이 팝업 창으로 나타납니다. 이 기능은 에디터마다 차이가 있을 수 있습니다.

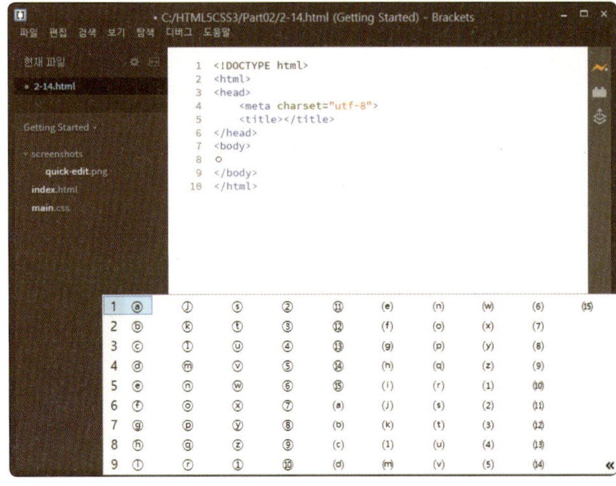

■ 한글 자음과 한자

키보드의 ㄱ, ㄴ, ㄷ과 같은 한글 자음과 한자를 이용하여 특수 문자를 입력할 수 있습니다. 웹 문서 작성 시 한글 자음을 입력한 후 커서를 움직이지 말고 한자를 누르면 됩니다. 키보드의 한자를 이용 하는 방법은 OS에서 지원하는 문자 셋을 기준으로 하여 제공하는 기 능으로, 편집기와는 상관없이 동작합니다.

01 기본 태그를 다음과 같이 입력하고 키보드의 [&] 와 [C]를 누르면 나타나는 팝업 창에서 '©'를 선택합니다.

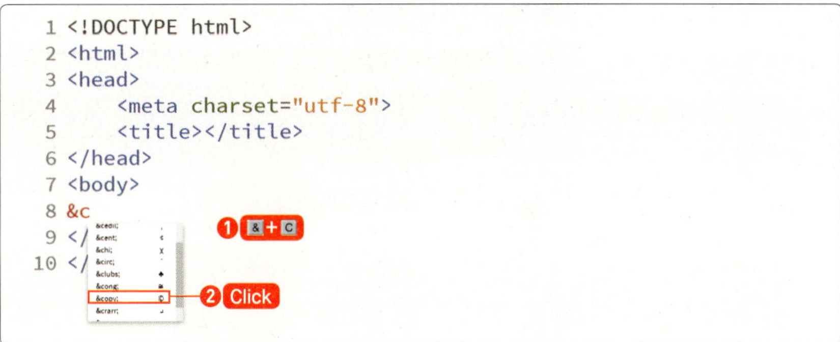

02 [Enter]를 눌러 줄을 바꾼 후 〈br〉을 입력하고, 한글 자음 [O]을 누른 후 [한자]를 누릅니다. 특수 문자 창이 나타나면 '©'를 선택한 후 '2-14.html'이라는 이름으로 저장합니다.

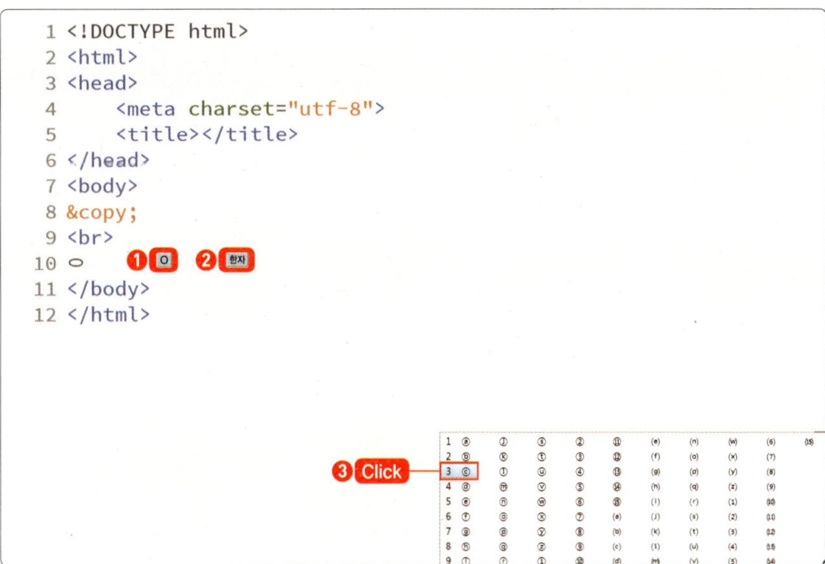

03 웹 브라우저에서 내용을 확인합니다.

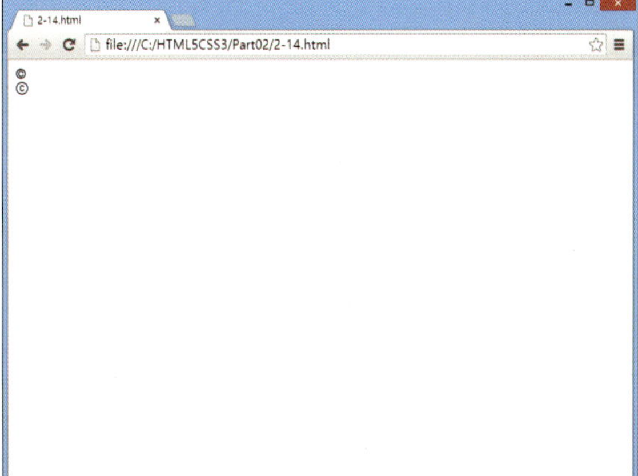

첫 번째는 Symbolic 기호를 입력한 것이고, 두 번째는 [한자]를 이용하여 ©를 입력한 것입니다. HTML에서 약속된 문자와 OS에서 정의된 문자의 차이로 인해 모양은 약간 다르게 표현되었습니다. 엄밀하게 말하면 우리가 보기에는 비슷하지만 컴퓨터 입장에서 본다면 서로 다른 문자인 것입니다.

한글 자음과 [한자] 에서 많이 사용하는 특수 문자

HTML 편집기에서 한글 자음을 입력한 후 키보드의 [한자] 를 누르면 비슷한 종류의 특수 문자들이 많이 나타납니다. 일반적으로 이 많은 특수 문자들을 전부 사용하지 않으며, 다음의 특수 문자들이 웹 문서를 만들 때에 주로 사용됩니다. 이 밖에도 각 자음 키마다 많은 특수 문자들이 숨어 있습니다.

한글 자음	나타나는 특수 문자

ㄷ

1	+	≤	∂	∵	∪	∮
2	−	≥	∇	∫	∩	Σ
3	<	∞	≡	∬	∧	∏
4	=	∴	≒	∈	∨	
5	>	♂	≪	∋	¬	
6	±	♀	≫	⊆	⇒	
7	×	∠	√	⊇	⇔	
8	÷	⊥	∽	⊂	∀	
9	≠	⌒	∝	⊃	∃	≪

ㄹ

1	$	£	ℓ	㎛	㎍	㎰
2	%	¥	㎘	㎜	㎎	㎱
3	₩	¤	㏄	㎝	㎏	㎲
4	℉	㎟	㎞	㏏	㎳
5	′	‰	㎠	㎡	cal	pV
6	″	€	㎥	㎠	㎉	nV
7	℃	㎕	㎢	㎡	dB	㎶
8	Å	㎖	fm	㎢	㎧	mV
9	¢	㎗	nm	ha	㎨	kV

ㅁ

1	#	●	▼	▷	◆	▤
2	&	◎	→	▶	■	▨
3	*	◇	←	△	◗	♨
4	@	◆	↑	♠	◐	☏
5	§	□	↓	♡	▦	☎
6	※	■	↔	♥	▥	☜
7	☆	△	=	♧	▧	☞
8	★	▲	◁	♣	▨	¶
9	○	▽	◀	◉	▩	†

ㅅ

1	㉠	㉧	㉾	㈎	㈜	㈣
2	㉡	㉨	㉿	㈀	㈐	㈤
3	㉢	㉩	㉪	㈁	㈑	㈥
4	㉣	㉪	㉫	㈂	㈒	㈦
5	㉤	㉫	㉬	㈃	㈓	㈧
6	㉥	㉬	㉭	㈄	㈔	㈨
7	㉦	㉭	㉮	㈅	㈎	㈩
8	㉧	㉮	㉯	㈆	㈏	㈪
9	㉨	㉯	㉰	㈇	㈐	㈫

ㅇ

1	ⓐ	⑦	⑬	②	⑪	(e)
2	ⓑ	⑧	⑭	③	⑫	(f)
3	ⓒ	⑨	⑮	④	⑬	(g)
4	ⓓ	⑩	⑯	⑤	⑭	(h)
5	ⓔ	⑪	⑰	⑥	⑮	(i)
6	ⓕ	⑫	⑱	⑦	ⓐ	(j)
7	ⓖ	⑬	⑲	⑧	ⓑ	(k)
8	ⓗ	⑭	⑳	⑨	ⓒ	(l)
9	①	⑮	①	⑩	ⓓ	(m)

웹 문서를 재미있게 꾸미는 태그

웹 문서를 이미지 없이 글자로만 구성한다면 방문객이 쉽게 싫증을 느낄 것입니다. 웹 사이트상에서의 이미지는 정보를 쉽게 전달하는 중요한 수단이지만, 이미지를 지나치게 많이 사용하는 것은 웹 사이트의 로딩 속도를 저하시키는 원인이 될 수 있습니다.

HTML5 + CSS3

이미지를 삽입하는 〈img〉 태그

웹 문서에 이미지를 삽입할 때에는 〈img〉 태그를 사용하는데, 〈img〉 태그에는 많은 속성들을 사용할 수 있습니다.

■ 태그 형식

<img src="그림 파일" width="폭" height="높이" alt="설명">

■ 태그 이해하기

태그	설명	HTML4	HTML5
img	웹 문서에 이미지를 삽입합니다.	O	O

■ 태그 속성

태그	속성	값	설명	HTML4	HTML5
img	align	left/right/top/middle/bottom	문장에서 이미지의 위치를 지정합니다.	O	X
	alt	설명	이미지를 대체할 설명을 입력합니다.	O	O
	border	픽셀	이미지의 테두리를 설정합니다.	O	X
	crossorigin	anonymous/use-credentials	다른 사이트의 이미지를 이용할 수 있게 해줍니다.	X	O
	height	픽셀	이미지의 높이를 픽셀 단위로 지정합니다.	O	O
	hspace	픽셀	이미지와 문장 사이에 가로 여백을 지정합니다.	O	X
	ismap	ismap	서버 측의 이미지맵을 지정합니다.	O	O

태그	속성	값	설명	HTML4	HTML5
	longdesc	URL	이미지의 설명을 가지는 URL을 지정합니다.	O	X
	src	URL	삽입하려는 이미지의 경로와 파일 이름을 지정합니다.	O	O
img	usemap	맵이름	사용자 측의 이미지맵을 지정합니다.	O	O
	vspace	픽셀	이미지와 문장 사이의 세로 여백을 지정합니다.	O	X
	width	픽셀	이미지의 폭을 픽셀 단위로 지정합니다.	O	O

● **저장할 경로** : C:\HTML5CSS3\Part02\2-15.htm ● **완성 파일** : C:\HTML5CSS3\완성예제\Part02\2-15.html

01 다음과 같이 입력하고 '2-15.html' 이라는 이름으로 저장합니다.

```html
1  <!DOCTYPE html>
2  <html>
3  <head>
4      <meta charset="utf-8">
5      <title></title>
6  </head>
7  <body>
8  <img src="../images/2-15.jpg">
9  <br>
10 <img src="../images/2-15.jpg" width="200" alt="HTML5">
11 </body>
12 </html>
```

2개의 이미지를 웹 문서에 삽입하였습니다. 첫 번째는 이미지만 추가하였고, 두 번째는 이미지에 속성들을 추가한 것입니다.

주의

만약 1장의 웹 사이트 파일 내용을 내 컴퓨터에 저장하지 않았다면, 다음 이미지는 경로가 맞지 않기 때문에 표시되지 않을 것입니다. 35쪽으로 돌아가 웹 사이트에서 샘플 파일을 다운로드하여 내 컴퓨터에 저장한 후에 다음 과정을 따라하세요.

02 웹 브라우저에서 내용을 확인합니다.

화면에 이미지 2개가 표현되었습니다. 화면에 표현된 이미지의 크기가 다른 것을 확인할 수 있습니다.

Tip

첫 번째 이미지는 〈img〉 태그의 src 속성만 입력하여 원래의 이미지 크기로 화면에 표현하였습니다. 두 번째 이미지는 〈img〉 태그에 폭을 지정하는 'width'를 주어 이미지의 폭을 강제로 지정하였습니다. 그렇기 때문에 원래의 이미지 크기보다 작게 표현된 것입니다.
두 번째 〈img〉 태그에는 alt 속성도 추가하였는데, alt 속성은 화면에는 나타나지 않지만 이미지를 표현하지 못하는 경우에 이미지 위치에 설명글을 보여주거나 시각 장애인이 화면 텍스트 리더기를 통해 웹 문서를 음성으로 변환하여 읽어주는 프로그램을 사용할 때에 이미지 설명을 음성으로 읽어줍니다. 이처럼 alt 속성은 웹 접근성에 있어서 매우 중요한 역할을 합니다.

이미지의 크기는 'width'와 'height'를 이용하여 지정합니다. 앞 예제의 첫 번째 경우처럼 크기를 지정하지 않으면 원래의 이미지 크기로 화면에 나타납니다. 그리고 두 번째 경우처럼 'width'만 지정한 경우에는 폭은 지정한 픽셀로, 'height'는 원래 이미지와 폭의 크기에 비례한 픽셀로 자동 계산되어 나타납니다.

● **저장할 경로** : C:\HTML5CSS3\Part02\2-16.html ● **완성 파일** : C:\HTML5CSS3\완성예제\Part02\2-16.html

01 다음과 같이 입력하고 '2-16.html'이라는 이름으로 저장합니다.

```html
1 <!DOCTYPE html>
2 <html>
3 <head>
4     <meta charset="utf-8">
5     <title></title>
6 </head>
7 <body>
8 <img src="../images/2-15.jpg">
9 <br>
10 <img src="../images/2-15.jpg" width="500" height="100"
   alt="HTML5">
11 </body>
12 </html>
```

02 웹 브라우저에서 내용을 확인합니다.

첫 번째는 원본 이미지이고, 두 번째는 임의로 폭과 넓이를 지정하여 비율이 깨진 이미지입니다.

> **Tip**
>
> '⟨img src="../images/2-15.jpg" width="500" height="100" alt="HTML5"⟩'와 같이 입력한 경우로, 폭과 넓이가 고정되어 화면에 나타납니다. 이렇게 되면 의도하지 않게 이미지의 비율이 깨지는 현상이 발생합니다. 따라서 일반적으로는 'width'나 'height' 속성 중 하나만 입력합니다.

상대 경로와 절대 경로는 이미지와 같은 객체의 위치를 알려주는 중요한 역할을 합니다. 앞의 예제에서 src 속성에 이미지의 위치를 지정하였는데, 이때 사용한 방법이 상대 경로로 이미지의 위치를 지정하는 것입니다. 이 경로를 정확하게 지정하지 않으면 웹 브라우저가 객체의 위치를 찾지 못하기 때문에 원하는 결과를 얻을 수 없습니다.

구분	표현방법	설명
상대 경로	../images or ./images	HTML 문서의 위치와 객체와의 상대적인 위치를 표현합니다. "../"는 한 단계 상위를 나타냅니다. 따라서 "../images"라고 표현하면 HTML 문서가 있는 폴더에서 한 단계 상위 폴더로 이동하여 다시 하위에 있는 "images" 폴더를 찾게 됩니다. "./"는 현재 폴더를 나타냅니다.
절대 경로	C:/HTML5CSS3/images or /images	HTML 문서와 상관없이 객체의 절대적인 위치를 표현합니다.

웹 문서의 위치는 디자이너 또는 HTML 편집자가 작업할 때와 서버에 올라갈 때가 다를 수 있습니다. 따라서 특수한 경우를 제외하고는 대부분 객체의 위치를 상대 경로로 표현합니다.

● **저장할 경로** : C:\HTML5CSS3\Part02\2-17.html ● **완성 파일** : C:\HTML5CSS3\완성예제\Part02\2-17.html

01 다음과 같이 입력하고 '2-17.html'이라는 이름으로 저장합니다.

```
1 <!DOCTYPE html>
2 <html>
3 <head>
4     <meta charset="utf-8">
5     <title></title>
6 </head>
7 <body>
8 <img src="../images/2-15.jpg">
9 <br>
10 <img src="/images/2-15.jpg" width="500" height="100"
    alt="HTML5">
11 </body>
12 </html>
```

02 웹 브라우저에서 내용을 확인합니다.

상대 경로를 절대 경로로 변경했더니 두 번째 이미지의 경로를 찾을 수 없어 출력이 되지 않은 것입니다.

〈iframe〉은 웹 문서의 특정 위치에 또 다른 웹 문서를 불러올 수 있도록 하는 기능입니다. 예를 들어, 링크할 웹 문서에 웹 사이트를 설정하면 웹 문서의 특정 영역에 해당 사이트가 표시되도록 할 수 있습니다.

■ 태그 형식

```
〈iframe width="폭" height="높이" src="불러올 웹 문서"〉〈/iframe〉
```

■ 태그 이해하기

태그	설명	HTML4	HTML5
iframe	웹 문서에 다른 웹 문서를 삽입합니다.	O	O

■ 태그 속성

태그	속성	값	설명	HTML4	HTML5
iframe	align	left/right/top/middle/bottom	문서에서 〈iframe〉의 위치를 지정합니다.	O	X
	frameborder	1/0	1로 설정하면 프레임의 경계선이 나타나고, 0으로 설정하면 프레임의 경계선이 나타나지 않습니다.	O	X
	height	픽셀 / %	〈iframe〉의 높이를 픽셀값이나 비율로 지정합니다.	O	O
	longdesc	URL	〈iframe〉의 설명을 가지고 있는 URL을 지정합니다.	O	X
	marginheight	픽셀	〈iframe〉 안의 아래쪽과 위쪽 여백을 지정합니다.	O	X
	marginwidth	픽셀	〈iframe〉 안의 왼쪽과 오른쪽 여백을 지정합니다.	O	X
	name	이름	〈iframe〉의 이름을 지정합니다.	O	O
	sandbox	""/allow-forms/allow-same-origin/allow-scripts/allow-top-navigation	〈iframe〉의 내용에 제한을 설정합니다.	X	O
	scrolling	yes/no/auto	yes로 설정하면 스크롤바가 항상 나타나고, no로 설정하면 나타나지 않습니다. auto로 설정하면 〈iframe〉의 크기보다 불러온 문서의 내용이 많을 경우에만 자동으로 나타납니다.	O	X
	seamless	seamless	문서의 일부처럼 보이도록 지정합니다.	X	O
	src	URL	웹 문서의 주소를 지정합니다.	O	O
	srcdoc	HTML code	〈iframe〉에 보여줄 HTML 코드를 지정합니다.	X	O
	width	픽셀 / %	〈iframe〉의 폭을 픽셀값이나 비율로 지정합니다.	O	O

01 다음과 같이 입력하고 '2-18.html'이라는 이름으로 저장합니다.

```
1  <!DOCTYPE html>
2  <html>
3  <head>
4      <meta charset="utf-8">
5      <title></title>
6  </head>
7  <body>
8  <iframe src="http://www.daum.net/" width="100%" height="500">
   </iframe>
9  </body>
10 </html>
```

02 웹 브라우저에서 내용을 확인합니다. 다음(http://www.daum.net) 웹 사이트가 아이프레임 안으로 들어온 것을 알 수 있습니다.

웹 문서 안에 또 다른 웹 문서가 포함된 것을 확인할 수 있습니다. 이렇게 src 속성을 이용하여 불러올 웹 문서나 웹 사이트 URL을 지정하면 쉽게 웹 문서에 웹 문서를 포함할 수 있습니다.

멀티미디어를 삽입하는 〈embed〉 태그

이미지 외에 웹 문서에서 플래시 파일(*.swf), 동영상 파일(*.avi, *.mpeg) 그리고 음악 파일(*.wav, *.midi)과 같은 개체를 삽입하려면 〈embed〉 태그를 이용합니다.

■ 태그 형식

〈embed src="멀티미디어 파일" width="폭" height="높이"〉

■ 태그 이해하기

태그	설명	HTML4	HTML5
embed	웹 문서에 플래시, 동영상, 음악 파일 등을 삽입합니다.	X	O

■ 태그 속성

태그	속성	값	설명	HTML4	HTML5
	height	픽셀	재생 매체의 높이를 픽셀 단위로 지정합니다.	X	O
embed	src	URL	삽입하려는 파일의 경로와 파일 이름을 지정합니다.	X	O
	type	MIME type	삽입하려는 파일의 MIME 타입을 지정합니다.	X	O
	width	픽셀	재생 매체의 폭을 픽셀 단위로 지정합니다.	X	O

● **저장할 경로** : C:\HTML5CSS3\Part02\2-19.html ● **완성 파일** : C:\HTML5CSS3\완성예제\Part02\2-19.html

01 다음과 같이 입력하고 '2-19.html'이라는 이름으로 저장합니다.

```
1 <!DOCTYPE html>
2 <html>
3 <head>
4     <meta charset="utf-8">
5     <title></title>
6 </head>
7 <body>
8 <embed src="../images/2-19.swf" width="770" height="490">
9 </body>
10 </html>
```

02 웹 브라우저에서 내용을 확인합니다. 웹 문서 안에 플래시 파일이 포함된 것을 확인할 수 있습니다. src 속성을 이용하여 불러올 플래시 파일의 경로를 지정하면 됩니다.

⟨audio⟩와 ⟨video⟩ 태그

웹 문서에 오디오 또는 동영상을 삽입하려면 ⟨embed⟩ 태그 이외에 ⟨audio⟩와 ⟨video⟩ 태그를 사용할 수 있습니다. 현재 오디오는 MP3, WAV, OGG 파일 형식을, 동영상은 MP4, WebM, OGG 파일 형식을 지원합니다. 하지만 모든 웹 브라우저에서 해당 형식을 지원하는 것은 아니므로 파일 형식을 잘 고려해야 합니다.

■ 태그 형식

```
⟨audio autoplay controls src="파일 경로"⟩⟨/audio⟩
⟨video autoplay controls src="파일 경로" width="가로 폭"⟩⟨/video⟩
```

■ 태그 이해하기

태그	설명	HTML4	HTML5
audio	웹 문서에 오디오를 삽입합니다.	X	O
video	웹 문서에 동영상을 삽입합니다.	X	O

■ 태그 속성

태그	속성	값	설명	HTML4	HTML5
audio	autoplay	autoplay	오디오가 자동으로 플레이되도록 지정합니다.	X	O
	controls	controls	오디오의 컨트롤 기능이 나타나도록 지정합니다.	X	O
	loop	loop	오디오를 반복하여 재생하도록 지정합니다.	X	O
	muted	muted	오디오 재생 시 소리가 나지 않도록 지정합니다.	X	O
	preload	auto/metadata/none	오디오가 로드되기 전 해야 할 것을 지정합니다.	X	O
	src	URL	삽입하려는 파일의 경로와 파일 이름을 지정합니다.	X	O
video	autoplay	autoplay	동영상이 자동으로 플레이되도록 지정합니다.	X	O
	controls	controls	동영상의 컨트롤 기능이 나타나도록 지정합니다.	X	O
	height	픽셀	동영상의 높이를 픽셀 단위로 지정합니다.	X	O
	loop	loop	동영상을 반복하여 재생하도록 지정합니다.	X	O
	muted	muted	동영상 재생 시 소리가 나지 않도록 지정합니다.	X	O
	poster	URL	동영상의 이미지를 지정합니다.	X	O
	preload	auto/metadata/none	동영상이 로드되기 전에 해야 할 것을 지정합니다.	X	O
	src	URL	삽입하려는 파일의 경로와 파일 이름을 지정합니다.	X	O
	width	픽셀	동영상의 폭을 픽셀 단위로 지정합니다.	X	O

● **저장할 경로** : C:\HTML5CSS3\Part02\2-20.html   ● **완성 파일** : C:\HTML5CSS3\완성예제\Part02\2-20.html

01 다음과 같이 입력하고 '2-20.html'이라는 이름으로 저장합니다.

```
1 <!DOCTYPE html>
2 <html>
3 <head>
4     <meta charset="utf-8">
5     <title></title>
6 </head>
7 <body>
8 <audio autoplay controls src="../images/2-20.mp3"></audio>
9 <video controls src="../images/2-20.mp4" width="460"></video>
10 </body>
11 </html>
```

02 웹 브라우저에서 내용을 확인합니다. 웹 문서 안에 오디오 및 동영상 파일이 포함된 것을 확인할 수 있습니다.

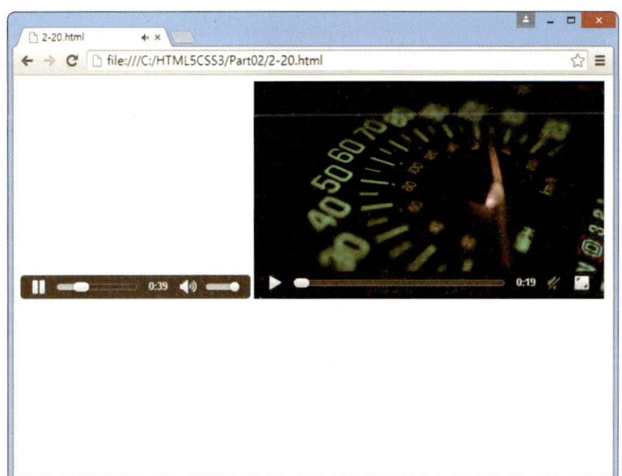

동영상을 자동 재생하고 반복하기

웹 문서에 삽입된 동영상은 자동으로 재생되지 않습니다. 동영상이 자동 재생되기 위해서는 'autoplay' 속성을 지정해야 합니다. 또 동영상이 계속 반복되도록 설정하려면 'loop' 속성을 지정합니다.

● **저장할 경로** : C:\HTML5CSS3\Part02\2-21.html   ● **완성 파일** : C:\HTML5CSS3\완성예제\Part02\2-21.html

01 다음과 같이 내용을 입력하고 '2-21.html'이라는 이름으로 저장합니다.

```
1 <!DOCTYPE html>
2 <html>
3 <head>
4     <meta charset="utf-8">
5     <title></title>
6 </head>
7 <body>
8 <video controls autoplay loop src="../images/2-20.mp4"
   width="660"></video>
9 </body>
10 </html>
```

 웹 브라우저에서 내용을 확인합니다.

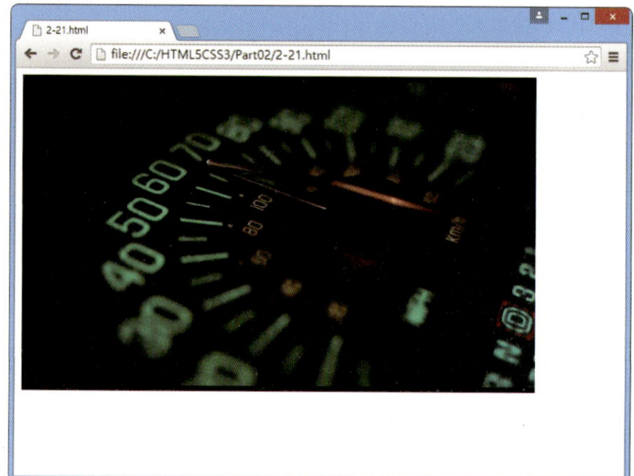

웹 문서가 보여짐과 동시에 동영상이 재생됩니다. 또 동영상이 종
료된 이후에도 계속 반복적으로 재생됩니다.

이미지맵을 설정하는 <map> 태그

이미지에 클릭할 수 있는 영역, 즉 이미지맵을 만들려면 <map> 태그를 사용합니다. 일반적으로 하나의 이미지에 하나의 링크를 사용하지만, 경우에 따라 하나의 이미지를 여러 부분으로 나누어 각각 다른 링크를 지정할 필요가 있을 때 사용하기도 합니다.

■ 태그 이해하기

태그	설명	HTML4	HTML5
map	웹 문서에 사용자 이미지맵을 삽입합니다.	O	O
area	이미지맵의 클릭할 수 있는 영역을 지정합니다.	O	O

■ 태그 속성

태그	속성	값	설명	HTML4	HTML5
map	name	이름	이미지맵의 이름을 입력합니다.	O	O
	alt	설명	영역을 대체할 설명을 입력합니다.	O	O
	coords	coordinates	영역의 좌표를 지정합니다.	O	O
	download	파일명	사용자가 하이퍼링크를 클릭하면 대상이 다운로드되도록 지정합니다.	X	O
area	href	URL	영역에 대한 하이퍼링크를 지정합니다.	O	O
	hreflang	language_code	하이퍼링크 대상의 언어를 지정합니다.	X	O
	media	media query	대상 URL에 최적화된 미디어나 디바이스를 지정합니다.	X	O
	nohref	value	하이퍼링크가 없음을 지정합니다.	O	X

태그	속성	값	설명	HTML4	HTML5
area	rel	alternate/author/ bookmark/help/ license/next/ nofollow/noreferrer/ prefetch/prewv/ search/tag	현재 문서와 대상 URL 간의 관계를 지정합니다.	X	O
	shape	default/rect/circle/ poly	영역의 모양을 지정합니다.	O	O
	target	_blank/_parent/_ self/_top/ framename	대상 URL의 열 위치를 지정합니다.	O	O
	type	MIME type	대상 URL의 MINE 타입을 지정합니다.	X	O

● **저장할 경로** : C:\HTML5CSG3\Part02\2 22.html ● **완성 파일** : C:\HTML5CSS3\완성예제\Part02\2-22.html

01 다음과 같이 입력하고 '2-22.html'이라는 이름으로 저장합니다.

<map> 태그를 위해서는 <img> 태그도 필요합니다. <map> 태그를 사용하기 위한 이미지를 입력한 후 <map> 태그에 클릭할 수 있는 <area> 태그를 두 군데 설정하였습니다. <area> 태그는 여러 가지의 모양으로 설정할 수 있는데, 예제에서는 단순하게 정의할 수 있도록 하기 위해 사각형 모양으로 설정하였습니다.

```
1  <!DOCTYPE html>
2  <html>
3  <head>
4      <meta charset="utf-8">
5      <title></title>
6  </head>
7  <body>
8  <img src="../images/2-22.jpg" width="300" usemap="#sitemap">
9
10 <map name="sitemap">
11    <area shape="rect" coords="50,60,160,160"
   href="http://www.ggtour.or.kr" alt="경기관광포털">
12    <area shape="rect" coords="40,370,100,420"
   href="http://www.jejutour.go.kr" alt="제주관광정보">
13 </map>
14 </body>
15 </html>
```

02 웹 브라우저에서 내용을 확인합니다. 지금 예제에서는 경기도와 제주도에 링크 영역이 만들어져 있습니다. 해당 위치에 마우스 포인터를 올려놓으면 클릭할 수 있는 상태로 변하며, 클릭하면 해당 사이트로 이동합니다.

웹 문서에 표시된 지도에는 눈에 보이지는 않지만 링크 영역이 두 군데 존재합니다. <area>로 정의한 영역이 클릭할 수 있는 위치입니다.

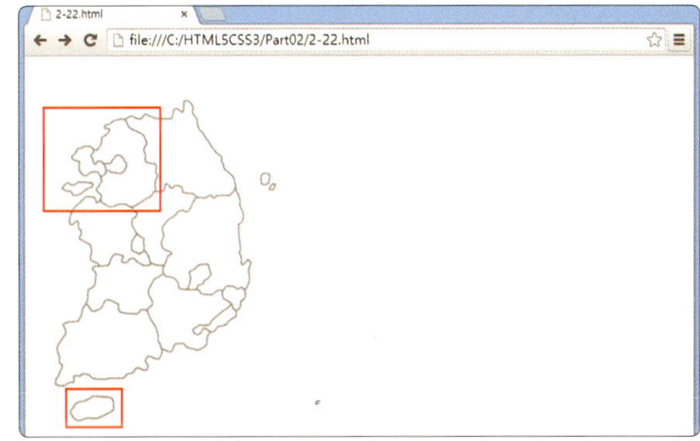

깔끔한 웹 문서의 필수품, Table

웹 문서를 구성할 때 기능적인 측면에서 빼놓을 수 없는 것이 하이퍼링크라면, 디자인적인 측면에서 빼놓을 수 없는 것은 바로 테이블(table)입니다. 이번에는 웹 문서를 깔끔하게 작성하기 위한 필수 항목인 테이블에 대해 알아보겠습니다.

<table>의 기본 태그

웹 문서를 시각적으로 정돈되어 보이게 하는 기능 중 많이 사용하는 방법이 바로 테이블을 이용하는 것입니다. 표 형태로 내용을 정리하거나 문서의 레이아웃을 테이블로 구성하여 그 안에 이미지나 내용을 넣는 경우도 있습니다.

■ 태그 형식

```
<table>                              → 테이블의 시작
  <tr>                               → 첫 번째 줄(row)의 시작
    <td>첫 번째 줄 첫 번째 칸</td>      → 첫 번째 칸(column)
    <td>첫 번째 줄 두 번째 칸</td>      → 두 번째 칸
    <td>첫 번째 줄 세 번째 칸</td>      → 세 번째 칸
  </tr>                              → 첫 번째 줄의 끝
  <tr>                               → 두 번째 줄의 시작
    <td>두 번째 줄 첫 번째 칸</td>      → 첫 번째 칸
    <td>두 번째 줄 두 번째 칸</td>      → 두 번째 칸
    <td>두 번째 줄 세 번째 칸</td>      → 세 번째 칸
  </tr>                              → 두 번째 줄의 끝
</table>                             → 테이블의 끝
```

■ 태그 이해하기

태그	설명	HTML4	HTML5
table	테이블의 시작과 끝을 나타내며, 테이블에 대한 모든 정보들이 이 안에 들어갑니다. 〈tr〉, 〈th〉, 〈td〉 태그를 함께 사용합니다.	O	O
tr	테이블의 한 줄을 정의할 때 사용하는 태그로, 〈th〉나 〈td〉 태그를 함께 사용해야 합니다.	O	O
th	테이블을 만들 때 반드시 사용해야 하는 태그는 아니지만, 이 태그를 사용하면 테이블 셀의 글자가 굵은 글씨로 표현되며, 가운데 정렬됩니다. 셀 안의 글자를 제목으로 지정할 때 사용합니다.	O	O
td	테이블 안의 각 칸을 '셀'이라고 부르는데, 이 셀은 〈td〉라고 정의합니다. 반드시 〈tr〉 태그 안에 사용해야 합니다.	O	O

■ 태그 속성

태그	속성	값	설명	HTML4	HTML5
table	align	left/center/right	테이블 전체의 정렬 상태를 지정합니다.	O	X
	bgcolor	rgb(x,x,x) #xxxxxx colorname	테이블 전체의 배경 색상을 지정합니다.	O	X
	border	1/""	테이블의 테두리 두께를 지정합니다. 생략하면 테두리 없는 테이블이 됩니다.	O	X
	cellpadding	픽셀	셀(칸) 안에서 내용이 차지하는 좌우 여백을 픽셀 단위로 지정합니다.	O	X
	cellspacing	픽셀	셀(칸)과 셀의 간격을 픽셀 단위루 지정합니다.	O	X
	summary	설명문	테이블의 내용을 설명하는 설명문을 지정합니다.	O	X
	width	픽셀/%	테이블의 폭을 픽셀 단위나 웹 브라우저의 폭에 대한 비율로 지정합니다.	O	X
tr	align	left/center/right	줄에서 내용의 정렬 상태를 지정합니다.	O	X
	bgcolor	rgb(x,x,x)/ #xxxxxx/ colorname	줄의 배경 색상을 지정합니다.	O	X
	valign	top/middle/ bottom/baseline	줄에서 내용의 세로 정렬 상태를 지정합니다.	O	X

태그	속성	값	설명	HTML4	HTML5
th/td	align	left/center/right/ justify	칸에서 내용의 정렬 상태를 지정합니다.	O	X
	bgcolor	rgb(x,x,x)/ #xxxxxx/ colorname	칸의 배경 색상을 지정합니다.	O	X
	colspan	숫자	칸을 합칠 때, 합치고자 하는 칸의 수를 지정합니다.	O	O
	height	픽셀/%	칸의 높이를 지정합니다.	O	X
	nowarp	nowarp	칸의 넓이보다 내용이 긴 경우, 줄 바꿈을 하지 않도록 지정합니다.	O	X
	rowspan	숫자	줄을 합칠 때 합치고자 하는 줄의 수를 지정합니다.	O	O
	valign	top/middle/bottom/ baseline	줄에서 내용의 세로 정렬 상태를 지정합니다.	O	X
	width	픽셀/%	칸의 폭을 픽셀 단위나 웹 브라우저 폭에 대한 비율로 지정합니다.	O	X

● **저장할 경로** : C:\HTML5CSS3\Part02\2-23.html ● **완성 파일** : C:\HTML5CSS3\완성예제\Part02\2-23.html

01 다음과 같이 입력하고 '2-23.html' 이라는 이름으로 저장합니다.

```html
1  <!DOCTYPE html>
2  <html>
3  <head>
4      <meta charset="utf-8">
5      <title></title>
6  </head>
7  <body>
8  <table border="1">
9      <tr>
10         <th>첫 번째 줄 첫 번째 칸</th>
11         <th>첫 번째 줄 두 번째 칸</th>
12         <th>첫 번째 줄 세 번째 칸</th>
13     </tr>
14     <tr>
15         <td>두 번째 줄 첫 번째 칸</td>
16         <td>두 번째 줄 두 번째 칸</td>
17         <td>두 번째 줄 세 번째 칸</td>
18     </tr>
19     <tr>
20         <td>세 번째 줄 첫 번째 칸</td>
21         <td>세 번째 줄 두 번째 칸</td>
22         <td>세 번째 줄 세 번째 칸</td>
23     </tr>
24 </table>
25 </body>
26 </html>
```

〈table〉 태그 안에 3개의 〈tr〉 태그와 〈tr〉 태그 안에 〈th〉, 〈td〉 태그를 각각 3개씩 입력하였습니다.

Tip

〈table〉 태그에 border 속성을 주지 않으면 테두리가 안 보입니다. 그래서 border 속성에 '1'을 지정하였습니다.

02 웹 브라우저에서 내용을 확인합니다.

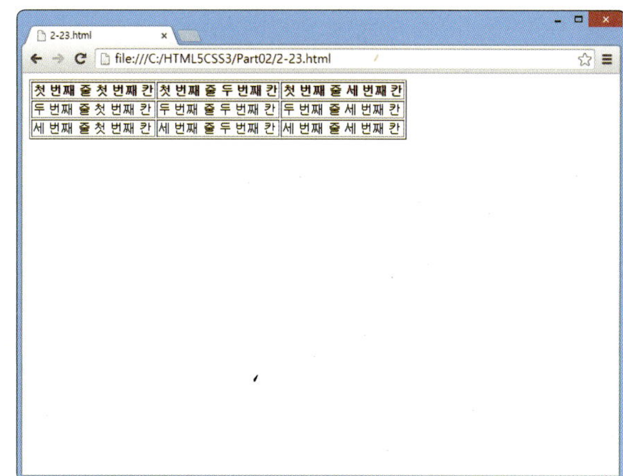

웹 문서에 3개의 줄과 줄별로 3개의 칸을 가지는 테이블이 표현됩니다. 첫 번째 줄은 〈th〉 태그를 사용하여 글자가 굵은 글씨로 표현되었습니다.

Tip

테이블을 만들 때에는 각각의 〈tr〉 태그 안에 들어가는 〈th〉와 〈td〉 태그의 개수가 동일해야 합니다.

테이블로 문서 편집하기

일반 문서에서는 표를 그릴 때 테이블을 주로 사용하지만, 웹 문서에서는 문서를 정리할 때에도 테이블을 사용합니다.

● **저장할 경로** : C:\HTML5CSS3\Part02\2-24.html　　● **완성 파일** : C:\HTML5CSS3\완성예제\Part02\2-24.html

01 다음과 같이 입력하고 '2-24.html'이라는 이름으로 저장합니다.

```
1 <!DOCTYPE html>
2 <html>
3 <head>
4     <meta charset="utf-8">
5     <title></title>
6 </head>
7 <body>
8 <table bgcolor="#999999">
9     <tr>
10        <td bgcolor="#ffffff"><img src="../images/2-24.jpg"
   width="200"></td>
11        <td><p>옛날 어느 동물원에 손짓으로 말을 할 줄 아는 아주 특별한
   고릴라가 살고 있었어요.<br>
12 그래서 갖고 싶은 것이 있으면 동물원 사람들한테 손짓으로 말했지요.<br>
13 고릴라에게는 부족한 것이 하나도 없어 보였어요.</p>
14 <p>하지만 고릴라는 슬펐답니다.
15 어느 날 고릴라는 동물원 사람들에게 "나는… 친구가… 필요해."라고 손짓으로
   말했어요.
16 동물원에 다른 고릴라는 없었거든요. 고민하던 동물원 사람들은 아이디어 하나
   를 내었어요.
17 고릴라에게 '예쁜이'라는 이름의 작은 고양이를 데려다 주었어요.
18 "먹으면 안돼." 하고 사육사가 말했어요.
19 고릴라는 '예쁜이'가 마음에 들었어요.</p></td>
20    </tr>
21 </table>
22 </body>
23 </html>
```

〈table〉 태그 안에 〈tr〉 태그 1개, 〈tr〉 태그 안에 〈td〉 태그 2개를 입력하였습니다. 〈table〉 태그에 라인 효과를 주기 위해 테이블 전체에 bgcolor 속성을 이용하여 배경색을 지정하고 첫 번째 〈td〉 태그에도 'bgcolor'를 지정하였습니다.

 웹 브라우저에서 내용을 확인합니다. 웹 문서에 1개의 줄과 2개의 칸을 가지는 테이블이 표현됩니다. 첫 번째 칸에는 이미지가, 두 번째 칸에는 문서 내용이 표현되었습니다.

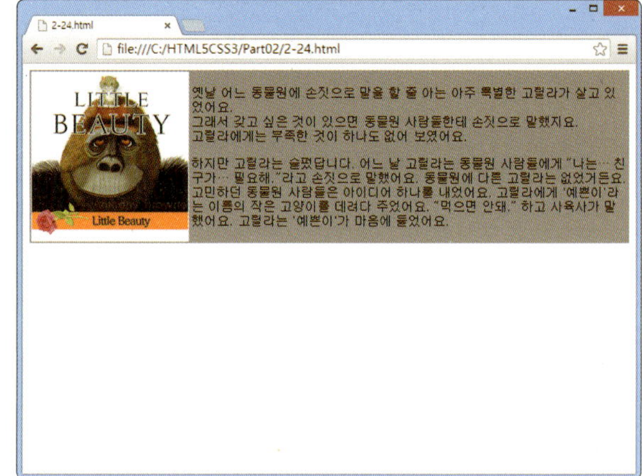

테이블과 셀에 bgcolor 속성을 이용하여 라인을 그린 효과가 연출되었습니다.

Note

bgcolor 속성에 색상 지정하기

HTML에서 색상을 지정하는 데에는 3가지 방법이 있습니다.

1 | 16진수로 지정하기

16진수 지정은 Red, Green, Blue에 해당하는 2자리 16진수를 입력하여 색을 표현하는 것입니다(예 bgcolor="#999999"). 입력할 때는 특수 기호 #과 3쌍의 2자리 16진수를 연속으로 입력한 후 다음 규칙을 따르면 됩니다. 16진수로 입력하는 것이 우리가 일반적으로 사용하는 방법입니다.

기호	Red	Green	Blue
#	00~FF	00~FF	00~FF

2 | 색상명 지정하기

색상명 지정이란, 웹 브라우저와 HTML에서 지정한 색상명을 사용하여 색을 표현하는 것을 말합니다(예 bgcolor="gray"). 'gray'처럼 이미 정의된 색상명을 사용하므로 사람이 인식하기에는 좋지만 디자인에 따라 원하는 색상을 찾는 데에는 한계가 있습니다.

색상	16진수	색상	16진수
black	#000000	silver	#c0c0c0
maroon	#800000	red	#ff0000
navy	#000080	blue	#0000ff
purple	#800080	fuchsia	#ff00ff
green	#008000	lime	#00ff00
olive	#808000	yellow	#ffff00
teal	#008080	aqua	#00ffff
gray	#808080	white	#ffffff

3 | RGB 코드 지정하기

첫 번째의 16진수로 지정하는 방법과 비슷합니다(예 bgcolor="RGB(200,200,200)"). 입력할 때는
RGB(000,000,000) 형태로 입력하며, 규칙은 다음과 같습니다.

기호	Red	Green	Blue	기호
RGB(	00~255,	00~255,	00~255,	)

그렇다면 이 많은 색상값들을 모두 외워야 할까요? 당연히 그렇지 않습니다. 웹에서는 이러한 색상표에 대한 정보들
이 잘 정리되어 있는 사이트들이 많습니다. 따라서 이러한 사이트의 정보를 이용하거나 디자인 시에 사용한 색상을
참조하여 입력하면 됩니다.

우리가 자주 이용하는 네이버에서 '색상표'를 검색하면 다양한 사이트를 찾을 수 있고, 네이버에서 직접 제공하는 색
상표를 이용할 수도 있습니다.

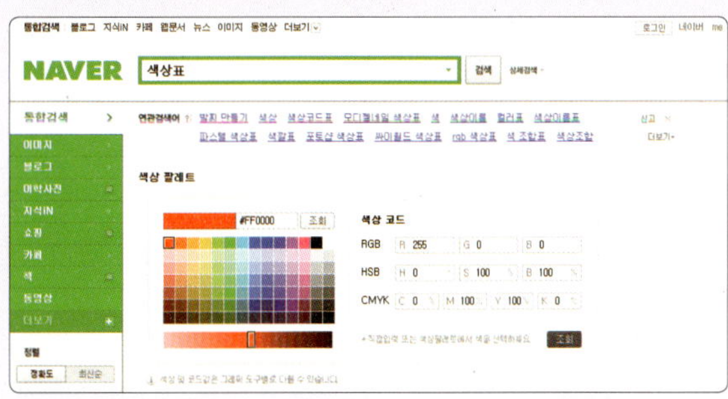

테이블의 셀을 합칠 때에는 가로로 합치는 경우와 세로로 합치는 경우가 있습니다. 이때에는 〈td〉의 속성 중 'colspan'과
'rowspan'을 이용하여 합치려고 하는 셀의 수를 정하면 됩니다. 처음에는 헷갈릴 수 있으므로 다음 예제를 통해 2개 속
성의 차이를 반드시 알아두세요.

● **저장할 경로** : C:\HTML5CSS3\Part02\2-25.html ● **완성 파일** : C:\HTML5CSS3\완성예제\Part02\2-25.html

01 다음과 같이 입력하고 '2-25.html'이라는 이름으로 저장합니다.

```
1 <!DOCTYPE html>
2 <html>
3 <head>
4     <meta charset="utf-8">
5     <title></title>
6 </head>
7 <body>
8 <table border="1" width="50%">
9     <tr><td>1</td><td>2</td><td>3</td></tr>
10    <tr><td>4</td><td>5</td><td>6</td></tr>
11 </table>
```

```
12 <br>
13 <table border="1" width="50%">
14     <tr><td colspan="3">1</td></tr>
15     <tr><td>4</td><td>5</td><td>6</td></tr>
16 </table>
17 <br>
18 <table border="1" width="50%">
19     <tr><td rowspan="2">1</td><td>2</td><td>3</td></tr>
20     <tr><td>5</td><td>6</td></tr>
21 </table>
22 </body>
23 </html>
```

02 웹 브라우저에서 내용을 확인합니다.

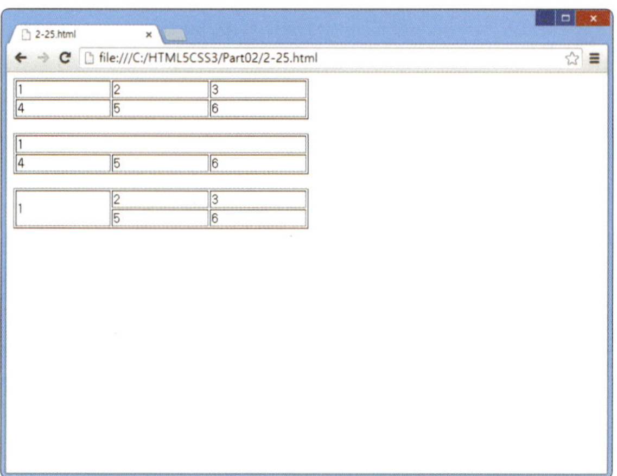

테이블 안에 아기 테이블 넣기

앞에서 테이블을 이용하면 웹 문서를 깔끔하게 정리할 수 있다고 했습니다. 그런데 구조가 복잡한 문서인 경우에는 테이블의 colspan과 rowspan만으로는 정리하기가 어렵습니다. 이 경우에는 테이블 안에 테이블을 넣어 정리하는 방법을 사용할 수도 있습니다.

● **저장할 경로** : C:\HTML5CSS3\Part02\2-26.html   ● **완성 파일** : C:\HTML5CSS3\완성예제\Part02\2-26.html

01 다음과 같이 입력하고 '2-26.html'이라는 이름으로 저장합니다.

```
1 <!DOCTYPE html>
2 <html>
3 <head>
4     <meta charset="utf-8">
5     <title></title>
6 </head>
7 <body>
8 <table>
9     <tr>
10         <td bgcolor="#999999">LITTLE</td>
11         <td bgcolor="#999999">BEAUTY</td>
12     </tr>
13     <tr>
```

```
14              <td colspan="2">
15                  <table bgcolor="#999999">
16                      <tr>
17                          <td bgcolor="#ffffff"><img
   src="../images/2-24.jpg" width="200"></td>
18                          <td>옛날 어느 동물원에 손짓으로 말을 할 줄 아는
   아주 특별한 고릴라가 살고 있었어요.<br>그래서 갖고 싶은 것이 있으면 동물
   원 사람들한테 손짓으로 말했지요.<br>고릴라에게는 부족한 것이 하나도 없어
   보였어요.</td>
19                          <td bgcolor="#ffffff"><img
   src="../images/2-24.jpg" width="200"></td>
20                      </tr>
21                  </table>
22              </td>
23          </tr>
24  </table>
25  </body>
26  </html>
```

테이블에 2개의 줄을 만들
고, 두 번째 줄에 새로운 테
이블을 만들었습니다.

 웹 브라우저에서 내용을 확인합니다.

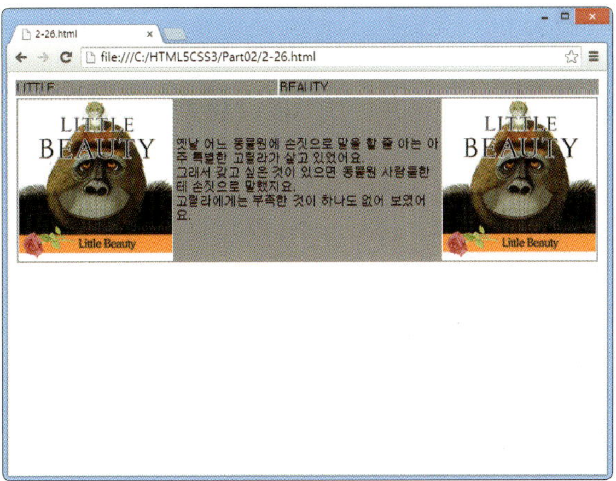

Tip

웹 문서의 테이블 안에 새로운 테이블이 표현되었습니다. 예제이기
때문에 복잡하게 만들지는 않았지만, 이처럼 만들기 위해 하나의
테이블만 사용했다면 colspan 속성을 여러 번 사용하여 만들어야
했을 것입니다. 웹 문서를 만들다 보면 이러한 경우가 많이 발생합
니다. 실무에서도 구조가 복잡한 경우에는 큰 틀을 만드는 테이블
을 만들고 그 안에 내용을 담는 테이블을 넣어 사용합니다.

웹 공간을 마음대로 헤엄치는 하이퍼링크

웹 사이트를 구성하는 모든 문서들이 서로 자유롭게 이동할 수 있는 이유는 각 문서가 하이퍼링크(Hyper-Link)를 통해 연결되어 있기 때문입니다. 이번 레슨에서는 웹 문서 사이를 자유롭게 이동할 수 있는 하이퍼링크에 대해 알아보겠습니다.

URL로 하이퍼링크 연결하기

하이퍼링크는 HTML의 가장 중요한 기능 중의 하나로, 텍스트나 이미지에 필요한 정보를 다양한 형태로 연결시킬 수 있습니다. 하이퍼링크는 일반 글자뿐만 아니라 각종 멀티미디어 요소들도 링크할 수 있습니다.

■ 태그 이해하기

태그	설명	HTML4	HTML5
a	웹 문서에 하이퍼링크를 삽입합니다.	O	O

■ 태그 속성

태그	속성	값	설명	HTML4	HTML5
	charset	char_encoding	링크된 문서의 문자 셋을 정의합니다.	O	X
	coords	coordinates	링크의 좌표를 지정합니다.	O	X
	download	파일명	사용자가 링크를 클릭하면 대상이 다운로드 되도록 지정합니다.	X	O
	href	URL	이동할 페이지의 URL을 지정합니다.	O	O
	hreflang	language_code	링크된 문서의 언어를 정의합니다.	O	O
area	media	media_query	링크된 문서에 최적화된 미디어를 정의합니다.	X	O
	name	section_name	앵커의 이름을 정의합니다.	O	X
	rel	alternate/author/ bookmark/help/ license/next/ nofollow/noreferrer/ prefetch/prev/ search/tag	현재의 문서와 링크된 문서 사이의 관계를 정의합니다.	O	O

태그	속성	값	설명	HTML4	HTML5
	rev	텍스트	링크된 문서와 현재 문서 사이의 관계를 정의합니다.	O	X
area	shape	default/rect circle/poly	링크의 모양을 정의합니다.	O	X
	target	_blank/_parent/_self/_top	링크된 문서가 열린 위치를 정의합니다.	O	O
	type	MIME type	대상 URL의 MINE 타입을 지정합니다.	X	O

● **저장할 경로** : C:\HTML5CSS3\Part02\2-27.html ● **완성 파일** : C:\HTML5CSS3\완성예제\Part02\2-27.html

01 다음과 같이 입력하고 '2-27.html'이라는 이름으로 저장합니다.

텍스트와 이미지 링크를 〈a〉 태그를 이용하여 2개 입력하였습니다.

```
 1 <!DOCTYPE html>
 2 <html>
 3 <head>
 4     <meta charset="utf-8">
 5     <title></title>
 6 </head>
 7 <body>
 8 <a href="http://www.naver.com">네이버</a><br>
 9 <a href="http://www.naver.com"><img src="../images/2-27.gif"></a>
10 </body>
11 </html>
```

02 웹 브라우저에서 내용을 확인합니다. 웹 문서에서 텍스트와 이미지로 된 링크를 확인할 수 있습니다.

웹 브라우저에서 하이퍼링크로 연결한 글자나 그림 위에 마우스 포인터를 올려놓으면 상태 표시줄에 링크 주소가 나타나는 것을 확인할 수 있습니다.

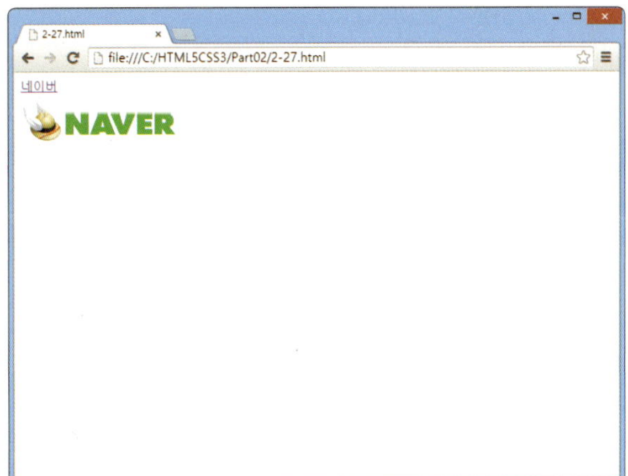

Tip

웹 문서에서 글자에 링크를 설정하면 파란색 밑줄이 나타나도록 설정되어 있습니다. 그러나 CSS 스타일을 이용하면 링크 글자의 색상을 바꿀 수 있고, 밑줄을 생기게 할 것인지, 말 것인지를 지정할 수도 있습니다. 이는 CSS를 다루는 3장에서 살펴보겠습니다.

웹 문서 내에서 특정 위치로 이동하는 링크를 설정하려면 〈a〉 태그의 name 속성을 이용하면 됩니다. 이동하고자 하는 특정 위치에 name 속성을 이용하여 이름을 지정한 후 이름값을 링크로 설정하면 해당 위치로 이동할 수 있습니다.

● **저장할 경로** : C:\HTML5CSS3\Part02\2-28.html ● **완성 파일** : C:\HTML5CSS3\완성예제\Part02\2-28.html

01 다음과 같이 입력하고 '2-28.html'이라는 이름으로 저장합니다.

```html
<!DOCTYPE html>
<html>
<head>
    <meta charset="utf-8">
    <title></title>
</head>
<body>
<ul>
    <li><a href="#name1">name1로 이동</a></li>
    <li><a href="#name2">name2로 이동</a></li>
</ul>
<a name="name1">name1</a>
<table bgcolor="#999999">
    <tr>
        <td bgcolor="#ffffff"><img src="../images/2-24.jpg" width="100"></td>
        <td><p>옛날 어느 동물원에 손짓으로 말을 할 줄 아는 아주 특별한 고릴라가 살고 있었어요.<br>
그래서 갖고 싶은 것이 있으면 동물원 사람들한테 손짓으로 말했지요.<br>
고릴라에게는 부족한 것이 하나도 없어 보였어요.</p>
<p>하지만 고릴라는 슬펐답니다.
어느 날 고릴라는 동물원 사람들에게 "나는… 친구가… 필요해."라고 손짓으로 말했어요.
동물원에 다른 고릴라는 없었거든요. 고민하던 동물원 사람들은 아이디어 하나를 내었어요.
고릴라에게 '예쁜이'라는 이름의 작은 고양이를 데려다 주었어요.
"먹으면 안돼." 하고 사육사가 말했어요.
고릴라는 '예쁜이'가 마음에 들었어요.</p>
<p>옛날 어느 동물원에 손짓으로 말을 할 줄 아는 아주 특별한 고릴라가 살고 있었어요.<br>
그래서 갖고 싶은 것이 있으면 동물원 사람들한테 손짓으로 말했지요.<br>
고릴라에게는 부족한 것이 하나도 없어 보였어요.</p>
<p>하지만 고릴라는 슬펐답니다.
어느 날 고릴라는 동물원 사람들에게 "나는… 친구가… 필요해."라고 손짓으로 말했어요.
동물원에 다른 고릴라는 없었거든요. 고민하던 동물원 사람들은 아이디어 하나를 내었어요.
고릴라에게 '예쁜이'라는 이름의 작은 고양이를 데려다 주었어요.
"먹으면 안돼." 하고 사육사가 말했어요.
고릴라는 '예쁜이'가 마음에 들었어요.</p></td>
    </tr>
</table>
<a name="name2">name2</a>
<table bgcolor="#999999">
    <tr>
        <td bgcolor="#ffffff"><img src="../images/2-24.jpg" width="100"></td>
        <td><p>옛날 어느 동물원에 손짓으로 말을 할 줄 아는 아주 특별한 고릴라가 살고 있었어요.<br>
그래서 갖고 싶은 것이 있으면 동물원 사람들한테 손짓으로 말했지요.<br>
고릴라에게는 부족한 것이 하나도 없어 보였어요.</p>
<p>하지만 고릴라는 슬펐답니다.
어느 날 고릴라는 동물원 사람들에게 "나는… 친구가… 필요해."라고 손짓으로 말했어요.
```

상단에는 텍스트 링크를 입력하고, 하단에는 링크 클릭 시 이동할 내용을 입력하였습니다.

```
45 동물원에 다른 고릴라는 없었거든요. 고민하던 동물원 사람들은 아이디어 하나
   를 내었어요.
46 고릴라에게 '예쁜이'라는 이름의 작은 고양이를 데려다 주었어요.
47 "먹으면 안돼." 하고 사육사가 말했어요.
48 고릴라는 '예쁜이'가 마음에 들었어요.</p>
49 <p>옛날 어느 동물원에 손짓으로 말을 할 줄 아는 아주 특별한 고릴라가 살고
   있었어요.<br>
50 그래서 갖고 싶은 것이 있으면 동물원 사람들한테 손짓으로 말했지요.<br>
51 고릴라에게는 부족한 것이 하나도 없어 보였어요.</p>
52 <p>하지만 고릴라는 슬펐답니다.
53 어느 날 고릴라는 동물원 사람들에게 "나는… 친구가… 필요해."라고 손짓으로
   말했어요.
54 동물원에 다른 고릴라는 없었거든요. 고민하던 동물원 사람들은 아이디어 하나
   를 내었어요.
55 고릴라에게 '예쁜이'라는 이름의 작은 고양이를 데려다 주었어요.
56 "먹으면 안돼." 하고 사육사가 말했어요.
57 고릴라는 '예쁜이'가 마음에 들었어요.</p></td>
58        </tr>
59 </table>
60 </body>
61 </html>
```

02 웹 브라우저에서 내용을 확인합니다. 웹 문서의 텍스트 링크와 내용을 확인할 수 있습니다. 여기에서 상단의 텍스트 링크를 클릭하면 해당 위치로 이동합니다.

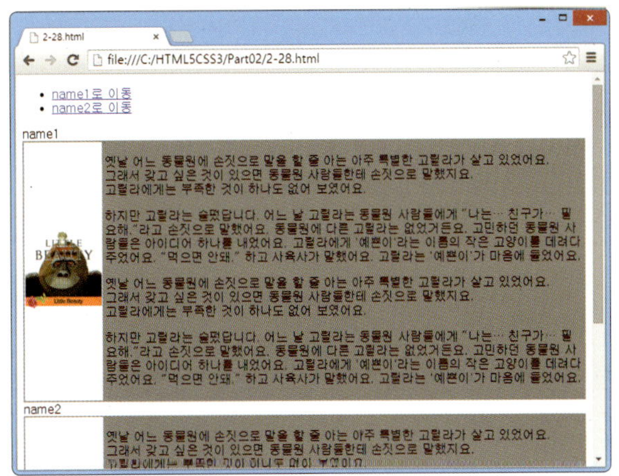

Note

다른 문서의 특정 위치로 이동하는 방법

앞의 예제에서처럼 같은 문서 내에서 특정 위치로 이동할 수 있지만, 다른 문서의 특정 위치로 이동할 수도 있습니다.

1 | 같은 문서의 특정 위치로 이동하는 경우

⟨a href="#이름"⟩이름으로 이동⟨/a⟩

......

⟨a name="이름"⟩"이름으로 이동" 클릭 시 같은 문서에서 보이는 내용⟨/a⟩

2 | 다른 문서의 특정 위치로 이동하는 경우

⟨a href="파일명#이름"⟩다른 파일의 이름으로 이동⟨/a⟩

…….

〈a name="이름"〉"다른 파일의 이름으로 이동" 클릭 시 다른 문서에서 보이는 내용〈/a〉

다음 링크는 'http://www.w3.org/TR/html5/the-xhtml-syntax.html#the-xhtml-syntax'처럼 작성되어
있습니다. 이 링크를 클릭하면 'http://www.w3.org/TR/html5/the-xhtml-syntax.htm' 웹 문서로 이동한
후 'the-xhtml-syntax'의 위치로 이동하게 됩니다.

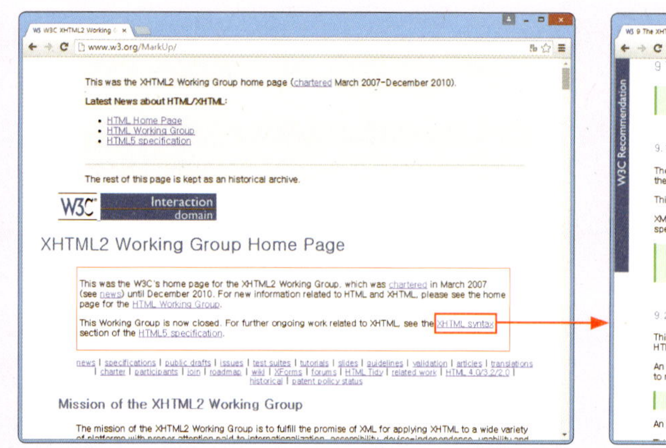
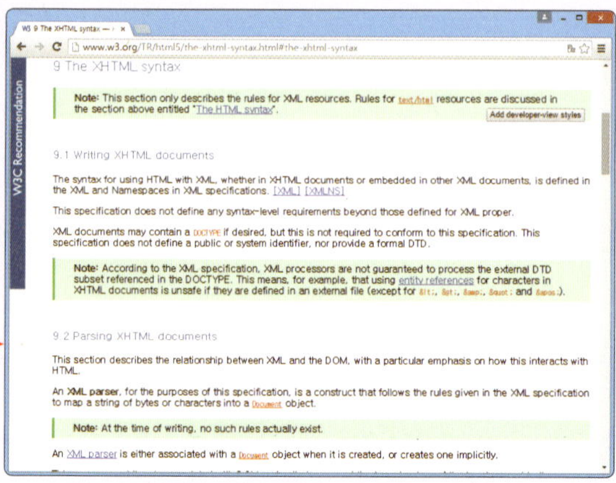

하이퍼링크는 HTML 파일 외에도 여러 종류의 파일들을 연결할 수 있습니다.

1. 이미지 파일 : 웹 브라우저에서 지원하는 형식인 gif, jpg, png 파일을 링크할 수 있습니다.

2. 음악 파일 : wav, mid, wma 등의 음악 파일을 링크할 수 있습니다.

3. 동영상 파일 : asf, wmv, asx, mpeg, mov 등의 파일을 링크할 수 있습니다.

   * 동영상이나 음악은 방문자의 컴퓨터 시스템에 해당 파일을 재생할 수 있는 플러그인 프로그램이 설치되어 있는
     경우에만 재생할 수 있습니다.

4. 압축 파일 : zip 파일처럼 압축된 형식의 파일을 링크할 수 있습니다.

5. 텍스트 파일 또는 워드 문서 등 : txt나 한글, ms 워드, pdf 파일과 같은 문서들을 연결할 수 있습니다.

하이퍼링크로 연결된 파일이 웹 브라우저에서 처리할 수 있는 형식일 경우에는 웹 브라우저에 바로 나타나지만, 처리할 수
없는 형식인 경우에는 사용자 컴퓨터로 다운로드해야 합니다.

● **저장할 경로** : C:\HTML5CSS3\Part02\2-29.html ● **완성 파일** : C:\HTML5CSS3\완성예제\Part02\2-29.html

01 다음과 같이 입력하고 '2-29.html'이라는 이름으로 저장합니다.

하이퍼링크에 다른 형식의 파일 4개를 입력하고, 새 창에서 열리도록 target 속성을 _blank로 지정하였습니다.

```
1  <!DOCTYPE html>
2  <html>
3  <head>
4      <meta charset="utf-8">
5      <title></title>
6  </head>
7  <body>
8  <a href="../images/2-24.gif" target="_blank">이미지</a><br>
9  <a href="../images/2-20.mp4" target="_blank">동영상 파일</a><br>
10 <a href="../images/2-29.pdf" target="_blank">PDF 파일</a><br>
11 <a href="../images/2-29.zip" target="_blank">ZIP 파일</a>
12 </body>
13 </html>
```

02 웹 브라우저에서 내용을 확인합니다. 웹 문서에 링크를 확인할 수 있습니다.

각 링크를 클릭하면 파일 형식에 따라 웹 브라우저에 바로 나타나거나 다운로드되는 것을 알 수 있습니다.

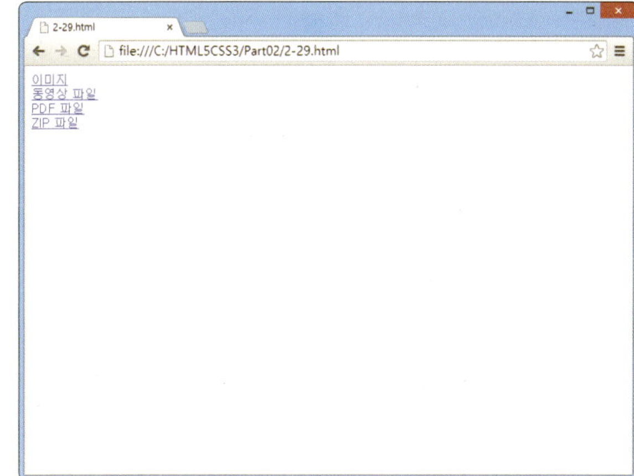

Note

target 속성

target은 하이퍼링크를 클릭했을 때 내용이 보이게 될 대상의 위치를 지정합니다. 보일 내용이 창을 새로 띄워 나타나게 할 것인지, 현재 창에서 나타나게 할 것인지를 지정합니다.

- **_blank** : 하이퍼링크를 클릭했을 때 보일 내용이 새 창에서 나타납니다.
- **_parent** : 프레임이 나누어진 페이지의 프레임 안에 또 하나의 프레임이 들어가 있을때 안쪽의 프레임에서 적용합니다. 하이퍼링크를 클릭했을 때 현재 프레임의 부모 프레임에 로딩할 페이지가 나타납니다.
- **_self** : 자기 자신의 창을 가리킵니다. 링크를 클릭했을 때 표시될 내용이 링크가 있는 현재 프레임 페이지에서 그대로 나타납니다. target 속성을 설정하지 않았을 때와 동일한 효과입니다.
- **_top** : 하이퍼링크를 클릭했을 때 프레임 설정에 관계없이 최상위의 화면에 내용이 나타납니다. 프레임 페이지가 사라지고 전체 화면으로 표시됩니다.

폼(form)으로 방문자와 대화하기

웹 사이트는 일방적인 정보만을 보여주기보다는 방문객과 서로 정보를 교환할 수 있어야 합니다. 각종 입력 양식과 폼은 방문객의 의견을 듣는 수단으로 사용하는데, 이번 레슨에서는 폼을 만드는 태그에 대해 알아보겠습니다.

server-side를 처리하기 위한 〈form〉

웹 사이트를 방문한 사람이 입력한 정보를 서버로 전달하려면 〈form〉 태그를 사용해야 합니다. 즉, 각종 입력 양식을 〈form〉 태그 안에서 사용해야 하며, 이 태그에서 서버에 전달하는 방식이나 서버에서 가동될 프로그램 등을 지정해야 합니다.

■ 태그 형식

```
〈form name="폼을 구분하기 위한 이름" action="서버 CGI 프로그램 URL"
method="서버 CGI 프로그램에 전달되는 방식으로 get이나 post를 지정"
target="결과물을 보여줄 창의 이름을 지정"
cnctypc="CGI 프로그램으로 전송될 데이터의 타입을 지정"〉
여러 가지 입력 양식들
〈/form〉
```

▲ 웹 사이트에서 회원 가입을 위해 만들어 놓은 폼

폼은 데이터를 입력받거나 보내는 역할만 할 뿐, 데이터를 처리하지는 못합니다. 실제로 사용자가 입력한 데이터를 처리하는 것은 CGI나 자바스크립트 등입니다.

CGI(Common Gate Interface)는 사용자가 입력한 데이터를 외부 프로그램과 연결해주거나 데이터베이스 서버와 연동하여 데이터를 처리할 수 있도록 해 줍니다. CGI는 JSP, PHP, ASP, C 등을 이용하여 작성할 수 있습니다.

폼 태그는 CGI 프로그램을 활용하여 정보를 전달하기 위한 별도의 태그로, 폼을 설정한 후 텍스트나 비밀번호 입력 상자, 체크 박스, 라디오 박스, 각종 명령 버튼 등의 입력 양식을 준비하여 방문자가 편리하게 작성할 수 있도록 합니다. 이렇게 입력 양식에 작성한 데이터는 〈form〉 태그에서 설정한 프로그램으로 전송됩니다. 왼쪽은 〈form〉 태그를 사용한 웹 사이트의 예입니다.

앞에서 설명한 것처럼 〈form〉 태그는 서버에 데이터를 전송할 때 사용합니다. 이를 위해서는 서버에서 〈form〉 태그로부터 전달될 데이터를 처리한 후 그 결과를 다시 사용자의 웹 브라우저로 전달하는 과정이 필요합니다. 그러나 이 책에서 다루는 범위를 벗어나므로 이번에는 〈form〉 태그 안에서 사용할 수 있는 태그에 대해서만 알아보겠습니다. 〈form〉 태그 안에 사용할 수 있는 태그는 다음과 같습니다.

■ 〈form〉 태그 안에 사용할 수 있는 태그

태그	설명	HTML4	HTML5
input	텍스트, 라디오 선택 등의 입력 양식을 나타냅니다.	O	O
textarea	텍스트 입력 양식을 나타냅니다.	O	O
button	폼을 서버로 전송하는 버튼을 나타냅니다.	O	O
select	여러 개 중 선택할 수 있는 선택 상자를 나타냅니다.	O	O

● **저장할 경로** : C:\HTML5CSS3\Part02\2-30.html ● **완성 파일** : C:\HTML5CSS3\완성예제\Part02\2-30.html

01 다음과 같이 입력하고 '2-30.html'이라는 이름으로 저장합니다.

〈form〉 태그 안에 사용할 수 있는 태그를 입력합니다.

```
1  <!DOCTYPE html>
2  <html>
3  <head>
4      <meta charset="utf-8">
5      <title></title>
6  </head>
7  <body>
8  <form>
9      <input type="text"><br>
10     <textarea></textarea><br>
11     <button>button</button><br>
12     <select>
13         <option>select</option>
14     </select>
15  </form>
16  </body>
17  </html>
```

02 웹 브라우저에서 내용을 확인합니다.

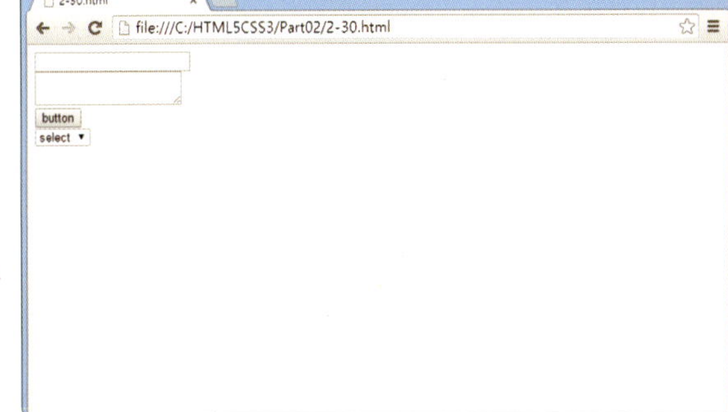

웹 문서에 〈form〉 태그 안에 사용할 수 있는 기본적인 태그가 표현됩니다.

HTML5로 바뀌면서 가장 많은 변화가 있었던 것은 〈input〉 태그입니다. 〈input〉 태그는 type 속성에 따라 여러 가지 형태의 입력 양식으로 사용될 수 있는데, HTML5에서 특히 많은 변화가 있었습니다. 〈input〉 태그에 사용되는 속성은 다음과 같습니다.

■ 태그 속성

속성	값	설명	HTML4	HTML5
	button	버튼을 나타냅니다.	O	O
	checkbox	선택 양식을 나타냅니다.	O	O
	color	컬러 선택 입력 양식을 나타냅니다.	X	O
	date	날짜 입력 양식을 나타냅니다.	X	O
	datetime	날짜와 시간 입력 양식을 나타냅니다.	X	O
	datetime-local	지역 날짜와 시간 입력 양식을 나타냅니다.	X	O
	email	이메일 입력 양식을 나타냅니다.	X	O
	file	파일 선택 양식을 나타냅니다.	O	O
	hidden	숨은 〈input〉 태그를 나타냅니다.	O	O
	image	이미지 버튼을 나타냅니다.	O	O
	month	월 입력 양식을 나타냅니다.	X	O
type	number	숫자 입력 양식을 나타냅니다.	X	O
	password	비밀번호 입력 양식을 나타냅니다.	O	O
	radio	라디오 선택 양식을 나타냅니다.	O	O
	range	범위 선택 양식을 나타냅니다.	X	O
	reset	입력 양식 초기화 버튼을 나타냅니다.	O	O
	search	검색 입력 양식을 나타냅니다.	X	O
	submit	전송 버튼을 나타냅니다.	O	O
	tel	전화번호 입력 양식을 나타냅니다.	X	O
	text	텍스트 입력 양식을 나타냅니다.	O	O
	time	시간 입력 양식을 나타냅니다.	X	O
	url	URL 입력 양식을 나타냅니다.	X	O
	week	주 입력 양식을 나타냅니다.	X	O

01 다음과 같이 입력하고 '2-31.html'이라는 이름으로 저장합니다.

```html
<!DOCTYPE html>
<html>
<head>
    <meta charset="utf-8">
    <title></title>
</head>
<body>
<form>
    <input type="button"><br>
    <input type="checkbox"><br>
    <input type="color"><br>
    <input type="date"><br>
    <input type="datetime"><br>
    <input type="datetime-local"><br>
    <input type="email"><br>
    <input type="file"><br>
    <input type="hidden"><br>
    <input type="image"><br>
    <input type="month"><br>
    <input type="number"><br>
    <input type="password"><br>
    <input type="radio"><br>
    <input type="range"><br>
    <input type="reset"><br>
    <input type="search"><br>
    <input type="submit"><br>
    <input type="tel"><br>
    <input type="text"><br>
    <input type="time"><br>
    <input type="url"><br>
    <input type="week"><br>
</form>
</body>
</html>
```

<form> 태그 안에 사용할 수 있는 <input> 태그를 입력하였습니다.

02 웹 브라우저에서 내용을 확인합니다.

Tip

웹 문서에 <form> 태그 안에 사용할 수 있는 <input> 태그가 표현되었습니다. 현재는 웹 브라우저에 따라 지원하는 태그가 다르며, 계속 버전 업 중에 있습니다. 따라서 <input> 태그를 사용할 때에는 웹 브라우저의 지원 여부를 확인한 후에 사용하는 것이 좋습니다. 또 아직까지 지원 여부가 확실하지 않은 type은 자바스크립트나 CSS를 이용하여 구현한 소스가 많이 있으므로 이를 이용하는 것도 좋은 방법입니다.

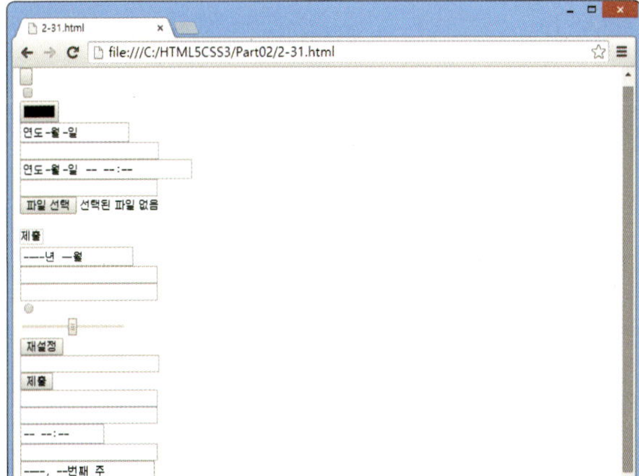

HTML5에서 더 이상 지원하지 않는 태그

기존의 HTML에서 제공하던 태그 중 HTML5에서는 더 이상 지원하지 않는 태그가 있습니다. 이번 레슨에서는 HTML5에서 지원하지 않는 태그에 대해 알아보겠습니다.

LESSON 11

HTML5에서 지원하지 않는 태그

기존 HTML 태그 중에서 HTML5에서 추가된 태그로 대체되거나 HTML과 CSS의 역할이 나누어지고 CSS로 기능이 옮겨가게 되면서 없어지는 태그가 있습니다. 현재의 웹 브라우저는 HTML4를 기본으로 지원하고, HTML5에 대한 기능도 계속 추가되고 있는 중이기 때문에 HTML5에서 지원하지 않는다고 하여 사용하지 못하는 것은 아니며, 완전히 사라지기까지는 많은 시간이 걸릴 것입니다. 하지만 앞으로 웹 표준에 맞춰 코딩을 하기 위해서는 사라지는 태그에 대해 살펴볼 필요가 있습니다. HTML5에서 지원하지 않는 태그는 다음과 같습니다.

■ HTML5에서 지원하지 않는 태그

태그	대체 태그	설명
acronym	abbr	약어를 정의합니다.
applet	object	문서에 포함되는 애플릿을 정의합니다.
basefont	CSS로 대체	텍스트에 대한 기본 색상, 크기 및 글꼴을 지정합니다.
big	CSS로 대체	큰 텍스트를 정의합니다.
center	CSS로 대체	텍스트를 가운데로 정렬합니다.
dir	ul	디렉터리 리스트를 정의합니다.
font	CSS로 대체	텍스트 폰트, 색상 및 크기를 정의합니다.
frame		프레임을 정의합니다.
frameset		프레임의 집합을 정의합니다.
noframes		프레임을 지원하지 못할 경우, 대체 텍스를 정의합니다.
strike	del	텍스트에 취소선을 지정합니다.
tt	CSS로 대체	텔레타이프 텍스트를 정의합니다.

태그	설명
article	여러 개의 내용으로 나누는 구분을 의미합니다. 본문 내의 세부 절 등에 사용됩니다.
aside	주요 내용 이외의 문서 내용을 의미합니다. 블로그의 사이드 바 등에 사용됩니다.
audio	웹 문서에 오디오를 삽입합니다.
bdi	텍스트의 출력 방향을 웹 브라우저가 판단하여 표현합니다.
canvas	스크립트와 해상도에 의존하는 비트맵 캔버스를 제공하여 그래프, 게임 그래픽, 비주얼 이미지를 렌더링하는 용도로 사용됩니다.
datalist	다른 컨트롤을 위해 미리 정의된 옵션의 집합을 나타냅니다.
details	추가적인 정보를 나타내거나 사용자가 요청하는 정보를 나타냅니다.
dialog	다이얼로그 박스나 윈도우를 정의합니다.
embed	웹 문서에 플래시, 동영상, 음악 파일 등을 삽입합니다.
figcaption	이미지 등의 캡션을 지정합니다.
figure	이미지 등의 캡션 그룹을 지정합니다.
footer	문서의 푸터를 의미합니다. 저작자나 저작권 정보 등에 사용됩니다.
header	문서의 헤더를 의미합니다. 사이트 소개나 로고 등에 사용됩니다.
hgroup	섹션의 제목 그룹을 나타냅니다.
keygen	암호화를 위해 키의 쌍(개인 키와 공개 키)을 만들어 내는 컨트롤을 나타냅니다.
main	문서의 메인 내용을 정의합니다.
mark	강조의 의미를 나타냅니다.
menuitem	사용자가 팝업 메뉴에서 호출할 수 있는 명령이나 메뉴 항목을 정의합니다.
meter	디스크 사용 현황, 쿼리 결과의 관련성, 특정 후보에 대한 투표율 등의 스칼라 측정 또는 분포 비율을 나타냅니다.
nav	내비게이션을 의미합니다. 웹 문서 내의 메뉴 등에 사용됩니다.
output	계산의 결과를 나타냅니다.
progress	작업의 진행 정도를 나타냅니다.
rp	〈ruby〉 태그를 지원하지 않을 경우, 표시 형태를 정의합니다.
rt	문자에 대한 설명이나 발음을 표현합니다.
ruby	문자 및 단어에 대한 루비 주석을 표현합니다.
section	문서의 내용을 의미합니다. 웹 문서의 본문 등에 사용됩니다.
source	미디어 요소를 위해 대체 미디어 자원을 지정합니다.
summary	부모 요소인 details 요소의 내용에 대한 요약이나 캡션 등을 나타냅니다.
time	문서 작성 날짜와 시간을 의미합니다.
track	미디어 요소에 사용되며, 명시적인 외부 텍스트 트랙을 지정합니다.
video	웹 문서에 동영상을 삽입합니다.
wbr	줄바꿈의 가능성을 표현합니다.

PART

3

CSS 기초
이해하기

HTML은 웹 문서를 보기 좋게 편집하는 데에 있어 많은 한계를 지니고 있습니다. 이러한 한계를 극복하기 위
해 기존의 HTML에 다양한 모양을 추가하거나 변경하여 웹 사이트에 통일감을 부여하고 글자 크기나 모양,
줄 간격, 배경 색상 등을 자유롭게 제어할 수 있도록 한 것이 바로 '스타일시트'입니다. 이번 장에서는 스타일
시트를 이용하여 HTML 문서를 꾸미는 방법에 대해 알아보겠습니다.

HTML5 + CSS3

나만의 스타일을 살리는 CSS3

스타일시트(CSS)는 'Cascading Style Sheet'의 약자로, 스타일시트의 형식과 문법은 W3C(www.w3c.org)의 캐스캐이딩 스타일시트(Cascading Style Sheet) 규격으로 표준화되어 있습니다.

스타일시트의 개념

스타일시트(CSS)는 HTML 태그만을 이용하여 웹 문서를 편집할 때의 많은 한계점, 즉 소스 구성이나 레이아웃 등을 보완하기 위해 개발된 독립적인 언어입니다. 스타일시트를 이용하면 HTML만을 이용하여 웹 문서를 작성했을 때보다 깔끔한 웹 문서를 만들 수 있습니다.

특히, 레이아웃 구성에서는 이전에 〈table〉 태그를 사용하여 웹 문서의 레이아웃을 구성하던 방식에서 〈div〉 태그와 CSS를 이용하여 레이아웃을 구성하는 웹 사이트가 늘어나고 있습니다. 레이아웃을 〈div〉 태그로 만들면 태그를 수정하지 않고 CSS의 정의를 바꿔주는 것만으로도 웹 문서의 레이아웃을 변경할 수 있다는 장점이 있습니다.

■ 〈table〉 태그를 사용하지 않고 〈div〉 태그와 CSS를 사용하여 만든 웹 사이트

■ 웹 사이트 소스

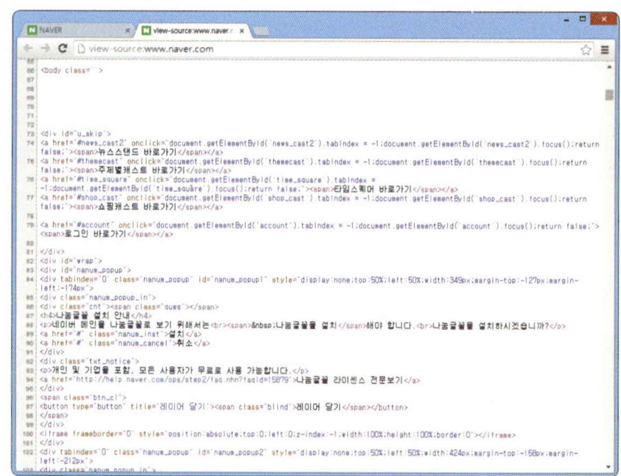

■ 웹 문서를 자유롭게 편집할 수 있습니다

HTML로 웹 문서를 작성할 때에 글꼴, 자간/행간, 색상, 배경, 테두리, 레이아웃 등이 가지고 있는 한계를 극복할 수 있어 문서를 좀 더 보기 좋게 꾸밀 수 있습니다.

■ 문서를 통일감 있게 만들 수 있습니다

HTML 문서로 글꼴이나 글자색을 지정할 경우에는 한 페이지에 수많은 <font> 태그를 사용해야 합니다. 그러나 스타일로 한 번만 정의하면 웹 문서에 일괄 적용되므로, 통일감 있는 문서를 만들 수 있습니다.

■ 문서를 관리하기가 편리합니다

외부 스타일시트 파일을 만들어 사용할 경우 여러 웹 문서에 동일한 스타일시트를 사용할 수 있고, 스타일시트 파일을 한 번만 수정하면, 모든 웹 문서의 스타일시트 모양이 동시에 바뀌므로 문서를 관리하기가 쉽습니다.

■ 태그마다 속성을 지정한 경우

```
1  <!DOCTYPE html>
2  <html>
3  <head>
4      <meta charset="utf-8">
5      <title></title>
6  </head>
7  <body>
8  <h2><font color="blue">스타일시트(CSS)의 매력</font></h2>
9  <p>
10 <h4><font color="#ff9900">· 웹 문서를 자유롭게 편집할 수 있습니다
   </font></h4>
11 HTML로 웹 문서를 작성할 때에 글꼴, 자간/행간, 색상, 배경, 테두리, 레이
   아웃 등이 가지고 있는 한계를 극복할 수 있어 문서를 좀 더 보기 좋게 꾸밀
   수 있습니다.</p>
12 <p>
13 <h4><font color="#ff9900">· 문서를 통일감 있게 만들 수 있습니다
   </font></h4>
14 HTML 문서로 글꼴이나 글자색을 지정할 경우에는 한 페이지에 수많은 <font>
   태그를 사용해야 합니다. 그러나 스타일로 한 번만 정의하면 웹 문서에 일괄
   적용되므로 통일감 있는 문서를 만들 수 있습니다.</p>
15 <p>
16 <h4><font color="#ff9900">· 문서를 관리하기 편리합니다</font></h4>
17 외부 스타일시트 파일을 만들어 사용할 경우, 여러 웹 문서에 동일한 스타일
   시트를 사용할 수 있고, 스타일시트 파일을 한 번만 수정하면, 모든 웹 문서
   의 스타일시트 모양이 동시에 바뀌므로 문서를 관리하기가 쉽습니다.</p>
18 </body>
19 </html>
```

문자의 색상 또는 크기가 변경될 때마다 〈font〉 태그로 색상과 크기를 지정해야 합니다.

■ CSS를 이용한 경우

```
 1 <!DOCTYPE html>
 2 <html>
 3 <head>
 4     <meta charset="utf-8">
 5     <title></title>
 6 <style type="text/css">
 7 <!--
 8 h2 {color:blue;}
 9 h4 {color:#ff9900;}
10 -->
11 </style>
12 </head>
13 <body>
14 <h2>스타일시트(CSS)의 매력</h2>
15 <p>
16 <h4>▪ 웹 문서를 자유롭게 편집할 수 있습니다</h4>
17 HTML로 웹 문서를 작성할 때에 글꼴, 자간/행간, 색상, 배경, 테두리, 레이
     아웃 등이 가지고 있는 한계를 극복할 수 있어 문서를 좀 더 보기 좋게 꾸밀
     수 있습니다.</p>
18 <p>
19 <h4>▪ 문서를 통일감 있게 만들 수 있습니다</h4>
20 HTML 문서로 글꼴이나 글자색을 지정할 경우에는 한 페이지에 수많은 <font>
     태그를 사용해야 합니다. 그러나 스타일로 한 번만 정의하면 웹 문서에 일괄
     적용되므로 통일감 있는 문서를 만들 수 있습니다.</p>
21 <p>
22 <h4>▪ 문서를 관리하기 편리합니다</h4>
23 외부 스타일시트 파일을 만들어 사용할 경우, 여러 웹 문서에 동일한 스타일
     시트를 사용할 수 있고, 스타일시트 파일을 한 번만 수정하면, 모든 웹 문서
     의 스타일시트 모양이 동시에 바뀌므로 문서를 관리하기가 쉽습니다.</p>
24 </body>
25 </html>
```

〈h2〉 태그와 〈h4〉 태그에 스타일을 지정한 경우 〈font〉 태그를 이용하지 않아도 태그가 적용된 문자에 일률적으로 같은 색상이 적용됩니다.

■ 웹 문서 결과

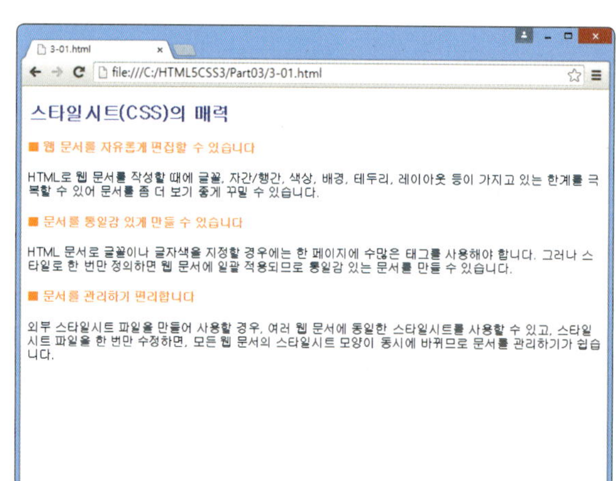

태그에 직접 스타일을 적용한 경우와 CSS를 이용해 스타일을 적용한 경우 모두 결과는 동일합니다.

스타일시트를 적용하는 여러 가지 방법

LESSON02

이번에는 스타일시트를 웹 문서에 적용하는 3가지 방법과 정확한 사용법에 대해 알아보겠습니다.

외부 문서에서 연결하기 (linked Style)

스타일시트 중에서 linked Style 방식은 주로 웹 사이트에 통일감을 주고 싶을 때 사용합니다. 즉, 웹 사이트의 모든 문서에 동일한 폰트, 색상 등을 부여하고 싶을 경우, 해당 웹 문서마다 코드를 입력하지 않고 특정 스타일시트 문서를 만들어 보관한 후에 필요한 웹 문서에 연결하여 사용하는 것입니다. linked Style의 형식은 다음과 같습니다.

```
<link rel="stylesheet" type="text/css" href="스타일시트 파일 이름.css">
```

- **저장할 경로** : C:\HTML5CSS3\Part03\3-03.css, C:\HTML5CSS3\Part03\3-03.html
- **완성 파일** : C:\HTML5CSS3\완성예제\Part03\3-03.css, C:\HTML5CSS3\완성예제\Part03\3-03.html

01 다음과 같이 입력하고 Ctrl + S 를 눌러 문서를 저장합니다.

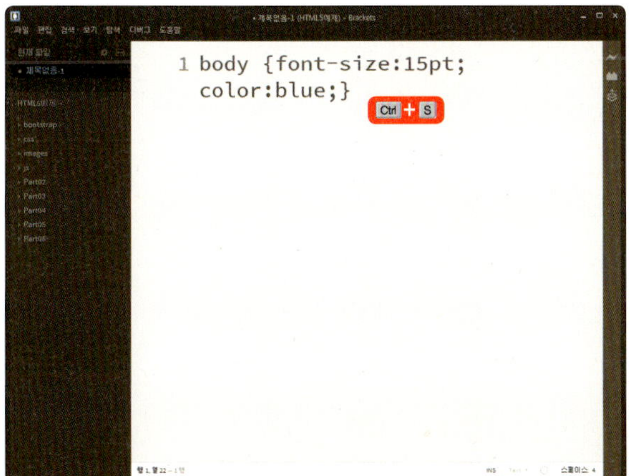

02 [다른 이름으로 저장] 대화상자가 나타나면 C:\HTML5CSS3\Part02 폴더로 이동한 후 '3-03.css'라고 입력히고 [저장] 버튼을 클릭합니다.

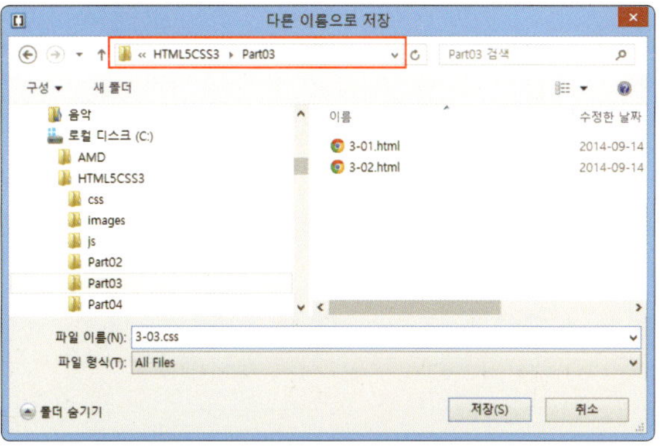

스타일시트 파일은 반드시 *.css 확장자로 저장해야 합니다.

03 이제 작성된 스타일시트 파일을 사용할 HTML 문서를 만들어 보겠습니다. 새 파일을 연 후 다음과 같이 입력하고 파일을 저장합니다.

```
1  <!DOCTYPE html>
2  <html>
3  <head>
4      <meta charset="utf-8">
5      <title></title>
6      <link rel="stylesheet"
   type="text/css" href="3-
   03.css">
7  </head>
8  <body>
9  Linked Style 방식을 이용한 스타일
   시트 예제입니다.
10 </body>
11 </html>
```

앞에서 작성한 스타일시트를 사용하도록 지정하였습니다.

Note

외부 스타일시트 파일 연결하기

외부 파일로 정의한 스타일시트를 연결할 때에는 HTML 문서의 〈head〉 태그 내부에 링크 스타일 형식을 입력해야 합니다. 만약, 스타일시트 파일과 HTML 파일이 서로 다른 경로에 있을 때에는 파일 이름 앞에 경로를 지정해주어야 합니다.

예 <link rel="stylesheet" type="text/css" href="css/mystyle.css">

스타일시트에서 사용하는 단위

웹 문서에서의 단위는 픽셀이나 %를 사용하지만, 스타일시트에서는 이 밖에도 다양한 단위를 제공하기 때문에 더욱 자유롭게 문서를 편집할 수 있습니다. 스타일시트에서 제공하는 단위에는 크기가 정해져 있는 절대 단위와 크기가 상대적으로 변하는 상대 단위가 있으며, 그 내용은 다음과 같습니다.

구분	단위	설명
절대 단위	in	인치(1인치=2.54cm)
	cm	센티미터
	mm	밀리미터
	pt	포인트(1포인트=1/72인치)
	pc	파이카(1파이카=12포인트)
상대 단위	%	기준이 되는 크기에 대한 비율
	px	1픽셀을 1로 하는 단위(화면의 해상도에 따라 상대적임)
	ex	그 범위에서 유효한 폰트의 소문자 x의 높이를 1로 하는 단위
	em	그 범위에서 유효한 폰트의 높이를 1로 하는 단위

04 웹 브라우저에서 내용을 확인합니다. 웹 문서에서 스타일시트가 적용된 결과를 확인할 수 있습니다.

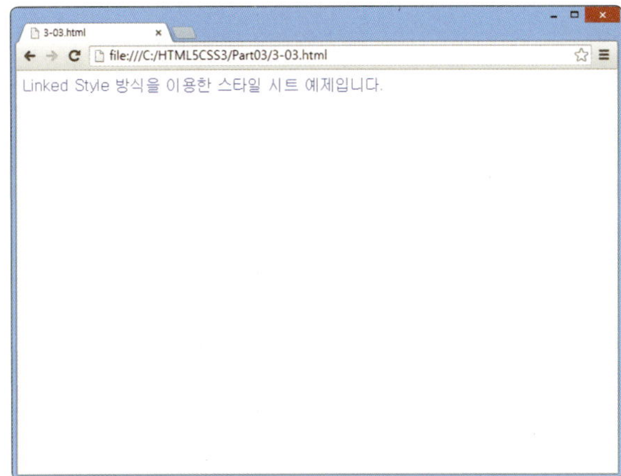

문서 내부에 정의하기 (Embedded Style)

Embedded Style 방식은 가장 일반적인 형태로, 웹 문서의 내부(보통 〈head〉 영역)에 스타일시트를 정의하여 문서 전체에 특정한 효과를 주고자 할 때 사용합니다. Embedded Style의 형식은 다음과 같습니다.

```
<style type="text/css">
<!--
Selector {스타일 속성(Property):값(value)}
-->
</style>
```

● **저장할 경로** : C:\HTML5CSS3\Part03\3-04.html　●**완성 파일** : C:\HTML5CSS3\완성예제\Part03\3-04.html

01 다음과 같이 입력하고 '3-04.html'이라는 이름으로 저장합니다.

Tip

주석 태그(〈!--, --〉)를 사용하는 이유는 〈style〉 태그를 인식하지 못하는 웹 브라우저에서 스타일시트 구문이 화면에 그대로 표시되는 것을 방지하기 위해서입니다.

```
1  <!DOCTYPE html>
2  <html>
3  <head>
4      <meta charset="utf-8">
5      <title></title>
6      <style type="text/css">
7      <!--
8        body {font-size:15pt; color:blue}
9      -->
10     </style>
11 </head>
12 <body>
13 Embedded Style 방식을 이용한 스타일시트 예제입니다.
14 </body>
15 </html>
```

02 웹 브라우저에서 내용을 확인합니다. 웹 문서에서 스타일시트가 적용된 결과를 확인할 수 있습니다.

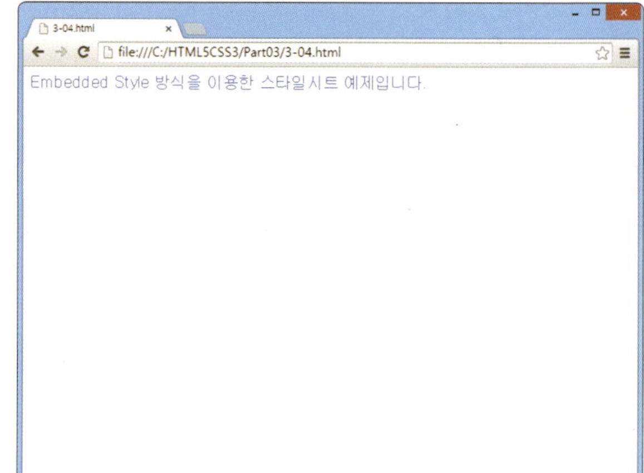

Embedded Style은 문서 내부에 스타일시트가 정의되어 있으므로 별도의 스타일시트 파일이 없어도 됩니다.

Note

스타일시트에서 주석 사용하기

HTML 문서에서는 주석을 〈!-- 내용 --〉과 같은 형식으로 표시하였지만, 스타일시트에서는 주석을 /* 내용 */과 같은 형식으로 표시합니다.

```
〈style type="text/css"〉
〈!--
        h1 {font-size:24}      /* h1 태그의 글자 크기는 24 */
        h2 {color:blue}        /* h2 태그의 글자는 파란색으로 */
--〉
〈/style〉
```

태그에 직접 정의하기 (Inline Style)

Inline Style은 특정 태그에만 스타일시트를 적용하고 싶을 때 사용합니다. Inline Style의 형식은 다음과 같습니다.

```
〈태그 style="스타일 속성(Property):값(value)"〉
```

● **저장할 경로** : C:\HTML5CSS3\Part03\3-05.html　● **완성 파일** : C:\HTML5CSS3\완성예제\Part03\3-05.html

01 다음과 같이 입력하고 '3-05.html'이라는 이름으로 저장합니다.

```
 1 <!DOCTYPE html>
 2 <html>
 3 <head>
 4     <meta charset="utf-8">
 5     <title></title>
 6 </head>
 7 <body style="font-size:15pt; color:blue;">
 8 Inline Style 방식을 이용한 스타일시트 예제입니다.
 9 </body>
10 </html>
```

02 웹 브라우저에서 내용을 확인합니다.

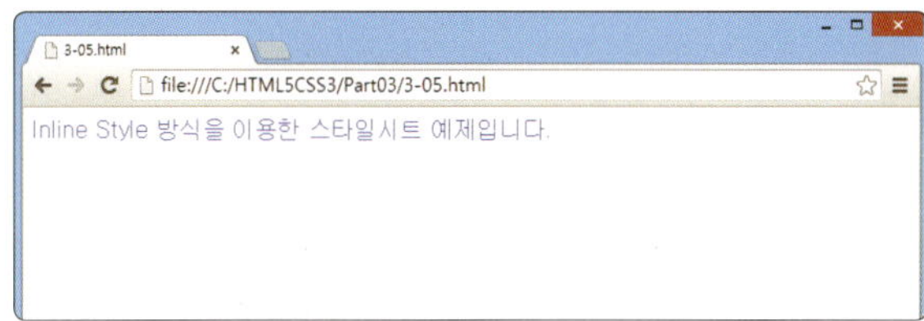

Note

Inline Style과 Embedded Style의 차이점

스타일을 적용할 때에는 Inline Style의 경우와 Embedded Style의 경우가 각각 다릅니다. Inline Style의 경우에는 직접 태그에 삽입되기 때문에 적용 대상을 별도로 지정할 필요가 없지만, Embedded Style의 경우에는 〈head〉 영역에서 스타일을 지정한 후 〈body〉 영역에서 적용하기 때문에 스타일시트를 어느 부분에 적용할 것인지를 Selector로 알려주어야 합니다.

Embedded Style인 경우

Selector(스타일을 적용하려는 대상) {스타일 속성1(Property):값(value) ;
스타일 속성2(Property):값(value) ; ...}
⑩ body {font-size:15pt; color:blue}

Inline Style일 경우

〈태그 style="스타일 속성1(Property):값(value) ;스타일 속성2(Property):값(value); ..."〉
⑩ 〈body style="font-size:15pt; color:blue"〉〈/body〉

---

linked Style, Embedded Style, Inline Style 중에서 어느 것이 많이 사용될까?

결론부터 말하자면 linked Style이 가장 많이 사용됩니다. 앞에서 이야기한 것처럼 linked Style로 외부 스타일시트를 만들어 사용하면 여러 웹 문서에 동일한 스타일을 적용하기가 쉽기 때문입니다.

두 번째로는 Embedded Style이 사용됩니다. 이 책에서도 실습을 위해 Embedded Style 형태로 예제를 만들고 있습니다. 하나의 파일에 작성해야 실습에 용이하기 때문입니다. 마지막의 Inline Style은 가능한 한 사용하지 않는 편이 좋습니다. 웹 문서의 통일성을 유지하거나 관리하기가 어렵기 때문입니다.

스타일시트는 태그의 고유 기능을 그대로 유지하면서 필요한 스타일의 옷을 입히는 것과 같습니다. 즉, 태그에 스타일이라는 부가적인 효과를 추가함으로써 외관상 좀 더 멋스러워지는 것이지요. 이번에는 스타일을 적용하는 일반적인 형식에 대해 알아보겠습니다.

스타일시트 기본 형식

스타일시트를 문서에 적용할 때에는 일반적으로 CSS를 외부 파일로 만드는 linked Style Sheet나 문서의 내부에 CSS를 정의하는 Embedded Style Sheet를 사용합니다. 다음의 스타일시트 기본 형식은 이 2가지 방식에서 사용하는 CSS 형식입니다.

> Selector(스타일을 적용하려는 대상) {스타일 속성(Property):값(value); 스타일 속성(Property):값(value)}
>
> 예 body {font-size:15pt; color:blue}

❶ Selector : 선택자 스타일을 적용하려는 대상을 지정합니다(예 p, body 등)

❷ 스타일 속성:값 : 선언분은 속성과 값으로 표시합니다(예 font-size:15pt, color:blue)

❸ ;(세미콜론) : 선언문과 선언문을 구분할 때에 사용합니다.

웹 문서를 작성하다 보면 여러 가지 속성을 한꺼번에 적용해야 할 일이 많은데, 이러한 경우에는 ;(세미콜론)을 사용하여 스타일을 구분하면 됩니다.

Embedded Style에서 특정 태그 하나에 스타일을 지정할 때에는 위와 같이 Selector에 스타일을 적용하려는 대상 태그를 입력하면 됩니다. 이때 Selector의 형식은 적용하려는 대상의 범위에 따라 여러 가지가 있습니다. 이제 각각의 경우에 어떤 형식으로 스타일을 지정하는지 알아보겠습니다.

특정 태그에 스타일 지정하기

하나의 태그에 스타일을 지정할 때에는 다음과 같은 형식을 사용합니다.

> 태그 {스타일 속성(Property):값(value); ...}
>
> 예 body {font-size:15pt; color:blue}
>
> → <body> 태그에 스타일시트가 적용됩니다.

01 다음과 같이 입력하고 '3-06.html'이라는 이름으로 저장합니다.

```
1 <!DOCTYPE html>
2 <html>
3 <head>
4     <meta charset="utf-8">
5     <title></title>
6 <style type="text/css">
7 <!--
8 body {font-size:40pt; color:#3366CC} /* body에 스타일 적용 */
9 img {border: 10px solid #D8D8D8;}   /* img에 스타일 적용 */
10 td {font-size:12pt; color:#999999}  /* td에 스타일 적용 */
11 h1 {color:#FF9900}  /* h1에 스타일 적용 */
12 -->
13 </style>
14 </head>
15 <body>
16 LITTLE BEAUTY
17 <table>
18 <tr>
19    <td>
20       <h1>LITTLE BEAUTY</h1>
21       <img src="../images/2-24.jpg" width="100"
  align="left">
22       <p>옛날 어느 동물원에 손짓으로 말을 할 줄 아는 아주 특별한 고
  릴라가 살고 있었어요.<br>
23       그래서 갖고 싶은 것이 있으면 동물원 사람들한테 손짓으로 말했지
  요.<br>
24       고릴라에게는 부족한 것이 하나도 없어 보였어요.</p>
25    </td>
26 </tr>
27 </table>
28 </body>
29 </html>
```

02 웹 브라우저에서 내용을 확인합니다. 웹 문서에서 〈body〉, 〈h1〉, 〈td〉, 〈img〉 태그에 각각의 스타일시트가 적용된 것을 확인할 수 있습니다.

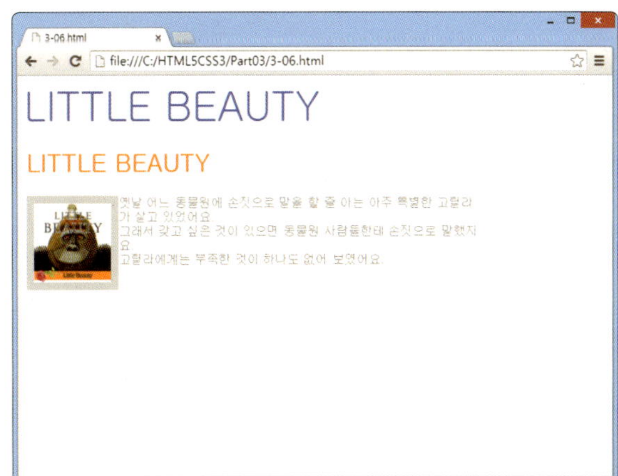

Tip

스타일시트의 적용은 태그와 마찬가지로 안쪽에 선언된 것이 우선입니다. 따라서 〈body〉 전체에 적용된 스타일보다 〈td〉에 적용된 스타일이, 〈td〉에 적용된 스타일보다 〈h1〉에 적용된 스타일이 우선권을 가집니다.

여러 가지 태그에 같은 스타일을 적용할 경우에는 다음과 같은 형식을 사용해야 합니다.

태그1, 태그2, 태그3 {스타일 속성(Property):값(value)}

예 td, p, h1 {font-size:15pt ; color:blue}

→ 〈td〉, 〈p〉, 〈h1〉 태그에 공통으로 스타일시트가 적용됩니다.

● **저장할 경로** : C:\HTML5CSS3\Part03\3-07.html　● **완성 파일** : C:\HTML5CSS3\완성예제\Part03\3-07.html

01 다음과 같이 입력하고 '3-07.html'이라는 이름으로 저장합니다.

```html
1 <!DOCTYPE html>
2 <html>
3 <head>
4     <meta charset="utf-8">
5     <title></title>
6 <style type="text/css">
7 <!--
8 td, p, h1 {font-size:15pt; color:blue}
9 -->
10 </style>
11 </head>
12 <body>
13 여러 태그에 동일한 스타일이 적용됩니다.<p>
14 <table border="1">
15 <tr>
16     <td>테이블의 td태그에 속한 모든 문자에 크기 15pt, 색상 파랑색
    이 적용됩니다.</td>
17 </tr>
18 </table>
19 <p>p태그에 속한 모든 문자에 크기 15pt, 색상 파랑색이 적용됩니다.
20 <h1>h1태그에 속한 모든 문자에 크기 15pt, 색상 파랑색이 적용됩니다.
    </h1>
21 </body>
22 </html>
```

02 웹 브라우저에서 내용을 확인합니다. 웹 문서에서 〈td〉, 〈p〉, 〈h1〉 태그에 스타일시트가 적용된 것을 확인할 수 있습니다.

Tip

〈h1〉 태그는 제목으로 사용되는 태그로, 두꺼운 글씨로 표현되는 특징을 지니고 있습니다. 따라서 같은 스타일을 적용했더라도 〈p〉 태그나 〈td〉 태그보다 두껍게 보입니다.

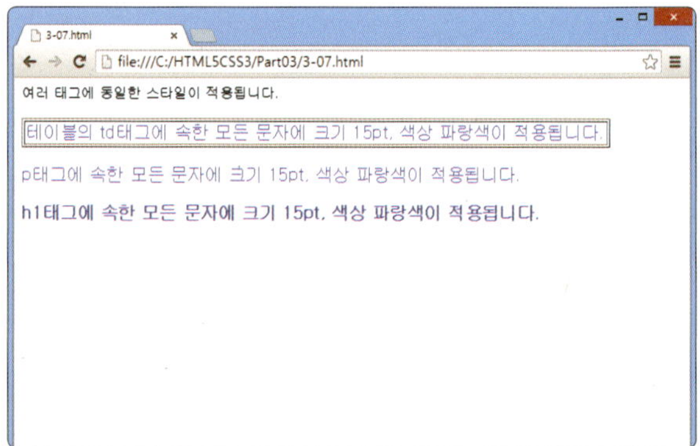

상위 태그에 포함된 하위 태그에만 스타일을 지정할 경우에는 상위 태그와 하위 태그 사이에 쉼표가 아닌 Space Bar 로 구분하여 입력하면 됩니다.

> 태그1 태그2 태그3 {스타일 속성(Property):값(value)}
>
> 예 b li {font-size:15pt; color:blue}
>
> → 〈b〉 안쪽에 〈li〉를 사용했을 경우에만 스타일이 적용됩니다.

● **저장할 경로** : C:\HTML5CSS3\Part03\3-08.html ● **완성 파일** : C:\HTML5CSS3\완성예제\Part03\3-08.html

01 다음과 같이 입력하고 '3-08.html'이라는 이름으로 저장합니다.

```html
1  <!DOCTYPE html>
2  <html>
3  <head>
4      <meta charset="utf-8">
5      <title></title>
6  <style type="text/css">
7  <!--
8  b li {font-size:15pt; color:blue}
9  -->
10 </style>
11 </head>
12 <body>
13 b 태그에 포함된 li 태그에만 스타일이 적용됩니다.<p>
14 <b>b 태그입니다.</b>
15 <ul>
16     <li>li 태그 첫번째 목록
17     <li>li 태그 두번째 목록
18 </ul>
19 <b>
20 <ul>
21     <li>b 태그에 포함된 li 태그 첫번째 목록
22     <li>b 태그에 포함된 li 태그 두번째 목록
23 </ul>
24 </b>
25 <ul>
26     <li><b>li 태그에 포함된 b 태그 첫번째 목록</b>
27     <li><b>li 태그에 포함된 b 태그 두번째 목록</b>
28 </ul>
29 </body>
30 </html>
```

02 웹 브라우저에서 내용을 확인합니다. 웹 문서에서 〈b〉 태그 안쪽에 〈li〉 태그를 사용했을 경우에만 스타일이 적용되는 것을 확인할 수 있습니다.

주의

> 〈b〉 태그나 〈li〉 태그만을 단독으로 사용할 때에는 스타일이 적용되지 않으니 주의하세요.

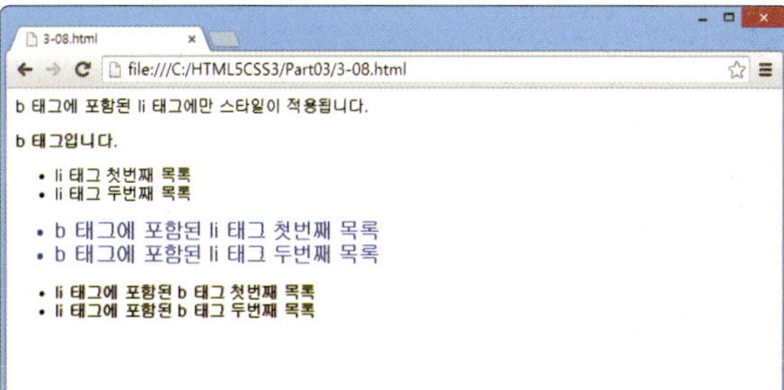

특정 태그에 스타일을 지정하면, 문서 전체에서 해당 태그를 사용할 때마다 같은 스타일이 적용됩니다. 만약, 같은 태그라도 상황에 따라 각각 다른 스타일을 지정하고자 할 때에는 다음과 같이 클래스(Class) 이름으로 구분하면 됩니다.

■ Class 정의

태그.class 이름1 {스타일 속성1(Property):값(value)}

태그.class 이름2 {스타일 속성2(Property):값(value)}

→ 같은 태그지만 class 이름에 따라 스타일이 달라집니다. 이때, 태그를 생략하고 .class라는 이름만 사용해도 결과는 같습니다.

■ Class 적용

<태그 class="class 이름">

→ 태그에 스타일을 적용할 때에는 class 이름을 지정해주어야 합니다.

● **저장할 경로** : C:\HTML5CSS3\Part03\3-09.html ● **완성 파일** : C:\HTML5CSS3\완성예제\Part03\3-09.html

01 다음과 같이 입력하고 '3-09.html'이라는 이름으로 저장합니다.

```
1  <!DOCTYPE html>
2  <html>
3  <head>
4      <meta charset="utf-8">
5      <title></title>
6  <style type="text/css">
7  <!--
8      h1.red      {font-size:10pt; color:#CC3300}
9      h1.yellow   {font-size:12pt; color:#FF9900}
10     h1.green    {font-size:15pt; color:#669933}
11     h1.blue     {font-size:18pt; color:#3366CC}
12     h1.purple   {font-size:20pt; color:#663399}
13     /* 같은 h1 태그이지만 클래스 별로 스타일이 다르게 정의되어 있음 */
14  -->
15  </style>
16  </head>
17  <body>
18  h1태그에 클래스 별로 다양한 스타일을 적용한 경우입니다.<p>
19  <h1 class="red">class 이름이 red인 스타일의 효과입니다.</h1>
20  <h1 class="yellow">class 이름이 yellow인 스타일의 효과입니다.</h1>
21  <h1 class="green">class 이름이 green인 스타일의 효과입니다.</h1>
22  <h1 class="blue">class 이름이 blue인 스타일의 효과입니다.</h1>
23  <h1 class="purple">class 이름이 purple인 스타일의 효과입니다.</h1>
24  <h1>class 이름을 사용하지 않으면 스타일이 적용되지 않습니다.</h1>
25  </body>
26  </html>
```

02 웹 브라우저에서 내용을 확인합니다. 웹 문서에서 동일한 〈h1〉 태그라도 Class 이름에 따라 각각 다른 효과가 적용되는 것을 확인할 수 있습니다.

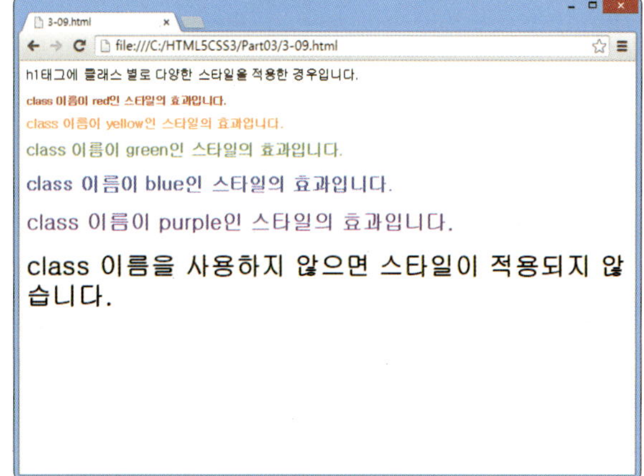

Tip

이 예제처럼 동일한 태그에 Class를 이용해서 다양한 형태의 스타일을 지정한 후, 태그에 필요한 스타일의 Class를 적용시킬 수 있습니다.

아이디(ID) 이용하기

ID의 정의 및 형식은 Class 지정과 쓰임새가 비슷합니다. 하지만 ID는 한 페이지에서 오직 하나만 유효하므로, ID는 한 태그에만 부여됩니다. 따라서 ID를 이용하여 스타일을 지정할 경우에는 ID를 지정된 하나의 태그에만 적용할 수 있다는 점이 다릅니다. 특히, ID는 자바스크립트로 ID에 지정한 스타일 자체의 값을 수정할 수 있는 연결고리 역할을 합니다.

■ id 정의

#id 이름 {스타일 속성(Property):값(value)}

■ id 적용

〈태그 id="id 이름"〉

01 다음과 같이 입력하고 '3-10.html'이라는 이름으로 저장합니다.

```html
1 <!DOCTYPE html>
2 <html>
3 <head>
4     <meta charset="utf-8">
5     <title></title>
6 <style type="text/css">
7 <!--
8     .blue {font-size:10pt; color:#3366cc}
9     #blue {font-size:15pt; color:3366cc}
10 -->
11 </style>
12 </head>
13 <body>
14 클래스와 아이디로 스타일을 적용한 경우입니다.<p>
15 <h1 class="blue">class 이름이 blue인 스타일의 효과입니다.</h1>
16 <table border="1">
17 <tr>
18     <td class="blue">class 이름이 blue인 스타일의 효과입니다.</td>
19 </tr>
20 </table>
21 <h1 id="blue">id 이름이 blue인 스타일의 효과입니다.</h1>
22 <h1>class나 id 이름을 지정하지 않으면 스타일이 적용되지 않습니다.</h1>
23 </body>
24 </html>
```

02 웹 브라우저에서 내용을 확인합니다. 웹 문서에서 Class로 지정한 것과 ID로 지정한 결과값이 다른 것을 획인할 수 있습니다.

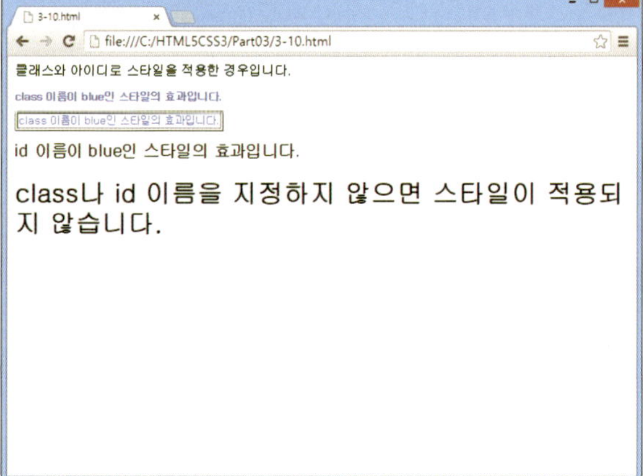

배경을 꾸미는 스타일시트

지금까지 스타일시트를 적용하는 방법에 대해 자세히 알아보았습니다. 이제부터는 스타일을 이용하여 배경 색상과 배경 그림을 지정하는 방법에 대해 알아보겠습니다.

배경 색상 바꾸기 (background-color)

background-color 속성도 color 속성처럼 색상 이름이나 RGB값을 이용하여 지정하면 됩니다. 다음은 <body>와 <table>, 그리고 글자의 배경 색상을 지정하는 경우의 예제입니다.

```
<style type="text/css">
<!--
        Selector {background-color:색상 이름 또는 RGB값}
-->
</style>
```

● **저장할 경로** : C:\HTML5CSS3\Part03\3-11.html　● **완성 파일** : C:\HTML5CSS3\완성예제\Part03\3-11.html

01 다음과 같이 입력하고 '3-11.html'이라는 이름으로 저장합니다.

```
1  <!DOCTYPE html>
2  <html>
3  <head>
4      <meta charset="utf-8">
5      <title></title>
6  <style type="text/css">
7  <!--
8      body {background-color:#eaeaea}
9      .red {background-color:#cc3300}
10     .blue {background-color:#3366cc}
11     .yellow {background-color:#ff9900}
12     td {font-size:15pt}
13  -->
14  </style>
15  </head>
16  <body>
17  <table>
18  <tr>
```

```
19        <td class="red">배경색을 붉은색 계열의 #cc3300으로 지정하였을 때
          스타일의 효과입니다.</td>
20    </tr>
21    <tr>
22        <td class="blue">배경색을 푸른색 계열의 #3366cc으로 지정하였을
          때 스타일의 효과입니다.</td>
23    </tr>
24    <tr>
25        <td class="yellow">배경색을 노란색 계열의 #ff9900으로 지정하였을
          때 스타일의 효과입니다.</td>
26    </tr>
27 </table>
28 </body>
29 </html>
```

02 웹 브라우저에서 내용을 확인합니다. 웹 문서에서 배경 색상과 테이블 안의 색상을 확인할 수 있습니다.

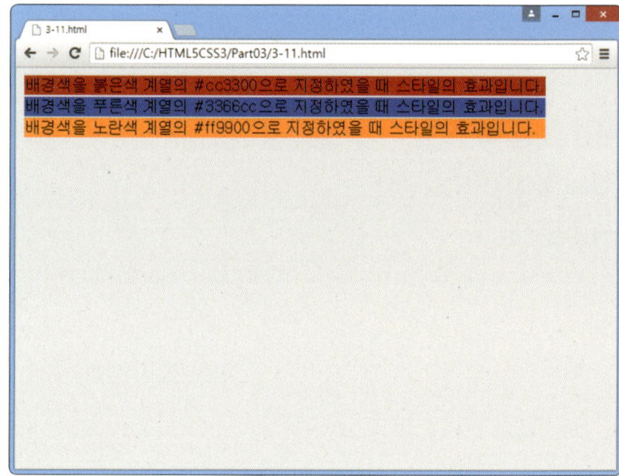

Tip

배경 색상을 지정할 때에도 색상 이름이나 RGB값으로 지정합니다. 또 <body>나 <body> 내부의 특정 태그(테이블이나 글자 등)에도 배경 색상을 지정할 수 있습니다.

배경 그림 바꾸기 (background-image)

background-image 속성을 이용하면, 배경 그림을 지정할 수 있습니다. 만약, 인터넷에 있는 그림을 이용할 때에는 그림 파일 이름 대신 URL을 직접 입력해도 됩니다. 다음은 <body> 전체와 <table>의 배경 그림을 지정한 경우의 예제입니다.

```
<style type="text/css">
<!--
       Selector {background-image:그림 파일 이름 또는 URL}
-->
</style>
```

01 다음과 같이 입력하고 '3-12.html'이라는 이름으로 저장합니다.

```html
1  <!DOCTYPE html>
2  <html>
3  <head>
4      <meta charset="utf-8">
5      <title></title>
6  <style type="text/css">
7  <!--
8      body {background-image:url(../images/3-12-01.gif)}
9      table {background-image:url(../images/3-12-02.gif)}
10 -->
11 </style>
12 </head>
13 <body>
14 body 태그 전체에 배경 그림을 지정하였을 때 스타일의 효과입니다.<p>
15 <table>
16 <tr>
17     <td>테이블 전체에 배경 그림을 지정하였을 때 스타일의 효과입니다.
   </td>
18 </tr>
19 <tr>
20     <td>테이블의 줄이나 칸에도 배경 그림을 적용할 수 있습니다.</td>
21 </tr>
22 </table>
23 </body>
24 </html>
```

02 웹 브라우저에서 내용을 확인합니다. 웹 문서에서 문서와 테이블의 배경 그림을 확인할 수 있습니다.

Tip

background-image 속성도 background-color 속성처럼 〈body〉나 〈body〉 내부에 있는 특정 태그(테이블이나 글자 등)의 배경 그림을 지정할 수 있습니다.

background-repeat 속성을 이용하면, 배경 그림을 반복할 것인지의 여부를 설정할 수 있습니다. 기본값은 repeat(반복)이며, 각 옵션별로 나타나는 효과는 다음과 같습니다. 여기서는 배경 그림을 반복하지 않고 한 번만 나타나게 설정할 것인데, 각 옵션별로 값을 변경하면서 그 결과를 확인해보세요.

■ background-repeat 속성의 옵션

옵션	설명
repeat	배경 그림이 가로, 세로 방향으로 계속 반복됩니다.
no-repeat	배경 그림이 반복되지 않고 한 번만 나타납니다.
repeat-x	배경 그림이 가로 방향으로만 반복됩니다.
repeat-y	배경 그림이 세로 방향으로만 반복됩니다.

● **저장할 경로** : C:\HTML5CSS3\Part03\3-13.html ● **완성 파일** : C:\HTML5CSS3\완성예제\Part03\3-13.html

01 다음과 같이 입력하고 '3-13.html'이라는 이름으로 저장합니다.

```
1 <!DOCTYPE html>
2 <html>
3 <head>
4     <meta charset="utf-8">
5     <title></title>
6 <style type="text/css">
7 <!--
8     body {background-image:url(../images/3-12-01.gif);
  background-repeat:no-repeat}
9     p {font-size:15pt;}
10 -->
11 </style>
12 </head>
13 <body>
14 <p>background-repeat 속성은 배경 그림의 반복을 지정하는 속성입니다.</p>
15 <p>배경 그림의 반복 값이 'no-repeat'로 지정하였을 때 스타일의 효과입니다.</p>
16 <p>배경 그림이 반복되지 않고 한번만 보여집니다.</p>
17 </body>
18 </html>
```

02 웹 브라우저에서 내용을 확인합니다. 웹 문서에서 배경 그림이 한 번만 나타나는 것을 확인할 수 있습니다.

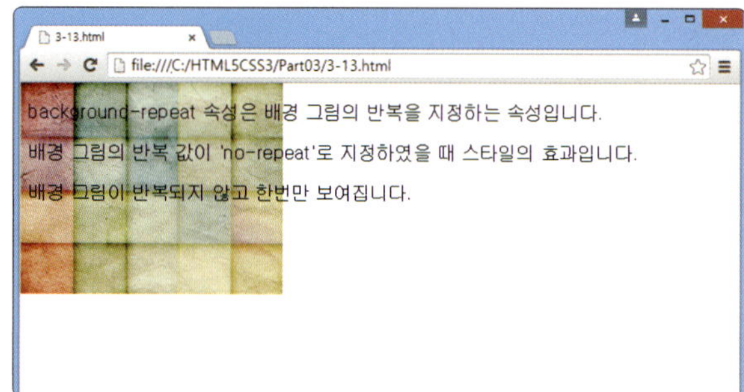

배경 그림 반복 옵션

background-repeat:repeat

배경 그림의 반복 옵션이 repeat로 지정되어 가로, 세로 방향으로 계속 반복하여 나타납니다.

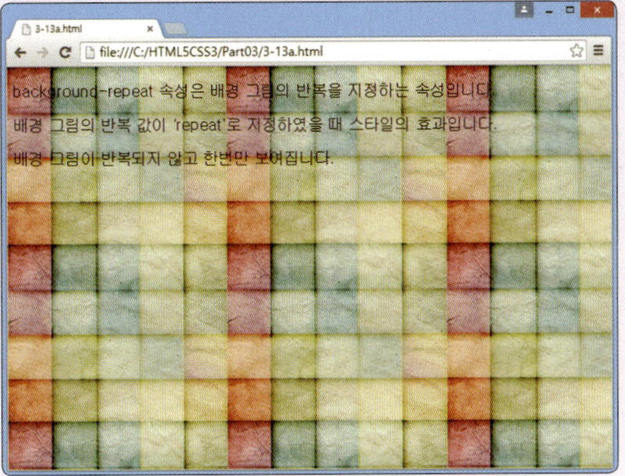

◀ 소스 : 3-13a.html

```
 6 <style type="text/css">
 7 <!--
 8     body {background-image:url(../images/3-13-01.gif);
   background-repeat:repeat}
 9     p {font-size:15pt;}
10 -->
11 </style>
```

background-repeat:repeat-x

배경 그림의 반복 옵션이 repeat-x로 지정되어 가로 방향으로만 계속 반복되어 나타납니다.

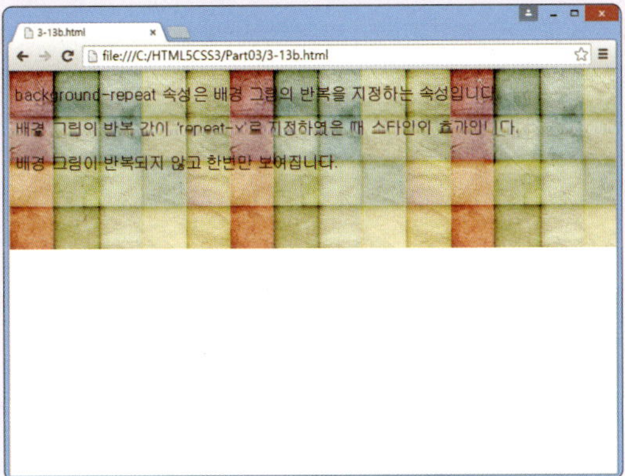

◀ 소스 : 3-13b.html

```
 6 <style type="text/css">
 7 <!--
 8     body {background-image:url(../images/3-13-01.gif);
   background-repeat:repeat-x}
 9     p {font-size:15pt;}
10 -->
11 </style>
```

background-repeat:repeat-y

배경 그림의 반복 옵션이 repeat-y로 지정되어 세로 방향으로만 계속 반복되어 나타납니다.

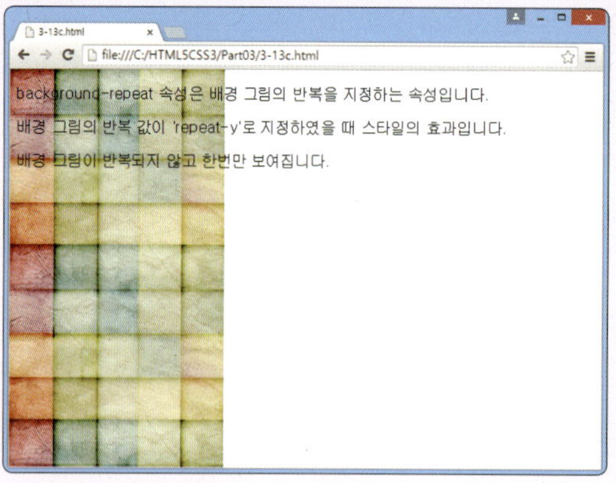

◀ 소스 : 3-13c.html

```
 6 <style type="text/css">
 7 <!--
 8     body {background-image:url(../images/3-13-01.gif);
   background-repeat:repeat-y}
 9     p {font-size:15pt;}
10 -->
11 </style>
```

배경 그림의 스크롤 지정하기 (background-attachment)

웹 브라우저의 화면에 꼭 맞춘 배경 그림을 사용한 경우에는 본문과 배경 그림이 함께 스크롤됩니다. background-attachment 속성의 기본값은 scroll이지만, fixed로 설정하면 본문 내용을 스크롤해도 배경 그림은 스크롤되지 않게 설정할 수 있습니다. 이와 반대로, 옵션을 scroll로 바꾼 후 그 결과도 확인해보세요.

■ background-attachment 속성의 옵션

옵션	설명
scroll	문서의 내용이 스크롤되면 배경 그림도 같이 스크롤됩니다.
fixed	문서의 내용이 스크롤되더라도 배경 그림은 스크롤되지 않습니다.

● **저장할 경로** : C:\HTML5CSS3\Part03\3-14.html　● **완성 파일** : C:\HTML5CSS3\완성예제\Part03\3-14.html

01 다음과 같이 입력하고 '3-14.html'이라는 이름으로 저장합니다.

```html
<!DOCTYPE html>
<html>
<head>
    <meta charset="utf-8">
    <title></title>
<style type="text/css">
<!--
body {
    background-image:url(../images/3-14.jpg);
    background-attachment:fixed;
    font-size:15pt;
}
-->
</style>
</head>
<body>
<p>옛날 어느 동물원에 손짓으로 말을 할 줄 아는 아주 특별한 고릴라가 살고 있었어요.<br>
그래서 갖고 싶은 것이 있으면 동물원 사람들한테 손짓으로 말했지요.<br>
고릴라에게는 부족한 것이 하나도 없어 보였어요.</p>
<p>하지만 고릴라는 슬펐답니다.
어느 날 고릴라는 동물원 사람들에게 "나는… 친구가… 필요해."라고 손짓으로 말했어요.
동물원에 다른 고릴라는 없었거든요. 고민하던 동물원 사람들은 아이디어 하나를 내었어요.
고릴라에게 '예쁜이'라는 이름의 작은 고양이를 데려다 주었어요.
"먹으면 안돼." 하고 사육사가 말했어요.
고릴라는 '예쁜이'가 마음에 들었어요.</p>
<p>옛날 어느 동물원에 손짓으로 말을 할 줄 아는 아주 특별한 고릴라가 살고 있었어요.<br>
그래서 갖고 싶은 것이 있으면 동물원 사람들한테 손짓으로 말했지요.<br>
고릴라에게는 부족한 것이 하나도 없어 보였어요.</p>
<p>하지만 고릴라는 슬펐답니다.
어느 날 고릴라는 동물원 사람들에게 "나는… 친구가… 필요해."라고 손짓으로 말했어요.
동물원에 다른 고릴라는 없었거든요. 고민하던 동물원 사람들은 아이디어 하나를 내었어요.
고릴라에게 '예쁜이'라는 이름의 작은 고양이를 데려다 주었어요.
"먹으면 안돼." 하고 사육사가 말했어요.
고릴라는 '예쁜이'가 마음에 들었어요.</p><p>옛날 어느 동물원에 손짓으로 말을 할 줄 아는 아주 특별한 고릴라가 살고 있있어요.<br>
그래서 갖고 싶은 것이 있으면 동물원 사람들한테 손짓으로 말했지요.<br>
고릴라에게는 부족한 것이 하나도 없어 보였어요.</p>
<p>하지만 고릴라는 슬펐답니다.
어느 날 고릴라는 동물원 사람들에게 "나는… 친구가… 필요해."라고 손짓으로 말했어요.
동물원에 다른 고릴라는 없었거든요. 고민하던 동물원 사람들은 아이디어 하나를 내었어요.
고릴라에게 '예쁜이'라는 이름의 작은 고양이를 데려다 주었어요.
"먹으면 안돼." 하고 사육사가 말했어요.
고릴라는 '예쁜이'가 마음에 들었어요.</p>
</body>
</html>
```

02 웹 브라우저에서 내용을 확인합니다. 웹 문서에서 본문 내용이 화면에 보이는 양보다 많기 때문에 스크롤바가 나타납니다.

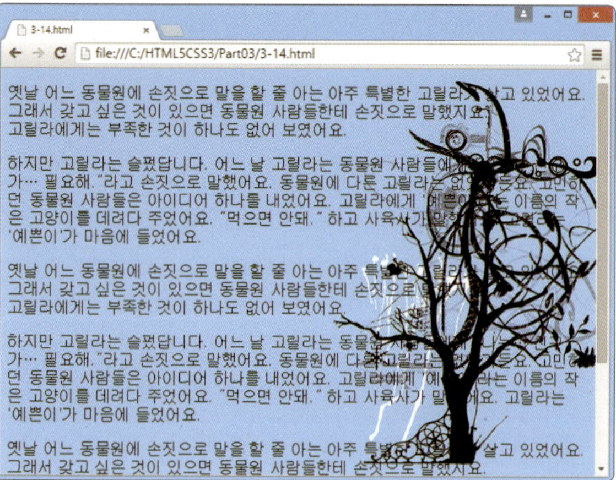

03 스크롤바를 아래로 드래그합니다. 스크롤바를 아래로 드래그해도 본문 내용만 스크롤되고, 배경 그림은 스크롤되지 않는 것을 알 수 있습니다.

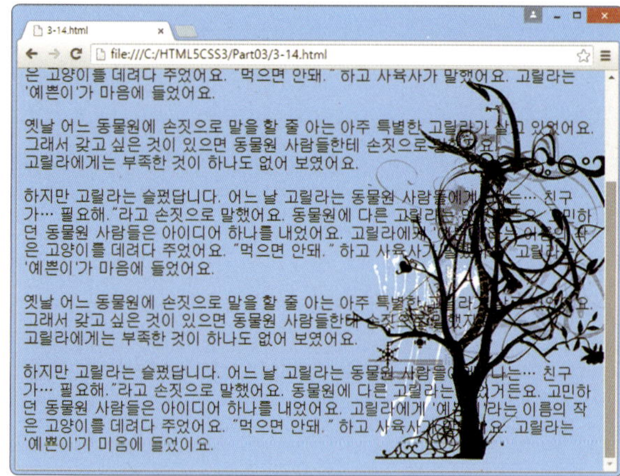

04 이번에는 소스의 10행을 'background-attachment: scroll'로 변경합니다.

```html
1 <!DOCTYPE html>
2 <html>
3 <head>
4     <meta charset="utf-8">
5     <title></title>
6 <style type="text/css">
7 <!--
8 body {
9     background-image:url(../images/3-14.jpg);
10     background-attachment:scroll;
11     font-size:15pt;
12 }
13 -->
14 </style>
15 </head>
16 <body>
17 <p>옛날 어느 동물원에 손짓으로 말을 할 줄 아는 아주 특별한 고릴라가 살고 있었어요.<br>
18 그래서 갖고 싶은 것이 있으면 동물원 사람들한테 손짓으로 말했지요.<br>
19 고릴라에게는 부족한 것이 하나도 없어 보였어요.</p>
20 <p>하지만 고릴라는 슬펐답니다.
```

05 스크롤바를 아래로 드래그합니다. 본문 내용과 배경 그림이 함께 스크롤되는 것을 확인할 수 있습니다.

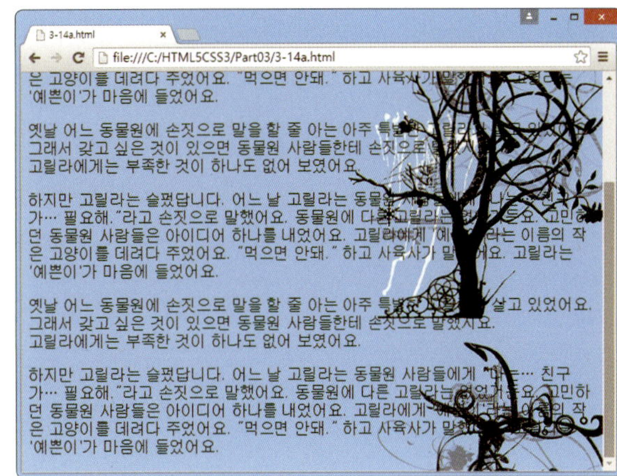

> **Tip**
>
> **background-attachment 속성**
>
> background-attachment 속성을 따로 지정하지 않으면 기본 값인 'scroll'이 적용됩니다. background-attachment 속성을 사용하려면 먼저 background-image 속성이 지정되어 있어야 합니다. 배경으로 사용할 그림은 본문의 내용이 잘 보일 수 있도록 투명하거나 희미한 것이 좋습니다.

배경 그림의 위치 지정하기 (background-position)

배경 그림이 반복되지 않고 한 번만 나타나게 할 경우에 background-position 속성을 이용하면 배경 그림의 가로, 세로 위치를 지정할 수 있습니다. 다음은 배경 그림이 가운데에 위치하도록 하는 예제인데, background-position의 속성값을 변경해 가면서 배경 그림의 위치를 확인해보세요.

■ background-position 속성의 옵션

옵션	설명
가로 방향 옵션	left, center, right, %
세로 방향 옵션	top, center, bottom, %

● **저장할 경로** : C:\HTML5CSS3\Part03\3-15.html　● **완성 파일** : C:\HTML5CSS3\완성예제\Part03\3-15.html

01 다음과 같이 입력하고 '3-15.html'이라는 이름으로 저장합니다.

```html
1 <!DOCTYPE html>
2 <html>
3 <head>
4     <meta charset="utf-8">
5     <title></title>
6 <style type="text/css">
7 <!--
8 body {
9     background-image:url(../images/3-15.jpg);
10    background-repeat:no-repeat;
11    background-position:center center;
12    font-size:15pt;
13 }
14 -->
15 </style>
16 </head>
```

```
17 <body>
18 <p>옛날 어느 동물원에 손짓으로 말을 할 줄 아는 아주 특별한 고릴라가 살고
   있었어요.<br>
19 그래서 갖고 싶은 것이 있으면 동물원 사람들한테 손짓으로 말했지요.<br>
20 고릴라에게는 부족한 것이 하나도 없어 보였어요.</p>
21 <p>하지만 고릴라는 슬펐답니다.
22 어느 날 고릴라는 동물원 사람들에게 "나는… 친구가… 필요해."라고 손짓으로
   말했어요.
23 동물원에 다른 고릴라는 없었거든요. 고민하던 동물원 사람들은 아이디어 하나
   를 내었어요.
24 고릴라에게 '예쁜이'라는 이름의 작은 고양이를 데려다 주었어요.
25 "먹으면 안돼." 하고 사육사가 말했어요.
26 고릴라는 '예쁜이'가 마음에 들었어요.</p>
27    <p>옛날 어느 동물원에 손짓으로 말을 할 줄 아는 아주 특별한 고릴라가
   살고 있었어요.<br>
28 그래서 갖고 싶은 것이 있으면 동물원 사람들한테 손짓으로 말했지요.<br>
29 고릴라에게는 부족한 것이 하나도 없어 보였어요.</p>
30 <p>하지만 고릴라는 슬펐답니다.
31 어느 날 고릴라는 동물원 사람들에게 "나는… 친구가… 필요해."라고 손짓으로
   말했어요.
32 동물원에 다른 고릴라는 없었거든요. 고민하던 동물원 사람들은 아이디어 하나
   를 내었어요.
33 고릴라에게 '예쁜이'라는 이름의 작은 고양이를 데려다 주었어요.
34 "먹으면 안돼." 하고 사육사가 말했어요.
35 고릴라는 '예쁜이'가 마음에 들었어요.</p>
36 </body>
37 </html>
```

02 웹 브라우저에서 내용을 확인합니다. 웹 문서에서 배경
그림이 가운데 위치한 것을 확인할 수 있습니다.

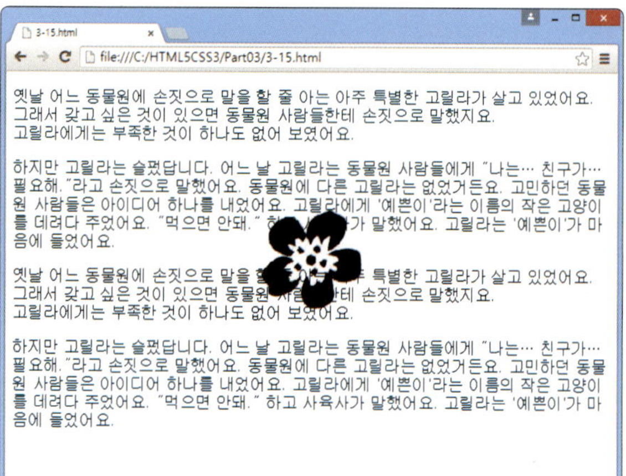

배경 그림의 위치 설정

background-position : 80% 60%

배경 그림이 가로 80%, 세로 60%의 위치에 나타납니다.

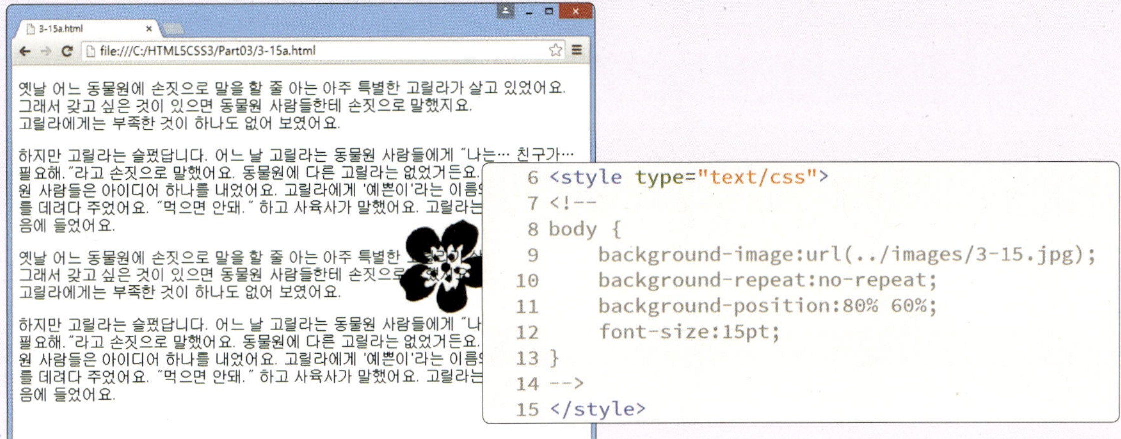

```
 6 <style type="text/css">
 7 <!--
 8 body {
 9     background-image:url(../images/3-15.jpg);
10     background-repeat:no-repeat;
11     background-position:80% 60%;
12     font-size:15pt;
13 }
14 -->
15 </style>
```

▲ 소스 : 3-15a.html

background-position : left top

배경 그림의 가로 위치는 왼쪽에, 세로 위치는 위쪽에 나타납니다.

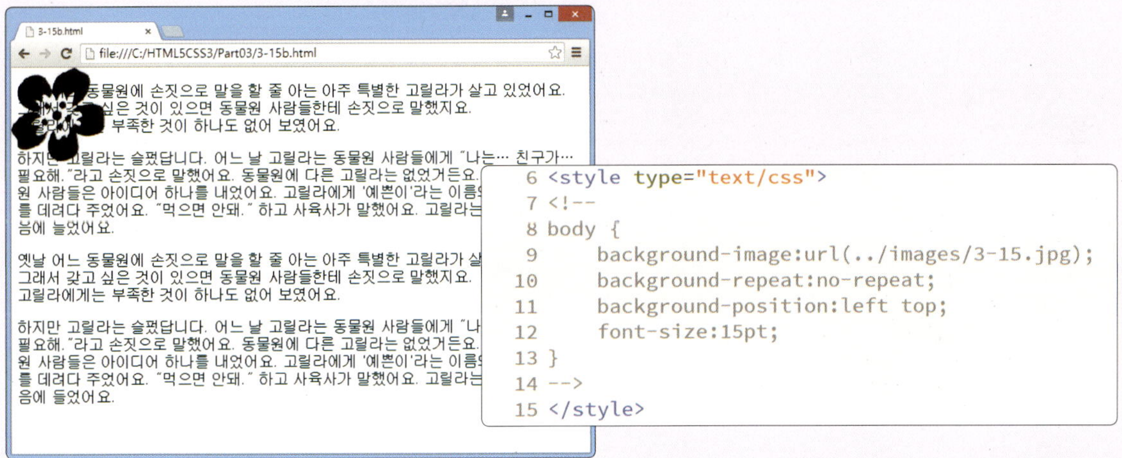

```
 6 <style type="text/css">
 7 <!--
 8 body {
 9     background-image:url(../images/3-15.jpg);
10     background-repeat:no-repeat;
11     background-position:left top;
12     font-size:15pt;
13 }
14 -->
15 </style>
```

▲ 소스 : 3-15b.html

background-position : right top

배경 그림의 가로 위치는 오른쪽에, 세로 위치는 위쪽에 나타납니다.

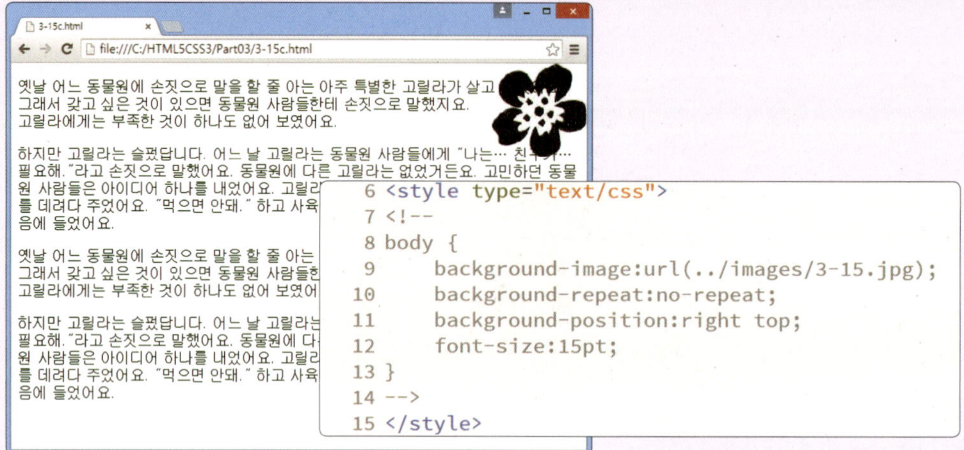

```
 6 <style type="text/css">
 7 <!--
 8 body {
 9     background-image:url(../images/3-15.jpg);
10     background-repeat:no-repeat;
11     background-position:right top;
12     font-size:15pt;
13 }
14 -->
15 </style>
```

▲ 소스 : 3-15c.html

background-position : left bottom

배경 그림의 가로 위치는 왼쪽에, 세로 위치는 아래쪽에 나타납니다.

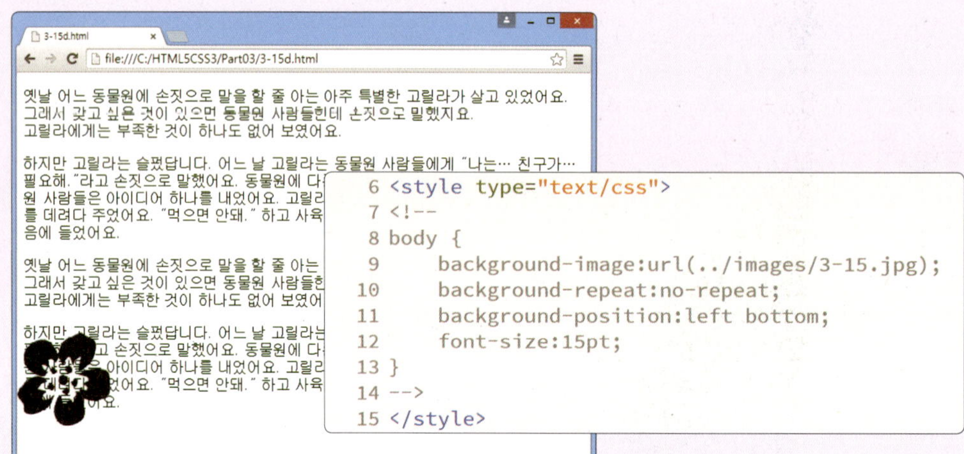

```
 6 <style type="text/css">
 7 <!--
 8 body {
 9     background-image:url(../images/3-15.jpg);
10     background-repeat:no-repeat;
11     background-position:left bottom;
12     font-size:15pt;
13 }
14 -->
15 </style>
```

▲ 소스 : 3-15d.html

앞에서 배경 그림에 관한 속성을 하나씩 문서에 적용해보았습니다. 배경 그림 속성을 여러 개 지정하고자 할 때에는 앞에서와 같이 background 속성을 하나씩 지정할 수 있지만, 한 번에 지정할 수도 있습니다. 한 번에 지정할 때에는 {background:background-image 속성값 background-repeat 속성값 background-attachment 속성값 background-position 속성값}처럼 Space Bar 로 구분하여 입력하면 됩니다.

Selector {background : background-image 속성값 background-repeat 속성값 background-attachment 속성값 background-position 속성값}

예 body {background:url(images/bg.jpg) no-repeat fixed center center}

● **저장할 경로** : C:\HTML5CSS3\Part03\3-16.html   ● **완성 파일** : C:\HTML5CSS3\완성예제\Part03\3-16.html

01 다음과 같이 입력하고 '3-16.html'이라는 이름으로 저장합니다.

```
1 <!DOCTYPE html>
2 <html>
3 <head>
4     <meta charset="utf-8">
5     <title></title>
6 <style type="text/css">
7 <!--
8 body {
9     background:url(../images/3-15.jpg) no-repeat
10     fixed center center;
11     font-size:15pt;
12 }
13 -->
14 </style>
15 </head>
16 <body>
17 <p>옛날 어느 동물원에 손짓으로 말을 할 줄 아는 아주 특별한 고릴라가 살고
    있었어요.<br>
18 그래서 갖고 싶은 것이 있으면 동물원 사람들한테 손짓으로 말했지요.<br>
19 고릴라에게는 부족한 것이 하나도 없어 보였어요.</p>
20 <p>하지만 고릴라는 슬펐답니다.
21 어느 날 고릴라는 동물원 사람들에게 "나는… 친구가… 필요해."라고 손짓으로
    말했어요.
22 동물원에 다른 고릴라는 없었거든요. 고민하던 동물원 사람들은 아이디어 하나
    를 내었어요.
23 고릴라에게 '예쁜이'라는 이름의 작은 고양이를 데려다 주었어요.
24 "먹으면 안돼." 하고 사육사가 말했어요.
25 고릴라는 '예쁜이'가 마음에 들었어요.</p>
26 <p>옛날 어느 동물원에 손짓으로 말을 할 줄 아는 아주 특별한 고릴라가 살고
    있었어요.<br>
27 그래서 갖고 싶은 것이 있으면 동물원 사람들한테 손짓으로 말했지요.<br>
28 고릴라에게는 부족한 것이 하나도 없어 보였어요.</p>
29 <p>하지만 고릴라는 슬펐답니다.
30 어느 날 고릴라는 동물원 사람들에게 "나는… 친구가… 필요해."라고 손짓으로
    말했어요.
31 동물원에 다른 고릴라는 없었거든요. 고민하던 동물원 사람들은 아이디어 하나
    를 내었어요.
```

```
32  고릴라에게 '예쁜이'라는 이름의 작은 고양이를 데려다 주었어요.
33  "먹으면 안돼." 하고 사육사가 말했어요.
34  고릴라는 '예쁜이'가 마음에 들었어요.</p>
35  <p>옛날 어느 동물원에 손짓으로 말을 할 줄 아는 아주 특별한 고릴라가 살고
       있었어요.<br>
36  그래서 갖고 싶은 것이 있으면 동물원 사람들한테 손짓으로 말했지요.<br>
37  고릴라에게는 부족한 것이 하나도 없어 보였어요.</p>
38  <p>하지만 고릴라는 슬펐답니다.
39  어느 날 고릴라는 동물원 사람들에게 "나는… 친구가… 필요해."라고 손짓으로
       말했어요.
40  동물원에 다른 고릴라는 없었거든요. 고민하던 동물원 사람들은 아이디어 하나
       를 내었어요.
41  고릴라에게 '예쁜이'라는 이름의 작은 고양이를 데려다 주었어요.
42  "먹으면 안돼." 하고 사육사가 말했어요.
43  고릴라는 '예쁜이'가 마음에 들었어요.</p>
44  </body>
45  </html>
```

여기서는 배경 그림을 반복하지 않고 한 번만 나타나게 하고, 문서의 내용이 스크롤되더라도 배경 그림은 가운데에 고정되도록 지정하였습니다.

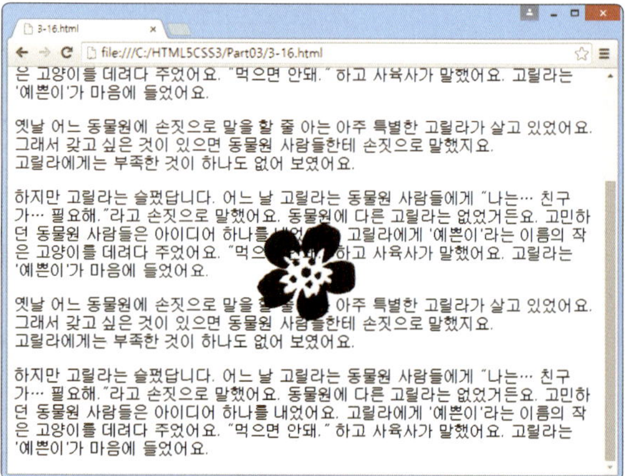

02 웹 브라우저에서 내용을 확인합니다.

웹 문서에서 배경 그림이 가운데 위치한 것을 확인할 수 있습니다.

03 스크롤바를 아래로 드래그합니다. 본문 내용을 아래로 드래그하더라도 배경 그림이 중앙에 고정되어 있는 것을 확인할 수 있습니다.

테두리를 폼 나게 꾸미는 스타일시트

테두리에 관련된 속성은 문단이나 테이블 또는 각종 입력 양식 등에 사용되는 외곽선의 모양, 색상, 두께, 바깥 여백, 안쪽 여백, 위치 등을 지정할 때 사용합니다. 테두리와 관련된 스타일을 이용하면 테이블이나 입력 양식을 좀 더 효과적으로 꾸밀 수 있습니다.

LESSON05

테두리 형태 지정하기 (border-style)

border-style 속성을 이용하면 테이블이나 각종 입력 양식의 테두리 형태를 선이나 점선, 2줄 선 등으로 설정할 수 있습니다. 각 옵션별로 나타나는 효과는 다음과 같습니다. 각 옵션별로 테두리의 형태가 어떻게 나타나는지 다음 예제를 통해 확인해보세요.

```
<style type="text/css">
<!--
        Selector {border-style:옵션}
-->
</style>
```

■ border-style 속성의 옵션

옵션	설명
none	테두리를 지정하지 않습니다.
dotted	테두리가 점으로 나타납니다.
dashed	테두리가 점선으로 나타납니다.
solid	테두리가 1줄 선으로 나타납니다.
double	테두리가 2줄 선으로 나타납니다.
groove	테두리가 입체감 있게 나타납니다.
ridge	테두리가 볼록하게 나타납니다.
inset	테두리 전체가 들어가 보이는 형태로 나타납니다.
outset	테두리 전체가 튀어나와 보이는 형태로 나타납니다.

01 다음과 같이 입력하고 '3-17.html'이라는 이름으로 저장합니다.

```html
<!DOCTYPE html>
<html>
<head>
    <meta charset="utf-8">
    <title></title>
<style type="text/css">
<!--
.none {border-style:none}
.dotted {border-style:dotted}
.dashed {border-style:dashed}
.solid {border-style:solid}
.double {border-style:double}
.groove {border-style:groove}
.ridge {border-style:ridge}
.inset {border-style:inset}
.outset {border-style:outset}
-->
</style>
</head>
<body>
<p class="none">none</p>
<p class="dotted">dotted</p>
<p class="dashed">dashed</p>
<p class="solid">solid</p>
<p class="double">double</p>
<p class="groove">groove</p>
<p class="ridge">ridge</p>
<p class="inset">inset</p>
<p class="outset">outset</p>
</body>
</html>
```

02 웹 브라우저에서 내용을 확인합니다. 웹 문서에서 테두리 형태에 따른 결과를 확인할 수 있습니다.

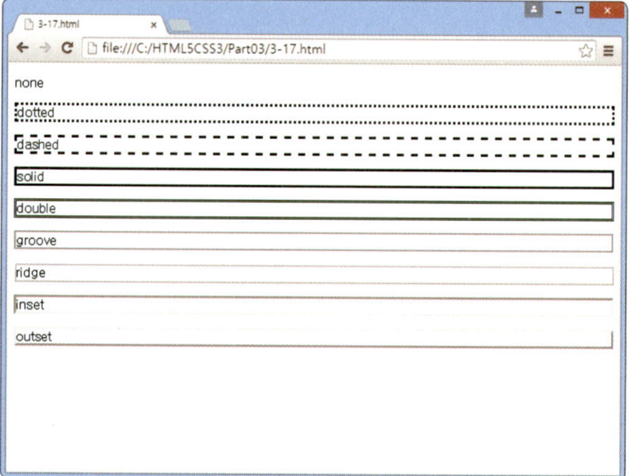

테두리의 색상
지정하기
(border-color)

이제부터 따라할 예제는 테두리에 색상을 지정하는 경우인데, 색상을 몇 개 지정하느냐에 따라 각 방향별로 색상을 다르게 지정할 수 있습니다.

```
<style type="text/css">
<!--
        Selector {border-color:색상1, 색상2, 색상3, 색상4}
-->
</style>
```

● **저장할 경로** : C:\HTML5CSS3\Part03\3-18.html ● **완성 파일** : C:\HTML5CSS3\완성예제\Part03\3-18.html

01 다음과 같이 입력하고 '3-18.html'이라는 이름으로 저장합니다.

```
1 <!DOCTYPE html>
2 <html>
3 <head>
4     <meta charset="utf-8">
5     <title></title>
6 <style type="text/css">
7 <!--
8 .border1 {border-color:#3366cc}
9 .border2 {border-color:#3366cc #ff9900}
10 .border3 {border-color:#3366cc #ff9900 #009966 #d64617}
11 p {border-style:dotted; font-size:15pt; line-height:150%;
   background-color:#ffffff}
12 -->
13 </style>
14 </head>
15 <body>
16 <p class="border1">border-color 속성에 한 가지 색상만 지정한 경우입
   니다.<br>
17 네 방향의 테두리선 모두 한 가지 색상이 적용됩니다.</p>
18 <br>
19 <p class="border2">border-color 속성에 두 가지 색상을 지정한 경우입
   니다.<br>
20 첫번째 지정한 색상은 위, 아래 테두리선에 적용됩니다.<br>
21 두번째 지정한 색상은 좌, 우 테두리선에 적용됩니다.</p>
22 <br>
23 <p class="border3">border-color 속성에 네 가지 색상을 지정한 경우입
   니다.<br>
24 4방향의 테두리선에 색상이 적용되는 순서는 시계방향입니다.<br>
25 즉, top, right, bottom, left 순으로 입력한 색상이 적용됩니다.</p>
26 </body>
27 </html>
```

02 웹 브라우저에서 내용을 확인합니다. 웹 문서에서 지정한 색상의 수에 따라 테두리의 색상이 다르게 표시되는 것을 확인할 수 있습니다.

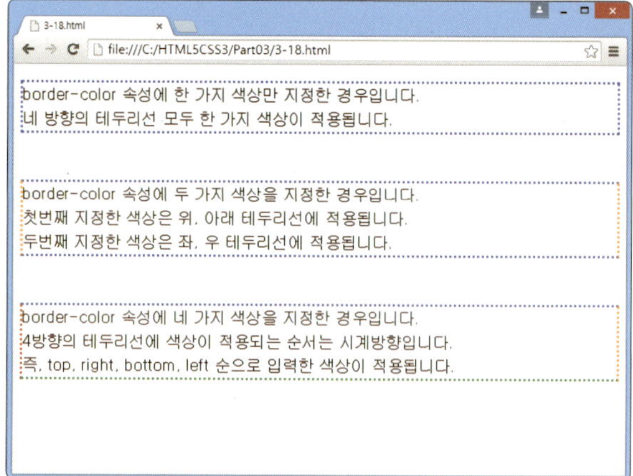

Note

border-color 지정하기

border-color에 색상값을 1개만 지정하면 네 방향에 모두 같은 색이 지정됩니다.

색상값을 2개 지정하면 상하와 좌우에 적용되고, 첫 번째 지정한 색상은 상하 테두리선에 적용되며, 두번째 지정한 색상은 좌우 테두리선에 적용됩니다. 색상값을 4개 지정하면 네 방향의 테두리선에 시계 방향으로 적용되고, top, right, bottom, left의 순서로 적용됩니다.

테두리의 두께 지정하기 (border-방향-width)

테두리의 두께를 각 방향별로 지정하는 경우는 border-style이 먼저 설정된 상태이어야만 합니다. 다음은 테두리의 두께를 각 방향별로 지정한 경우의 예제입니다.

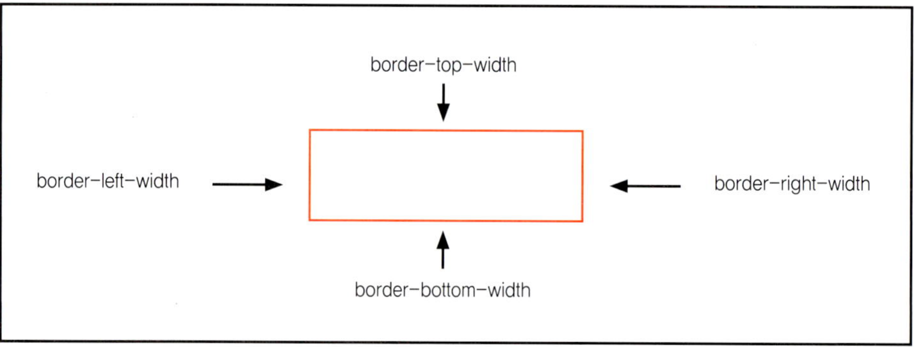

01 다음과 같이 입력하고 '3-19.html'이라는 이름으로 저장합니다.

```html
1 <!DOCTYPE html>
2 <html>
3 <head>
4     <meta charset="utf-8">
5     <title></title>
6 <style type="text/css">
7 <!--
8 .border {
9     border-style:solid;
10     border-top-width:1px;
11     border-right-width:3px;
12     border-bottom-width:10px;
13     border-left-width:25px;
14     border-color:#1958b7;}
15 p {font-size:15pt}
16 -->
17 </style>
18 </head>
19 <body>
20 <p class="border">
21 border style 속성이 적용된 예제입니다.<br>
22 각 테두리는 서로 다른 두께가 적용되었습니다.<br>
23 <br>
24 위쪽 테두리: 두께 1px<br>
25 오른쪽 테두리: 두께 3px<br>
26 아래 테두리: 두께 10px<br>
27 왼쪽 테두리: 두께 25px가 지정되었습니다.
28 </p>
29 </body>
30 </html>
```

02 웹 브라우저에서 내용을 확인합니다. 웹 문서에서 옵션에 따른 테두리의 두께를 확인할 수 있습니다.

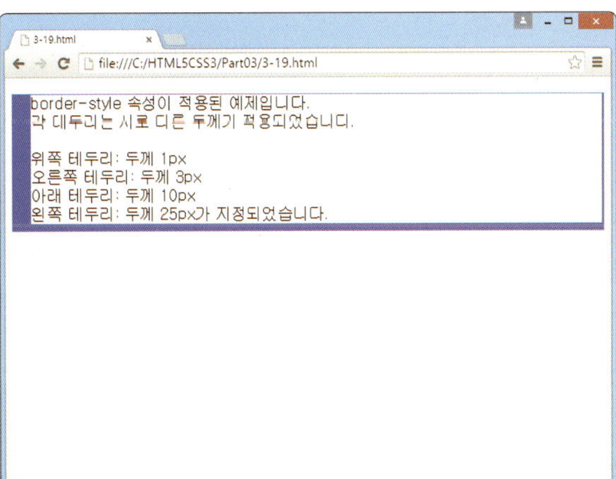

Tip

테두리의 두께를 지정하는 데에는 사용자가 원하는 수치로 직접 두께를 지정하는 방법과 thin(두께가 얇은 선), medium(두께가 중간 굵기인 선), thick(두께가 두꺼운 선)으로 두께를 지정하는 방법이 있습니다.

border-width 역시 테두리의 두께를 지정하는 속성인데, 방향을 정하지 않고 border-width의 값을 몇 개 지정하느냐에 따라 방향별로 두께가 설정됩니다.

```
<style type="text/css">
<!--
        Selector {border-width:top 두께 right 두께 bottom 두께 left 두께}
-->
</style>


예 border {border-width:1px 1px 7px 30px}
```

● **저장할 경로** : C:\HTML5CSS3\Part03\3-20.html ● **완성 파일** : C:\HTML5CSS3\완성예제\Part03\3-20.html

01 다음과 같이 입력하고 '3-20.html'이라는 이름으로 저장합니다.

```
1 <!DOCTYPE html>
2 <html>
3 <head>
4     <meta charset="utf-8">
5     <title></title>
6 <style type="text/css">
7 <!--
8 .border {
9     border-style:solid;
10     border-width:1px 3px 10px 25px;
11     border-color:#1958b7;}
12 p {font-size:15pt}
13 -->
14 </style>
15 </head>
16 <body>
17 <p class="border">
18 border-style 속성이 적용된 예제입니다.<br>
19 각 테두리는 서로 다른 두께가 적용되었습니다.<br>
20 <br>
21 테두리 두께를 한번에 지정할 때는<br>
22 4 방향의 테두리 순서를 top, right, bottom, left로 지정합니다.
23 </p>
24 </body>
25 </html>
```

02 웹 브라우저에서 내용을 확인합니다. 웹 문서에서 옵션에 따른 테두리의 두께의 변화를 확인할 수 있습니다.

Tip

옵션값을 1개만 지정하면 네 방향에 모두 적용되고, 2개를 지정하면 상하와 좌우가 한 쌍으로 적용되며, 4개를 지정하면 top, right, bottom, left 순으로 적용됩니다.

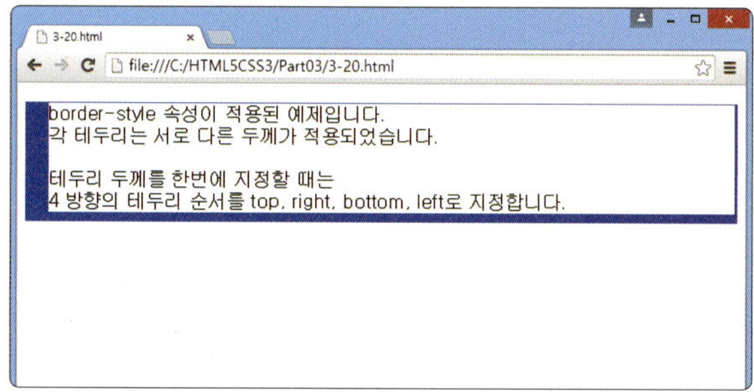

세련미를 풍기는 박스 여백

문단을 만든 후 바깥쪽 여백을 설정할 때에는 margin 속성을, 안쪽 여백을 설정할 때에는 padding 속성을 이용하면 됩니다. 또 top과 left 속성을 이용하여 위치를 설정할 수 있고, width와 height 속성을 이용하여 폭과 높이를 설정할 수도 있습니다.

LESSON06

바깥 여백 지정하기 (margin-방향)

margin-top, margin-right, margin-bottom, margin-left 속성을 이용하면, 테두리로부터 바깥 여백을 설정할 수 있습니다. 다음 예제를 통해 바깥 여백을 확인해보세요.

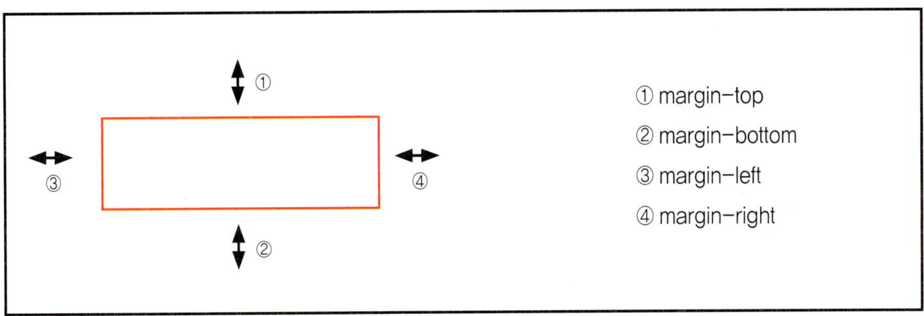

● **저장할 경로** : C:\HTML5CSS3\Part03\3-21.html ● **완성 파일** : C:\HTML5CSS3\완성예제\Part03\3-21.html

01 다음과 같이 입력하고 '3-21.html'이라는 이름으로 저장합니다.

```
1 <!DOCTYPE html>
2 <html>
3 <head>
4     <meta charset="utf-8">
5     <title></title>
6 <style type="text/css">
7 <!--
8 .margin1 {
9     margin-top:70px;
10     margin-right:30px;
11     margin-bottom:50px;
12     margin-left:30px;
13     background-color:#7cad19
14     }
15 .margin2 {
16     margin-top:10px;
17     margin-right:70px;
```

```html
18      margin-bottom:10px;
19      margin-left:70px;
20      background-color:#ff9900
21      }
22 p {font-size:15pt; color:white;}
23 -->
24 </style>
25 </head>
26 <body>
27 <p class="margin1">
28 margin-top:70px, margin-right:30px, margin-bottom:50px,
   margin-left:30px 여백을 지정한 예<br>
29 스타일시트의 margin을 이용하면 상하좌우 여백을 자유롭게 지정할 수 있습니
   다.<br>
30 margin-top:70px; 위쪽 여백 70px<br>
31 margin-right:30px; 오른쪽 여백 30px<br>
32 margin-bottom:50px; 아래쪽 여백 50px<br>
33 margin-left:30px; 왼쪽 여백 30px<br>
34 </p>
35 <p class="margin2">
36 margin-top:10px, margin-right:70px, margin-bottom:10px,
   margin-left:70px 여백을 지정한 예<br>
37 스타일시트의 margin을 이용하면 상하좌우 여백을 자유롭게 지정할 수 있습니
   다.<br>
38 margin-top:10px; 위쪽 여백 10px<br>
39 margin-right:70px; 오른쪽 여백 70px<br>
40 margin-bottom:10px; 아래쪽 여백 10px<br>
41 margin-left:70px; 왼쪽 여백 70px<br>
42 </p>
43 <p class="margin1">
44 margin-top:70px, margin-right:30px, margin-bottom:50px,
   margin-left:30px 여백을 지정한 예<br>
45 스타일시트의 margin을 이용하면 상하좌우 여백을 자유롭게 지정할 수 있습니
   다.<br>
46 margin-top:70px; 위쪽 여백 70px<br>
47 margin-right:30px; 오른쪽 여백 30px<br>
48 margin-bottom:50px; 아래쪽 여백 50px<br>
49 margin-left:30px; 왼쪽 여백 30px<br>
50 </p>
51 <p class="margin2">
52 margin-top:10px, margin-right:70px, margin-bottom:10px,
   margin-left:70px 여백을 지정한 예<br>
53 스타일시트의 margin을 이용하면 상하좌우 여백을 자유롭게 지정할 수 있습니
   다.<br>
54 margin-top:10px; 위쪽 여백 10px<br>
55 margin-right:70px; 오른쪽 여백 70px<br>
56 margin-bottom:10px; 아래쪽 여백 10px<br>
57 margin-left:70px; 왼쪽 여백 70px<br>
58 </p>
59 </body>
60 </html>
```

02 웹 브라우저에서 내용을 확인합니다. 웹 문서에서 문단
의 상하좌우 여백을 확인할 수 있습니다.

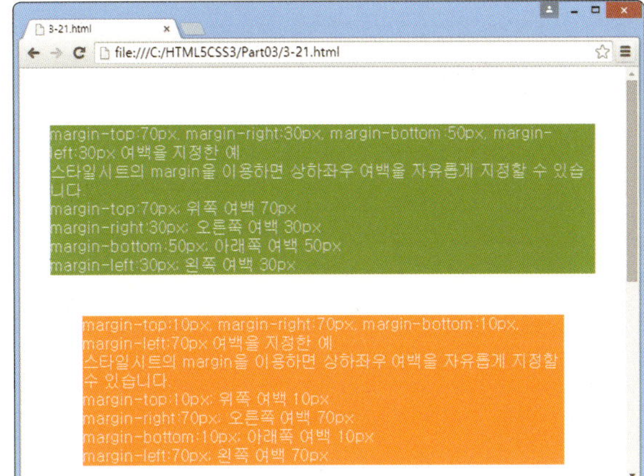

아래쪽 여백을 보기 위해 같은 웹 문서의 내용을 아래쪽에 동일하
게 복사하여 추가하였습니다.

바깥 여백 한 번에 지정하기 (margin)

문단의 바깥 여백을 한 번에 지정할 때에는 margin 속성의 여백값을 위쪽, 오른쪽, 아래쪽, 왼쪽 순으로 4개를 지정하면
됩니다. 또 상하, 좌우를 각각 같은 값으로 지정할 경우에는 여백값을 2개로 지정하면 됩니다. 다음은 margin의 값을 위
쪽, 오른쪽, 아래쪽, 왼쪽 순으로 4개 지정한 경우와 상하, 좌우 2개를 지정한 경우의 예제입니다.

```
<style type="text/css">
<!--
    Selector1 {margin:위쪽 여백 오른쪽 여백 아래쪽 여백 왼쪽 여백}
    Selector2 {margin:상하 여백 좌우 여백}
-->
</style>
```

● **저장할 경로** : C:\HTML5CSS3\Part03\3-22.html ● **완성 파일** : C:\HTML5CSS3\완성예제\Part03\3-22.html

01 다음과 같이 입력하고
'3-22.html'이라는 이름
으로 저장합니다.

```
1  <!DOCTYPE html>
2  <html>
3  <head>
4      <meta charset="utf-8">
5      <title></title>
6  <style type="text/css">
7  <!--
8  .margin1 {
9      margin:80px 50px 10px 20px;
10     background-color:#663399
11     }
12 .margin2 {
13     margin: 50px 40px;
```

```
14        background-color:#669900
15      }
16 p {font-size:15pt; color:white;}
17 -->
18 </style>
19 </head>
20 <body>
21 <p class="margin1">
22 <b>margin: 80px 50px 10px 20px 여백을 지정한 예</b><br>
23 <br>
24 스타일시트의 margin을 이용하면 상하좌우 여백을 자유롭게 지정할 수 있습니
   다.<br>
25 위쪽 여백   80px<br>
26 오른쪽 여백 50px<br>
27 아래쪽 여백 10px<br>
28 왼쪽 여백 20px
29 </p>
30
31 <p class="margin2">
32 <b>margin: 50px 40px 여백을 지정한 예</b><br>
33 <br>
34 스타일시트의 margin을 이용하면 상하좌우 여백을 자유롭게 지정할 수 있습니
   다.<br>
35 위쪽, 아래쪽 여백 50px<br>
36 오른쪽, 왼쪽 여백 40px
37 </p>
38 </body>
39 </html>
```

02 웹 브라우저에서 내용을 확인합니다. 웹 문서에서 바깥 여백이 한꺼번에 적용된 것을 확인할 수 있습니다.

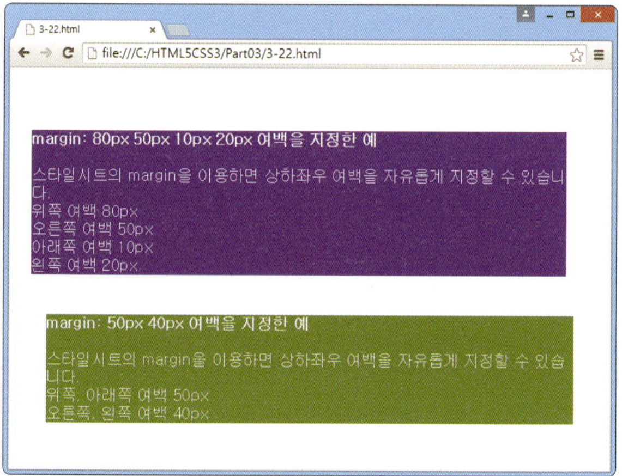

Tip

margin에 관련된 속성을 한꺼번에 지정합니다. 여백을 1개만 지정하면, 네 방향에 모두 지정되고, 여백을 2개 지정하면, 상하와 좌우에 적용되며, 여백을 4개 지정하면 top/right/bottom/left 순으로 적용됩니다.

padding 속성을 이용하면, 문단의 안쪽 여백을 설정할 수 있습니다. 다음은 안쪽 여백을 따로 지정한 경우와 한 번에 지정한 경우의 예제입니다.

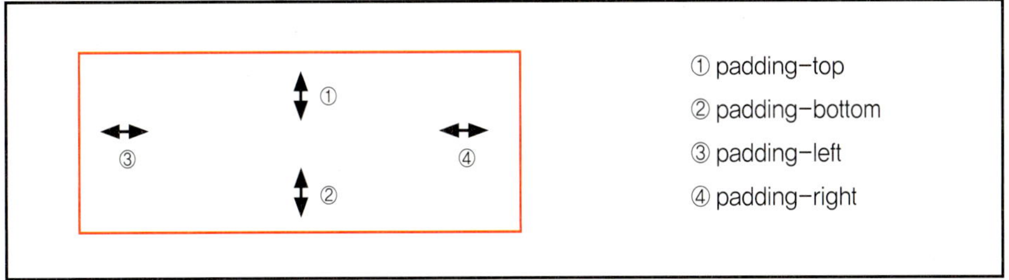

● **저장할 경로** : C:\HTML5CSS3\Part03\3-23.html　● **완성 파일** : C:\HTML5CSS3\완성예제\Part03\3-23.html

01 다음과 같이 입력하고 '3-23.html'이라는 이름으로 저장합니다.

```
1 <!DOCTYPE html>
2 <html>
3 <head>
4     <meta charset="utf-8">
5     <title></title>
6 <style type="text/css">
7 <!--
8 .padding1 {
9     padding-top:50px;
10     padding-right:20pt;
11     padding-bottom:50px;
12     padding-left:20pt;
13     background-color:#0066cc
14     }
15 .padding2 {
16     padding: 10px 50pt;
17     background-color:#009999
18     }
19 p {font-size:15pt; color:white;}
20 -->
21 </style>
22 </head>
23 <body>
24 <p class="padding1">
25 <b>padding-top:50px, padding-right:20pt, padding-bottom:50px,
   padding-left:20pt 안쪽여백을 지정한 예</b><br>
26 <br>
27 padding 은 margin과 같이 여백을 지정하는 속성입니다.<br>
28 padding은 내부 여백을 margin은 바깥 여백을 지정할 때 사용합니다.<br>
29 테두리 안쪽의 위쪽 여백 50px<br>
30 테두리 안쪽의 오른쪽 여백 20pt<br>
31 테두리 안쪽의 아래쪽 여백 50px<br>
32 테두리 안쪽의 왼쪽 여백 20pt
33 </p>
34
35 <p class="padding2">
36 <b>padding: 10px 50pt 여백을 지정한 예</b><br>
37 <br>
38 padding 은 margin과 같이 여백을 지정하는 속성입니다.<br>
```

```
39 padding은 내부 여백을 margin은 바깥 여백을 지정할 때 사용합니다.<br>
40 테두리 안쪽의 위쪽, 아래쪽 여백 10px<br>
41 테두리 안쪽의 오른쪽, 왼쪽 여백 50pt
42 </p>
43 </body>
44 </html>
```

02 웹 브라우저에서 내용을 확인합니다. 웹 문서에서 안쪽 여백을 확인할 수 있습니다.

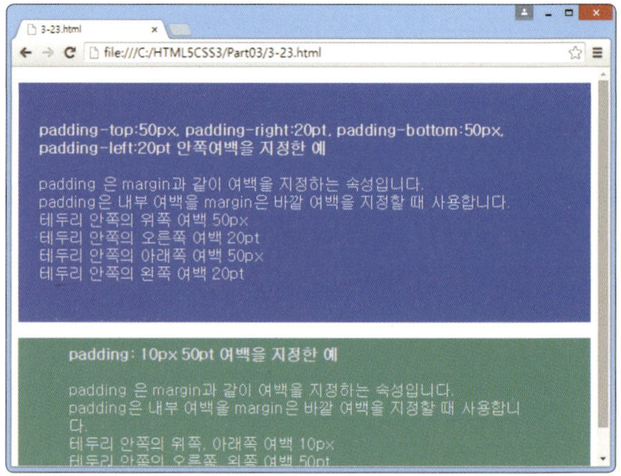

문단의 위치와 폭, 높이 지정하기

top과 left 속성을 이용하면, 웹 브라우저에서 문단 위치를 설정할 수 있습니다. 그리고 width와 height 속성을 이용하면, 문단의 폭과 높이를 설정할 수 있습니다. 문단의 위치와 크기를 지정하는 속성은 position 속성과 함께 사용되며, 이 속성들은 뒤에서 배울 레이어 〈div〉 태그에 적용합니다. 다음은 문단의 위치와 폭, 높이를 지정한 경우의 예제입니다.

{top:위치값 ; left:위치값} / {bottom:위치값 ; right:위치값}

→ 웹 브라우저 상단(top)/하단(bottom)과 왼쪽(left)/오른쪽(right)으로부터 얼마만큼 떨어져 있는지를 지정합니다.
한 문서에 top, left 속성과 bottom, right 속성을 동시에 적용할 수는 없습니다.

{width:폭 ; {height:높이}

→ 문단의 폭과 높이를 지정합니다.

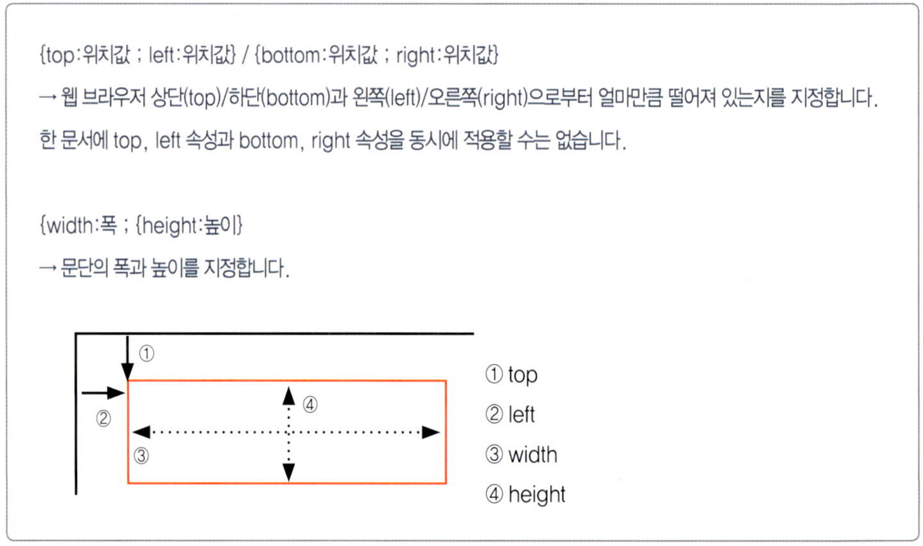

● **저장할 경로** : C:\HTML5CSS3\Part03\3-24.html   ● **완성 파일** : C:\HTML5CSS3\완성예제\Part03\3-24.html

01 다음과 같이 입력하고 '3-24.html'이라는 이름으로 저장합니다.

```html
1  <!DOCTYPE html>
2  <html>
3  <head>
4      <meta charset="utf-8">
5      <title></title>
6  <style type="text/css">
7  <!--
8  .position1 {
9      position:absolute;
10     top:50px;
11     left:30px;
12     width:600px;
13     height:300px;
14     background-color:#9966cc;
15     color:white;
16     font-size:15pt
17     }
18  -->
19  </style>
20  </head>
21  <body>
22  <div class="position1">
23  <b>top:50px, left:30px, width:600px, height:300px 지정한 예</b>
    <br>
24  <br>
25  웹 브라우저로부터의 문단 위치를 지정한 예제입니다.<br>
26  문단의 위치는 브라우저의 상단으로부터 50픽셀<br>
27  왼쪽으로부터 30픽셀 떨어져 있고<br>
28  문단의 크기는 가로 600픽셀, 세로 300픽셀로 만들어집니다.
29  </div>
30  </body>
31  </html>
```

02 웹 브라우저에서 내용을 확인합니다. 웹 문서에서 문단의 위치와 폭, 높이를 확인할 수 있습니다.

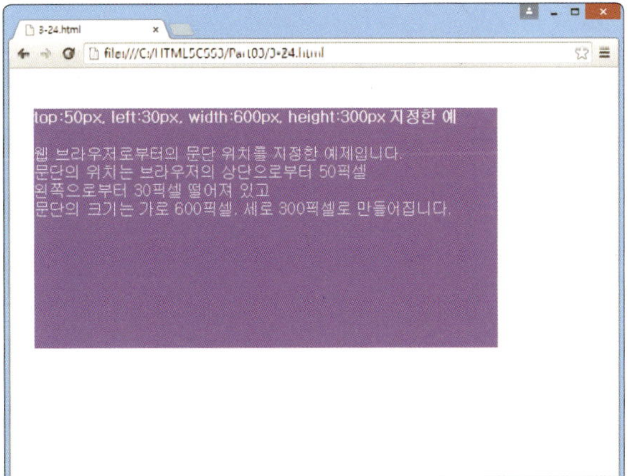

문단 위치 지정 속성 position

문단의 위치와 크기를 지정할 때 width, height, top, left 속성과 함께 position 속성을 사용합니다. 그러나 top, left 속성은 position 속성의 옵션에 따라 적용되지 않는 경우도 있습니다. position 속성은 레이어를 표시하는 <div> 태그에 적용하면 테이블을 대신하여 가벼운 문서 레이아웃을 잡는 데 사용할 수 있으며, 문서의 테이블이나 문자, 그림들을 서로 겹쳐서 배치할 수 있습니다.

position 속성의 옵션

옵션	설명
static	• 이 옵션은 자유로운 문단 배치에 사용할 수 있습니다. • 이동성이 없기 때문에 top, left 속성을 적용할 수 없습니다.
relative	• 상대적 위치를 지정하며 현재 콘텐츠가 위치해 있는 곳에서 문단을 시작합니다. • top, left 속성을 사용할 때 그 기준은 웹 브라우저가 아닌 현재 콘텐츠가 있는 곳을 0,0으로 하여 기준을 삼습니다.
absolute	• 절대적 위치를 지정하며 top, left 속성은 웹 브라우저의 왼쪽 상단 모서리를 0,0으로 하여 기준을 삼습니다.

다양한 글씨로 표현하는 스타일시트

스타일을 이용하면 특정 태그에 글꼴, 모양, 굵기, 크기 등을 자유롭게 지정할 수 있습니다. 각 속성별로 의미하는 내용과 지정하는 값의 형태가 다르므로 정확한 사용법을 숙지해야 합니다. 여기서는 여러 가지 예제를 작성해가면서 글자(Font)와 관련된 속성들에 대해 알아보겠습니다.

글자 색상 바꾸기 (color)

스타일시트를 이용하여 글자 색상을 지정하려면 color 속성을 설정하면 됩니다. 다시 말해서, color 속성에 색상 이름이나 RGB값을 입력하면 해당 스타일이 적용된 곳 모두 같은 글자 색상으로 바뀝니다. 다음 예제를 통해 글자색을 바꿔보겠습니다.

```
<style type="text/css">
<!--
        Selector {color:색상 이름 또는 RGB값}
-->
</style>
```

● **서상할 경로** : C:\HTML5CSS3\Part03\3-25.html   ● **완성 파일** : C:\HTML5CSS3\완성예제\Part03\3-25.html

01 다음과 같이 입력하고 '3-25.html'이라는 이름으로 저장합니다.

글자색은 색상 이름이나 RGB값으로 지정합니다.

```
1  <!DOCTYPE html>
2  <html>
3  <head>
4      <meta charset="utf-8">
5      <title></title>
6  <style type="text/css">
7  <!--
8      .red {color:#CC3300}
9      .blue {color:#3366CC}
10     .yellow {color:#FF9900}
11     p {font-size:20pt}
12  -->
13  </style>
14  </head>
15  <body>
```

```
16 <p class="red">색상을 붉은색 계열의 #cc3300으로 지정하였을 때 스타일
   의 효과입니다.</p>
17 <p class="blue">색상을 푸른색 계열의 #3366cc으로 지정하였을 때 스타일
   의 효과입니다.</p>
18 <p class="yellow">색상을 노란색 계열의 #ff9900으로 지정하였을 때 스
   타일의 효과입니다.</p>
19 </body>
20 </html>
```

02 웹 브라우저에서 내용을 확인합니다. 웹 문서에서 바뀐
글자의 색상을 확인할 수 있습니다.

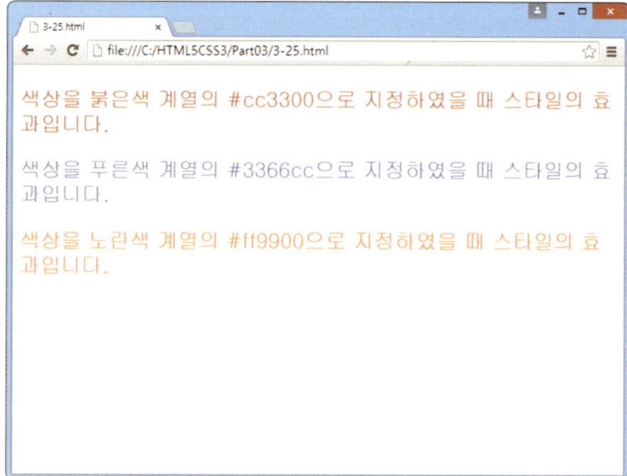

글꼴 지정하기 (font-family)

특정 태그에 font-family 속성을 이용하면, 글꼴을 지정할 수 있습니다. 그러나 웹 사이트에 방문한 사용자의 컴퓨터에 해당 글꼴이 없으면 해당 글꼴이 나타나지 않습니다. 따라서 글꼴을 지정할 때에는 여러 개의 글꼴을 함께 지정하는 것이 좋습니다. 이렇게 하면 방문한 사용자의 컴퓨터에 처음 지정한 글씨이 없을 경우, 두 번째 지성한 글꼴로 대제됩니나. 물론, 글꼴을 여러 개 지정했다고 하더라도 방문한 사용자의 컴퓨터에 해당 글꼴이 없다면 기본 글꼴이 그대로 적용됩니다. 여기서는 〈h2〉 태그에 특정 글꼴을 지정하는 방법에 대해 알아보겠습니다.

```
〈style type="text/css"〉
〈!--
        태그 {font-family:글꼴 이름1, 글꼴 이름2, 글꼴 이름3, …}
--〉
〈/style〉
```

● 저장할 경로 : C:\HTML5CSS3\Part03\3-26.html   ● 완성 파일 : C:\HTML5CSS3\완성예제\Part03\3-26.html

01 다음과 같이 입력하고 '3-26.html'이라는 이름으로 저장합니다.

```html
<!DOCTYPE html>
<html>
<head>
    <meta charset="utf-8">
    <title></title>
<style type="text/css">
<!--
h2 {font-family:나눔손글씨 붓, 맑은 고딕, 바탕체}
-->
</style>
</head>
<body>
<h2>
지정한 폰트가 없으면 다른 지정한 폰트가 적용됩니다.<br>
폰트가 해당 시스템에 없을 경우 기본 글꼴이 적용됩니다.
</h2>
</body>
</html>
```

02 웹 브라우저에서 내용을 확인합니다. 웹 문서에 지정한 폰트가 있으면 해당 폰트의 글꼴이 나타납니다.

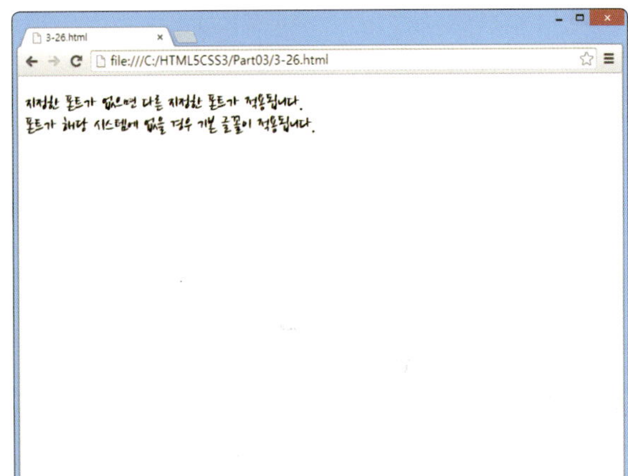

Note

나눔 글꼴 설치하기

네이버는 2008년부터 매년 새로운 글꼴을 만들어 무료로 배포하고 있습니다. 2014년에는 고어를 담은 '나눔옛한글', 감성을 전하는 '나눔바른펜', 더 세련되고 섬세한 '가는 나눔바른고딕'을 만들었습니다. 나눔 글꼴을 사용하려면 다음 사이트에서 [나눔 글꼴모음 설치하기]를 클릭하면 됩니다.

http://hangeul.naver.com/2014/nanum

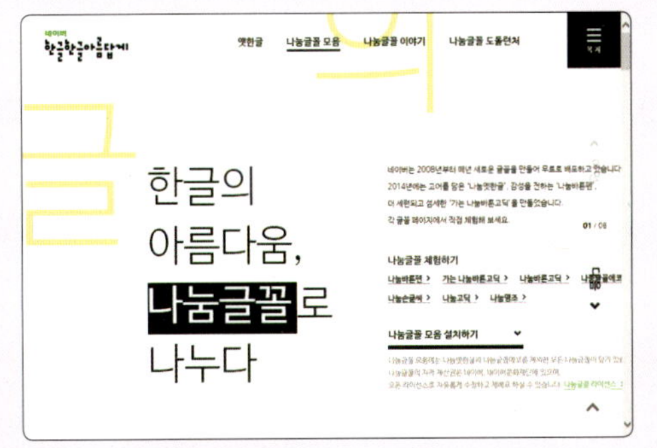

03 웹 문서에 지정한 폰트가 없으면, 다음으로 지정한 폰트의 글꼴이 나타납니다.

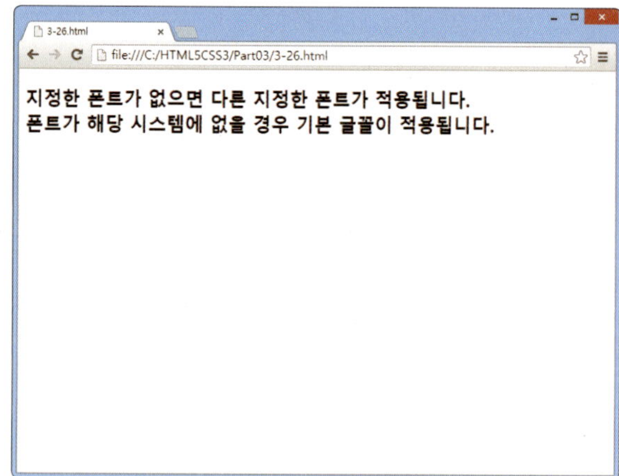

글자 형태 지정하기 (font-style)

font-style은 일반 형태로 할 것인지, 기울임꼴(이탤릭체) 형태로 할 것인지를 지정합니다. font-style 속성값의 종류에는 normal, italic, oblique가 있습니다. 여기서는 〈h2〉 태그는 일반 형태, 〈h3〉 태그는 이탤릭체 형태로 글자 스타일을 지정하겠습니다.

```
<style type="text/css">
<!--
        Selector {font-style : normal 또는 italic, ...}
-->
</style>
```

● **저장할 경로** : C:\HTML5CSS3\Part03\3-27.html ● **완성 파일** : C:\HTML5CSS3\완성예제\Part03\3-27.html

01 다음과 같이 입력하고 '3-27.html'이라는 이름으로 저장합니다.

```html
1 <!DOCTYPE html>
2 <html>
3 <head>
4     <meta charset="utf-8">
5     <title></title>
6 <style type="text/css">
7 <!--
8 h2 {font-style:normal}
9 h3 {font-style:italic}
10 -->
11 </style>
12 </head>
13 <body>
14 <h2>normal로 지정한 스타일입니다.</h2>
15 <h3>italic으로 지정한 스타일입니다.</h3>
16 </body>
17 </html>
```

02 웹 브라우저에서 내용을 확인합니다. 웹 문서에서 〈h2〉 태그는 일반 형태로, 〈h3〉 태그는 이탤릭 형태로 나타나는 것을 알 수 있습니다.

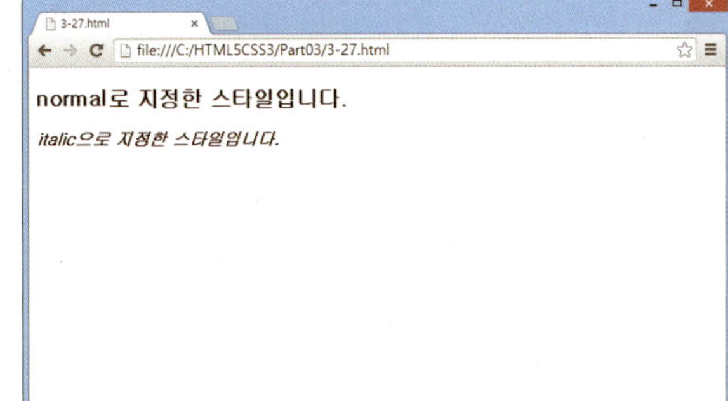

Tip

italic 대신 oblique을 사용하더라도 글자가 기울임꼴로 나타납니다.

글자 굵기 지정하기 (font-weight)

font-weight는 글자의 굵기를 지정합니다. normal은 일반적인 형태이며, bold는 굵게 나타납니다. 속성값의 종류에는 normal, bold, bolder, lighter가 있으며, 100~900까지의 정수 형태(100 단위로 9단계로 조절)로 직접 지정할 수도 있습니다. 숫자가 클수록 글자가 두껍게 나타납니다.

```
<style type="text/css">
<!--
        Selector {font-weight:normal 또는 bold 또는 100~900}
-->
</style>
```

● **저장할 경로** : C:\HTML5CSS3\Part03\3-28.html ● **완성 파일** : C:\HTML5CSS3\완성예제\Part03\3-28.html

01 다음과 같이 입력하고 '3-28.html'이라는 이름으로 저장합니다.

```
1 <!DOCTYPE html>
2 <html>
3 <head>
4     <meta charset="utf-8">
5     <title></title>
6 <style type="text/css">
7 <!--
8 .font_normal {font-weight:normal}
9 .font_bold {font-weight:bold}
10 -->
11 </style>
12 </head>
13 <body>
14 <p class="font_normal">font-weight가 normal로 지정된 결과입니다.</p>
15 <p class="font_bold">font-weight가 bold로 지정된 결과입니다.</p>
16 </body>
17 </html>
```

02 웹 브라우저에서 내용을 확인합니다. 웹 문서에서 bold를 지정한 글자가 두껍게 표현된 것을 알 수 있습니다.

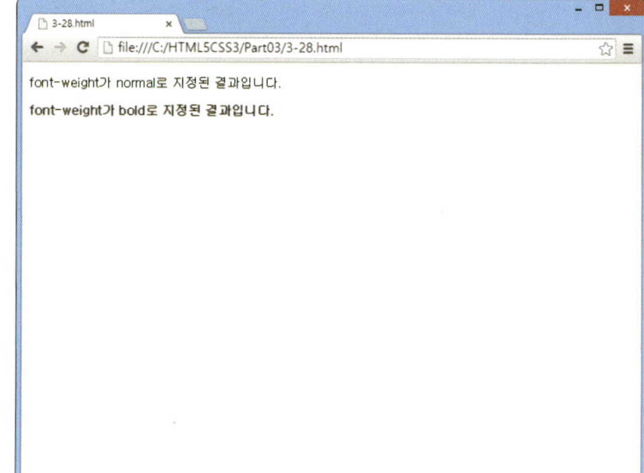

주의

> font-weight 속성 중 normal과 bold는 대부분의 글꼴에서 지원되지만, 숫자로 설정한 경우에는 글꼴에 따라 값이 적용되지 않을 수도 있습니다.

글자 크기 지정하기 (font-size)

font-size는 글자의 크기를 지정합니다. 스타일시트에서 제공하는 단위를 사용하면 글자의 크기를 다양하게 조절할 수 있습니다. 주로 많이 사용하는 단위는 px, pt입니다.

```
<style type="text/css">
<!--
        Selector {font-size:절대값 또는 상대값}
-->
</style>
```

● **저장할 경로** : C:\HTML5CSS3\Part03\3-29.html　　● **완성 파일** : C:\HTML5CSS3\완성예제\Part03\3-29.html

01 다음과 같이 입력하고 '3-29.html'이라는 이름으로 저장합니다.

```
1  <!DOCTYPE html>
2  <html>
3  <head>
4      <meta charset="utf-8">
5      <title></title>
6  <style type="text/css">
7  <!--
8  .font15px {font-size:15px;}
9  .font12px {font-size:12px}
10 .font9px {font-size:9px}
11 .font15pt {font-size:15pt}
12 .font12pt {font-size:12pt}
13 .font9pt {font-size:9pt}
14 .font100per {font-size:100%}
15 -->
16 </style>
```

```
17 </head>
18 <body>
19 <p class="font15px">font-size를 15px로 지정한 결과입니다.</p><br>
20 <p class="font12px">font-size를 12px로 지정한 결과입니다.</p><br>
21 <p class="font9px">font-size를 9px로 지정한 결과입니다.</p><br>
22 <p class="font15pt">font-size를 15pt로 지정한 결과입니다.</p><br>
23 <p class="font12pt">font-size를 12pt로 지정한 결과입니다.</p><br>
24 <p class="font9pt">font-size를 9pt로 지정한 결과입니다.</p><br>
25 <p class="font100per">font-size를 100%로 지정한 결과입니다.</p>
26 </body>
27 </html>
```

02 웹 브라우저에서 내용을 확인합니다. 웹 문서에서 크기에 따른 결과를 확인할 수 있습니다.

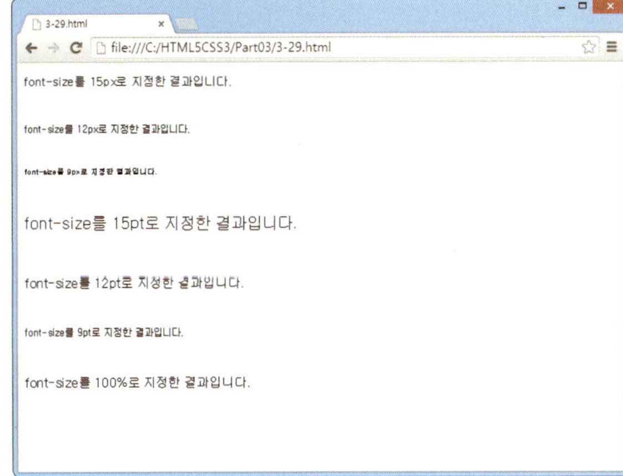

Tip

글자 크기 9pt와 12px는 웹 브라우저에서 같은 크기로 보입니다.
이 크기는 웹 사이트에서 일반적으로 많이 사용하는 크기입니다.

글자 속성 한 번에 지정하기(font)

지금까지 배운 폰트에 관련된 속성 font-style, font-weight, font-size와 줄 간격, 글꼴을 한 번에 지정할 수 있습니다. 속성을 지정하는 형식과 순서는 다음과 같습니다.

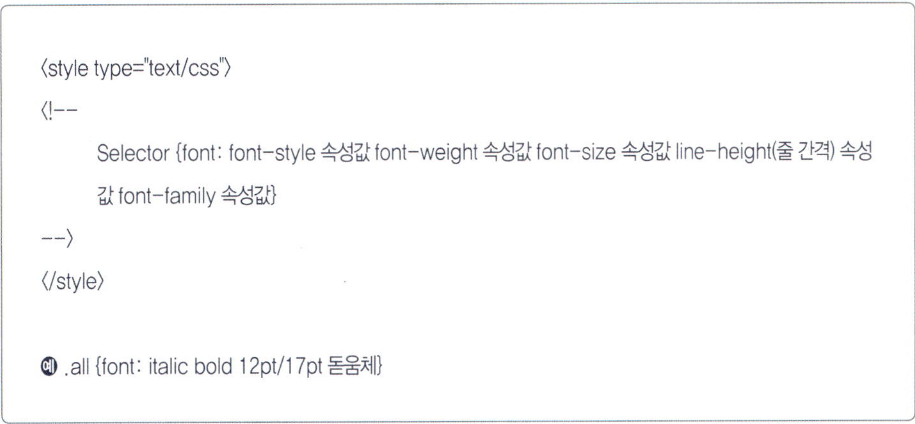

```
〈style type="text/css"〉
〈!--
    Selector {font: font-style 속성값 font-weight 속성값 font-size 속성값 line-height(줄 간격) 속성
    값 font-family 속성값}
--〉
〈/style〉

예 .all {font: italic bold 12pt/17pt 돋움체}
```

● **저장할 경로** : C:\HTML5CSS3\Part03\3-30.html   ● **완성 파일** : C:\HTML5CSS3\완성예제\Part03\3-30.html

01 다음과 같이 입력하고 '3-30.html'이라는 이름으로 저장합니다.

```html
1  <!DOCTYPE html>
2  <html>
3  <head>
4      <meta charset="utf-8">
5      <title></title>
6  <style type="text/css">
7  <!--
8  .all {font: italic bold 12pt/17pt 돋움체}
9  /* font-style은 'italic', font-weight은 'bold'
10     font-size은 12pt/line-height(줄간격)은 17pt
11     font-family는 '돋움체'로 한꺼번에 지정합니다. */
12  -->
13  </style>
14  </head>
15  <body>
16  <p class="all">font는 글꼴에 관련된 모든 속성을 한번에 지정할 때 쓰입니다.<br>
17  속성을 지정하는 순서는 다음과 같습니다.<br>
18  font-style, font-weight, font-size, line-height, font-family입니다.
19  </p>
20  </body>
21  </html>
```

02 웹 브라우저에서 내용을 확인합니다.

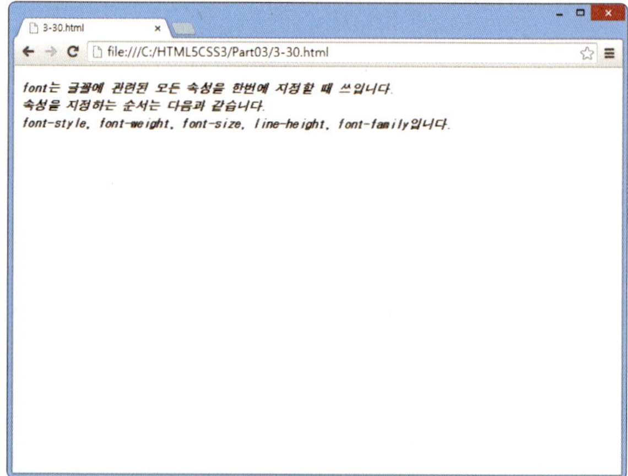

문자와 문단을 꾸미는 스타일시트

LESSON08

이번 레슨에서는 문장, 문단에 관련된 속성을 이용하여 문자를 특별히 강조하거나 단어들의 간격을 조절하고, 줄과 줄 사이의 간격 등을 지정하는 방법에 대해 알아보겠습니다.

자간 지정하기 (letter-spacing)

letter-spacing 속성을 이용하면, 문자와 문자 사이의 간격을 지정할 수 있습니다. 다음은 문자 사이의 간격을 조절한 경우의 예제입니다.

● **저장할 경로** : C:\HTML5CSS3\Part03\3-31.html ● **완선 파일** : C:\HTML5CSS3\안성예제\Part03\3-31.html

01 다음과 같이 입력하고 '3-31.html'이라는 이름으로 저장합니다.

```html
1  <!DOCTYPE html>
2  <html>
3  <head>
4      <meta charset="utf-8">
5      <title></title>
6  <style type="text/css">
7  <!--
8  .normal {font-size:20pt}
9  .letter-spacing {letter-spacing:10px; font-size:20pt}
10 -->
11 </style>
12 </head>
13 <body>
14 <p class="normal">
15 글자와 글자 사이의 간격을 조정하지 않았을 때 스타일의 효과입니다.
16 </p>
17 <p class="letter-spacing">
18 글자와 글자 사이의 간격을 10px로 지정하였을 때 스타일의 효과입니다.
19 </p>
20 </body>
21 </html>
```

02 웹 브라우저에서 내용을 확인합니다. 웹 문서에서 글자와 글자 사이의 간격이 10픽셀로 조절된 것을 확인할 수 있습니다.

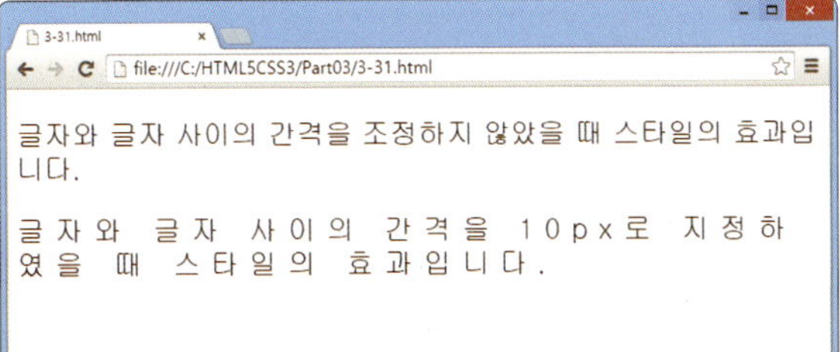

word-spacing 속성은 단어 사이의 간격을 지정합니다. 다음 에제는 단어와 단어 사이의 간격을 지정하지 않았을 때와 단어와 단어 사이의 간격을 20px로 지정하였을 때의 스타일의 효과입니다. 단어와 단어 사이의 간격을 확인해보세요.

```
<style type="text/css">
<!--
        Selector { word-spacing:간격 }
-->
</style>
```

● **저장할 경로** : C:\HTML5CSS3\Part03\3-32.html ● **완성 파일** : C:\HTML5CSS3\완성예제\Part03\3-32.html

01 다음과 같이 입력하고 '3-32.html'이라는 이름으로 저장합니다.

```
1  <!DOCTYPE html>
2  <html>
3  <head>
4      <meta charset="utf-8">
5      <title></title>
6  <style type="text/css">
7  <!--
8  .normal {font-size:20pt}
9  .word-spacing {word-spacing:20px; font-size:20pt}
10 -->
11 </style>
12 </head>
13 <body>
14 <p class="normal">
15 단어와 단어 사이의 간격을 지정하지 않았을 때 스타일의 효과입니다.
16 </p>
17 <p class="word-spacing">
18 단어와 단어 사이의 간격을 20px로 지정하였을 때 스타일의 효과입니다.
19 </p>
20 </body>
21 </html>
```

02 웹 브라우저에서 내용을 확인합니다. 웹 문서에서 단어와 단어 사이의 간격이 20픽셀로 조절된 것을 알 수 있습니다.

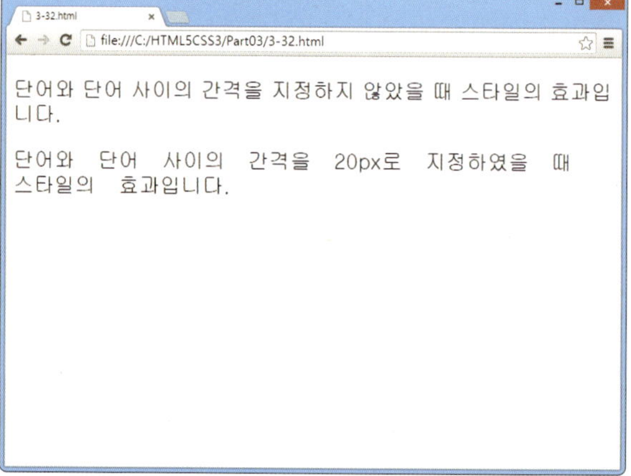

line-height 속성을 이용하면, 문단의 줄과 줄 사이의 간격을 지정할 수 있습니다. 다음은 줄과 줄 사이의 간격을 조절하는 경우의 예제입니다.

● **저장할 경로** : C:\HTML5CSS3\Part03\3-33.html ● **완성 파일** : C:\HTML5CSS3\완성예제\Part03\3-33.html

01 다음과 같이 입력하고 '3-33.html'이라는 이름으로 저장합니다.

```
1  <!DOCTYPE html>
2  <html>
3  <head>
4      <meta charset="utf-8">
5      <title></title>
6  <style type="text/css">
7  <!--
8  .line-height150per {line-height:150%}
9  .line-height40pt {line-height:40pt}
10 -->
11 </style>
12 </head>
13 <body>
14 <p>
15 줄 간격을 지정하지 않았을 때 스타일의 효과입니다.<br>
16 line-height 속성은 스타일 지정할 때 많이 사용하는 속성입니다.<br>
17 글의 가독성을 높이기 위해 line-height 속성을 지정합니다.<br>
18 </p>
19 <p class="line-height150per">
20 줄 사이의 간격을 150%로 지정하였을 때 스타일의 효과입니다.<br>
21 line-height로 150%를  많이 사용합니다.<br>
22 <p class="line-height40pt">
23 줄 사이의 간격을 40pt로 지정하였을 때 스타일의 효과입니다.<br>
24 줄간격을 넓게 주기 위해 40pt를 적용한 상태입니다.
25 </p>
26 </body>
27 </html>
```

02 웹 브라우저에서 내용을 확인합니다. 웹 문서에서 간격이 150%와 40pt로 소설된 섯을 확인할 수 있습니다.

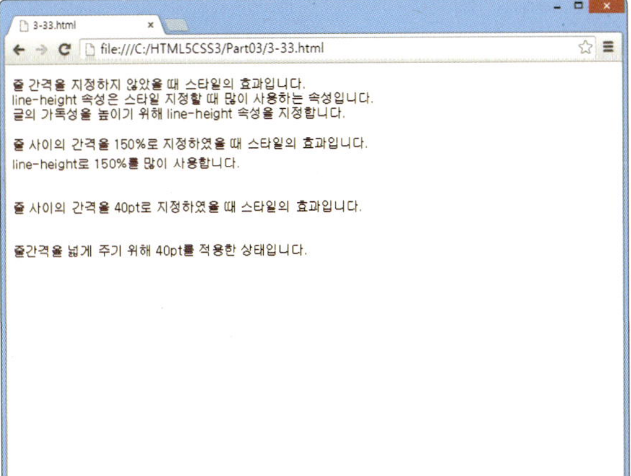

white-space는 실질적인 공백 처리나 줄 바꿈을 지정할 때 사용합니다. 각 옵션별로 나타나는 효과는 다음과 같습니다. 다음은 nowrap의 효과로 인해 줄의 길이가 테이블의 폭보다 길어도 줄이 바뀌지 않는 경우의 예제입니다.

옵션	설명
normal	여러 개의 공백을 하나로 나타냅니다.
pre	공백을 그대로 나타냅니다.
nowrap	〈BR〉 태그 없이는 줄 바꿈을 허용하지 않습니다.

● **저장할 경로** : C:\HTML5CSS3\Part03\3-34.html ● **완성 파일** : C:\HTML5CSS3\완성예제\Part03\3-34.html

01 다음과 같이 입력하고 '3-34.html'이라는 이름으로 저장합니다.

```
1 <!DOCTYPE html>
2 <html>
3 <head>
4     <meta charset="utf-8">
5     <title></title>
6 <style type="text/css">
7 <!--
8 .nowrap {white-space:nowrap}
9 -->
10 </style>
11 </head>
12 <body>
13 <table width="300" cellpadding="10" cellspacing="5"
   bgcolor="#ff9900">
14 <tr bgcolor="white">
15     <td>테이블의 폭이 300이므로 글자의 길이가 길면 테이블 폭에 맞추어
   자동으로 줄바꿈이 됩니다.</td>
16 </tr>
17 </table>
18 <br>
19 <table width="300" cellpadding="10" cellspacing="5"
   bgcolor="#3366cc">
20 <tr bgcolor="white">
21     <td class="nowrap">테이블의 폭이 300이지만 'nowrap' 속성을 사용
   했으므로 글의 길이에 맞춰 테이블 폭이 자동으로 늘어납니다.</td>
22 </tr>
23 </table>
24 </body>
25 </html>
```

02 웹 브라우저에서 내용을 확인하면 웹 문서에서 테이블 폭이 줄의 길이만큼 늘어난 것을 알 수 있습니다.

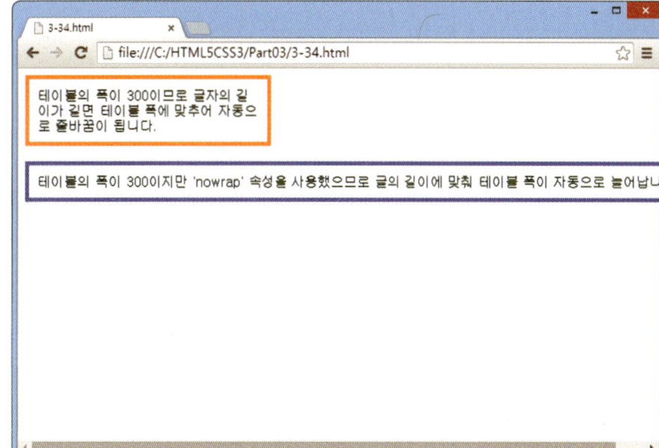

Tip

테이블의 폭을 '300'으로 지정했지만, 〈br〉을 이용하여 줄을 바꾸지 않았으므로 내용의 넓이만큼 폭이 조절되었음을 알 수 있습니다.

Note

text-align과 vertical-align 지정하기

text-align 속성은 HTML의 align 속성과 같은 기능으로, 글자나 그림의 위치를 정렬할 때 사용합니다. 속성값의 종류에는 left, center, right, justify가 있습니다.

옵션	설명
left	왼쪽 정렬합니다.
center	가운데 정렬합니다.
right	오른쪽 정렬합니다.
justify	양쪽 정렬합니다.

vertical-align은 그림이나 글자의 수직 정렬 상태를 지정하는 속성입니다. 〈img〉나 〈a〉 태그처럼 줄 바꿈을 하지 않는 태그에서 수직 정렬 위치를 지정할 때 이용합니다. vertical-align의 각 옵션별로 나타나는 효과는 다음과 같습니다.

옵션	설명
baseline	문자의 밑선에 맞추어 정렬합니다.
middle	문자의 중앙을 밑선으로 하여 정렬합니다.
sub	아랫첨자(Subscript)
super	윗첨자(Superscript)
text-top	문자의 윗선을 밑선으로 하여 정렬합니다.
text-bottom	문자의 밑선을 윗선으로 하여 정렬합니다.
top	위쪽에 정렬합니다.
bottom	아래쪽에 정렬합니다.
%	정렬 위치를 퍼센트로 지정합니다.

내 마음대로 문서를 꾸미는 스타일시트

지금까지 글꼴에 관한 속성을 살펴보았습니다. 이번에는 스타일시트의 속성을 이용하여 문단 들여쓰기와 문자와 선의 위치를 설정하고, 영문 대/소문자를 자동으로 설정하는 방법에 대해 알아보겠습니다.

문단 들여쓰기 지정하기 (text-indent)

문단의 시작을 알려줄 때에는 흔히 들여쓰기를 이용합니다. 웹 문서의 들여쓰기는 text-inden 속성을 이용하는데, 이 속성은 문단 속성을 가진 〈p〉, 〈h1〉 태그 등에서 설정하면 됩니다. 다음은 문단을 지정하는 〈p〉 태그에 들여쓰기값을 지정하는 경우의 예제입니다.

```
<style type="text/css">
<!--
        Selector {text-indent:값 지정}
-->
</style>
```

● **저장할 경로** : C:\HTML5CSS3\Part03\3-35.html ● **완성 파일** : C:\HTML5CSS3\완성예제\Part03\3-35.html

01 다음과 같이 입력하고 '3-35.html'이라는 이름으로 저장합니다.

```
 1 <!DOCTYPE html>
 2 <html>
 3 <head>
 4     <meta charset="utf-8">
 5     <title></title>
 6 <style type="text/css">
 7 <!--
 8 .text-indent {text-indent:30px}
 9 -->
10 </style>
11 </head>
12 <body>
13 <p>
14 이 문단은 들여쓰기 속성이 지정되지 않았을 때 스타일의 효과입니다.
15 </p>
16 <p class="text-indent">
```

```
17 이 문단은 들여쓰기 속성을 지정하였을 때 스타일의 효과를 보여줍니다.
   text-indent는 문단의 들여쓰기 정도를 지정하는데, 문단이 시작하는 부분에
   들여쓰기가 적용됩니다
18 </p>
19 </body>
20 </html>
```

 웹 브라우저에서 내용을 확인합니다. 웹 문서에서 문단의 들여쓰기 속성이 지정된 것을 확인할 수 있습니다.

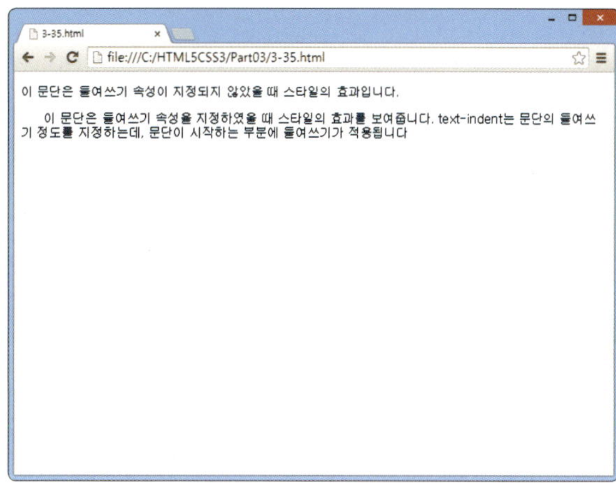

글자에 밑줄 긋기 (text-decoration)

〈u〉 태그를 사용하면 밑줄만 그을 수 있지만, text-decoration 속성을 이용하면 문자와 라인의 위치를 설정하여 문자 위나 아래에 선을 그을 수 있습니다. 다음 예제를 통해 text-decoration의 옵션별 결과를 비교해보세요.

```
<style type="text/css">
<!--
        Selector {text-decoration:옵션}
-->
</style>
```

■ text-decoration 속성의 옵션

옵션	설명
underline	텍스트에 밑줄을 긋습니다.
none	밑줄을 긋지 않습니다.
overline	텍스트 위에 선을 긋습니다.
line-through	텍스트 가운데 선을 긋습니다.

01 다음과 같이 입력하고 '3-36.html'이라는 이름으로 저장합니다.

```
1 <!DOCTYPE html>
2 <html>
3 <head>
4     <meta charset="utf-8">
5     <title></title>
6 <style type="text/css">
7 <!--
8 .none {text-decoration:none}
9 .under {text-decoration:underline}
10 .over {text-decoration:overline}
11 .through {text-decoration:line-through}
12 .blink {text-decoration:blink}
13 p {font-size:20pt}
14 -->
15 </style>
16 </head>
17 <body>
18 <p class="none">text-decoration:none으로 지정하였을 때 스타일의 효
   과입니다.</p>
19 <p class="under">text-decoration:underline으로 지정하였을 때 스타
   일의 효과입니다.</p>
20 <p class="over">text-decoration:overline으로 지정하였을 때 스타일
   의 효과입니다.</p>
21 <p class="through">text-decoration:line-through으로 지정하였을 때
   스타일의 효과입니다.</p>
22 <p class="blink">text-decoration:blink으로 지정하였을 때 스타일의
   효과입니다.<br>
23 (blink는 익스플로러에서 지원되지 않으며 파이어폭스에서는 지원됩니다.)
   </p>
24 </body>
25 </html>
```

02 웹 브라우저에서 내용을 확인합니다. 웹 문서에서 해당 옵션에 따른 결과를 확인할 수 있습니다.

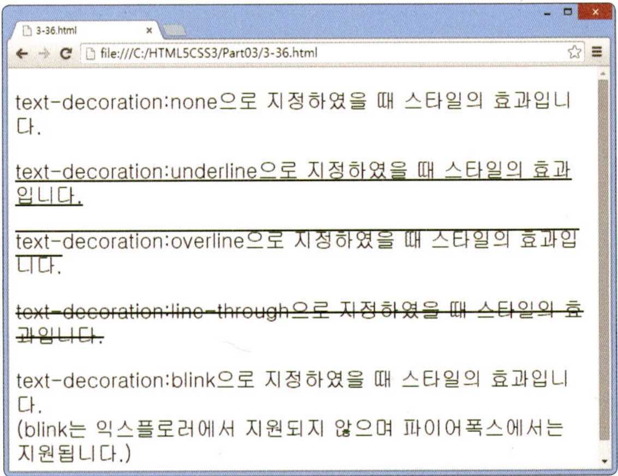

text-transform 속성을 이용하면 영문자를 전부 대문자나 소문자, 또는 첫 글자만 대문자로 입력할 때 일일이 영문자를 바꾸지 않고도 쉽게 영문자의 대/소문자를 지정할 수 있습니다.

옵션	설명
none	html 코드를 있는 그대로 읽습니다.
uppercase	각 낱말의 모든 글자를 대문자로 바꿉니다.
lowercase	각 낱말의 모든 글자를 소문자로 바꿉니다.
capitalize	각 낱말의 첫 글자를 대문자로 바꿉니다.

● **저장할 경로** : C:\HTML5CSS3\Part03\3-37.html　● **완성 파일** : C:\HTML5CSS3\완성예제\Part03\3-37.html

01 다음과 같이 입력하고 '3-37.html'이라는 이름으로 저장합니다.

```
1 <!DOCTYPE html>
2 <html>
3 <head>
4     <meta charset="utf-8">
5     <title></title>
6 <style type="text/css">
7 <!--
8 .none {text-transform:none}
9 .uppercase {text-transform:uppercase}
10 .lowercase {text-transform:lowercase}
11 .capitalize {text-transform:capitalize}
12 p {font-size:20pt}
13 -->
14 </style>
15 </head>
16 <body>
17 <p class="none">text-transform:none으로 지정하였을 때 스타일의 효과
   입니다.</p>
18 <p class="uppercase">text-transform:uppercase으로 지정하였을 때
   스타일의 효과입니다.</p>
19 <p class="lowercase">text-transform:lowercase으로 지정하였을 때
   스타일의 효과입니다.</p>
20 <p class="capitalize">text-transform:capitalize으로 지정하였을 때
   스타일의 효과입니다.</p>
21 </body>
22 </html>
```

02 웹 브라우저에서 내용을 확인합니다. 웹 문서에서 해당 옵션에 따른 결과를 확인할 수 있습니다.

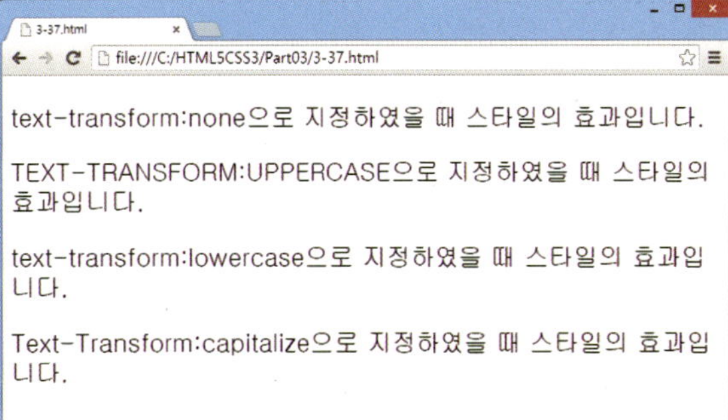

목록을 꾸미는 스타일시트

HTML 태그의 기본 목록은 동그란 점이나 네모난 점 또는 숫자와 알파벳을 이용했습니다. 하지만 스타일시트의 목록 속성을 이용하면, 예쁜 그림으로 목록을 만들 수 있고, 목록과 문단의 들여쓰기도 지정할 수 있습니다.

목록의 머리 기호 바꾸기 (list-style-type)

2장의 Lesson 5에서 번호가 없는 목록은 〈ul〉과 〈li〉 태그를, 번호가 있는 목록은 〈ol〉과 〈li〉 태그를 사용했습니다. 그리고 목록의 머리 기호를 바꿀 때에는 〈li〉 태그에 type 속성을 이용했습니다. 목록과 관련된 스타일시트는 〈ul〉 태그에 list-style-type 속성을 이용하여 머리 기호에 변화를 줄 수 있습니다. 특히, 항목이 많은 경우 태그에서는 〈li〉 태그마다 속성을 입력해야 하지만, 스타일시트는 목록의 시작 태그인 〈ul〉 태그에만 입력하면 되므로 매우 편리합니다. 여기서는 list-style-type 속성의 옵션별 효과를 알아보고, 예제를 통해 각 옵션별로 목록의 머리 기호가 어떻게 나타나는지에 대해 알아보겠습니다.

■ HTML 태그를 이용

```
- 번호가 있는 목록
    〈ul〉
      〈li type="옵션"〉 항목
      〈li type="옵션"〉 항목
    〈/ul〉

- 번호가 없는 목록
    〈ul〉
      〈li type="옵션"〉 항목
      〈li type="옵션"〉 항목
    〈/ul〉
```

■ 스타일시트를 이용

```
1. Inline Style Sheet
– 항목의 번호를 통합하여 관리
      <ul style="옵션">
          <li> 항목
          <li> 항목
      </ul>


2. Embedded Style Sheet
<style type="text/css">
<!--
   Selector {list-style-type:옵션}
-->
</style>
```

HTML 태그에서는 <li> 태그에 속성을 입력하지만, 스타일시트에서는 <ul> 태그에 속성을 입력합니다.

■ list-style-type 속성의 옵션

옵션	설명
none	지정하지 않음
circle	원형
disc	검은 원형
square	사각형
lower-roman	소문자 로마자
lower-alpha	소문자 알파벳
decimal	1부터 시작하는 10진수
upper-roman	대문자 로마자
upper-alpha	대문자 알파벳

01 다음과 같이 입력하고 '3-38.html'이라는 이름으로 저장합니다.

```
1 <!DOCTYPE html>
2 <html>
3 <head>
4     <meta charset="utf-8">
5     <title></title>
6 <style type="text/css">
7 <!--
8 .circle {list-style-type:circle}
9 .disc {list-style-type:disc}
10 .square {list-style-type:square}
11 .decimal {list-style-type:decimal}
12 .lower-roman {list-style-type:lower-roman}
13 .upper-roman {list-style-type:upper-roman}
14 .lower-alpha {list-style-type:lower-alpha}
15 .upper-alpha {list-style-type:upper-alpha}
16 .none {list-style-type:none}
17 body {font-size:15pt; line-height:200%}
18 -->
19 </style>
20 </head>
21 <body>
22 <ul>
23     <li class="circle">흰 원형 목록
24     <li class="disc">검은 원형 목록
25     <li class="square ">사각형 목록
26     <li class="decimal">10진수 목록
27     <li class="lower-roman">소문자 로마자 목록
28     <li class="upper-roman">대문자 로마자 목록
29     <li class="lower-alpha">소문자 알파벳 목록
30     <li class="upper-alpha">대문자 알파벳 목록
31     <li class="none">지정하지 않음
32 </ul>
33 </body>
34 </html>
```

02 웹 브라우저에서 내용을 확인합니다. 웹 문서에서 옵션에 따른 머리 기호의 변화를 확인할 수 있습니다.

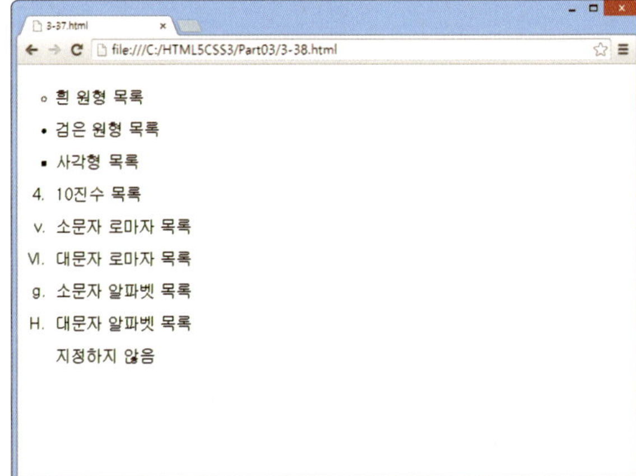

list-style-image 속성을 이용하면, 예쁜 그림을 목록의 머리 기호로 만들 수 있습니다. 다음은 목록의 머리 기호를 그림으로 지정한 경우의 예제입니다.

```
<ul style="list-style-image:url(그림 파일)">
        <li> 항목
</ul>


Selector {list-style-image:url(그림 파일)}
```

● **저장할 경로** : C:\HTML5CSS3\Part03\3-39.html　● **완성 파일** : C:\HTML5CSS3\완성예제\Part03\3-39.html

01 다음과 같이 입력하고 '3-39.html'이라는 이름으로 저장합니다.

```
1 <!DOCTYPE html>
2 <html>
3 <head>
4     <meta charset="utf-8">
5     <title></title>
6 <style type="text/css">
7 <!--
8 .icon {list-style-image:url(../images/3-39.gif)}
9 body {font-size:15pt; line-height:200%}
10 -->
11 </style>
12 </head>
13 <body>
14 <ul class="icon">
15     <li>첫 번째 목록입니다.
16     <li>두 번째 목록입니다.
17     <li>세 번째 목록입니다.
18 </ul>
19 </body>
20 </html>
```

02 웹 브라우저에서 내용을 확인합니다. 웹 문서에서 목록의 머리글자가 지정한 그림으로 나타나는 것을 확인할 수 있습니다.

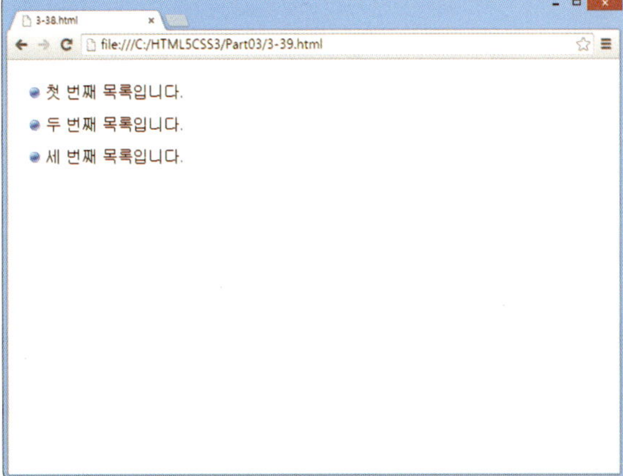

list-style-position 속성은 목록의 머리 기호를 안으로 들여쓰기를 할 것인지, 밖으로 내어쓰기를 할 것인지를 지정합니다. 다음은 목록의 머리 기호를 내어쓰기할 경우와 들여쓰기할 경우의 예제입니다.

■ list-style-position 속성의 옵션

옵션	설명
inside	목록의 머리 기호가 들여쓰기됨
outside	목록의 머리 기호가 내어쓰기됨

● **저장할 경로** : C:\HTML5CSS3\Part03\3-40.html ● **완성 파일** : C:\HTML5CSS3\완성예제\Part03\3-40.html

01 다음과 같이 입력하고 '3-40.html'이라는 이름으로 저장합니다.

```
1 <!DOCTYPE html>
2 <html>
3 <head>
4     <meta charset="utf-8">
5     <title></title>
6 <style type="text/css">
7 <!--
8 .outside {
9     list-style-image:url(../images/3-39.gif);
10     list-style-position:outside;
11     color:#3366cc
12     }
13 .inside {
14     list-style-image:url(../images/3-39.gif);
15     list-style-position:inside;
16     color:#cc3300
17     }
18 body {font-size:15pt; line-height:200%}
19 -->
20 </style>
21 </head>
22 <body>
23 <ul class="outside">
24     <li><h3>outside 예제</h3>
25     <li>list-style-position:outside 예제입니다.<br>
26     outside는 목록의 머리 기호가 내여쓰기 되어서 밖으로 나간 형태로 보
    입니다.
27 </ul>
28 <br>
29 <ul class="inside">
30     <li><h3>inside 예제</h3>
31     <li>list-style-position:inside 예제입니다.<br>
32     inside는 목록의 머리 기호가 들여쓰기 되어서 안으로 들어온 형태로 보
    입니다.
33 </ul>
34 </body>
35 </html>
```

 웹 브라우저에서 내용을 확인합니다. 웹 문서에서 머리
기호의 들여쓰기와 내어쓰기를 확인할 수 있습니다.

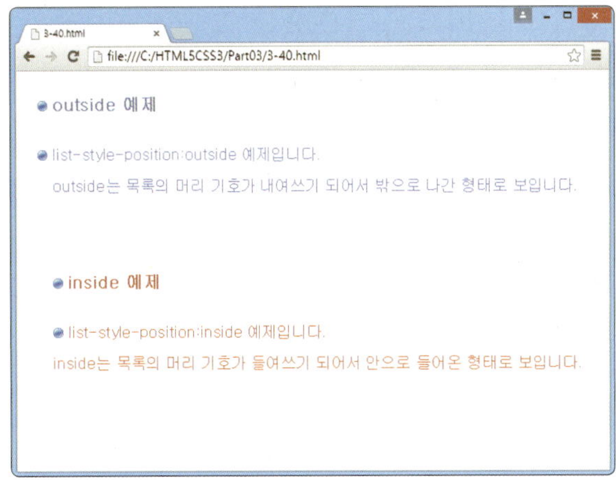

하이퍼링크를 꾸미는 스타일시트

기본적으로 하이퍼링크를 이용하여 연결된 부분은 파란 색상과 밑줄로 표시되고, 방문한 적이 있는 하이퍼링크는 초록색으로 표시됩니다. 하지만 요즘에는 웹 문서를 깔끔하게 만들기 위해 하이퍼링크로 지정한 부분의 색상이나 밑줄을 표시하지 않는 추세입니다. 이번 레슨에서는 스타일 시트를 이용하여 하이퍼링크를 꾸미는 방법에 대해 알아보겠습니다.

LESSON 11

하이퍼링크 색상과 밑줄 표시하기

다음은 하이퍼링크로 연결한 글자도 일반 글자처럼 아무 표시를 하지 않다가, 마우스 포인터를 올려놓았을 때 색상이 바뀌고 밑줄이 나타나게 하는 경우의 예제입니다. CSS를 이용하면 링크 설정된 문자의 색상과 밑줄 등 모양을 마음대로 꾸밀 수 있습니다.

```
<style type="text/css">
<!--
    a:link {color:색상 ; text-decoration:옵션}          → 기본 하이퍼링크

    a:visited {color:색상 ; text-decoration:옵션}       → 방문한 하이퍼링크

    a:hover {color:색상 ; text-decoration:옵션}         → 마우스 포인터를 올려놓았을 때

    a:active {color:색상 ; text-decoration:옵션}        → 하이퍼링크를 클릭하는 동안
-->
</style>
```

● **저장할 경로** : C:\HTML5CSS3\Part03\3-41.html ● **완성 파일** : C:\HTML5CSS3\완성예제\Part03\3-41.html

01 다음과 같이 입력하고 '3-41.html'이라는 이름으로 저장합니다.

```
 1 <!DOCTYPE html>
 2 <html>
 3 <head>
 4     <meta charset="utf-8">
 5     <title></title>
 6 <style type="text/css">
 7 <!--
 8 a:link {color:#3366cc; text-decoration:none;}
 9 a:visited {color:#009966; text-decoration:none;}
10 a:hover {color:#cc0000; text-decoration:underline;}
11 a:active {color:#ff9900; text-decoration:none;}
```

```
12 -->
13 </style>
14 </head>
15 <body>
16 <a href="#">LITTLE BEAUTY</a>
17 <p>옛날 어느 동물원에 손짓으로 말을 할 줄 아는 아주 특별한 고릴라가 살고
      있었어요.<br>
18 그래서 갖고 싶은 것이 있으면 동물원 사람들한테 손짓으로 말했지요.<br>
19 고릴라에게는 부족한 것이 하나도 없어 보였어요.</p>
20 <p>하지만 고릴라는 슬펐답니다.
21 어느 날 고릴라는 동물원 사람들에게 "나는… 친구가… 필요해."라고 손짓으로
      말했어요.
22 동물원에 다른 고릴라는 없었거든요. 고민하던 동물원 사람들은 아이디어 하나
      를 내었어요.
23 고릴라에게 '예쁜이'라는 이름의 작은 고양이를 데려다 주었어요.
24 "먹으면 안돼." 하고 사육사가 말했어요.
25 고릴라는 '예쁜이'가 마음에 들었어요.</p>
26 </body>
27 </html>
```

02 웹 브라우저에서 내용을 확인합니다. 웹 문서에서 링크
된 문자는 파란색의 밑줄이 없는 상태인 것을 확인할
수 있습니다.

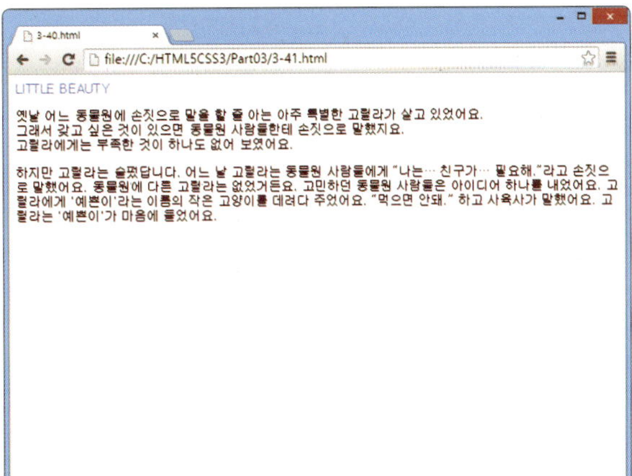

<u>Note</u>

하이퍼링크의 여러 가지 사례

1 | CSS를 적용하지 않은 문서의 하이퍼링크

링크 설정된 문자가 파란색의 밑줄 상태로 보입니다.

<u>LITTLE BEAUTY</u>

옛날 어느 동물원에 손짓으로 말을 할 줄 아는 아주 특별한 고릴라가 살고 있었어요.
그래서 갖고 싶은 것이 있으면 동물원 사람들한테 손짓으로 말했지요.
고릴라에게는 부족한 것이 하나도 없어 보였어요.

하지만 고릴라는 슬펐답니다. 어느 날 고릴라는 동물원 사람들에게 "나는… 친구가… 필요해."라고 손짓으
로 말했어요. 동물원에 다른 고릴라는 없었거든요. 고민하던 동물원 사람들은 아이디어 하나를 내었어요. 고
릴라에게 '예쁜이'라는 이름의 작은 고양이를 데려다 주었어요. "먹으면 안돼." 하고 사육사가 말했어요. 고
릴라는 '예쁜이'가 마음에 들었어요.

2 | CSS를 적용한 하이퍼링크

링크 설정된 문자가 파란색의 밑줄이 없는 상태로 보입니다.

a:link {color:#3366cc; text-decoration:none;}

LITTLE BEAUTY

옛날 어느 동물원에 손짓으로 말을 할 줄 아는 아주 특별한 고릴라가 살고 있었어요.
그래서 갖고 싶은 것이 있으면 동물원 사람들한테 손짓으로 말했지요.
고릴라에게는 부족한 것이 하나도 없어 보였어요.

하지만 고릴라는 슬펐답니다. 어느 날 고릴라는 동물원 사람들에게 "나는… 친구가… 필요해."라고 손짓으로 말했어요. 동물원에 다른 고릴라는 없었거든요. 고민하던 동물원 사람들은 아이디어 하나를 내었어요. 고릴라에게 '예쁜이'라는 이름의 작은 고양이를 데려다 주었어요. "먹으면 안돼." 하고 사육사가 말했어요. 고릴라는 '예쁜이'가 마음에 들었어요.

3 | 하이퍼링크에 마우스 포인터를 올려놓았을 때

링크 문자에 마우스 포인터를 올려놓으면, 링크 문자가 빨간색으로 변경되면서 밑줄이 나타납니다.

a:hover {color:#cc0000; text-decoration:underline;}

LITTLE BEAUTY

옛날 어느 동물원에 손짓으로 말을 할 줄 아는 아주 특별한 고릴라가 살고 있었어요.
그래서 갖고 싶은 것이 있으면 동물원 사람들한테 손짓으로 말했지요.
고릴라에게는 부족한 것이 하나도 없어 보였어요.

하지만 고릴라는 슬펐답니다. 어느 날 고릴라는 동물원 사람들에게 "나는… 친구가… 필요해."라고 손짓으로 말했어요. 동물원에 다른 고릴라는 없었거든요. 고민하던 동물원 사람들은 아이디어 하나를 내었어요. 고릴라에게 '예쁜이'라는 이름의 작은 고양이를 데려다 주었어요. "먹으면 안돼." 하고 사육사가 말했어요. 고릴라는 '예쁜이'가 마음에 들었어요.

4 | 하이퍼링크를 마우스로 클릭했을 때

문자를 마우스로 클릭하는 순간 색상이 노란색으로 변경되고 밑줄이 사라집니다.

a:active {color:#ff9900; text-decoration:none;}

LITTLE BEAUTY

옛날 어느 동물원에 손짓으로 말을 할 줄 아는 아주 특별한 고릴라가 살고 있었어요.
그래서 갖고 싶은 것이 있으면 동물원 사람들한테 손짓으로 말했지요.
고릴라에게는 부족한 것이 하나도 없어 보였어요.

하지만 고릴라는 슬펐답니다. 어느 날 고릴라는 동물원 사람들에게 "나는… 친구가… 필요해."라고 손짓으로 말했어요. 동물원에 다른 고릴라는 없었거든요. 고민하던 동물원 사람들은 아이디어 하나를 내었어요. 고릴라에게 '예쁜이'라는 이름의 작은 고양이를 데려다 주었어요. "먹으면 안돼." 하고 사육사가 말했어요. 고릴라는 '예쁜이'가 마음에 들었어요.

5 | 방문한 후의 하이퍼링크

한 번 방문한 후에는 링크 문자의 색상이 녹색으로 변경됩니다.

a:visited {color:#009966; text-decoration:none;}

LITTLE BEAUTY

옛날 어느 동물원에 손짓으로 말을 할 줄 아는 아주 특별한 고릴라가 살고 있었어요.
그래서 갖고 싶은 것이 있으면 동물원 사람들한테 손짓으로 말했지요.
고릴라에게는 부족한 것이 하나도 없어 보였어요.

하지만 고릴라는 슬펐답니다. 어느 날 고릴라는 동물원 사람들에게 "나는… 친구가… 필요해."라고 손짓으로 말했어요. 동물원에 다른 고릴라는 없었거든요. 고민하던 동물원 사람들은 아이디어 하나를 내었어요. 고릴라에게 '예쁜이'라는 이름의 작은 고양이를 데려다 주었어요. "먹으면 안돼." 하고 사육사가 말했어요. 고릴라는 '예쁜이'가 마음에 들었어요.

Selector를 이용하면 하이퍼링크도 서로 다른 링크 스타일로 만들 수 있습니다. 이번에는 한 문서에서 각기 다른 하이퍼링크 스타일을 만들고 적용해보겠습니다.

```
<style type="text/css">
<!--
    Selector a:link {color:색상 ; text-decoration:옵션}
-->
</style>


예 .red a:link {color:red; text-decoration:none}
```

● **저장할 경로** : C:\HTML5CSS3\Part03\3-42.html   ● **완성 파일** : C:\HTML5CSS3\완성예제\Part03\3-42.html

01 다음과 같이 입력하고 '3-42.html'이라는 이름으로 저장합니다.

```
1  <!DOCTYPE html>
2  <html>
3  <head>
4      <meta charset="utf-8">
5      <title></title>
6  <style type="text/css">
7  <!--
8  /*기본 링크 스타일은 파랑색 계열 색상입니다*/
9  a:link {color:#6666cc; text-decoration:none;}
10 a:visited {color:#6699cc; text-decoration:none;}
11 a:hover {color:#ff9900; text-decoration:none;}
12 /*두번째 링크 스타일은 연두색 계열 색상입니다*/
13 .green a:link {color:#669900; text-decoration:none;}
14 .green a:visited {color:#cccc66; text-decoration:none;}
15 .green a:hover {color:#cc0000; text-decoration:none;}
16 /*세번째 링크 스타일은 노랑색 계열 색상입니다*/
17 .yellow a:link {color:#996600; text-decoration:none;}
18 .yellow a:visited {color:#cc9933; text-decoration:none;}
19 .yellow a:hover {color:#0066cc; text-decoration:none;}
20 -->
21 </style>
22 </head>
23 <body>
24 <div>
25 <a href="#">LITTLE BEAUTY</a>
26 <p>옛날 어느 동물원에 손짓으로 말을 할 줄 아는 아주 특별한 고릴라가 살고
   있었어요.<br>
27 그래서 갖고 싶은 것이 있으면 동물원 사람들한테 손짓으로 말했지요.<br>
28 고릴라에게는 부족한 것이 하나도 없어 보였어요.</p>
29 </div>
30 <div class="green">
31 <a href="#">LITTLE BEAUTY</a>
32 <p>옛날 어느 동물원에 손짓으로 말을 할 줄 아는 아주 특별한 고릴라가 살고
   있었어요.<br>
```

```
33 그래서 갖고 싶은 것이 있으면 동물원 사람들한테 손짓으로 말했지요.<br>
34 고릴라에게는 부족한 것이 하나도 없어 보였어요.</p>
35 </div>
36 <div class="yellow">
37 <a href="#">LITTLE BEAUTY</a><br>
38 <p>옛날 어느 동물원에 손짓으로 말을 할 줄 아는 아주 특별한 고릴라가 살고
   있었어요.<br>
39 그래서 갖고 싶은 것이 있으면 동물원 사람들한테 손짓으로 말했지요.<br>
40 고릴라에게는 부족한 것이 하나도 없어 보였어요.</p>
41 </div>
42 </body>
43 </html>
```

02 웹 브라우저에서 내용을 확인합니다. 웹 문서에서 링크 문자 그룹별로 색상이 다르게 적용된 것을 확인할 수 있습니다.

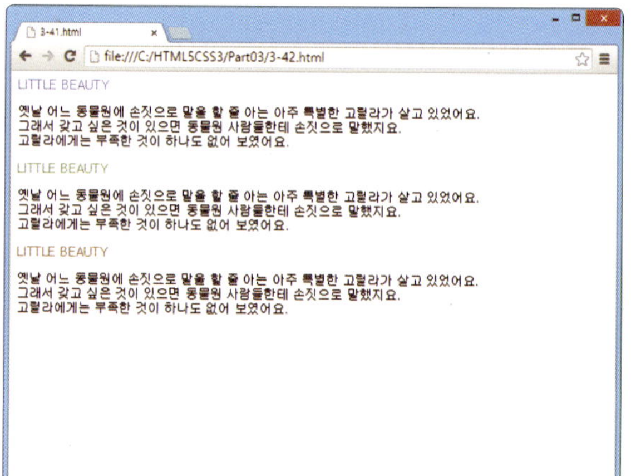

<u>Note</u>

1 | 하이퍼링크에 마우스 포인터를 올려놓았을 때

링크 문자에 마우스 포인터를 올려놓았을 때에도 색상이 링크 문자 그룹별로 다르게 변경됩니다.

a:hover {color:#ff9900; text-decoration:none;}

> LITTLE BEAUTY
>
> 옛날 어느 동물원에 손짓으로 말을 할 줄 아는 아주 특별한 고릴라가 살고 있었어요.
> 그래서 갖고 싶은 것이 있으면 동물원 사람들한테 손짓으로 말했지요.
> 고릴라에게는 부족한 것이 하나도 없어 보였어요.

.green a:hover {color:#cc0000; text-decoration:none;}

> LITTLE BEAUTY
>
> 옛날 어느 동물원에 손짓으로 말을 할 줄 아는 아주 특별한 고릴라가 살고 있었어요.
> 그래서 갖고 싶은 것이 있으면 동물원 사람들한테 손짓으로 말했지요.
> 고릴라에게는 부족한 것이 하나도 없어 보였어요.

.yellow a:hover {color:#0066cc; text-decoration:none;}

> LITTLE BEAUTY
>
> 옛날 어느 동물원에 손짓으로 말을 할 줄 아는 아주 특별한 고릴라가 살고 있었어요.
> 그래서 갖고 싶은 것이 있으면 동물원 사람들한테 손짓으로 말했지요.
> 고릴라에게는 부족한 것이 하나도 없어 보였어요.

2 | 방문한 후의 하이퍼링크

한 번 방문한 링크 문자의 색상이 각각 다르게 변경됩니다.

a:visited {color:#6699cc; text-decoration:none;}

> LITTLE BEAUTY
>
> 옛날 어느 동물원에 손짓으로 말을 할 줄 아는 아주 특별한 고릴라가 살고 있었어요.
> 그래서 갖고 싶은 것이 있으면 동물원 사람들한테 손짓으로 말했지요.
> 고릴라에게는 부족한 것이 하나도 없어 보였어요.

.green a:visited {color:#cccc66; text-decoration:none;}

> LITTLE BEAUTY
>
> 옛날 어느 동물원에 손짓으로 말을 할 줄 아는 아주 특별한 고릴라가 살고 있었어요.
> 그래서 갖고 싶은 것이 있으면 동물원 사람들한테 손짓으로 말했지요.
> 고릴라에게는 부족한 것이 하나도 없어 보였어요.

.yellow a:visited {color:#cc9933; text-decoration:none;}

> LITTLE BEAUTY
>
> 옛날 어느 동물원에 손짓으로 말을 할 줄 아는 아주 특별한 고릴라가 살고 있었어요.
> 그래서 갖고 싶은 것이 있으면 동물원 사람들한테 손짓으로 말했지요.
> 고릴라에게는 부족한 것이 하나도 없어 보였어요.

여러 개의 스타일을 동시에 적용하기

LESSON12

앞의 예제에서는 하나의 요소에 1개의 스타일시트를 적용했습니다. 그러나 스타일시트를 꼭 하나만 적용해야 하는 것이 아니라 여러 개를 한 요소에 동시에 적용할 수도 있으며, 동시에 적용하면 각 스타일시트의 모양이 복합적으로 반영됩니다. 다음의 예제를 통해 여러 스타일시트를 동시에 적용하는 방법과 모습을 확인해보세요.

● **저장할 경로** : C:\HTML5CSS3\Part03\3-43.html　● **완성 파일** : C:\HTML5CSS3\완성예제\Part03\3-43.html

01 다음과 같이 입력하고 '3-43.html'이라는 이름으로 저장합니다.

```
1  <!DOCTYPE html>
2  <html>
3  <head>
4      <meta charset="utf-8">
5      <title></title>
6  <style type="text/css">
7  <!--
8  .line {
9      border-top: 1px dotted gray;
10     border-bottom: 1px dotted gray;
11     padding:25px 15px;
12     margin:50px;
13     }
14 .blue {color:#0066cc}
15 .red {color:#990033}
16 -->
17 </style>
18 </head>
19 <body>
20 <div class="line blue">
21 <b>LITTLE BEAUTY</b>
22 <p>옛날 어느 동물원에 손짓으로 말을 할 줄 아는 아주 특별한 고릴라가 살고
   있었어요.<br>
23 그래서 갖고 싶은 것이 있으면 동물원 사람들한테 손짓으로 말했지요.<br>
24 고릴라에게는 부족한 것이 하나도 없어 보였어요.</p>
25 </div>
26 <div class="line red">
27 <b>LITTLE BEAUTY</b>
28 <p>옛날 어느 동물원에 손짓으로 말을 할 줄 아는 아주 특별한 고릴라가 살고
   있었어요.<br>
29 그래서 갖고 싶은 것이 있으면 동물원 사람들한테 손짓으로 말했지요.<br>
30 고릴라에게는 부족한 것이 하나도 없어 보였어요.</p>
31 </div>
32 </body>
33 </html>
```

02 웹 브라우저에서 내용을 확인합니다. 웹 문서에서 두 문단의 위와 아래에 점선 테두리와 글자색이 동시에 적용된 것을 확인할 수 있습니다.

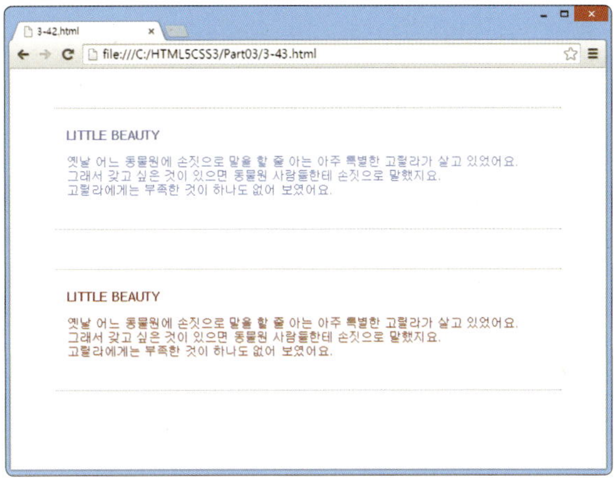

위의 문단에는 class="line blue"가, 아래의 문단에는 class="line red"가 지정되어 있습니다.

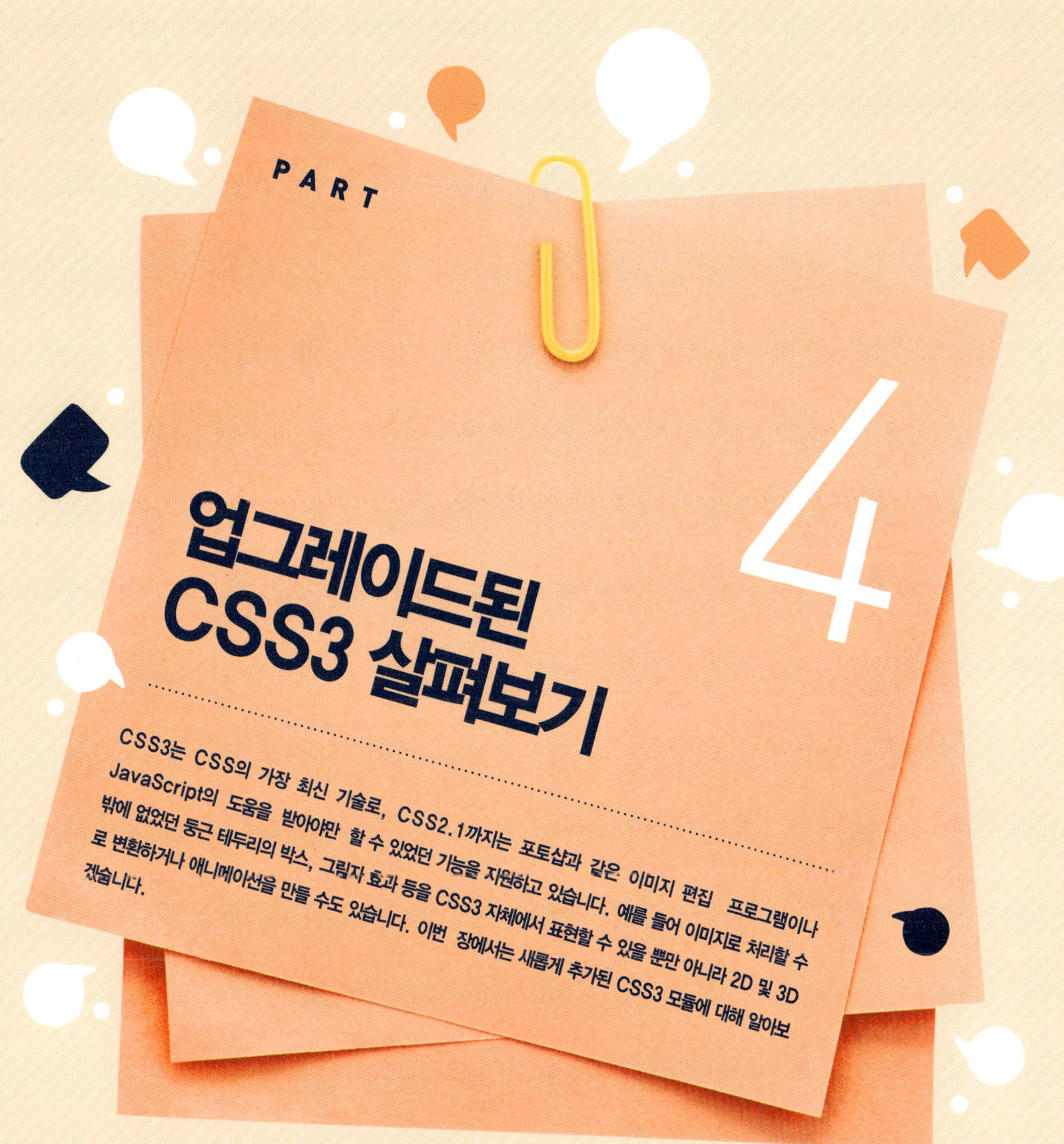

PART
4
업그레이드된
CSS3 살펴보기
CSS3는 CSS의 가장 최신 기술로, CSS2.1까지는 포토샵과 같은 이미지 편집 프로그램이나 JavaScript의 도움을 받아야만 할 수 있었던 기능을 지원하고 있습니다. 예를 들어 이미지로 처리할 수 밖에 없었던 둥근 테두리의 박스, 그림자 효과 등을 CSS3 자체에서 표현할 수 있을 뿐만 아니라 2D 및 3D로 변환하거나 애니메이션을 만들 수도 있습니다. 이번 장에서는 새롭게 추가된 CSS3 모듈에 대해 알아보겠습니다.
HTML5+CSS3

CSS3 살짝 맛보기

CSS3는 CSS에 대한 최신 표준이기는 하지만 아직은 미완성 기술입니다. 현재도 W3C에서 계속 개발 중에 있습니다. 그러나 CSS3가 이전 CSS와 호환되고, 대부분은 현재의 웹 브라우저에서 지원되고 있기 때문에 계속 관심을 가지고 있어야 합니다.

CSS3 접두어

CSS3는 아직 미완성 기술이므로 웹 브라우저에서 지원하는 CSS3 엔진에 따라 접두어를 사용해야만 우리가 원하는 결과를 얻을 수 있는 경우도 있습니다. 웹 브라우저에서 지원하는 접두어는 다음과 같습니다.

■ 웹 브라우저별 접두어

접두어	웹 브라우저
-webkit	Chrome, Opera, Safari
-moz-	Firefox
-ms-	Internet Explorer

이 책에서 실습을 위해 사용하고 있는 크롬은 대부분의 CSS3를 지원합니다. 이 책에서는 CSS3 속성을 그대로 사용하였지만, 예제에 따라 접두어가 필요한 경우도 있습니다. 접두어를 사용하기 위해서는 다음과 같이 입력해야 합니다.

```
<style>
<!--
    Selector {
            -webkit-column-count: ...;
            -moz-column-count: ...;
            column-count: ...;
    }
-->
</style>
```

여기서는 'Column-Count' 속성의 예를 들었는데, 좀 더 다양한 웹 브라우저를 지원하기 위해서는 위와 같이 각 웹 브라우저에서 지원하는 접두어를 모두 사용해야 합니다.

웹 브라우저는 태그 내용을 해석하여 화면에 출력하는데, 이때 지원하지 않는 속성은 무시합니다. 따라서 만약 우리가 'column-count' 속성을 하나만 작성하였다면 지원하지 않는 웹 브라우저에서는 우리가 원하지 않는 결과가 나타날 수도 있습니다.

다만, 이 책에서는 모든 웹 브라우저를 지원하는 소스 제작이 목표가 아니기 때문에 필요한 부분에만 접두어를 사용하였습니다. 실무에서 코드를 작성할 때에는 위의 내용을 반드시 기억하여 적용하기 바랍니다.

■ 웹 브라우저별 접두어를 사용하지 않은 경우

웹 문서의 내용을 3단으로 출력하기 위해 '-webkit-column-count:3.'으로 설정하였습니다. 앞에서 본 것처럼 '-webkit'은 크롬에서 사용하는 접두어로, 크롬에서는 우리가 원하는 형태로 웹 문서가 보이고 있습니다.

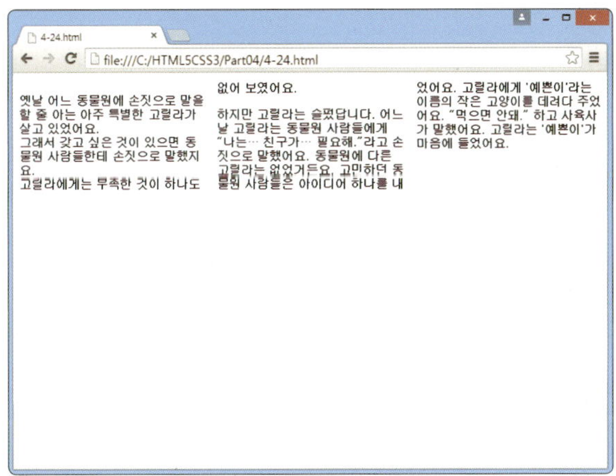

IE에서는 '-webkit-column-count:3.'을 지원하지 않으므로 설정을 무시하게 됩니다. 따라서 IE에서는 웹 문서가 원하는 형태로 보이고 있지 않습니다.

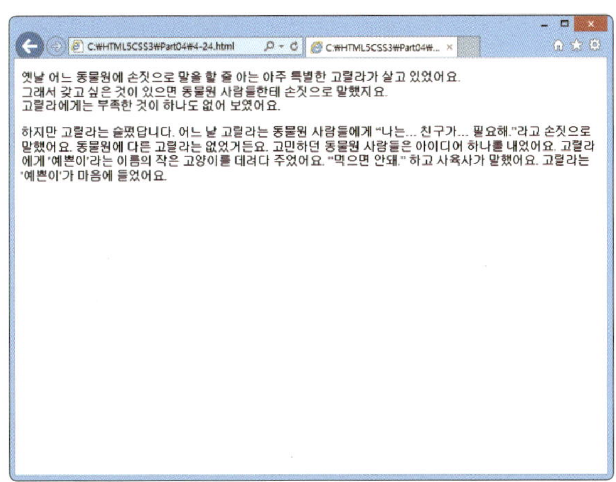

이번 레슨에서는 CSS3의 border 속성을 이용하여 테두리를 다양하게 표현하는 방법에 대해 알아보겠습니다. CSS3를 이용하면 둥근 모양의 테두리, 테두리의 그림자, 이미지를 사용한 테두리를 만들 수 있습니다.

다양해진 테두리 효과

테두리를 예쁘게 꾸미고자 할 때 지금까지는 대부분 포토샵과 같은 프로그램을 이용하여 이미지로 테두리를 만들어 사용하였습니다. 하지만 CSS3에서는 포토샵과 같은 프로그램을 이용하지 않고도 테두리에 여러 가지 효과를 적용할 수 있습니다.

```
 6 <style type="text/css">
 7 <!--
 8 div {
 9     border: 4px solid #aaaaaa;
10     padding: 50px;
11 }
12 -->
13 </style>
```

위 내용을 웹 브라우저에서 확인하면 다음과 같은 테두리를 볼 수 있습니다.

> 옛날 어느 동물원에 손짓으로 말을 할 줄 아는 아주 특별한 고릴라가 살고 있었어요.
> 그래서 갖고 싶은 것이 있으면 동물원 사람들한테 손짓으로 말했지요.
> 고릴라에게는 부족한 것이 하나도 없어 보였어요.

테두리를 둥글게 만들기(border-radius)

이전에는 둥근 모서리의 테두리를 만들고자 할 때 포토샵과 같은 그래픽 프로그램을 이용하여 둥근 모서리의 테두리를 그린 후 하나씩 잘라 모서리와 라인을 만들었습니다. 하지만 CSS3의 'boder-radius' 속성을 사용하면 그래픽 프로그램이 없더라도 둥근 모서리의 테두리를 만들 수 있습니다.

```
<style type="text/css">
<!--
        Selector { border-radius : 크기 }
-->
</style>
```

● **저장할 경로** : C:\HTML5CSS3\Part04\4-01.html   ● **완성 파일** : C:\HTML5CSS3\완성예제\Part04\4-01.html

01 다음과 같이 입력하고 '4-01.html'이라는 이름으로 저장합니다.

```
 1 <!DOCTYPE html>
 2 <html>
 3 <head>
 4     <meta charset="utf-8">
 5     <title></title>
 6 <style type="text/css">
 7 <!--
 8 div {
 9     border: 4px solid #aaaaaa;
10     border-radius: 20px;
11     padding: 50px;
12 }
13 -->
14 </style>
15 </head>
16 <body>
17 <div>
18 <p>옛날 어느 동물원에 손짓으로 말을 할 줄 아는 아주 특별한 고릴라가 살고
   있었어요.<br>
19 그래서 갖고 싶은 것이 있으면 동물원 사람들한테 손짓으로 말했지요.<br>
20 고릴라에게는 부족한 것이 하나도 없어 보였어요.</p>
21 </div>
22 </body>
23 </html>
```

〈div〉 태그에 내용을 입력하고 'border-radius' 속성을 지정합니다.

02 웹 브라우저에서 내용을 확인합니다. 웹 문서에서 둥근 테두리의 상자를 확인할 수 있습니다.

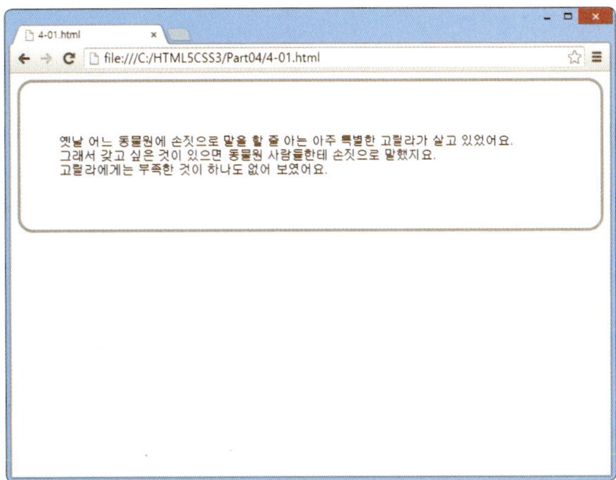

Tip

'border-radius' 속성값을 크게 할수록 모서리의 둥근 정도가 더 커집니다.

이번에는 테두리에 그림자를 넣어보겠습니다. 'box-shadow' 속성을 이용하면 간단하게 그림자 효과를 나타낼 수 있습니다.

```
<style type="text/css">
<!--
        Selector { box-shadow : 오른쪽 크기 아래쪽 크기 흐림 정도 색상 }
-->
</style>
```

● **저장할 경로** : C:\HTML5CSS3\Part04\4-02.html ● **완성 파일** : C:\HTML5CSS3\완성예제\Part04\4-02.html

01 다음과 같이 입력하고 '4-02.html'이라는 이름으로 저장합니다.

```
1  <!DOCTYPE html>
2  <html>
3  <head>
4      <meta charset="utf-8">
5      <title></title>
6  <style type="text/css">
7  <!--
8  div {
9      box-shadow: 10px 10px 10px #666666;
10     border: 4px solid #aaaaaa;
11     padding: 50px;
12 }
13 -->
14 </style>
15 </head>
16 <body>
17 <div>
18 <p>옛날 어느 동물원에 손짓으로 말을 할 줄 아는 아주 특별한 고릴라가 살고
     있었어요.<br>
19 그래서 갖고 싶은 것이 있으면 동물원 사람들한테 손짓으로 말했지요.<br>
20 고릴라에게는 부족한 것이 하나도 없어 보였어요.</p>
21 </div>
22 </body>
23 </html>
```

<div> 태그에 내용을 입력하고 'box-shadow' 속성을 지정하였습니다.

02 웹 브라우저에서 내용을 확인합니다. 웹 문서에서 그림자가 적용된 박스를 볼 수 있습니다.

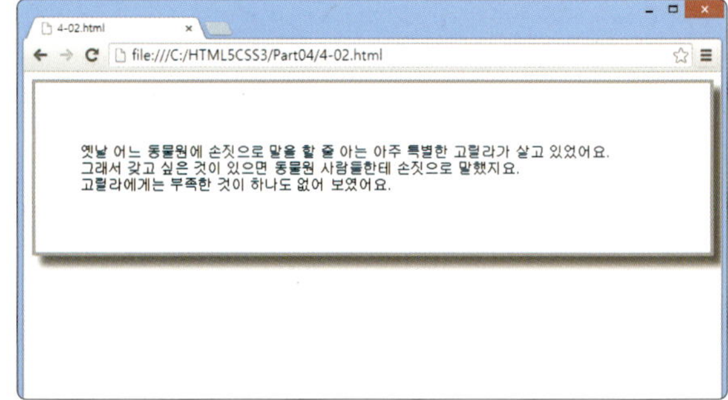

Tip

'box-shadow' 속성을 통해 그림자의 크기와 색상을 지정할 수 있습니다.

테두리에 색상만 줄 수 있는 것이 아니라 'border-image' 속성을 이용하면 테두리에 이미지를 사용할 수도 있습니다.

```
<style type="text/css">
<!--
        Selector { border-image : 이미지 조각 수 넓이 반복 여부 }
-->
</style>
```

● **저장할 경로** : C:\HTML5CSS3\Part04\4-03.html ● **완성 파일** : C:\HTML5CSS3\완성예제\Part04\4-03.html

01 다음과 같이 입력하고 '4-03.html'이라는 이름으로 저장합니다.

```
 1 <!DOCTYPE html>
 2 <html>
 3 <head>
 4     <meta charset="utf-8">
 5     <title></title>
 6 <style type="text/css">
 7 <!--
 8 div { border: 20px; padding: 50px; }
 9 #round {
10     border-image: url(../images/3-12-01.gif) 30 30 round;
11 }
12 #stretch {
13     border-image: url(../images/3-12-01.gif) 30 30 stretch;
14 }
15 -->
16 </style>
17 </head>
18 <body>
19 <div id="round">
20 <p>옛날 어느 동물원에 손짓으로 말을 할 줄 아는 아주 특별한 고릴라가 살고
   있었어요.<br>
21 그래서 갖고 싶은 것이 있으면 동물원 사람들한테 손짓으로 말했지요.<br>
22 고릴라에게는 부족한 것이 하나도 없어 보였어요.</p>
23 </div>
24 <br>
25 <div id="stretch">
26 <p>옛날 어느 동물원에 손짓으로 말을 할 줄 아는 아주 특별한 고릴라가 살고
   있었어요.<br>
27 그래서 갖고 싶은 것이 있으면 동물원 사람들한테 손짓으로 말했지요.<br>
28 고릴라에게는 부족한 것이 하나도 없어 보였어요.</p>
29 </div>
30 </body>
31 </html>
```

<div> 태그에 내용을 입력하고 'border-image' 속성을 지정하였습니다.

 웹 브라우저에서 내용을 확인합니다. 웹 문서에서 이미지 테두리의 박스를 확인할 수 있습니다.

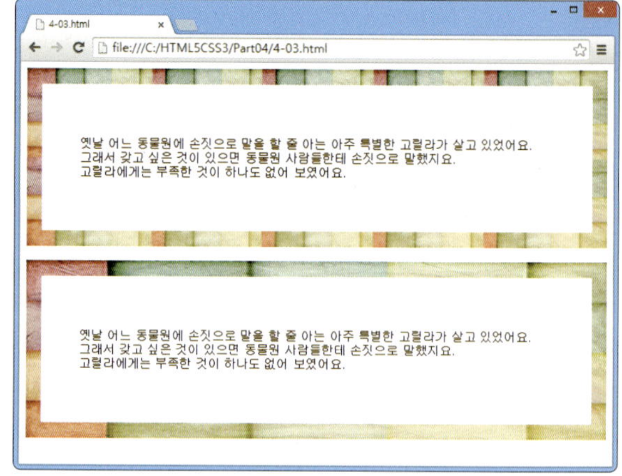

'border-image' 속성을 통해 테두리에 이미지를 지정하였습니다.

Tip

'border-image' 속성 중에 사용한 'round'와 'stretch'는 약간 다른 방식으로 테두리를 만듭니다. 'round'는 박스의 크기가 이미지보다 큰 경우, 테두리를 이미지를 이용해 반복적으로 채우게 되고, 'stretch'는 이미지 크기를 박스의 크기에 맞춰 늘려 채우게 됩니다.

배경 이미지 속성, Background

LESSON03

CSS3에서는 배경 이미지에 관련된 새로운 속성이 추가되었습니다. 이전에 배경 이미지를 지정하면 실제 이미지의 크기에 따라 배경에 나타났지만, 추가된 속성을 이용하면 배경 이미지의 크기를 지정할 수 있습니다. 또 배경 이미지의 위치도 지정할 수 있으며, 여러 개의 이미지를 배경 이미지로 사용할 수도 있습니다.

배경 이미지 크기 지정하기 (background-size)

CSS3 이전에는 배경 이미지를 지정하면 실제 이미지의 크기에 따라 배경에 나타났습니다. 그러나 CSS3에서는 배경 이미지의 크기를 지정할 수 있습니다.

```
<style type="text/css">
<!--
        Selector { background-size : 넓이 높이 }
-->
</style>
```

● **저장할 경로** : C:\HTML5CSS3\Part04\4-04.html　　● **완성 파일** : C:\HTML5CSS3\완성예제\Part04\4-04.html

01 다음과 같이 입력하고 '4-04.html'이라는 이름으로 저장합니다.

본문에 내용을 입력하고 'background-size' 속성을 지정하였습니다.

```
1  <!DOCTYPE html>
2  <html>
3  <head>
4      <meta charset="utf-8">
5      <title></title>
6  <style type="text/css">
7  <!--
8  body {
9      background: url(../images/3-15.jpg);
10     background-size: 200px 200px;
11     background-repeat: no-repeat;
12     padding-top : 200px;
13 }
14 -->
15 </style>
16 </head>
17 <body>
```

```
18 <p>옛날 어느 동물원에 손짓으로 말을 할 줄 아는 아주 특별한 고릴라가 살고
   있었어요.<br>
19 그래서 갖고 싶은 것이 있으면 동물원 사람들한테 손짓으로 말했지요.<br>
20 고릴라에게는 부족한 것이 하나도 없어 보였어요.</p>
21 <p>하지만 고릴라는 슬펐답니다.
22 어느 날 고릴라는 동물원 사람들에게 "나는… 친구가… 필요해."라고 손짓으로
   말했어요.
23 동물원에 다른 고릴라는 없었거든요. 고민하던 동물원 사람들은 아이디어 하나
   를 내었어요.
24 고릴라에게 '예쁜이'라는 이름의 작은 고양이를 데려다 주었어요.
25 "먹으면 안돼." 하고 사육사가 말했어요.
26 고릴라는 '예쁜이'가 마음에 들었어요.</p>
27 </body>
28 </html>
```

02 웹 브라우저에서 내용을 확인합니다. 웹 문서에서 배경 이미지가 지정한 크기로 나타나는 것을 확인할 수 있습니다.

03 이번에는 소스의 10행을 'backg round-size : 100% 100%'로 변경합니다.

```
 1 <!DOCTYPE html>
 2 <html>
 3 <head>
 4     <meta charset="utf-8">
 5     <title></title>
 6 <style type="text/css">
 7 <!--
 8 body {
 9     background: url(../images/3-15.jpg);
10     background-size: 100% 100%;
11     background-repeat: no-repeat;
12     padding-top : 200px;
13 }
14 -->
15 </style>
16 </head>
17 <body>
18 <p>옛날 어느 동물원에 손짓으로 말을 할 줄 아는 아주 특별한 고릴라가 살고
   있었어요.<br>
19 그래서 갖고 싶은 것이 있으면 동물원 사람들한테 손짓으로 말했지요.<br>
20 고릴라에게는 부족한 것이 하나도 없어 보였어요.</p>
```

04 웹 문서에서 배경 이미지가 본문 내용의 크기와 동일하게 나타나는 것을 확인할 수 있습니다.

배경 이미지 위치 지정하기 (background-origin)

'background-origin' 속성을 이용하면 배경 이미지의 위치를 지정할 수 있습니다.

```css
<style type="text/css">
<!--
        Selector { background-origin : content-box|padding-box|border-box }
-->
</style>
```

● **저장할 경로** : C:\HTML5CSS3\Part04\4-05.html   ● **완성 파일** : C:\HTML5CSS3\완성예제\Part04\4-05.html

01 다음과 같이 입력하고 '4-05.html'이라는 이름으로 저장합니다.

```html
1 <!DOCTYPE html>
2 <html>
3 <head>
4     <meta charset="utf-8">
5     <title></title>
6 <style type="text/css">
7 <!--
8 div {
9     background: url(../images/3-15.jpg);
10    background-repeat: no-repeat;
11    background-origin: border-box;
12    border: 4px solid #aaaaaa;
13    padding : 100px;
14 }
15 -->
16 </style>
17 </head>
18 <body>
```

```
19 <div>
20 <p>옛날 어느 동물원에 손짓으로 말을 할 줄 아는 아주 특별한 고릴라가 살고
   있었어요.<br>
21 그래서 갖고 싶은 것이 있으면 동물원 사람들한테 손짓으로 말했지요.<br>
22 고릴라에게는 부족한 것이 하나도 없어 보였어요.</p>
23 <p>하지만 고릴라는 슬펐답니다.
24 어느 날 고릴라는 동물원 사람들에게 "나는… 친구가… 필요해."라고 손짓으로
   말했어요.
25 동물원에 다른 고릴라는 없었거든요. 고민하던 동물원 사람들은 아이디어 하나
   를 내었어요.
26 고릴라에게 '예쁜이'라는 이름의 작은 고양이를 데려다 주었어요.
27 "먹으면 안돼." 하고 사육사가 말했어요.
28 고릴라는 '예쁜이'가 마음에 들었어요.</p>
29 </div>
30 </body>
31 </html>
```

본문에 내용을 입력하고
'background-origin'
속성을 지정하였습니다.

02 웹 브라우저에서 내용을 확인합니다. 웹 문서에서 배경
이미지가 border 안쪽에 위치하는 것을 확인할 수 있
습니다.

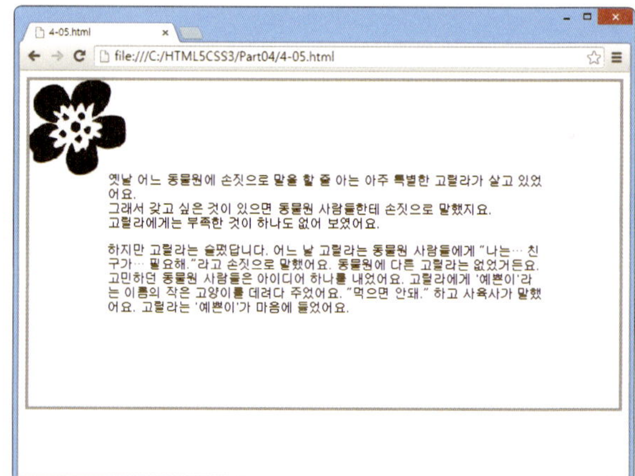

03 이번에는 소스의 11행을
'back ground-origin :
content-box'로 변경합
니다.

```
 1 <!DOCTYPE html>
 2 <html>
 3 <head>
 4     <meta charset="utf-8">
 5     <title></title>
 6 <style type="text/css">
 7 <!--
 8 div {
 9     background: url(../images/3-15.jpg);
10     background-repeat: no-repeat;
11     background-origin: content-box;
12     border: 4px solid #aaaaaa;
13     padding : 100px;
14 }
15 -->
16 </style>
17 </head>
18 <body>
19 <div>
20 <p>옛날 어느 동물원에 손짓으로 말을 할 줄 아는 아주 특별한 고릴라가 살고
   있었어요.<br>
```

04 웹 문서의 배경 이미지가 본문의 안쪽에 위치하는 것을 확인할 수 있습니다.

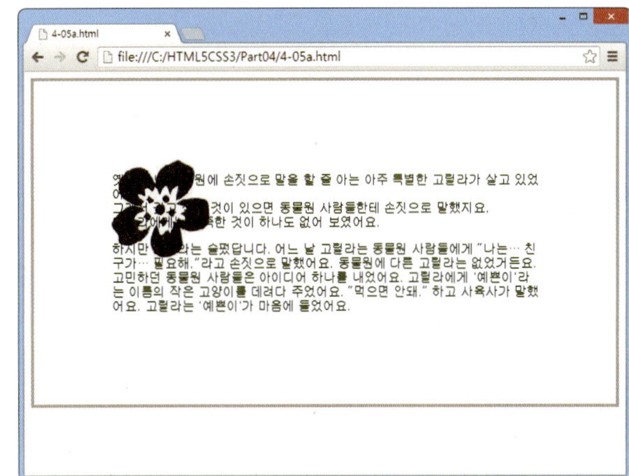

배경 이미지 여러 개 지정하기 (background)

CSS3에서는 여러 개의 배경 이미지를 지정할 수 있기 때문에 디자인적으로 화려한 웹 문서를 만들 수 있습니다.

```
<style type="text/css">
<!--
        Selector { background : 이미지, 이미지 }
-->
</style>
```

● **저장할 경로** : C:\HTML5CSS3\Part04\4-06.html   ● **완성 파일** : C:\HTML5CSS3\완성예제\Part04\4-06.html

01 다음과 같이 입력하고 '4-06.html'이라는 이름으로 저장합니다.

```
1  <!DOCTYPE html>
2  <html>
3  <head>
4      <meta charset="utf-8">
5      <title></title>
6  <style type="text/css">
7  <!--
8  body {
9      background: url(../images/3-15.jpg), url(../images/3-
   14.jpg);
10     background-repeat: no-repeat;
11 }
12 -->
13 </style>
14 </head>
15 <body>
16 <p>옛날 어느 동물원에 손짓으로 말을 할 줄 아는 아주 특별한 고릴라가 살고
   있었어요.<br>
```

```
17 그래서 갖고 싶은 것이 있으면 동물원 사람들한테 손짓으로 말했지요.<br>
18 고릴라에게는 부족한 것이 하나도 없어 보였어요.</p>
19 <p>하지만 고릴라는 슬펐답니다.
20 어느 날 고릴라는 동물원 사람들에게 "나는… 친구가… 필요해."라고 손짓으로
    말했어요.
21 동물원에 다른 고릴라는 없었거든요. 고민하던 동물원 사람들은 아이디어 하나
    를 내었어요.
22 고릴라에게 '예쁜이'라는 이름의 작은 고양이를 데려다 주었어요.
23 "먹으면 안돼." 하고 사육사가 말했어요.
24 고릴라는 '예쁜이'가 마음에 들었어요.</p>
25 </body>
26 </html>
```


02 웹 브라우저에서 내용을 확인합니다. 웹 문서에서 여러 개의 배경 이미지가 나타나는 것을 확인할 수 있습니다.

그레이디언트 속성, gradient

LESSON04

CSS3에서 그레이디언트는 방향과 2가지 이상의 색상을 지정하여 만들 수 있으며, 지정된 색상과 색상 사이는 중간색으로 자연스럽게 표현됩니다. 그레이디언트는 선형과 방사형으로 만들 수 있습니다.

선형 그레이디언트 주기(linear-gradient)

선형 그레이디언트는 방향과 2가지 이상의 색상을 지정하여 만들 수 있습니다. 방향에 따라 위에서 아래로, 아래에서 위로 그리고 대각선 방향 등으로 그레이디언트를 만들 수 있으며, 색상과 색상 사이는 중간색으로 자연스럽게 표현됩니다.

```
<style type="text/css">
<!--
        Selector { background: linear-gradient(방향, 색상, 색상…) }
-->
</style>
```

● **저장할 경로** : C:\HTML5CSS3\Part04\4-07.html   ● **완성 파일** : C:\HTML5CSS3\완성예제\Part04\4-07.html

01 다음과 같이 입력하고 '4-07.html'이라는 이름으로 저장합니다.

<div> 태그를 입력하고 'background' 속성에 'linear-gradient'를 지정하였습니다.

```
1  <!DOCTYPE html>
2  <html>
3  <head>
4      <meta charset="utf-8">
5      <title></title>
6  <style type="text/css">
7  <!--
8  #linear-gradient {
9      height: 490px;
10      background: linear-gradient(to bottom, red, yellow);
11  }
12  -->
13  </style>
14  </head>
15  <body>
16  <div id="linear-gradient"></div>
17  </body>
18  </html>
```

02 웹 브라우저에서 내용을 확인합니다. 웹 문서에서 그러 데이션이 들어간 박스를 확인할 수 있습니다.

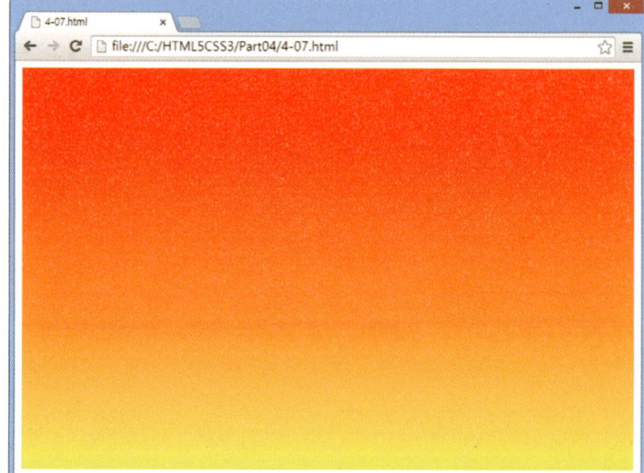

Tip

그러데이션의 방향은 위에서 아래이며, 'to bottom'은 기본값이므로 생략해도 됩니다.

03 이번에는 소스의 10행 방향을 'to top'으로 변경하고, 문서를 저장합니다.

```
1  <!DOCTYPE html>
2  <html>
3  <head>
4      <meta charset="utf-8">
5      <title></title>
6  <style type="text/css">
7  <!--
8  #linear-gradient {
9      height: 490px;
10      background: linear-gradient(to top, red, yellow);
11  }
12  -->
13  </style>
14  </head>
15  <body>
16  <div id="linear-gradient"></div>
17  </body>
18  </html>
```

04 웹 문서에서 아래에서 위 방향으로 그러데이션이 들어간 박스를 확인할 수 있습니다.

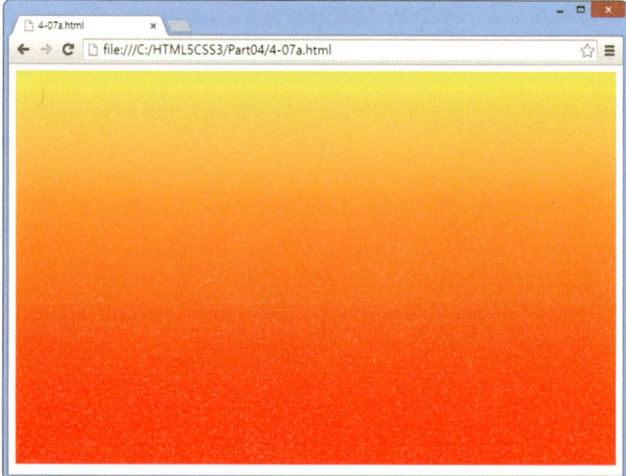

05 이번에는 소스의 10행 방향을 'to bottom right'로 변경하고 문서를 저장합니다.

```
1 <!DOCTYPE html>
2 <html>
3 <head>
4     <meta charset="utf-8">
5     <title></title>
6 <style type="text/css">
7 <!--
8 #linear-gradient {
9     height: 490px;
10     background: linear-gradient(to bottom right, red, yellow);
11 }
12 -->
13 </style>
14 </head>
15 <body>
16 <div id="linear-gradient"></div>
17 </body>
18 </html>
```

06 웹 문서의 왼쪽 위에서 오른쪽 아래 방향으로 그러데이션이 들어간 박스를 확인할 수 있습니다.

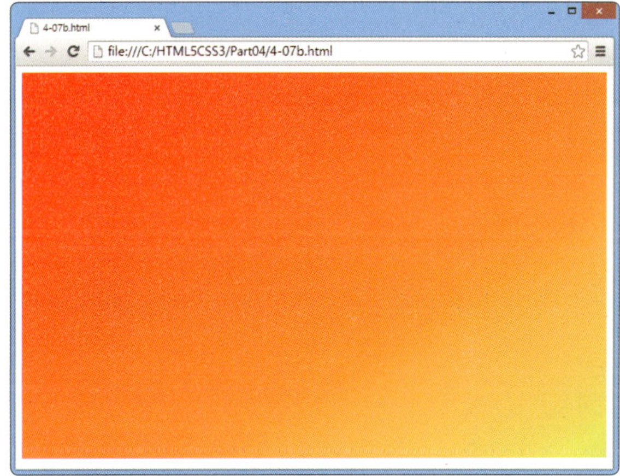

선형 그레이디언트에 방향 주기 (linear-gradient)

앞에서는 'linear-gradient'를 이용하여 선형 그레이디언트를 만들어 보았습니다. 앞에서 만든 예제는 모두 정의된 'to bottom, to top, to right, to left, to bottom right' 등을 이용하였는데, 정의된 값 대신 미리 정의된 방향으로 각도를 사용할 수도 있습니다.

사용 방법은 'to bottom, to top, to right, to left, to bottom right' 대신 시계 반대 방향의 그러데이션 각도로 지정합니다. 즉 '90deg'라고 지정하면 왼쪽에서 오른쪽으로 그러데이션을 만듭니다.

```
<style type="text/css">
<!--
        Selector { background: linear-gradient(각도, 색상, 색상...) }
-->
</style>
```

● **저장할 경로** : C:\HTML5CSS3\Part04\4-08.html ● **완성 파일** : C:\HTML5CSS3\완성예제\Part04\4-08.html

01 다음과 같이 입력하고 '4-08.html'이라는 이름으로 저장합니다.

```
 1  <!DOCTYPE html>
 2  <html>
 3  <head>
 4      <meta charset="utf-8">
 5      <title></title>
 6  <style type="text/css">
 7  <!--
 8  #linear-gradient {
 9      height: 490px;
10      background: linear-gradient(90deg, red, yellow);
11  }
12  -->
13  </style>
14  </head>
15  <body>
16  <div id="linear-gradient"></div>
17  </body>
18  </html>
```

<div> 태그를 입력하고 'background' 속성에 'linear-gradient'와 '90deg'를 지정하였습니다.

02 웹 브라우저에서 내용을 확인합니다. 웹 문서의 왼쪽에서 오른쪽으로 그러데이션이 들어간 박스를 확인할 수 있습니다.

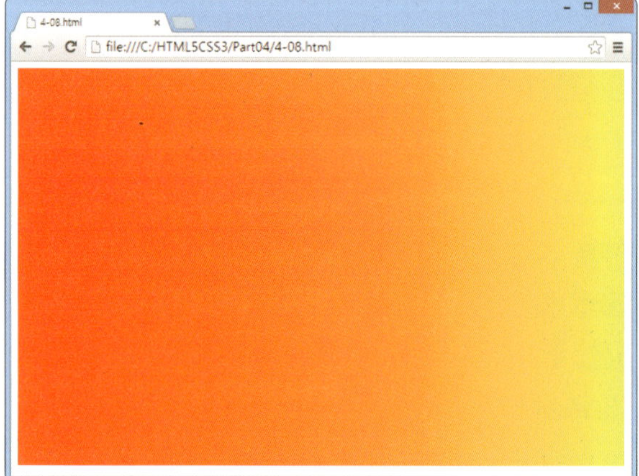

03 이번에는 소스의 10행 방향을 '270deg'로 변경하고 문서를 저장합니다.

```html
1 <!DOCTYPE html>
2 <html>
3 <head>
4     <meta charset="utf-8">
5     <title></title>
6 <style type="text/css">
7 <!--
8 #linear-gradient {
9     height: 490px;
10     background: linear-gradient(270deg, red, yellow);
11 }
12 -->
13 </style>
14 </head>
15 <body>
16 <div id="linear-gradient"></div>
17 </body>
18 </html>
```

04 웹 문서에서 오른쪽에서 왼쪽으로 그러데이션이 들어간 박스를 확인할 수 있습니다.

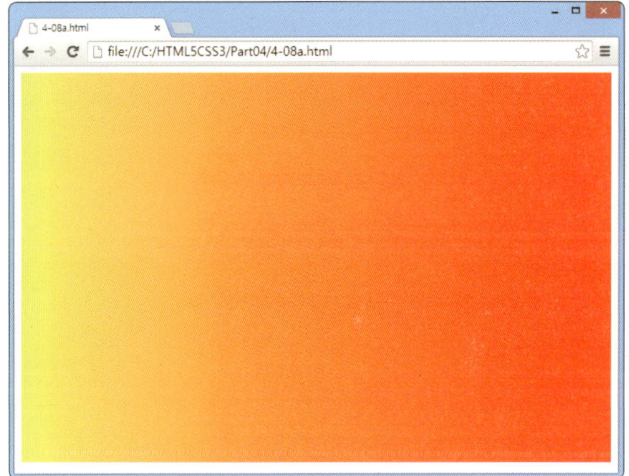

선형 그레이디언트에 여러 개의 색상 주기 (linear-gradient)

이제까지는 2가지의 색상만을 그레이디언트에 주었습니다. 하지만 그레이디언트에는 여러 개의 색상을 줄 수도 있습니다. 여러 개의 색상을 주는 방법은 원하는 색상을 순서대로 나열하면 됩니다.

```css
<style type="text/css">
<!--
        Selector { background: linear-gradient(방향, 색상, 색상...) }
-->
</style>
```

01 다음과 같이 입력하고 '4-09.html'이라는 이름으로 저장합니다.

<div> 태그를 입력하고 'background' 속성에 'linear-gradient'와 여러 개의 색상을 지정하였습니다.

```
1  <!DOCTYPE html>
2  <html>
3  <head>
4      <meta charset="utf-8">
5      <title></title>
6  <style type="text/css">
7  <!--
8  #linear-gradient {
9      height: 490px;
10     background: linear-gradient(red, yellow, green, blue,
   indigo, violet);
11 }
12 -->
13 </style>
14 </head>
15 <body>
16 <div id="linear-gradient"></div>
17 </body>
18 </html>
```

02 웹 브라우저에서 내용을 확인합니다. 웹 문서에서 위쪽에서 아래쪽으로 여러 개의 색상이 순서대로 들어간 그러데이션이 들어간 박스를 확인할 수 있습니다.

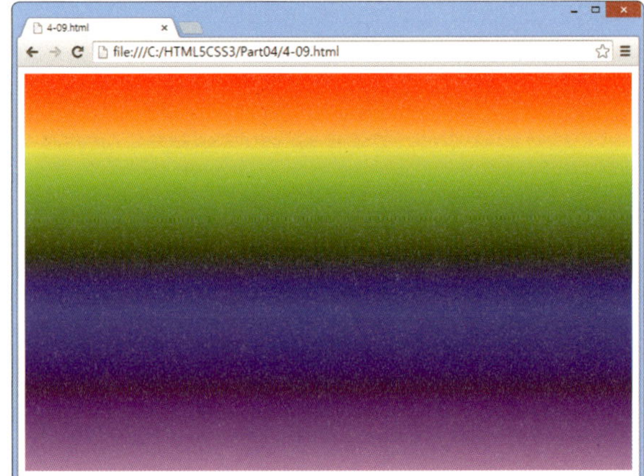

03 이번에는 소스의 10행 방향을 'to right'로 변경하고 문서를 저장합니다.

```
1  <!DOCTYPE html>
2  <html>
3  <head>
4      <meta charset="utf-8">
5      <title></title>
6  <style type="text/css">
7  <!--
8  #linear-gradient {
9      height: 490px;
10     background: linear-gradient(to right, red, yellow, green,
   blue, indigo, violet);
```

```
11 }
12 -->
13 </style>
14 </head>
15 <body>
16 <div id="linear-gradient"></div>
17 </body>
18 </html>
```

04 웹 문서에서 왼쪽에서 오른쪽으로 그러데이션이 들어
간 박스를 확인할 수 있습니다.

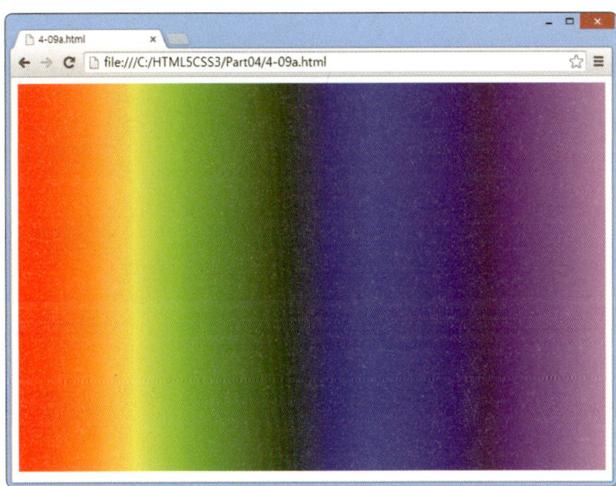

선형 그레이디언트에 투명도 주기 (linear-gradient)

그레이디언트에 색상을 주어 표현할 수도 있지만 투명도를 줄 수도 있습니다. 투명도를 주려면 색상을 정의할 때 'rgba( )'를 사용합니다. 'rgba( )'에서 마지막의 파라미터로 투명도를 설정할 수 있습니다. '0'으로 설정하면 완전히 투명한 효과를 주게 되며, '1'은 투명 효과 없이 색상을 그대로 표현합니다.

```
<style type="text/css">
<!--
        Selector { background: linear-gradient(방향, rgba(숫자, 숫자, 숫자, 투명도), rgba(숫자, 숫자,
숫자, 투명도) }
-->
</style>
```

01 다음과 같이 입력하고 '4-10.html'이라는 이름으로 저장합니다.

```html
1 <!DOCTYPE html>
2 <html>
3 <head>
4     <meta charset="utf-8">
5     <title></title>
6 <style type="text/css">
7 <!--
8 #linear-gradient {
9     height: 490px;
10     background: linear-gradient(to right, rgba(255,0,0,1),
   rgba(255,0,0,1));
11 }
12 -->
13 </style>
14 </head>
15 <body>
16 <div id="linear-gradient"></div>
17 </body>
18 </html>
```

〈div〉 태그를 입력하고 'background' 속성에 'linear-gradient'와 'rgba( )'를 이용해 색상을 지정하였습니다.

02 웹 브라우저에서 내용을 확인합니다. 웹 문서에서 동일한 색상의 박스를 확인할 수 있습니다.

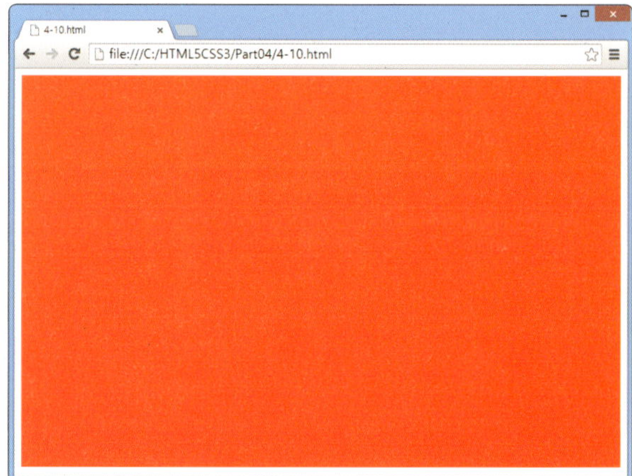

Tip

여기에서는 'rgba( )'에 투명도를 주지 않았기 때문에 그러데이션이 나타나지 않았습니다.

03 이번에는 소스의 10행에서 두 번째 색상을 'rgba(255,0,0,0)'으로 변경하고 문서를 저장합니다.

```html
1 <!DOCTYPE html>
2 <html>
3 <head>
4     <meta charset="utf-8">
5     <title></title>
6 <style type="text/css">
7 <!--
8 #linear-gradient {
9     height: 490px;
10     background: linear-gradient(to right, rgba(255,0,0,1),
   rgba(255,0,0,0));
11 }
```

```
12 -->
13 </style>
14 </head>
15 <body>
16 <div id="linear-gradient"></div>
17 </body>
18 </html>
```

04 웹 문서에서 왼쪽에서 오른쪽으로 투명도가 들어간 박스를 확인할 수 있습니다.

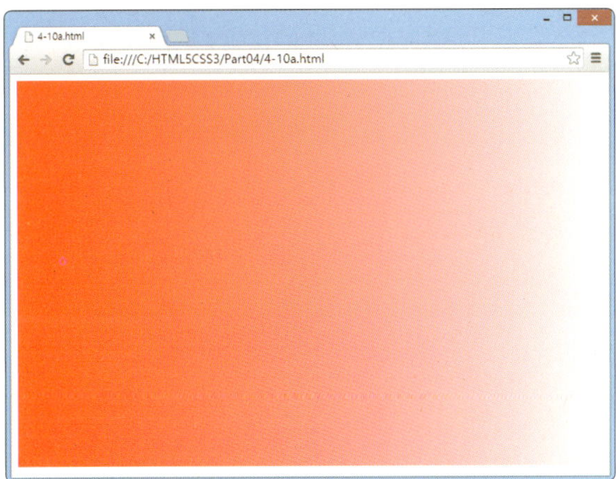

선형 그레이디언트 반복하기 (linear-gradient)

'repeating-linear-gradient' 속성을 이용하면 반복되는 그레이디언트를 표현할 수 있습니다.

```
<style type="text/css">
<!--
        Selector { background: repeating-linear-gradient(방향, 색상 비율, 색상 비율) }
-->
</style>
```

● **저장할 경로** : C:\HTML5CSS3\Part04\4-11.html   ● **완성 파일** : C:\HTML5CSS3\완성예제\Part04\4-11.html

01 다음과 같이 입력하고 '4-11.html'이라는 이름으로 저장합니다.

```
1 <!DOCTYPE html>
2 <html>
3 <head>
4     <meta charset="utf-8">
5     <title></title>
6 <style type="text/css">
7 <!--
```

```
 8 #linear-gradient {
 9    height: 490px;
10    background: repeating-linear-gradient(red, yellow 25%);
11 }
12 -->
13 </style>
14 </head>
15 <body>
16 <div id="linear-gradient"></div>
17 </body>
18 </html>
```

<div> 태그를 입력하고 'background' 속성에 'repeating-linear-gradient'를 이용해 색상을 지정하였습니다.

02 웹 브라우저에서 내용을 확인합니다. 웹 문서의 위에서 아래로 그러데이션이 반복적으로 들어간 박스를 확인할 수 있습니다.

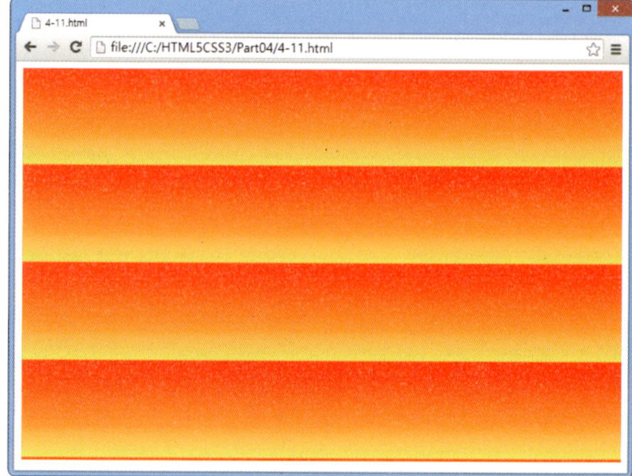

방사형 그레이디언트 만들기(radial-gradient)

방사형 그레이디언트는 선형과 달리 중심에서 그러데이션이 시작됩니다. 기본적으로는 가운데에서 시작하여 바깥쪽으로 향하는 타원 모양의 그러데이션을 만듭니다.

```
<style type="text/css">
<!--
    Selector { background: radial-gradient(크기 위치, 모양, 색상, 색상...) }
-->
</style>
```

01 다음과 같이 입력하고 '4-12.html'이라는 이름으로 저장합니다.

```
1 <!DOCTYPE html>
2 <html>
3 <head>
4     <meta charset="utf-8">
5     <title></title>
6 <style type="text/css">
7 <!--
8 #radial-gradient {
9     width: 770px;
10    height: 490px;
11    background: radial-gradient(red, yellow);
12 }
13 -->
14 </style>
15 </head>
16 <body>
17 <div id="radial-gradient"></div>
18 </body>
19 </html>
```

〈div〉 태그를 입력하고 'background' 속성에 'radial-gradient'를 지정하였습니다.

02 웹 브라우저에서 내용을 확인합니다. 웹 문서의 가운데에서 바깥으로 그러데이션이 들어간 박스를 확인할 수 있습니다.

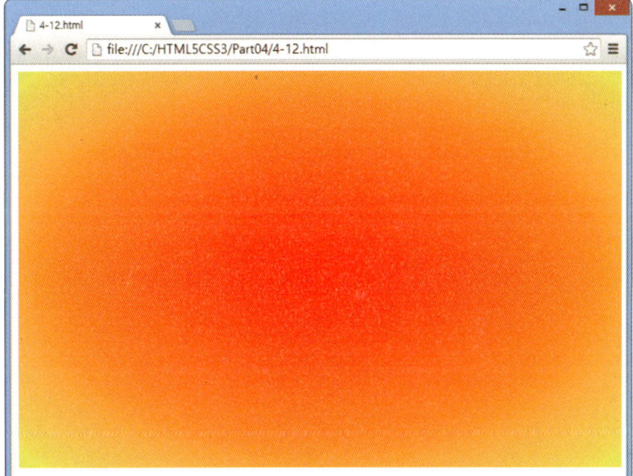

앞에서 살펴보았듯이 방사형 그레이디언트의 기본 모양은 타원입니다. 하지만 모양을 지정하여 다른 모양의 그레이디언트를 만들 수도 있습니다.

```
<style type="text/css">
<!--
        Selector { background: radial-gradient(크기 위치, 모양, 색상, 색상...) }
-->
</style>
```

● **저장할 경로** : C:\HTML5CSS3\Part04\4-13.html ● **완성 파일** : C:\HTML5CSS3\완성예제\Part04\4-13.html

01 다음과 같이 입력하고 '4-13.html'이라는 이름으로 저장합니다.

⟨div⟩ 태그를 입력히고 'background' 속성에 'radial-gradient'와 'circle' 모양을 지정하였습니다.

```
1  <!DOCTYPE html>
2  <html>
3  <head>
4      <meta charset="utf-8">
5      <title></title>
6  <style type="text/css">
7  <!--
8  #radial-gradient {
9      width: 770px;
10     height: 490px;
11     background: radial-gradient(circle, red, yellow);
12  }
13  -->
14  </style>
15  </head>
16  <body>
17  <div id="radial-gradient"></div>
18  </body>
19  </html>
```

02 웹 브라우저에서 내용을 확인합니다. 웹 문서에서 가운데에서 바깥으로 원 모양 그러데이션이 들어간 박스를 확인할 수 있습니다.

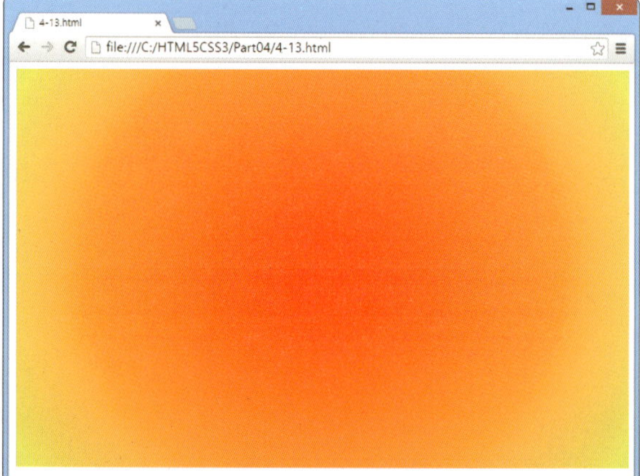

방사형 그레이디언트에는 위치와 크기를 지정할 수 있습니다. 크기는 'closest-side/farthest-side/closest-corner/farthest-corner'로, 위치는 수직/수평 위치로 지정할 수 있습니다.

```
<style type="text/css">
<!--
        Selector { background: radial-gradient(크기 위치, 색상, 색상…) }
-->
</style>
```

● **저장할 경로** : C:\HTML5CSS3\Part04\4-14.html ● **완성 파일** : C:\HTML5CSS3\완성예제\Part04\4-14.html

01 다음과 같이 입력하고 '4-14.html'이라는 이름으로 저장합니다.

<div> 태그를 입력하고 'background' 속성에 'radial-gradient'와 'closest-side at 70% 50%' 크기와 모양을 지정하였습니다.

```
1  <!DOCTYPE html>
2  <html>
3  <head>
4      <meta charset="utf-8">
5      <title></title>
6  <style type="text/css">
7  <!--
8  #radial-gradient {
9      width: 770px;
10     height: 490px;
11     background: radial-gradient(closest-side at 70% 50%, red, yellow);
12  }
13  -->
14  </style>
15  </head>
16  <body>
17  <div id="radial-gradient"></div>
18  </body>
19  </html>
```

02 웹 브라우저에서 내용을 확인합니다. 웹 문서에서 오른쪽에 그러데이션이 들어간 박스를 확인할 수 있습니다.

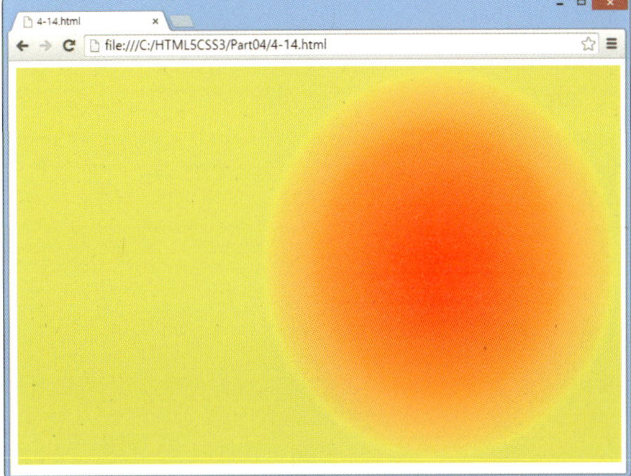

'repeating-radial-gradient' 속성을 이용하면 반복되는 그레이디언트를 표현할 수 있습니다.

```
<style type="text/css">
<!--
        Selector { background: repeating-radial-gradient(색상 비율, 색상 비율) }
-->
</style>
```

● **저장할 경로** : C:\HTML5CSS3\Part04\4-15.html ● **완성 파일** : C:\HTML5CSS3\완성예제\Part04\4-15.html

01 다음과 같이 입력하고 '4-15.html'이라는 이름으로 저장합니다.

```
1 <!DOCTYPE html>
2 <html>
3 <head>
4     <meta charset="utf-8">
5     <title></title>
6 <style type="text/css">
7 <!--
8 #radial-gradient {
9     width: 770px;
10     height: 490px;
11     background: repeating-radial-gradient(red 30%, yellow 50%);
12 }
13 -->
14 </style>
15 </head>
16 <body>
17 <div id="radial-gradient"></div>
18 </body>
19 </html>
```

<div> 태그를 입력하고 'background' 속성에 'repeating-radial-gradient'를 이용해 색상을 지정하였습니다.

02 웹 브라우저에서 내용을 확인합니다. 웹 문서에서 그러데이션이 반복적으로 들어간 박스를 확인할 수 있습니다.

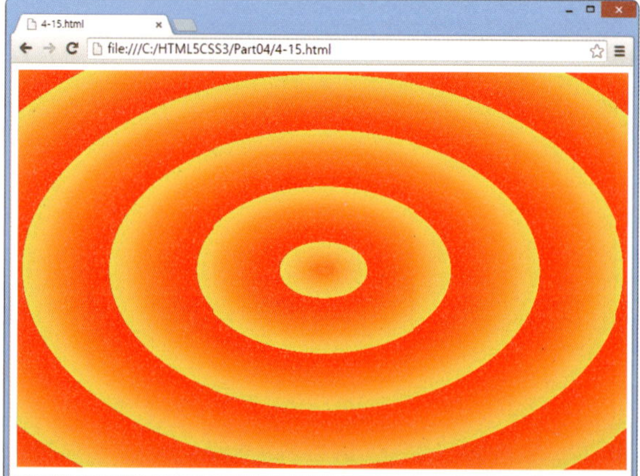

Text Shadow

CSS3에서는 'text-shadow' 속성을 이용해 문자에 그림자를 만들 수 있습니다. 그림자를 만들 때에는 수평/수직 위치, 흐림 거리, 그림자 색상을 지정할 수 있습니다.

```
<style type="text/css">
<!--
        Selector { text-shadow: 수평 위치, 수직 위치, 흐림 거리, 그림자 색상 }
-->
</style>
```

● **저장할 경로** : C:\HTML5CSS3\Part04\4-16.html　● **완성 파일** : C:\HTML5CSS3\완성예제\Part04\4-16.html

01 다음과 같이 입력하고 '4-16.html'이라는 이름으로 저장합니다.

<h1> 태그를 입력하고 'text-shadow' 속성을 지정하였습니다.

```
 1 <!DOCTYPE html>
 2 <html>
 3 <head>
 4     <meta charset="utf-8">
 5     <title></title>
 6 <style type="text/css">
 7 <!--
 8 h1 {
 9     text-shadow: 4px 4px 10px #333333;
10 }
11 -->
12 </style>
13 </head>
14 <body>
15 <h1>LITTLE BEAUTY</h1>
16 <p>옛날 어느 동물원에 손짓으로 말을 할 줄 아는 아주 특별한 고릴라가 살고 있었어요.<br>
17 그래서 갖고 싶은 것이 있으면 동물원 사람들한테 손짓으로 말했지요.<br>
```

```
18 고릴라에게는 부족한 것이 하나도 없어 보였어요.</p>
19 <p>하지만 고릴라는 슬펐답니다.
20 어느 날 고릴라는 동물원 사람들에게 "나는… 친구가… 필요해."라고 손짓으로
   말했어요.
21 동물원에 다른 고릴라는 없었거든요. 고민하던 동물원 사람들은 아이디어 하나
   를 내었어요.
22 고릴라에게 '예쁜이'라는 이름의 작은 고양이를 데려다 주었어요.
23 "먹으면 안돼." 하고 사육사가 말했어요.
24 고릴라는 '예쁜이'가 마음에 들었어요.</p>
25 </body>
26 </html>
```

02 웹 브라우저에서 내용을 확인합니다. 웹 문서에서 그림
자가 들어간 문자를 확인할 수 있습니다.

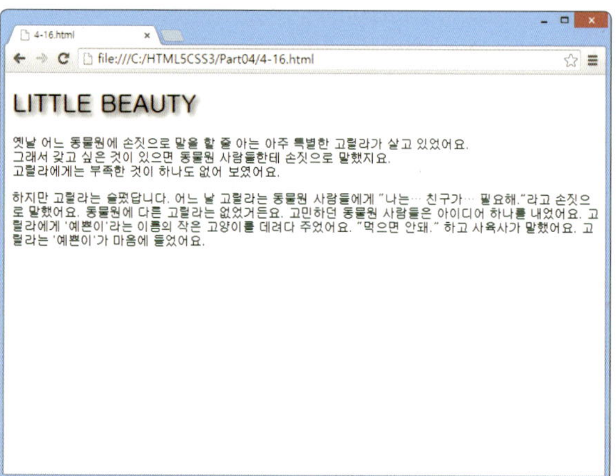

Word Wrapping

단어가 너무 긴 경우에는 문장이 표현될 범위를 벗어나는 경우가 종종 있습니다. 경우에는 영역 내에 단어가 표현되도록
줄 바꿈을 강제로 지정할 수 있습니다. 그러나 한글 웹 문서에서는 단어가 긴 경우, 기본적으로 줄 바꿈이 됩니다. 강제 줄
바꿈을 지정하기 위해서는 'word-wrap' 속성을 사용합니다.

```
<style type="text/css">
<!--

    Selector { word-wrap: break-word }

-->
</style>
```

● **저장할 경로** : C:\HTML5CSS3\Part04\4-17.html ● **완성 파일** : C:\HTML5CSS3\완성예제\Part04\4-17.html

01 다음과 같이 입력하고 '4-17.html'이라는 이름으로 저장합니다.

```
1 <!DOCTYPE html>
2 <html>
3 <head>
4     <meta charset="utf-8">
5     <title></title>
6 <style type="text/css">
7 <!--
8 div {
9     border: 4px solid #aaaaaa;
10     padding: 50px;
11     width: 200px;
12 }
13 -->
14 </style>
15 </head>
16 <body>
17 <div>
18 Loremipsumdolorsitamet,consecteturadipiscingelit.Vivamustincid
   untloremeturnaadipiscingcommodo.
19 Lorem ipsum dolor sit amet, consectetur adipiscing elit.
   Vivamus tincidunt lorem et urna adipiscing commodo. Ut
   elementum, nulla egestas suscipit semper, risus odio hendrerit
   augue, non tincidunt turpis tellus eget nunc. Nulla laoreet
   felis in mauris fermentum vehicula. Pellentesque adipiscing
   lectus non lorem pulvinar aliquam.
20 </div>
21 </body>
22 </html>
```

〈div〉 태그를 입력하고 첫 번째 줄에 일부러 공백을 없앤 긴 단어를 만들었습니다.

02 웹 브라우저에서 내용을 확인합니다. 웹 문서에서 첫 번째 줄의 긴 단어가 〈div〉 태그를 벗어나 한 줄로 표현된 것을 확인할 수 있습니다.

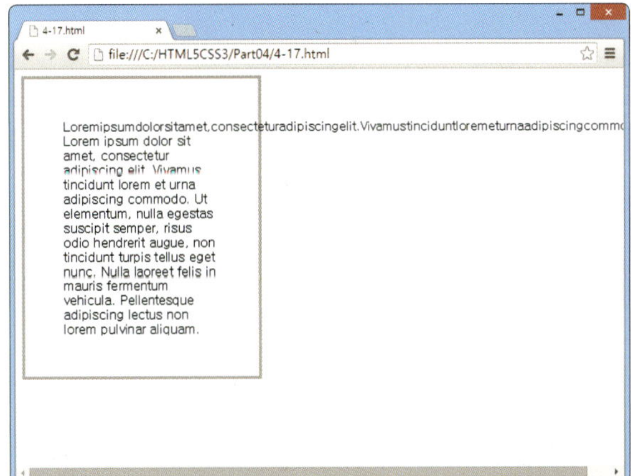

03 이번에는 소스의 12행에 'word-wrap: break-word'를 추가하고 문서를 저장합니다.

```
 1 <!DOCTYPE html>
 2 <html>
 3 <head>
 4     <meta charset="utf-8">
 5     <title></title>
 6 <style type="text/css">
 7 <!--
 8 div {
 9     border: 4px solid #aaaaaa;
10     padding: 50px;
11     width: 200px;
12     word-wrap: break-word;
13 }
14 -->
15 </style>
16 </head>
17 <body>
18 <div>
19 Loremipsumdolorsitamet,consecteturadipiscingelit.Vivamustincid
   untloremeturnaadipiscingcommodo.
20 Lorem ipsum dolor sit amet, consectetur adipiscing elit.
```

04 웹 문서에서 첫 번째 줄의 단어가 〈div〉 태그 내에서 여러 줄로 나누어 표현된 것을 확인할 수 있습니다.

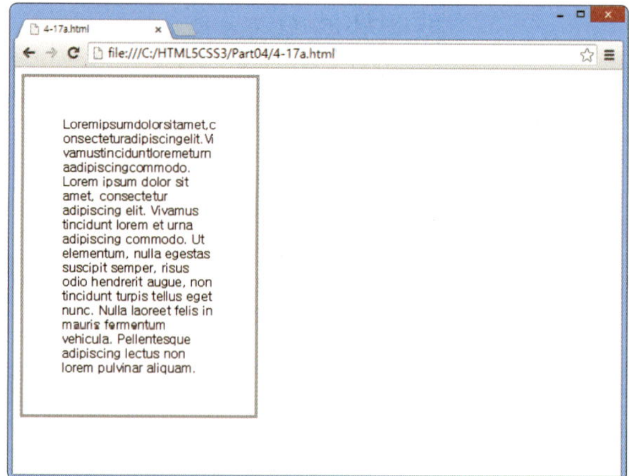

05 이번에는 소스 12행의 'word-wrap: break-word'를 삭제한 후 첫 줄에 한글로 긴 단어를 추가하고 문서를 저장합니다.

```
 1 <!DOCTYPE html>
 2 <html>
 3 <head>
 4     <meta charset="utf-8">
 5     <title></title>
 6 <style type="text/css">
 7 <!--
 8 div {
 9     border: 4px solid #aaaaaa;
10     padding: 50px;
11     width: 200px;
12 }
13 -->
14 </style>
15 </head>
```

```
16 <body>
17 <div>
18 옛날어느동물원에손짓으로말을할줄아는아주특별한고릴라가살고있었어요.
19 Loremipsumdolorsitamet,consecteturadipiscingelit.Vivamustincid
   untloremeturnaadipiscingcommodo.
20 Lorem ipsum dolor sit amet, consectetur adipiscing elit.
```

06 웹 문서의 첫 번째 줄 단어가 〈div〉 태그 내에서 여러
줄로 나누어 표현된 것을 확인할 수 있습니다.

Tip

긴 한글 단어의 경우에는 자동으로 줄 바꿈이 이루어지기 때문입
니다.

CSS3를 이용한 간단한 애니메이션

기존에는 애니메이션 효과를 만들고자 할 때 플래시나 움직이는 GIF 또는 자바스크립트 등을 이용했습니다. 그러나 CSS3에서는 CSS만을 이용하여 애니메이션 효과를 만들 수 있습니다. CSS3를 이용해 애니메이션을 만들기 위해서는 애니메이션 스타일과 애니메이션의 중간 상태를 나타내는 keyframe이 필요합니다.

LESSON06

animation 정의하기

CSS3로 애니메이션을 만들려면 'animation' 속성을 지정해야 합니다. 'animation' 속성은 애니메이션의 속성 또는 상태를 정의합니다. 그러나 애니메이션이 움직이는 중간 상태는 지정하지 않으며, 다음에 다룰 @keyframes 규칙을 이용하여 지정합니다.

```
<style type="text/css">
<!--
        Selector { animation-duration: 실행 시간 }
-->
</style>
```

■ animation 속성의 하위 속성

하위 속성	설명
animation-delay	엘리먼트가 로드되고 난 후, 언제 애니메이션이 시작될 것인지를 지정합니다.
animation-direction	애니메이션이 종료되고 다시 처음부터 시작할 것인지, 역방향으로 진행할 것인지를 지정합니다.
animation-duration	한 사이클의 애니메이션이 얼마에 걸쳐 일어날 것인지를 지정합니다.
animation-iteration-count	애니메이션이 몇 번 반복될 것인지 지정합니다. infinite로 지정하면 무한히 반복할 수 있습니다.
animation-name	이 애니메이션의 중간 상태를 지정합니다. 중간 상태는 @keyframes 규칙을 이용하여 기술합니다.
animation-play-state	애니메이션을 멈추거나 다시 시작할 수 있습니다.
animation-timing-function	중간 상태들의 전환을 어떤 시간 간격으로 진행할 것인지 지정합니다.
animation-fill-mode	애니메이션이 시작되기 전이나 끝나고 난 후 어떤 값이 적용될 것인지를 지정합니다.

애니메이션의 움직임을 만드는 중간 상태는 @keyframes을 이용하여 정의하며, 2개 이상의 중간 상태를 정의합니다. 각각의 중간 상태는 특정 시점에 엘리먼트가 어떻게 보일 것인지를 나타냅니다.

CSS 스타일을 이용해 중간 상태에 어떻게 보일 것인지를 정의했다면, 이 중간 상태가 전체 애니메이션에서 언제 등장할 것인지를 percentage를 이용해 지정합니다. 0%는 애니메이션이 시작된 시점을, 100%는 애니메이션이 끝나는 시점을 의미합니다. 최소한 이 두 시점은 기술되어야 웹 브라우저가 언제 애니메이션이 시작되고 끝나는지를 알 수 있습니다. 0%와 100% 대신 from 과 to를 사용할 수도 있습니다. 시작 시점과 종료 시점 사이의 특정 시점에도 중간 상태를 지정할 수 있습니다.

```
<style type="text/css">
<!--
        @keyframes { 중간 상태 }
-->
</style>
```

● **저장할 경로** : C:\HTML5CSS3\Part04\4-18.html ● **완성 파일** : C:\HTML5CSS3\완성예제\Part04\4-18.html

01 다음과 같이 입력하고 '4-18.html'이라는 이름으로 저장합니다.

<h1> 태그를 입력하고 'animation'과 '@keyframes' 속성을 지정하였습니다.

Tip

예제에서는 크롬에서의 동작을 확인하기 위해 '-webkit-' 접두어를 사용하였습니다. 다른 웹 브라우저에서는 접두어가 필요하지 않거나 다른 접두어를 사용해야 할 수도 있습니다.

```
 1 <!DOCTYPE html>
 2 <html>
 3 <head>
 4     <meta charset="utf-8">
 5     <title></title>
 6 <style type="text/css">
 7 <!--
 8 h1 {
 9     -webkit-animation-duration: 3s;
10     -webkit-animation-name: slidein;
11 }
12
13 @-webkit-keyframes slidein {
14     from {
15         margin-left: 100%;
16         width: 100%
17     }
18
19     to {
20         margin-left: 0%;
21         width: 100%;
22     }
23 }
24 -->
25 </style>
26 </head>
27 <body>
28 <h1>LITTLE BEAUTY</h1>
29 </body>
30 </html>
```

02 웹 브라우저에서 내용을 확인합니다. 웹 문서에서 텍스트가 오른쪽에서 왼쪽으로 이동하면서 움직이는 것을 확인할 수 있습니다.

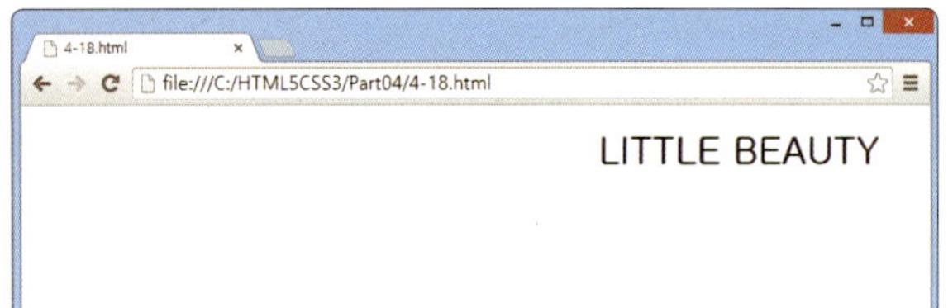

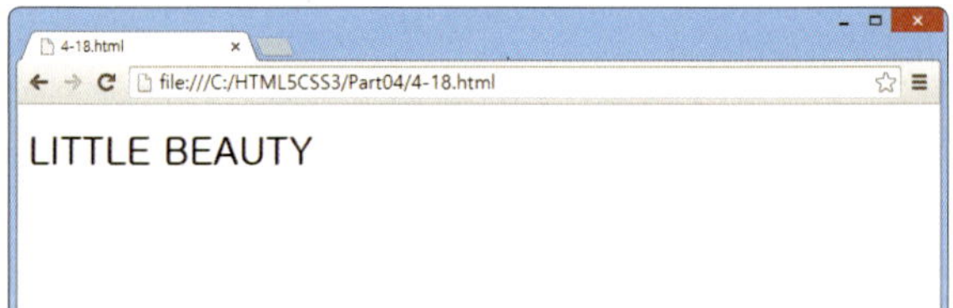

03 이번에는 소스의 11과 12행에 '-webkit-animation-iteration-count: infinite; -webkit-animation-direction: alternate;'를 추가하고 문서를 저장합니다.

```html
1 <!DOCTYPE html>
2 <html>
3 <head>
4     <meta charset="utf-8">
5     <title></title>
6 <style type="text/css">
7 <!--
8 h1 {
9     -webkit-animation-duration: 3s;
10     -webkit-animation-name: slidein;
11     -webkit-animation-iteration-count: infinite;
12     -webkit-animation-direction: alternate;
13 }
14
15 @-webkit-keyframes slidein {
16     from {
17         margin-left: 100%;
18         width: 100%
19     }
20
21     to {
22         margin-left: 0%;
23         width: 100%;
24     }
25 }
26 -->
27 </style>
28 </head>
29 <body>
30 <h1>LITTLE BEAUTY</h1>
31 </body>
32 </html>
```

04 웹 문서에서 텍스트가 오른쪽과 왼쪽을 반복하여 움직이는 것을 확인할 수 있습니다. 그 이유는 'animation-iteration-count'와 'animation-direction'을 이용하여 반복과 원래의 위치로 되돌아가는 속성을 지정하였기 때문입니다.

위치, 모양 크기를 내 맘대로, transform

transform을 사용하면 엘리먼트의 위치, 모양, 크기를 바꿀 수 있습니다. 이번 레슨에서는 위치, 모양, 크기를 자유롭게 변경할 수 있는 transform 속성에 대해 알아보겠습니다.

H T M L 5 + C S S 3

transform 사용하기

transform 속성을 이용하면 회전(rotation), 비틀기(skewing), 확대/축소(scaling), 평면과 3D 공간에서 이동(tranlation) 등을 할 수 있습니다.

```
<style type="text/css">
<!--
      Selector {
              transform: 변환;
              transform-origin: 원점 위치;
      }
-->
</style>
```

■ transform 속성

속성	설명
transform-origin	원점의 위치를 지정합니다. 기본값은 엘리먼트의 왼쪽(left) 위(top)입니다. 회전(rotation), 확대/축소(scaling), 비틀기(skewing)와 같이 한 점을 기준으로 수행되는 변환에 이 속성을 지정할 수 있습니다.
transform	엘리먼트(element)에 적용될 변환(transform)을 지정합니다. 몇 가지 변환을 공백으로 구분하여 순서대로 지정해 놓음으로써 여러 가지 변환을 동시에 적용할 수 있습니다.

01 다음과 같이 입력하고 '4-19.html'이라는 이름으로 저장합니다.

```
1  <!DOCTYPE html>
2  <html>
3  <head>
4      <meta charset="utf-8">
5      <title></title>
6  <style type="text/css">
7  <!--
8  #transform_img1 {
9      transform: rotate(90deg);
10     transform-origin: bottom left;
11 }
12 -->
13 </style>
14 </head>
15 <body>
16 <img src="../images/4-19.png">
17 <img src="../images/4-19.png" id="transform_img1">
18 </body>
19 </html>
```

〈img〉 태그를 입력하고 'transform'과 'transform-origin' 속성을 지정하였습니다.

02 웹 브라우저에서 내용을 확인합니다. 웹 문서에서 이미지가 시계 방향으로 90도 회전된 것을 확인할 수 있습니다.

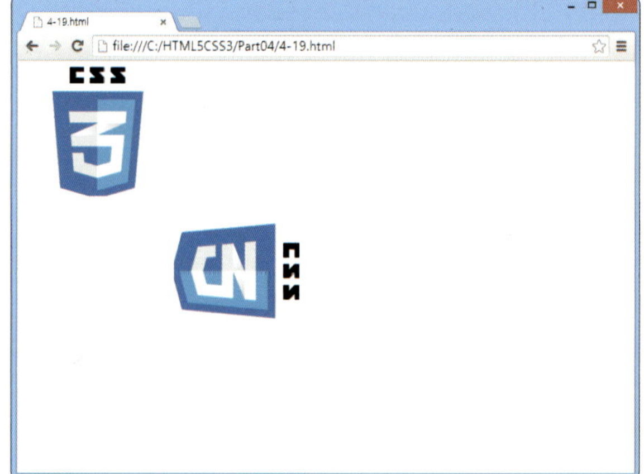

03 이번에는 소스의 12~15행과 22행을 추가하고 문서를 저장합니다.

```
1  <!DOCTYPE html>
2  <html>
3  <head>
4      <meta charset="utf-8">
5      <title></title>
6  <style type="text/css">
7  <!--
8  #transform_img1 {
9      transform: rotate(90deg);
10     transform-origin: bottom left;
11 }
12 #transform_img2 {
13     transform: skewx(30deg) translatex(100px);
14     transform-origin: bottom left;
```

```
15 }
16 -->
17 </style>
18 </head>
19 <body>
20 <img src="../images/4-19.png">
21 <img src="../images/4-19.png" id="transform_img1">
22 <img src="../images/4-19.png" id="transform_img2">
23 </body>
24 </html>
```

04 웹 문서에서 이미지가 비틀리고 오른쪽으로 100px 이
동된 것을 확인할 수 있습니다. 그 이유는 'skewx'로
이미지를 비틀고 'translatex'을 이용하여 오른쪽으로
이동하도록 속성을 지정하였기 때문입니다.

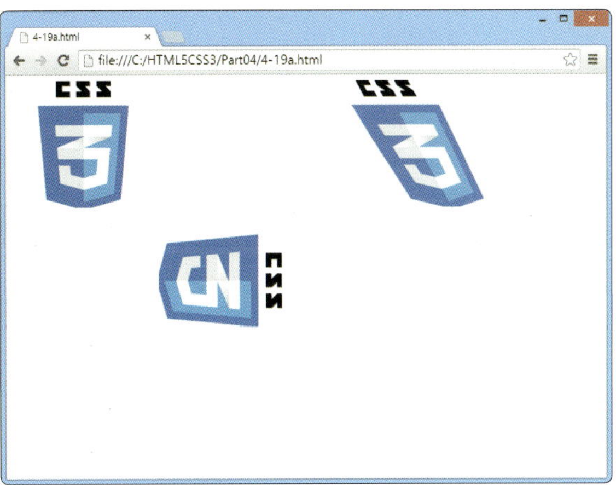

transition의 사전적 의미는 '변천', '과도기', '변화'입니다. 물체가 어떤 조건에 의해 다른 상태로 변화되어간다는 의미입니다. CSS3의 새로운 속성인 transition은 애니메이션 효과를 만드는 데 사용할 수 있습니다. 이번 레슨에서는 transition 속성에 대해 알아보겠습니다.

transition 사용하기

transition은 CSS 속성을 변경할 때 애니메이션 속도를 지정할 수 있습니다. transition을 사용하지 않을 경우에는 변화가 순간적으로 일어나지만, 속도를 지정하면 사용자에게 부드러운 화면 변환을 보여줄 수 있습니다.

```
<style type="text/css">
<!--
        Selector { transition: 변환 시간 }
-->
</style>
```

● **저장할 경로** : C:\HTML5CSS3\Part04\4-20.html ● **완성 파일** : C:\HTML5CSS3\완성예제\Part04\4-20.html

01 다음과 같이 입력하고 '4-20.html'이라는 이름으로 저장합니다.

```
1 <!DOCTYPE html>
2 <html>
3 <head>
4     <meta charset="utf-8">
5     <title></title>
6 <style type="text/css">
7 <!--
8 #box {
9     border-style: solid;
10     border-width: 1px;
11     width: 200px;
12     height: 200px;
13     background-color: #FE2E64;
14     transition:width 2s, height 2s, background-color 2s;
15 }
16 #box:hover {
17     width: 400px;
18     height: 400px;
```

```
19      background-color: #0080FF;
20 }
21 -->
22 </style>
23 </head>
24 <body>
25 <div id="box"></div>
26 </body>
27 </html>
```

02 웹 브라우저에서 내용을 확인합니다. 웹 문서에서 〈div〉가 나타난 것을 확인할 수 있습니다.

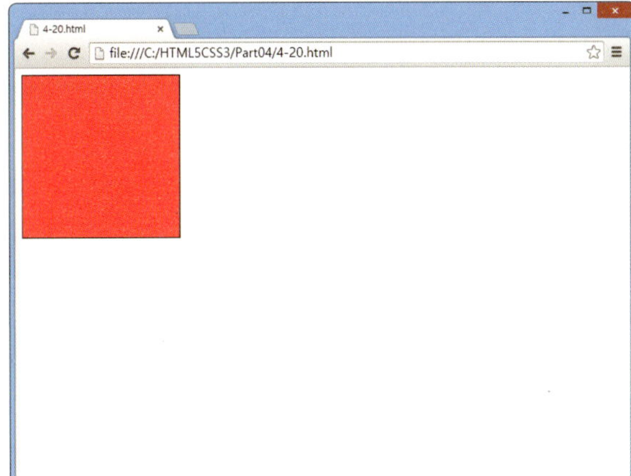

〈div〉 태그에는 크기와 색상을 제외하고는 변화가 없습니다. 그 이
유는 〈div〉 태그에 마우스 포인터를 올려놓았을 때 'transition' 효
과가 나타나도록 지정하였기 때문입니다.

03 마우스 포인터를 움직여 〈div〉 위에 올려놓으면 〈div〉의 크기와 배경색이 천천히 변하는 것을 확인할 수 있습니다. 'transition' 효과가 없었다면 순간적으로 크기와 배경색이 바뀌었을 것입니다.

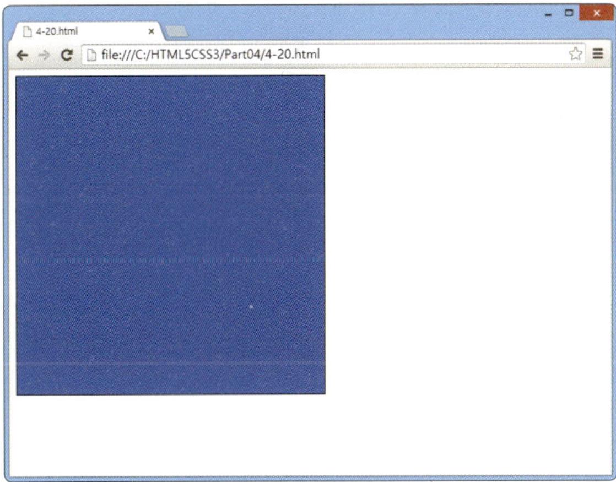

사용자 인터페이스 (Basic User Interface) 만들기

CSS3에서는 엘리먼트의 크기를 변경하든, 크기를 지정하든 테두리를 만들 수 있는 새로운 사용자 인터페이스를 제공합니다. 이번 레슨에서는 CSS3에서 추가된 새로운 사용자 인터페이스를 만드는 방법에 대해 알아보겠습니다.

LESSON09

Resizing

resize 속성은 사용자가 엘리먼트의 크기를 변경할 수 있도록 합니다.

```css
<style type="text/css">
<!--
        Selector { resize: 방향 }
-->
</style>
```

● **저장할 경로** : C:\HTML5CSS3\Part04\4-21.html   ● **완성 파일** : C:\HTML5CSS3\완성예제\Part04\4-21.html

01 다음과 같이 입력하고 '4-21.html'이라는 이름으로 저장합니다.

```html
1 <!DOCTYPE html>
2 <html>
3 <head>
4     <meta charset="utf-8">
5     <title></title>
6 <style type="text/css">
7 <!--
8 div {
9     border: 2px solid;
10    padding: 20px;
11    width: 300px;
12    resize: both;
13    overflow: auto;
14 }
15 -->
16 </style>
17 </head>
18 <body>
```

```
19 <div>
20 <p>옛날 어느 동물원에 손짓으로 말을 할 줄 아는 아주 특별한 고릴라가 살고
   있었어요.<br>
21 그래서 갖고 싶은 것이 있으면 동물원 사람들한테 손짓으로 말했지요.<br>
22 고릴라에게는 부족한 것이 하나도 없어 보였어요.</p>
23 <p>하지만 고릴라는 슬펐답니다.
24 어느 날 고릴라는 동물원 사람들에게 "나는… 친구가… 필요해."라고 손짓으로
   말했어요.
25 동물원에 다른 고릴라는 없었거든요. 고민하던 동물원 사람들은 아이디어 하나
   를 내었어요.
26 고릴라에게 '예쁜이'라는 이름의 작은 고양이를 데려다 주었어요.
27 "먹으면 안돼." 하고 사육사가 말했어요.
28 고릴라는 '예쁜이'가 마음에 들었어요.</p>
29 </div>
30 </body>
31 </html>
```


02 웹 브라우저에서 내용을 확인합니다. 〈div〉의 오른쪽 하단을 마우스로 클릭하여 드래그합니다.

웹 문서의 〈div〉 오른쪽 하단에 마우스로 드래그 할 수 있는 인터페이스가 나타난 것을 확인할 수 있습니다.

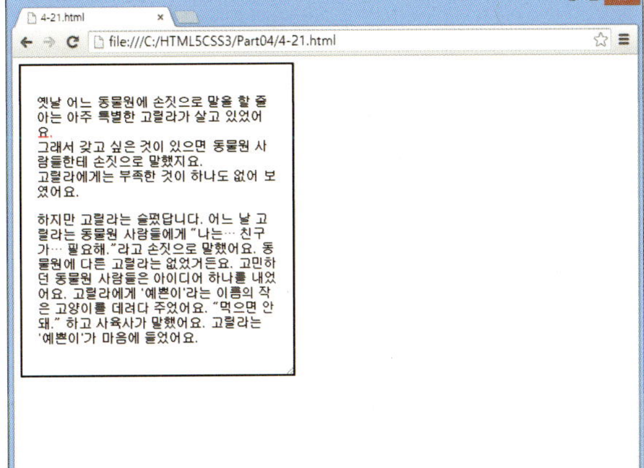

03 〈div〉의 크기가 변하는 것을 확인할 수 있습니다.

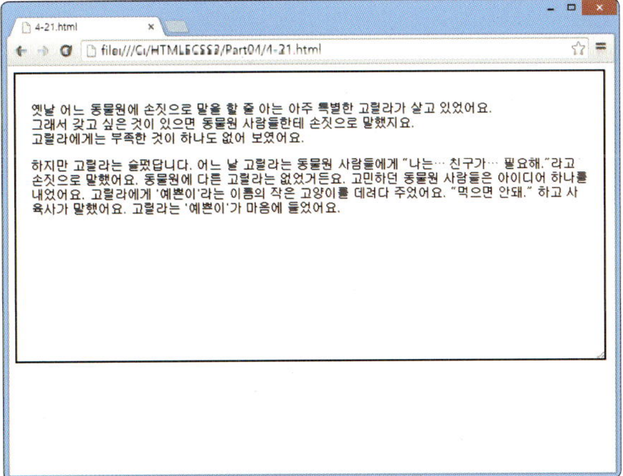

Box Sizing

box-sizing 속성은 웹 브라우저에 width와 height 정보를 제공하는 데 사용합니다. 2개의 박스를 나란히 배치하고자 한다면, 다음 예제에서처럼 box-sizing에 'border-box'를 지정하여 배치할 수 있습니다.

```
<style type="text/css">
<!--
        Selector { box-sizing: content-box|border-box|initial|inherit }
-->
</style>
```

● **저장할 경로** : C:\HTML5CSS3\Part04\4-22.html ● **완성 파일** : C:\HTML5CSS3\완성예제\Part04\4-22.html

01 다음과 같이 입력하고 '4-22.html'이라는 이름으로 저장합니다.

```
 1 <!DOCTYPE html>
 2 <html>
 3 <head>
 4     <meta charset="utf-8">
 5     <title></title>
 6 <style type="text/css">
 7 <!--
 8 div
 9 {
10     box-sizing: content-box;
11     width: 40%;
12     border: 10px solid gray;
13     float: left;
14 }
15 -->
16 </style>
17 </head>
18 <body>
19 <div>
20 <p>옛날 어느 동물원에 손짓으로 말을 할 줄 아는 아주 특별한 고릴라가 살고 있었어요.<br>
21 그래서 갖고 싶은 것이 있으면 동물원 사람들한테 손짓으로 말했지요.<br>
22 고릴라에게는 부족한 것이 하나도 없어 보였어요.</p>
23 </div>
24 <div>
25 <p>옛날 어느 동물원에 손짓으로 말을 할 줄 아는 아주 특별한 고릴라가 살고 있었어요.<br>
26 그래서 갖고 싶은 것이 있으면 동물원 사람들한테 손짓으로 말했지요.<br>
27 고릴라에게는 부족한 것이 하나도 없어 보였어요.</p>
28 </div>
29 </body>
30 </html>
```

<div> 태그를 입력하고 'box-sizing' 속성을 지정하였습니다.

 웹 브라우저에서 내용을 확인합니다. 웹 문서에서 2개의 〈div〉의 크기가 50%로 나타난 것을 확인할 수 있습니다.

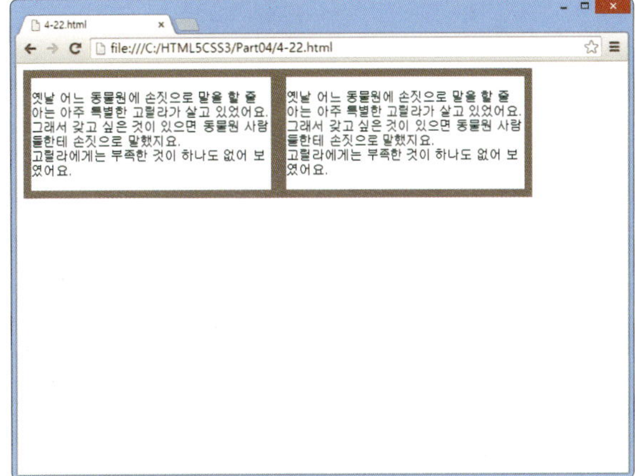

Outline Offset

outline과 outline-offset을 이용하면 테두리를 만들 수 있습니다.

```
<style type="text/css">
<!--
        Selector {
                outline: 테두리 속성;

                outline-offset: 테두리 거리;

        }
-->
</style>
```

● **저장할 경로** : C:\HTML5CSS3\Part04\4-23.html　● **완성 파일** : C:\HTML5CSS3\완성예제\Part04\4-23.html

01 다음과 같이 입력하고 '4-23.html'이라는 이름으로 저장합니다.

```
1 <!DOCTYPE html>
2 <html>
3 <head>
4     <meta charset="utf-8">
5     <title></title>
6 <style type="text/css">
7 <!--
8 div
9 {
10     width: 50%;
11     padding: 20px;
12     margin: 40px;
13     border: 4px solid gray;
```

```
14      outline: 4px solid orange;
15      outline-offset: 20px;
16 }
17 -->
18 </style>
19 </head>
20 <body>
21 <div>
22 <p>옛날 어느 동물원에 손짓으로 말을 할 줄 아는 아주 특별한 고릴라가 살고
   있었어요.<br>
23 그래서 갖고 싶은 것이 있으면 동물원 사람들한테 손짓으로 말했지요.<br>
24 고릴라에게는 부족한 것이 하나도 없어 보였어요.</p>
25 <p>하지만 고릴라는 슬펐답니다.
26 어느 날 고릴라는 동물원 사람들에게 "나는… 친구가… 필요해."라고 손짓으로
   말했어요.
27 동물원에 다른 고릴라는 없었거든요. 고민하던 동물원 사람들은 아이디어 하나
   를 내었어요.
28 고릴라에게 '예쁜이'라는 이름의 작은 고양이를 데려다 주었어요.
29 "먹으면 안돼." 하고 사육사가 말했어요.
30 고릴라는 '예쁜이'가 마음에 들었어요.</p>
31 </div>
32 </body>
33 </html>
```

<div> 태그를 입력하고 'outline'과 'outline-offset' 속성을 지정하였습니다.

02 웹 브라우저에서 내용을 확인합니다. 웹 문서에서 〈div〉의 외곽에 테두리가 만들어진 것을 확인할 수 있습니다.

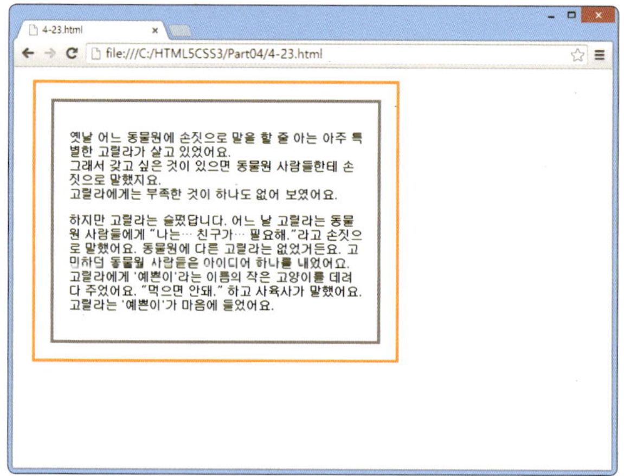

Multi-column

CSS3에서는 본문의 레이아웃을 우리가 신문이나 잡지에서 보는 화면 구성처럼 여러 개의 칼럼으로 나누어 구성할 수 있습니다.

```
〈style type="text/css"〉
〈!--
        Selector {
```

```
        column-count: 칼럼 수;

        column-gap: 칼럼 사이의 공간 크기;

        column-rule: 칼럼 사이의 구분 라인;

    }
--〉
〈/style〉
```

● **저장할 경로** : C:\HTML5CSS3\Part04\4-24.html ● **완성 파일** : C:\HTML5CSS3\완성예제\Part04\4-24.html

01 다음과 같이 입력하고 '4-24.html'이라는 이름으로 저장합니다.

```
1  <!DOCTYPE html>
2  <html>
3  <head>
4      <meta charset="utf-8">
5      <title></title>
6  <style type="text/css">
7  <!--
8  div
9  {
10      -webkit-column-count: 3;
11  }
12  -->
13  </style>
14  </head>
15  <body>
16  <div>
17  <p>옛날 어느 동물원에 손짓으로 말을 할 줄 아는 아주 특별한 고릴라가 살고
    있었어요.<br>
18  그래서 갖고 싶은 것이 있으면 동물원 사람들한테 손짓으로 말했지요.<br>
19  고릴라에게는 부족한 것이 하나도 없어 보였어요.</p>
20  <p>하지만 고릴라는 슬펐답니다.
21  어느 날 고릴라는 동물원 사람들에게 "나는… 친구가… 필요해."라고 손짓으로
    말했어요.
22  동물원에 다른 고릴라는 없었거든요. 고민하던 동물원 사람들은 아이디어 하나
    를 내었어요.
23  고릴라에게 '예쁜이'라는 이름의 작은 고양이를 데려다 주었어요.
24  "먹으면 안돼." 하고 사육사가 말했어요.
25  고릴라는 '예쁜이'가 마음에 들었어요.</p>
26  </div>
27  </body>
28  </html>
```

〈div〉 태그를 입력하고 'column-count' 속성을 지정하였습니다.

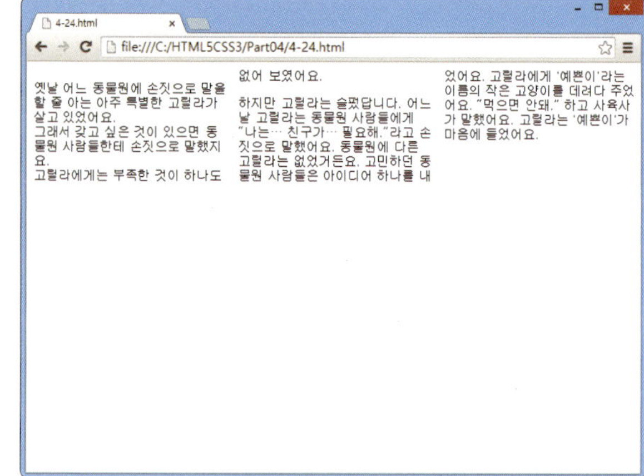

03 이번에는 소스에 11행을 추가하고 문서를 저장합니다.

```html
1  <!DOCTYPE html>
2  <html>
3  <head>
4      <meta charset="utf-8">
5      <title></title>
6  <style type="text/css">
7  <!--
8  div
9  {
10     -webkit-column-count: 3;
11     -webkit-column-gap: 50px;
12 }
13 -->
14 </style>
15 </head>
16 <body>
17 <div>
18 <p>옛날 어느 동물원에 손짓으로 말을 할 줄 아는 아주 특별한 고릴라가 살고
   있었어요.<br>
19 그래서 갖고 싶은 것이 있으면 동물원 사람들한테 손짓으로 말했지요.<br>
20 고릴라에게는 부족한 것이 하나도 없어 보였어요.</p>
21 <p>하지만 고릴라는 슬펐답니다.
22 어느 날 고릴라는 동물원 사람들에게 “나는… 친구가… 필요해.”라고 손짓으로
   말했어요.
23 동물원에 다른 고릴라는 없었거든요. 고민하던 동물원 사람들은 아이디어 하나
   를 내었어요.
24 고릴라에게 '예쁜이'라는 이름의 작은 고양이를 데려다 주었어요.
25 “먹으면 안돼.” 하고 사육사가 말했어요.
26 고릴라는 '예쁜이'가 마음에 들었어요.</p>
27 </div>
28 </body>
29 </html>
```

04 웹 문서에서 〈div〉 안 내용 사이의 간격이 넓어진 것을 확인할 수 있습니다.

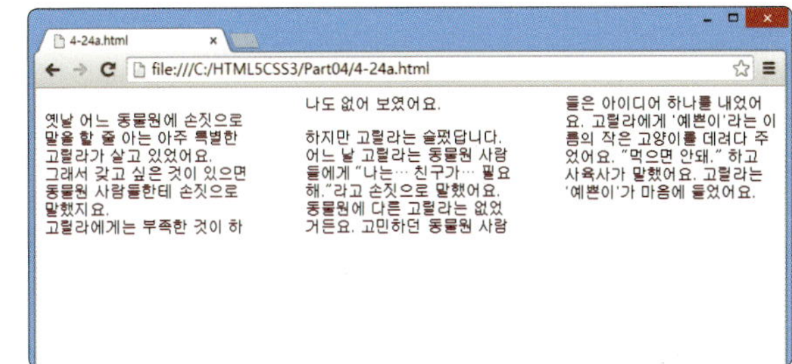

05 이번에는 소스에 12행을 추가하고 문서를 저장합니다.

```
1 <!DOCTYPE html>
2 <html>
3 <head>
4     <meta charset="utf-8">
5     <title></title>
6 <style type="text/css">
7 <!--
8 div
9 {
10     -webkit-column-count: 3;
11     -webkit-column-gap: 50px;
12     -webkit-column-rule: 1px outset gray;
13 }
14 -->
15 </style>
16 </head>
17 <body>
18 <div>
19 <p>옛날 어느 동물원에 손짓으로 말을 할 줄 아는 아주 특별한 고릴라가 살고 있었어요.<br>
20 그래서 갖고 싶은 것이 있으면 동물원 사람들한테 손짓으로 말했지요.<br>
21 고릴라에게는 부족한 것이 하나도 없어 보였어요.</p>
22 <p>하지만 고릴라는 슬펐답니다.
23 어느 날 고릴라는 동물원 사람들에게 "나는… 친구가… 필요해."라고 손짓으로 말했어요.
24 동물원에 다른 고릴라는 없었거든요. 고민하던 동물원 사람들은 아이디어 하나를 내었어요.
25 고릴라에게 '예쁜이'라는 이름의 작은 고양이를 데려다 주었어요.
26 "먹으면 안돼." 하고 사육사가 말했어요.
27 고릴라는 '예쁜이'가 마음에 들었어요.</p>
28 </div>
29 </body>
30 </html>
```

06 웹 문서에서 〈div〉 안의 내용 사이에 구분 라인이 표시된 것을 확인할 수 있습니다.

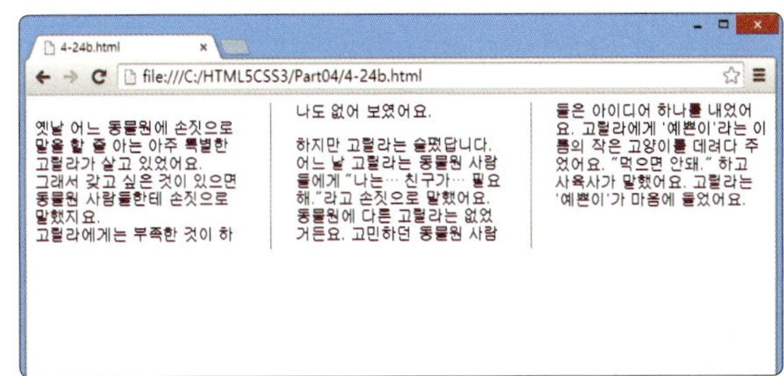

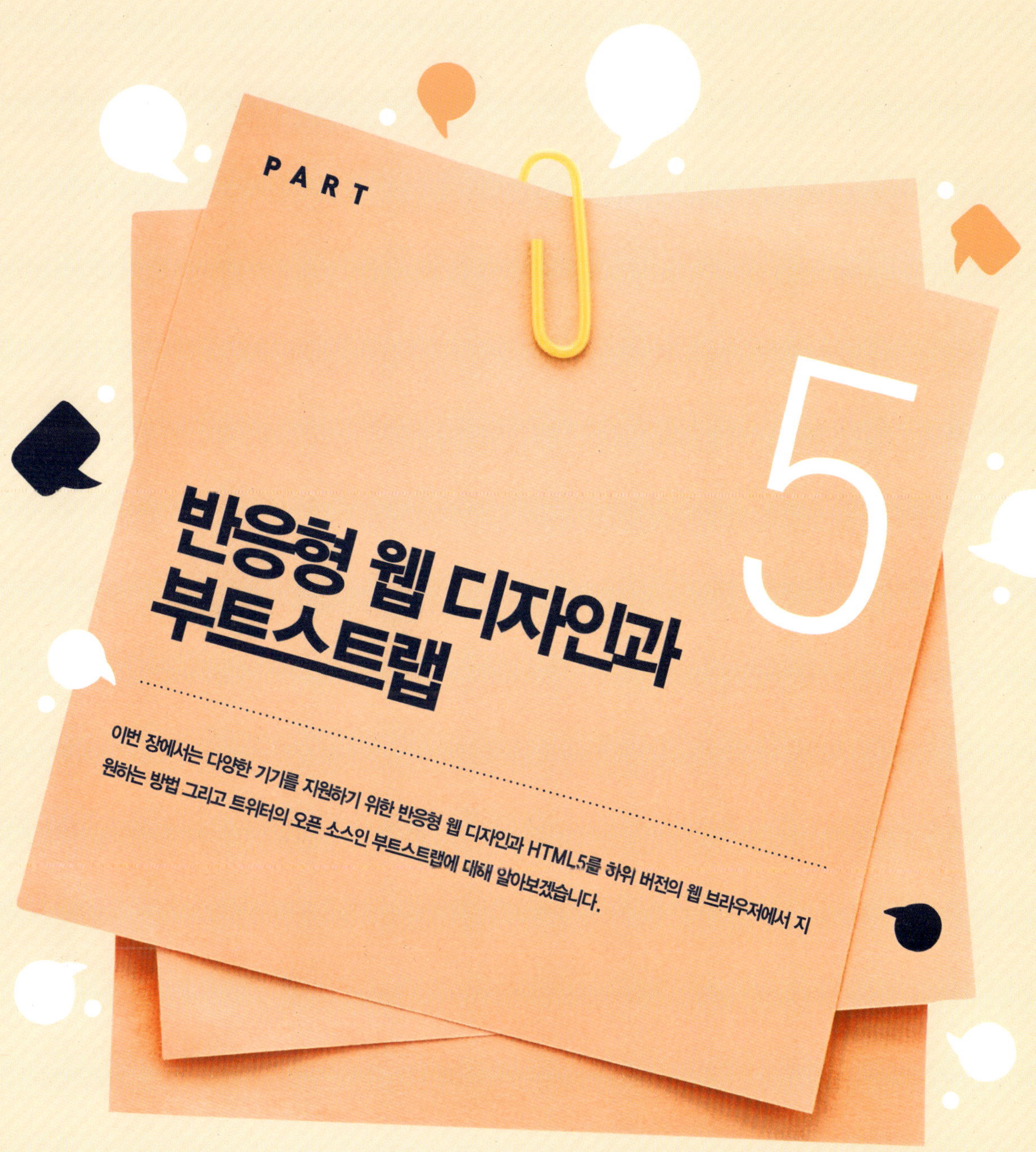

PART
5
반응형 웹 디자인과
부트스트랩
이번 장에서는 다양한 기기를 지원하기 위한 반응형 웹 디자인과 HTML5를 하위 버전의 웹 브라우저에서 지
원하는 방법 그리고 트위터의 오픈 소스인 부트스트랩에 대해 알아보겠습니다.
HTML5 + CSS3

반응형 웹 디자인 이해하기

이전에는 웹 사이트 접속이 PC에서만 이루어졌습니다. 이러한 이유 때문에 사용자의 모니터 해상도를 고려하여 적절한 크기의 웹 사이트를 제공하였습니다. 그러나 요즘에는 스마트폰, 태블릿 PC와 같은 다양한 기기로 웹 사이트에 접속하고 있습니다. 따라서 이러한 다양한 기기를 지원하기 위해 반응형 웹 디자인을 지원하는 웹 사이트들이 많이 생기고 있습니다. 이번 레슨에서는 반응형 웹 사이트를 디자인하기 위한 방법에 대해 알아보겠습니다.

HTML5 + CSS3

반응형 웹 디자인의 개념

반응형 웹 디자인이란, 다양한 해상도를 가진 기기들에 맞추어 웹 사이트의 내용을 효율적으로 전달하고 이용할 수 있도록 웹 사이트를 디자인하는 것을 말합니다.

다양한 스마트 기기가 계속 개발되고 있기 때문에 모든 기기의 화면 크기에 최적화되도록 웹 사이트를 개발하는 것은 불가능합니다. 그러나 반응형 웹은 기본적으로 화면의 크기와 그에 맞는 레이아웃, 콘텐츠의 표현 방식을 고려하여 개발되었기 때문에 완벽하지는 않지만 지금으로서는 최적화된 구조를 제공할 수 있습니다. 따라서 반응형 웹은 개발자에게는 최소한의 수정으로 콘텐츠의 레이아웃과 내용을 수정할 수 있도록 해주며, 사용자에게는 기기에 상관없이 최적의 웹 사이트를 제공할 수 있습니다.

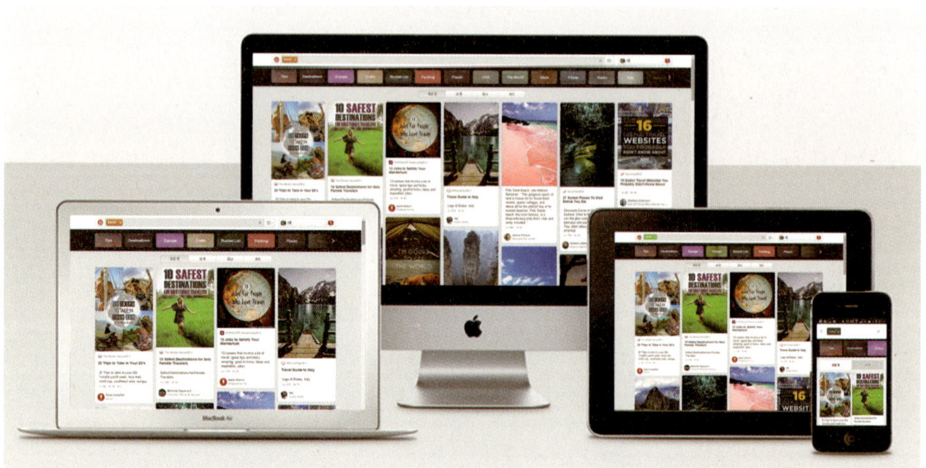

▲ 핀터레스트 웹 사이트(www.pinterest.com)

반응형 웹은 다음 웹 사이트를 보면 바로 이해할 수 있습니다. 다음은 마이크로소프트 사의 웹 사이트를 다양한 해상도로 접속해본 결과입니다. 그림에서 보는 것과 같이 화면의 크기에 따라 웹 사이트의 레이아웃과 콘텐츠가 바뀌는 모습을 볼 수 있습니다.

■ 반응형 웹 디자인이 적용되지 않은 경우

반응형 웹 디자인이 적용되지 않은 경우에 대한 예제를 먼저 살펴보겠습니다.

01 웹 브라우저에서 C:\HTML5CSS3\완성예제\Part05\ 5-01.html을 불러옵니다. 기기별로 어떻게 보이는지 확인하기 위해 F12 를 누릅니다.

02 개발자 도구 창이 나타납니다. 여기에서 위쪽 [Device]의 드롭다운 버튼을 클릭하여 기기를 선택하면, 해당 기기에서 어떻게 보이는지 확인할 수 있습니다. [Apple iPhone 6]을 선택합니다.

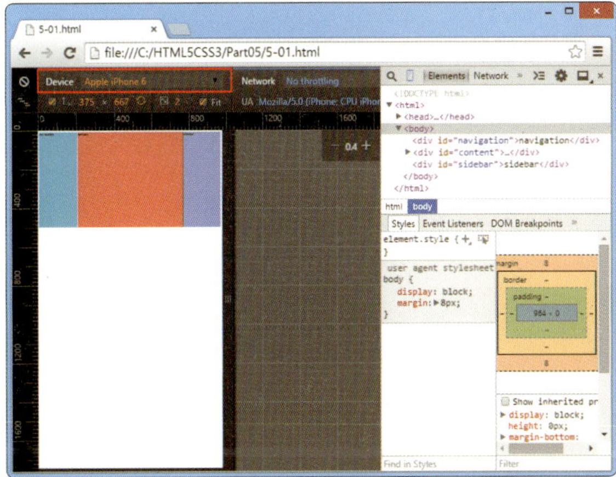

03 이번에는 [Device]의 드롭다운 버튼을 클릭하여 [Samsung Galaxy Tab]으로 바꾸어 확인합니다. 앞의 화면과 달라진 것은 화면 크기밖에 없습니다. 반응형 웹으로 만들어진 페이지가 아니기 때문에 모든 기기에서 동일한 구조를 보이고 있는 것입니다.

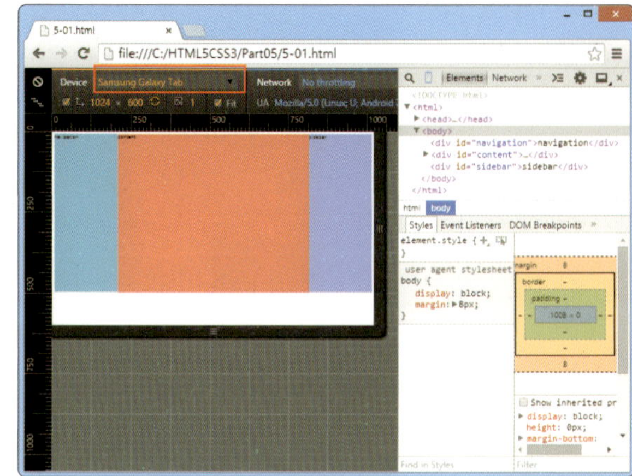

반응형 웹 디자인이 적용된 경우

반응형 웹 사이트는 기기마다 어떻게 보이는지 살펴보겠습니다.

01 웹 브라우저의 주소 창에 'naver.com'을 입력하여 네이버로 이동합니다.

02 [Device]의 드롭다운 버튼을 클릭하여 기기를 [Apple iPhone 6]로 변경합니다.

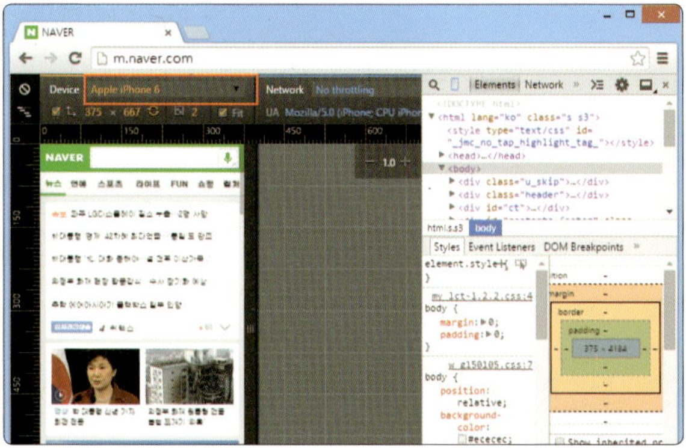

03 이번에는 [Device]의 드롭다운 버튼을 클릭하여 [Samsung Galaxy Tab]으로 변경합니다. 기기에 따라 화면 레이아웃이 달라지는 것을 볼 수 있습니다.

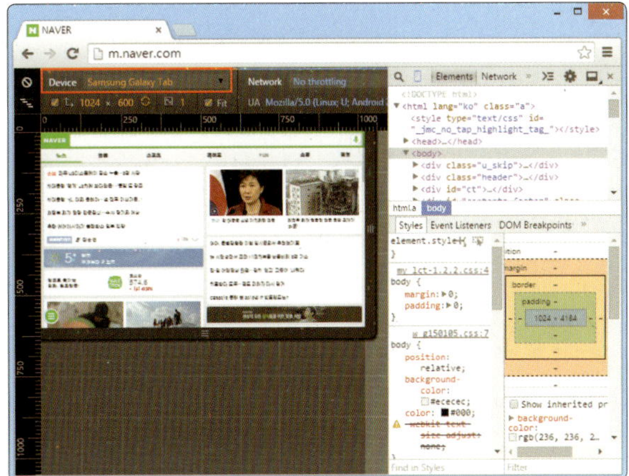

Tip

노트북이 아닌 기기에서 주소 창을 자세히 보면 'www.naver.com'이 아니라 'm.naver.com'으로 변경된 것을 확인할 수 있습니다. 이는 하나의 웹 문서에서 모든 처리를 하게 되면 웹 문서의 구조가 복잡해지므로 일반용 페이지와 모바일용 페이지를 구분하여 제공하는 것입니다.

반응형 웹 디자인을 위한 브레이크 포인트

앞에서 살펴본 것처럼 기기에 따라 각 화면이 달라지면 그에 따라 CSS도 달라져야 하는데, 이를 '브레이크 포인트'라고 합니다. 이러한 브레이크 포인트가 많아질수록 CSS의 내용도 많아집니다.

평소 우리가 볼 수 있는 웹 사이트는 대부분 위에서 아래로 글을 보는 구조를 가지고 있습니다. 이때 중점이 되는 사항이 화면의 폭입니다. 따라서 화면의 폭에 맞도록 레이아웃을 바꿔주어야 합니다. 화면의 폭에 맞추어 레이아웃을 바꾸어 주도록 하는 시점이 바로 브레이크 포인트입니다.

기기의 화면 크기가 제각각이므로 브레이크 포인트의 규칙을 정하기는 어렵습니다. 그렇기 때문에 우리가 만들고자 하는 웹 사이트에 접속하는 사용자의 특성을 파악하고, 그에 맞는 브레이크 포인트를 제공해야 합니다.

모든 경우를 지원하면 좋겠지만 브레이크 포인트가 늘어날수록 실제로는 웹 사이트를 하나 더 만드는 노력이 필요하기 때문입니다. 이때에는 과감하게 지원할 범위와 지원하지 않을 범위를 정해야 합니다.

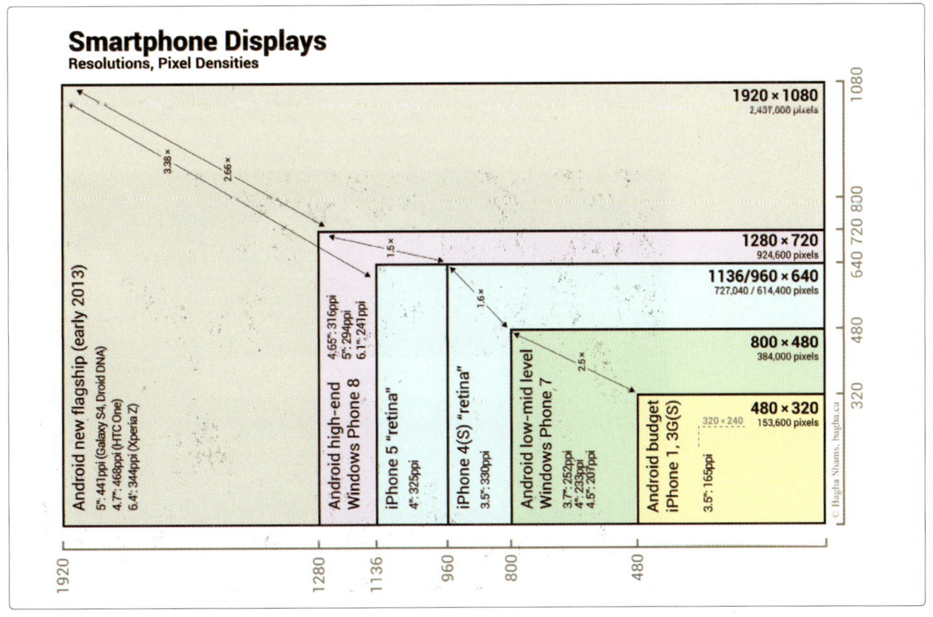

▲ 이미지 출처 : http://bagha.ca/2013/08/04/update-on-smartphone-displays

웹 디자인 레이아웃을 위한 그리드 시스템

그리드는 격자를 의미합니다. 그리드 시스템은 스위스 그래픽 디자이너인 요제프 멀러 블록만(josef muller blockmann)이 1981년 그의 책을 통해 제안한 디자인의 한 방법입니다. 배치되는 정보에 질서를 부여하여 이용자가 예상하거나 원하는 위치에 정보를 배치하는 데 사용됩니다.

출판 편집에서 널리 활용되고 있는 방법으로, 웹 사이트의 정형화가 이루어지면서 HTML과 CSS를 이용한 그리드 개념이 생겨났습니다.

LESSON02

그리드 시스템의 기능

1 | 정보의 구조

그리드 시스템을 사용하여 기능이나 서비스를 일정 간격 또는 공간적으로 배치함으로써 정보의 구조를 명확하게 합니다.

2 | 정보의 전달과 반복

정보를 쉽게 검색할 수 있도록 도와줍니다. 이 경우 어느 정도 정보가 반복되지만, 그리드 시스템이 배치되는 정보의 공간을 적당히 설정함으로써 효율적으로 분류할 수 있습니다. 그뿐만 아니라 가독성을 향상시키고 정보가 반복될 때의 단조로움을 극복할 수도 있습니다.

그리드 시스템 참조 사이트

현새 그리드 시스템의 표순이라 불리고 있는 것은 960 그리드 시스템입니다. 하지만 요즘에는 모바일, 태블릿 PC, 웹용의 반응형 사이트가 유행하면서 다양한 형태가 나타나고 있습니다.

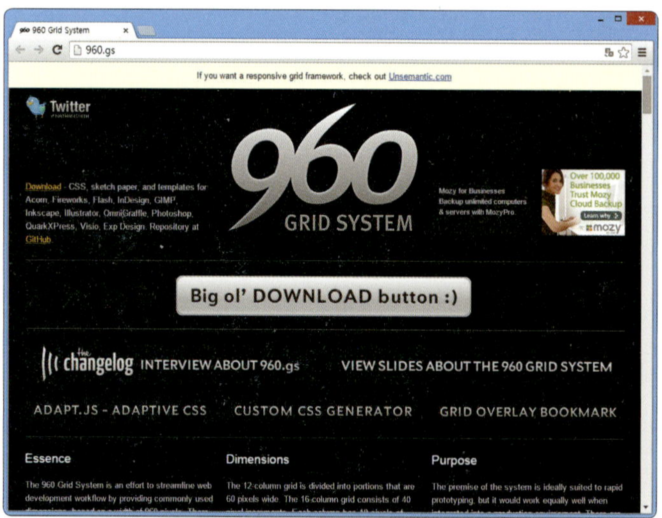

▲ 960 웹 사이트(http://960.gs)

하지만 오래되고 유명한 것에는 언제나 이유가 있습니다. 괜찮은 웹 사이트를 살펴보면 기본적인 틀인 960 그리드 시스템을 활용하여 변형 또는 추가한 웹 사이트들이 많다는 것을 알 수 있습니다. 즉, 960 그리드 시스템은 기본적인 뼈대와 같다고 할 수 있습니다. 그렇기 때문에 새로운 웹 사이트를 기획할 때 960 그리드 시스템 웹 사이트에서 제공하는 예제 및 자료들을 이용하면 많은 도움이 될 것입니다.

▲ 960 그리드 시스템 사이트의 예제 사이트

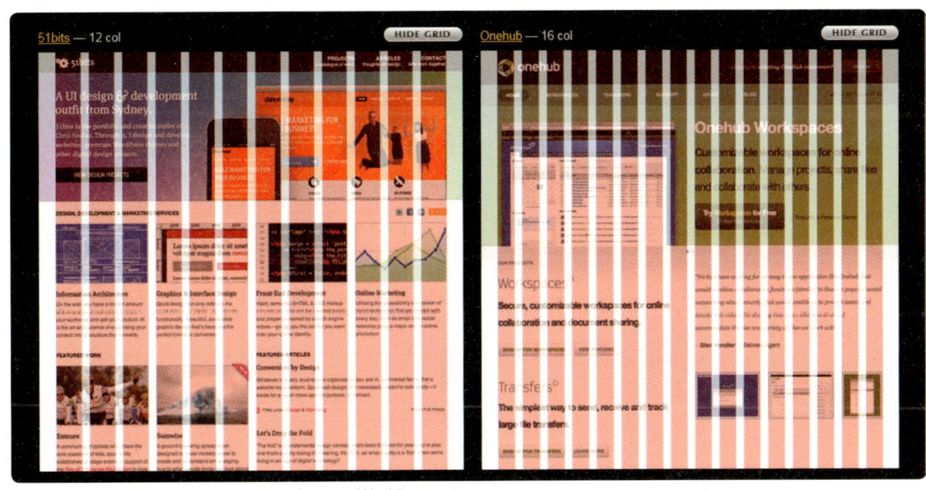

▲ 그리드 시스템 사이트의 예제 사이트 : 그리드를 표시한 경우

정적, 동적, 반응형 그리드 시스템

정적인 그리드 시스템과 동적인 그리드 시스템은 한마디로 웹 사이트의 레이아웃의 폭이 고정되어 있느냐, 웹 브라우저의 크기에 따라 레이아웃 폭이 바뀌느냐로 구분할 수 있습니다. 그리고 여기에 더해 기기에 따른 화면 크기에 반응하여 그리드 시스템이 변경된다면 이를 반응형 그리드 시스템이라고 할 수 있습니다.

■ 정적 그리드 시스템

우리가 많이 사용하고 있는 네이버는 정적 그리드 시스템을 사용하고 있습니다. 웹 사이트의 레이아웃 폭이 고정되어 웹 브라우저의 크기가 바뀌어도 동일한 크기로 보이게 됩니다.

■ 동적 그리드 시스템

'http://interactive.guim.co.uk/2013/may/dunalley'는 동적 그리드 시스템을 사용하고 있습니다. 웹 브라우저의 크기에 따라 화면의 크기가 변합니다.

■ 반응형 그리드 시스템

핀터레스트(https://www.pinterest.com) 웹 사이트는 반응형 그리드 시스템을 사용하고 있습니다. 웹 브라우저의 크기에 따라 그리드 시스템이 변경되면서 화면을 보여줍니다.

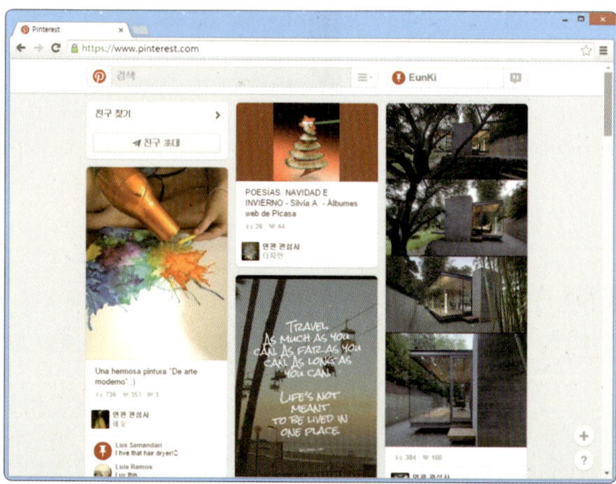

float과 display로 3단 레이아웃 만들기

레이아웃을 만들 때 1단이나 2단은 쉽게 만들 수 있지만 3단 레이아웃의 경우에는 매우 복잡합니다. 이번에는 3단 레이아웃을 만들기 위해 float과 display를 사용하는 2가지 방법에 대해 알아보겠습니다.

float로 만든 3단 레이아웃

float을 이용하여 왼쪽에 내비게이션, 중앙에 콘텐츠 그리고 오른쪽에 사이드 바가 위치하는 3단 레이아웃을 만들어 보겠습니다. 그리고 중앙의 콘텐츠는 웹 브라우저의 크기에 따라 자동으로 크기가 변하도록 설정해보겠습니다.

● **저장될 경로** : C:\HTML5CSS3\Part05\5_01.html ● **완성 파일** : C:\HTML5CSS3\완성예제\Part05\5-01.html

 다음과 같이 CSS 내용을 먼저 입력합니다.

```html
1 <!DOCTYPE html>
2 <html>
3 <head>
4     <meta charset="utf-8">
5     <title></title>
6 <style type="text/css">
7 <!--
8 div { height: 490px; }
9 #navigation {
10     float: left;
11     width: 200px;
12     margin-right: -200px;
13     background-color: #63bcde;
14 }
15 #content {
16     float: left;
17     width: 100%;
18 }
19 #content-inner {
20     margin: 0 200px;
21     background-color: #eb6b60;
22 }
23 #sidebar{
24     float: left;
25     width: 200px;
26     margin-left: -200px;
27     background-color: #97a9e9;
28 }
29 -->
30 </style>
31 </head>
```

 내용을 다음과 같이 입력
하고 '5-01.html'이라는
이름으로 저장합니다.

```html
1  <!DOCTYPE html>
2  <html>
3  <head>
4      <meta charset="utf-8">
5      <title></title>
6  <style type="text/css">
7  <!--
8  div { height: 490px; }
9  #navigation {
10     float: left;
11     width: 200px;
12     margin-right: -200px;
13     background-color: #63bcde;
14 }
15 #content {
16     float: left;
17     width: 100%;
18 }
19 #content-inner {
20     margin: 0 200px;
21     background-color: #eb6b60;
22 }
23 #sidebar{
24     float: left;
25     width: 200px;
26     margin-left: -200px;
27     background-color: #97a9e9;
28 }
29 -->
30 </style>
31 </head>
32 <body>
33 <div id="navigation">navigation</div>
34 <div id="content">
35     <div id="content-inner">content</div>
36 </div>
37 <div id="sidebar">sidebar</div>
38 </body>
39 </html>
```

 웹 브라우저에서 내용을 확인합니다. 3단 레이아웃이
만들어진 것을 확인할 수 있습니다.

Tip

여기에서 복잡한 부분은 중앙의 콘텐츠를 배치하는 부분입니다. 가
변적으로 폭이 변해야 하므로 하나의 〈div〉가 아니라 'content-
inner'라는, 안쪽에 들어가는 〈div〉가 더 필요합니다. 또 이어서
나오는 레이아웃이 있을 때에는 'clear'를 사용해야 합니다.
'clear'는 일종의 레이아웃을 초기화하여 'float'를 풀어주는 역할을
합니다. 이렇게 복잡한 부분이 있지만 대부분은 float를 이용해 레
이아웃을 만듭니다.

display:table-cell로 만든 3단 레이아웃

● **저장할 경로** : C:\HTML5CSS3\Part05\5-02.html　　● **완성 파일** : C:\HTML5CSS3\완성예제\Part05\5-02.html

01 다음과 같이 CSS 내용을 입력합니다.

```html
1 <!DOCTYPE html>
2 <html>
3 <head>
4     <meta charset="utf-8">
5     <title></title>
6 <style type="text/css">
7 <!--
8 div { height: 490px; }
9 #body {
10     width: 100%;
11     display: table;
12     }
13 #navigation, #content, #sidebar {
14     display: table-cell;
15     }
16 #navigation {
17     width: 200px;
18     background-color: #63bcde;
19     }
20 #content {
21     background-color: #eb6b60;
22     }
23 #sidebar {
24     width: 200px;
25     background-color: #97a9e9;
26 }
27 -->
28 </style>
29 </head>
```

02 내용을 다음과 같이 입력하고 '5-02.html'이라는 이름으로 저장합니다.

```html
1 <!DOCTYPE html>
2 <html>
3 <head>
4     <meta charset="utf-8">
5     <title></title>
6 <style type="text/css">
7 <!--
8 div { height: 490px; }
9 #body {
10     width: 100%;
11     display: table;
12     }
13 #navigation, #content, #sidebar {
14     display: table-cell;
15     }
16 #navigation {
17     width: 200px;
18     background-color: #63bcde;
19     }
```

```
20 #content {
21     background-color: #eb6b60;
22     }
23 #sidebar {
24     width: 200px;
25     background-color: #97a9e9;
26 }
27 -->
28 </style>
29 </head>
30 <body>
31 <div id="body">
32     <div id="navigation">navigation</div>
33     <div id="content">content</div>
34     <div id="sidebar">sidebar</div>
35 </div>
36 </body>
37 </html>
```

03 웹 브라우저에서 내용을 확인합니다. 앞의 예제에서와 같이 동일한 3단 레이아웃이 만들어진 것을 확인할 수 있습니다.

Tip

html 부분을 보면 먼저의 'float'보다 훨씬 더 간단하다는 것을 알 수 있습니다. 물론 이 부분은 반응형 웹일 경우 좀 더 깔끔해집니다. 전체 틀을 〈table〉로 두고, 그 안에 있는 〈div〉를 'table-cell'로 만드는 것입니다.

미디어 타입과 미디어 쿼리

반응형 웹 사이트를 구축하기 위해서는 기존 미디어 타입 대신 미디어 쿼리를 이용해야 합니다. 미디어 쿼리를 알려면 전신인 미디어 타입을 알아야 합니다. 여기에서는 반응형 웹 사이트의 기본이 되는 미디어 타입과 미디어 쿼리에 대해 알아보겠습니다.

HTML5+CSS3

미디어 타입

미디어 타입은 CSS 2.1 버전부터 사용되었지만, 지금은 CSS3의 미디어 쿼리를 사용합니다. 미디어 타입이 과거 형식이지만 미디어 타입을 알아야 미디어 쿼리를 알 수 있고, 미디어 쿼리를 알아야 반응형 웹 사이트를 알 수 있습니다.
여기에서는 미디어 타입의 자세한 사항보다는 일반적인 사항만 다루겠습니다. 미디어 타입의 형식은 아직 그대로 사용되고 있지만, 요즘에는 미디어 쿼리를 사용하기 때문에 자세한 사항은 필요하지 않기 때문입니다.
미디어 타입은 <head> </head> 사이에 다음과 같이 사용됩니다.

```
<link rel="stylesheet" type="text/css" href="공통.css" media="all" />
<link rel="stylesheet" type="text/css" href="PC.css" media="screen" />
<link rel="stylesheet" type="text/css" href="Print.css" media="print" />
```

media="all"이 전체에 사용되는 공통 CSS입니다. 다음으로 나오는 screen은 PC에서 사용되는 CSS이고, 마지막으로 나오는 print는 인쇄할 때 사용하는 CSS입니다.

```
<head> </head> 사이에 추가하는 방법 외에도 다음처럼 CSS에 import나 media로도 사용할 수 있습니다.
@import url("print.css") print;
또는
@ media print {
...
}
```

미디어 쿼리는 미디어 타입 다음에 나온 것이기 때문에 일반적으로 보면 별 차이가 없습니다. <head>와 </head> 사이에 사용할 때에는 미디어 타입의 요소를 그대로 사용하고 CSS 내에 사용할 때에는 @media와 @import 규칙을 그대로 사용합니다. 미디어 쿼리가 미디어 타입과 다른 점은 훨씬 더 자세하게 쓸 수 있고, 세세한 부분까지 지원한다는 것입니다. 다음은 미디어 쿼리의 사용 예입니다.

```
<link rel="stylesheet" type="text/css" href="화면 넓이 960px 이상.css"
media="screen and (min-width: 960px)" />
<link rel="stylesheet" type="text/css" href="화면 넓이 960px 아래.css"
media="screen and (max-width: 959px)" />
<link rel="stylesheet" type="text/css" href="컬러.css"
media="screen and (color)" />
<link rel="stylesheet" type="text/css" href="흑백.css"
media="screen and (monochrome)" />
```

이처럼 다양한 형태를 위해 여러 개로 만들 수 있습니다. CSS 내부에서는 다음과 같이 사용됩니다.

```
@media screen and (min-width: 960px) and (min-width: 600px), screen and (min-width:
400px), print {
}
또는
@media screen and (min-width: 960px) {
…
}
@media screen and (max-width: 959px) {
…
}
@media screen and (color){
…
}
@media screen and (monochrome) {
…
}
```

미디어 쿼리는 다음과 같이 작성합니다.

```
<link rel="stylesheet" type="text/css" href="화면 넓이 960px 이상.css"
media="미디어 타입 논리 연산자(미디어 익스프레션)" />


또는


@media 미디어 타입 논리 연산자(미디어 익스프레션) {

...

}
```

■ 미디어 타입

미디어 타입은 다음과 같이 정의되어 있습니다.

```
all | aural | braille | handheld | print | projection | screen | tty | tv | embossed
```

■ 논리 연산자

미디어 쿼리의 논리적 처리를 담당합니다.

논리 연산자	설명
and	전체 미디어 쿼리에 해당하는 경우에만 스타일을 적용합니다.
comma	여러 미디어 쿼리를 결합합니다.
not	전체 미디어 쿼리에 해당하지 않는 경우에만 스타일을 적용합니다.
only	전체 쿼리가 일치하는 경우에만 스타일을 적용합니다.

and 연산자는 여러 개의 조건을 만족하는 경우에 적용됩니다. 일반 화면에서 900픽셀 이상의 해상도를 가지는 경우에 적용하고 싶다면 다음과 같이 사용할 수 있습니다.

```css
@media screen and (min-width: 960px) {

...

}
```

comma 연산자는 여러 개 중 하나에 해당하는 경우에 적용됩니다. 화면 폭이 700픽셀 이상이거나 손으로 들 수 있는 작은 장치에서 가로로 보고 있을 때 적용하고 싶다면 다음과 같이 사용할 수 있습니다.

```css
@media (min-width: 700px), handheld and (orientation: landscape) {

...

}
```

not 연산자는 조건에 해당하지 않는 경우에 적용됩니다. 일반 화면에서 900픽셀 이상의 해상도를 가지는 경우에 적용하고 싶지 않다면 다음과 같이 사용할 수 있습니다.

```css
@media not screen and (min-width: 960px) {

...

}
```

only 연산자는 미디어 타입과 미디어 쿼리를 지원하지 않는 이전의 웹 브라우저를 지원하기 위해 사용됩니다. 컬러를 지원하는 화면에만 적용하고 싶다면 다음과 같이 사용할 수 있습니다.

```css
@media only screen and (color) {

...

}
```

■ 미디어 익스프레션

미디어 쿼리에서 사용할 조건을 정의합니다.

익스프레션	설명
color, min-color, max-color	• 256bit 컬러이면 8, 8bit 컬러이면 3과 같이 bit를 이진수로 표시 • 컬러를 지원하지 않는 경우 0
color-index, min-color-index, max-color-index	출력 장치의 색상 조회 테이블의 항목 수
aspect-ratio, min-aspect-ratio, max-aspect-ratio	출력 장치에서 표시할 영역의 가로 세로 비율
device-aspect-ratio, min-device-aspect-ratio, max-device-aspect-ratio	출력 장치의 가로 세로 비율(16/9, 4/3과 같이 표시)
device-height, min-device-height, max-device-height	출력 장치의 높이
device-width, min-device-width, max-device-width	출력 장치의 폭
grid	• 출력 장치가 그리드 장치 여부 지정 • 그리드 기반인 경우 1
height, min-height, max-height	뷰포트, 즉 윈도우의 높이
monochrome, min-monochrome, max-monochrome	• 256bit 흑백이면 8, 8bit 흑백이면 3 과 같이 bit를 이진수로 표시 • 흑백 장치가 아닌 경우 0
orientation	• 세로 모드가 있는지의 여부 지정 • landscape, portrait 중 하나 사용
resolution, min-resolution, max-resolution	• 출력 장치의 해상도 • dpi, dpcm 단위 사용
scan	• TV 출력 장치의 주사 방법 • progressive, interlace 중 하나 사용
width, min-width, max-width	뷰포트, 즉 윈도우의 폭

반응형 웹 디자인 따라하기

이전에는 PC의 해상도만 고려하여 웹 사이트를 디자인하였습니다. 하지만 스마트 기기의 발달로 다양한 해상도의 휴대용 디바이스가 등장하면서 웹 사이트를 반응형 웹 사이트로 디자인해야 할 필요성이 생겼습니다. 이번 레슨에서는 반응형 웹 사이트를 디자인하는 몇 가지 유형에 대해 알아보겠습니다.

HTML5 + CSS3

브레이크 포인트

이번 예제에서는 해상도를 다음과 같이 정하여 반응형 웹을 구현하였습니다. 이는 예제를 위한 해상도이므로, 이 해상도가 절대적인 것은 아닙니다. 앞서 이야기한 브레이크 포인트와 관련된 사항이기 때문입니다. 여러분은 만들고자 하는 웹 사이트에 접속하는 사용자의 특성을 파악하고, 그에 맞는 브레이크 포인트를 제공하는 것이 바람직합니다.

해상도	테스트 Device
1000 pixel 이상	Generic notebook(1280×800)
600 ~ 1000 pixel	Google Nexus 7(966×604)
600 pixel 이하	Google Nexus 5(360×640)

가변 그리드 패턴

가변 그리드(Fluid Grids) 패턴은 가변성이 있는 레이아웃을 이용해 해상도에 최적화시키는 기법으로, 예전부터 가장 많이 사용해왔습니다.

창의 크기가 줄어들면 그 부분의 영역도 함께 줄어들고, 콘텐츠도 그 상황에 맞게 변합니다. 즉, 기본적인 비율로 그리드를 적용하는 것입니다. width값을 퍼센트로 지정하면 창 비율에 따라 콘텐츠도 변경되는 것을 예로 들 수 있습니다.

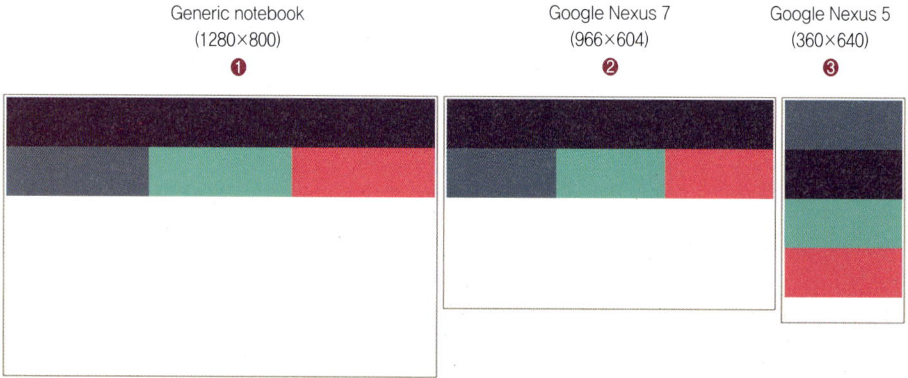

❶ 큰 해상도에서는 상단과 하단 콘텐츠로 표현됩니다.

❷ 해상도가 작아지면서 크기에 따라 콘텐츠가 변경되었지만, 레이아웃은 그대로 유지하였습니다.

❸ 더 작은 해상도에서는 세로로 배치해 콘텐츠 영역을 확보하였습니다.

■ 가변 그리드 패턴을 사용한 사이트(http://www.google.com/nexus)

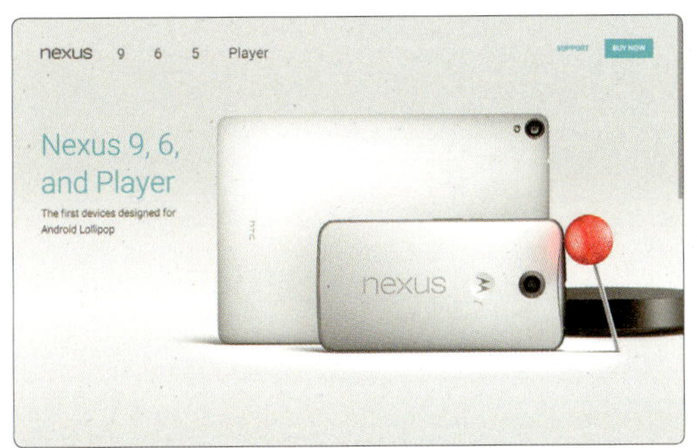

▲ Generic notebook

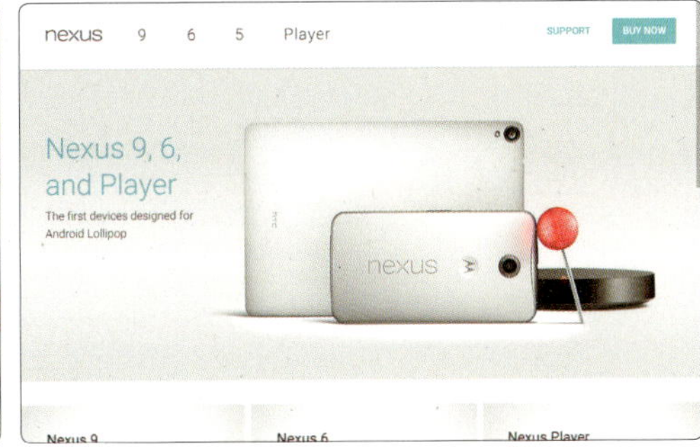

▲ Google Nexus 7

▲ Google Nexus 5

● **저장할 경로** : C:\HTML5CSS3\Part05\5-03.html   ● **완성 파일** : C:\HTML5CSS3\완성예제\Part05\5-03.html

01 기본 레이아웃에 대한 CSS를 입력합니다.

```
1 <!DOCTYPE html>
2 <html>
3 <head>
4     <meta charset="utf-8">
5     <title></title>
6     <meta name="viewport" content="width=device-width,initial-
   scale=1">
7 <style type="text/css">
8 <!--
9 .container div {
10   min-height: 140px;
11   min-width: 150px;
12 }
13 .c1 { background-color: #003476; }
14 .c2 { background-color: #18709C; }
15 .c3 { background-color: #19BDC4; }
16 .c4 { background-color: #EF4089; }
17
18 .container {
19     display: flex;
20     flex-flow: row wrap;
21 }
22
23 .c1, .c2, .c3, .c4 {
24     width: 100%;
25 }
26
27 @media (min-width: 600px) {
28     .c1 { width: 100%; }
```

```
29     .c2, .c3, .c4 { width: 33.33%; }
30 }
31 @media (min-width: 1000px) {
32     .c1 { width: 100%; }
33     .c2, .c3, .c4 { width: 33.33%; }
34 }
35 -->
36 </style>
37 </head>
```

02 미디어 쿼리와 레이아웃을 구성할 〈div〉를 입력하고 '5-03.html'이라는 이름으로 저장합니다.

```
 1 <!DOCTYPE html>
 2 <html>
 3 <head>
 4     <meta charset="utf-8">
 5     <title></title>
 6     <meta name="viewport" content="width=device-width,initial-scale=1">
 7 <style type="text/css">
 8 <!--
 9 .container div {
10   min-height: 140px;
11   min-width: 150px;
12 }
13 .c1 { background-color: #003476; }
14 .c2 { background-color: #18709C; }
15 .c3 { background-color: #19BDC4; }
16 .c4 { background-color: #EF4089; }
17
18 .container {
19     display: flex;
20     flex-flow: row wrap;
21 }
22
23 .c1, .c2, .c3, .c4 {
24     width: 100%;
25 }
26
27 @media (min-width: 600px) {
28     .c1 { width: 100%; }
29     .c2, .c3, .c4 { width: 33.33%; }
30 }
31 @media (min-width: 1000px) {
32     .c1 { width: 100%; }
33     .c2, .c3, .c4 { width: 33.33%; }
34 }
35 -->
36 </style>
37 </head>
38 <body>
39 <div class="container">
40     <div class="c1"></div>
41     <div class="c2"></div>
42     <div class="c3"></div>
43     <div class="c4"></div>
44 </div>
45 </body>
46 </html>
```

03 웹 브라우저에서 F12 를 눌러 개발자 도구를 오픈합니다. [Device]의 기기를 [Generic notebook]으로 변경합니다. 최소 넓이가 1,000px 이상일 때의 레이아웃을 보여줍니다.

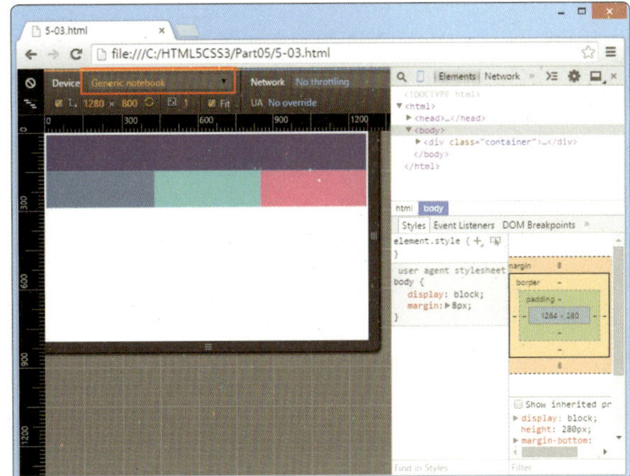

04 [Device]의 기기를 [Google Nexus 7]으로 바꿔봅니다. 넓이가 600~1,000px 사이일 때의 레이아웃을 보여줍니다.

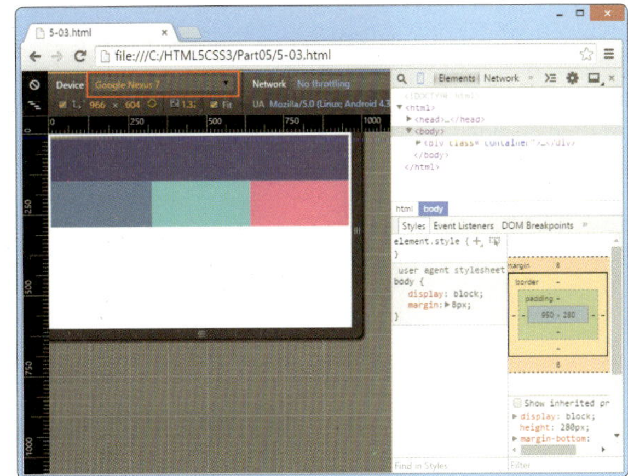

05 [Device]의 기기를 [Google Nexus 5]로 바꿔봅니다. 최소 넓이가 600px 이하일 때의 레이아웃을 보여줍니다.

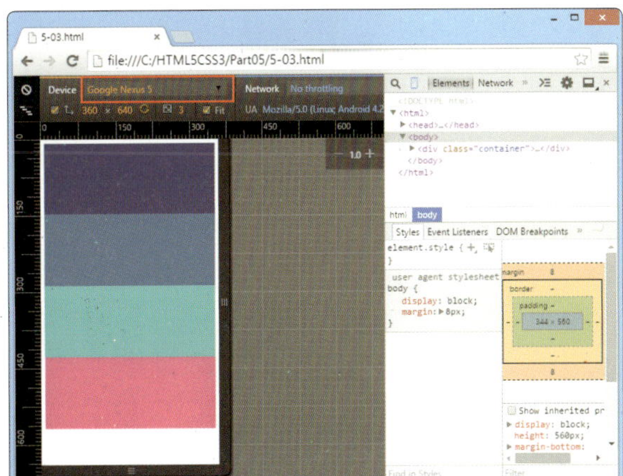

단 드롭 패턴

단 드롭(Column Drop) 패턴은 화면의 폭이 좁아져 더 이상 콘텐츠를 표현하기 힘들 때, 내용을 묶어주는 단(Column)을 아래로 내려 콘텐츠 영역을 확보하는 방법입니다.

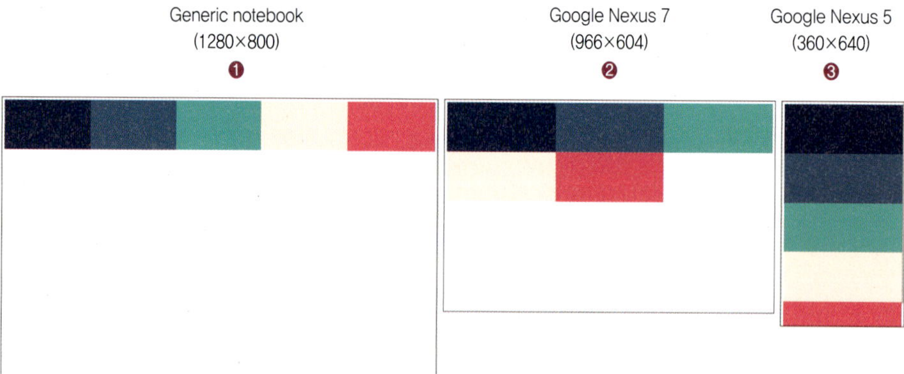

Generic notebook (1280×800) ❶ Google Nexus 7 (966×604) ❷ Google Nexus 5 (360×640) ❸

❶ 큰 해상도에서는 화면에 콘텐츠가 일렬로 표현됩니다.

❷ 해상도가 작아지면서 일렬로 표현되었던 콘텐츠를 2열로 구성하기 위해 2개의 콘텐츠를 아래로 내렸습니다.

❸ 더 작은 해상도에서는 세로로 배치해 콘텐츠 영역을 확보하였습니다.

■ 단 드롭 패턴을 사용한 사이트(http://www.pinterest.com)

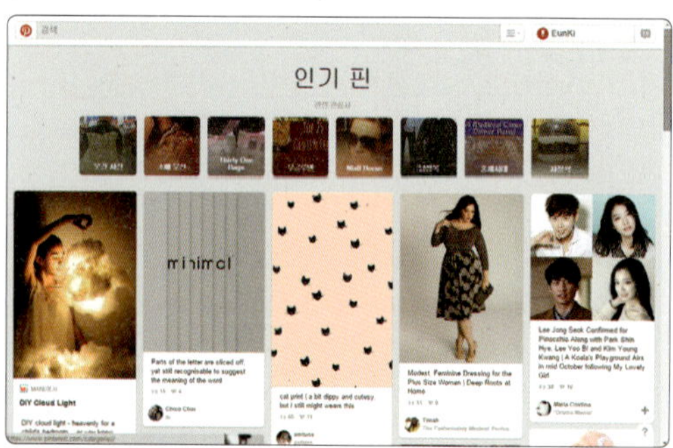

▲ Generic notebook

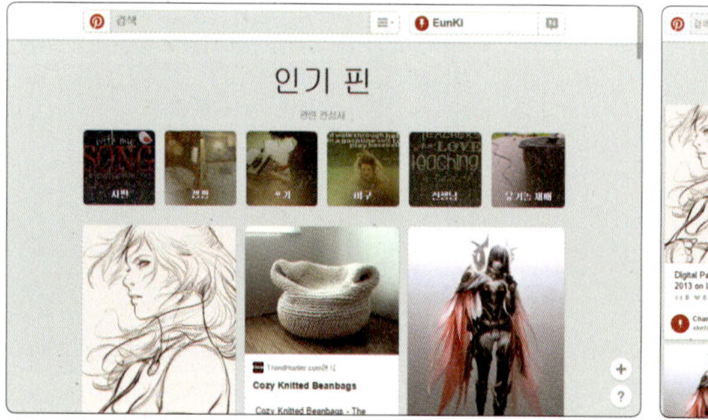

▲ Google Nexus 7

▲ Google Nexus 5

01 기본 레이아웃에 대한 CSS를 입력합니다.

```
1 <!DOCTYPE html>
2 <html>
3 <head>
4     <meta charset="utf-8">
5     <title></title>
6     <meta name="viewport" content="width=device-width,initial-scale=1">
7 <style type="text/css">
8 <!--
9 .container div {
10   min-height: 140px;
11   min-width: 150px;
12 }
13 .c1 { background-color: #003476; }
14 .c2 { background-color: #18709C; }
15 .c3 { background-color: #19BDC4; }
16 .c4 { background-color: #EF4089; }
17
18 .container {
19     display: flex;
20     flex-flow: row wrap;
21 }
22
23 .c1, .c2, .c3, .c4 {
24     width: 100%;
25 }
26
27 @media (min-width: 600px) {
28     .c1 { width: 100%; }
29     .c2, .c3, .c4 { width: 33.33%; }
30 }
31 @media (min-width: 1000px) {
32     .c1 { width: 100%; }
33     .c2, .c3, .c4 { width: 33.33%; }
34 }
35 -->
36 </style>
37 </head>
```

02 미디어 쿼리와 레이아웃을 구성할 〈div〉를 입력하고 '5-04.html'이라는 이름으로 저장합니다.

```
1 <!DOCTYPE html>
2 <html>
3 <head>
4     <meta charset="utf-8">
5     <title></title>
6     <meta name="viewport" content="width=device-width,initial-scale=1">
7 <style type="text/css">
8 <!--
9 .container div {
10     min-height: 140px;
11     min-width: 150px;
12 }
13 .c1 { background-color: #003476; }
```

```css
14 .c2 { background-color: #18709C; }
15 .c3 { background-color: #19BDC4; }
16 .c4 { background-color: #FFF6EE; }
17 .c5 { background-color: #EF4089; }
18
19 .container {
20     display: flex;
21     flex-flow: row wrap;
22 }
23
24 .c1, .c2, .c3, .c4, .c5 {
25     width: 100%;
26 }
27
28 @media (min-width: 600px) {
29     .c1 { width: 33.33%; order: 1; }
30     .c2 { width: 33.33%; order: 2; }
31     .c3 { width: 33.33%; order: 3; }
32     .c4 { width: 33.33%; order: 4; }
33     .c5 { width: 33.33%; order: 5; }
34 }
35 @media (min-width: 1000px) {
36     .c1 { width: 20%; }
37     .c2 { width: 20%; }
38     .c3 { width: 20%; }
39     .c4 { width: 20%; }
40     .c5 { width: 20%; }
41 }
42 -->
43 </style>
44 </head>
45 <body>
46 <div class="container">
47     <div class="c1"></div>
48     <div class="c2"></div>
49     <div class="c3"></div>
50     <div class="c4"></div>
51     <div class="c5"></div>
52 </div>
53 </body>
54 </html>
```

03 [Device]를 [Generic notebook]으로 변경합니다. 최소 넓이가 1,000px 이상일 때의 레이아웃을 확인합니다.

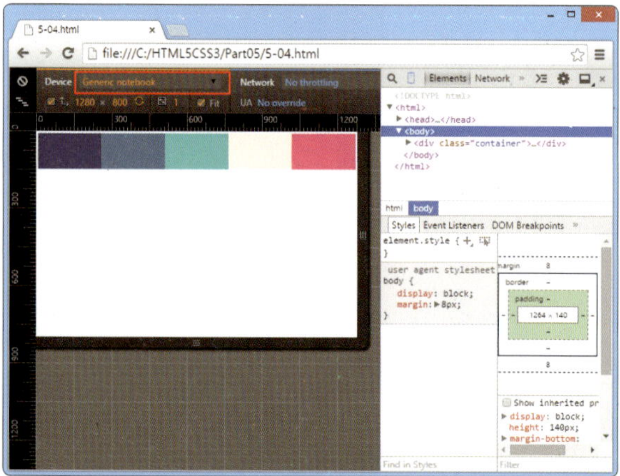

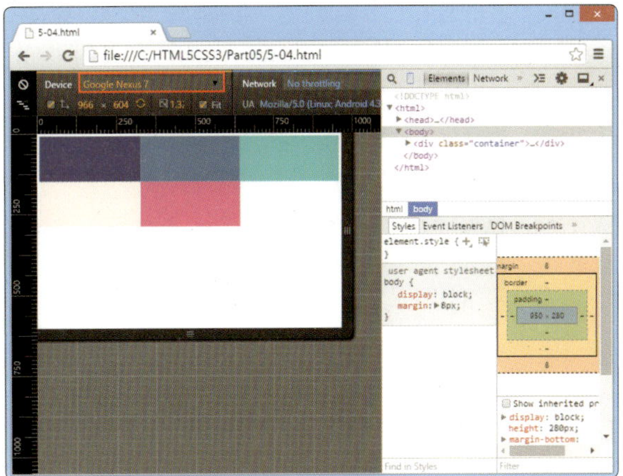

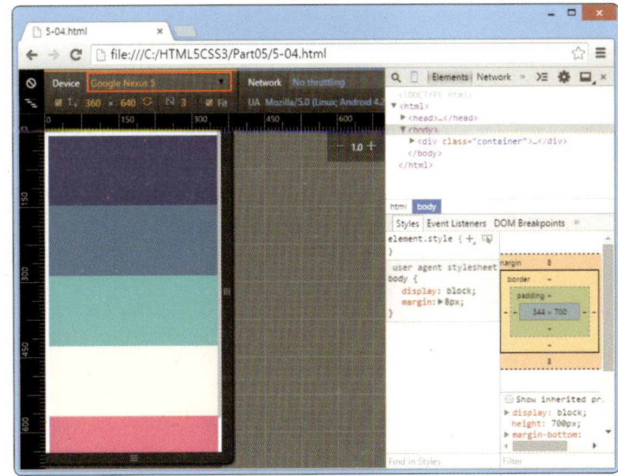

레이아웃 시프터 패턴

레이아웃 시프터(Layout Shifter)는 화면의 폭이 좁아져서 더 이상 콘텐츠를 제대로 표현하기 힘들 때 단순히 단을 나누거나 내용을 생략하는 것이 아니라 레이아웃 자체에 변화를 주어 새로운 형태로 콘텐츠를 표현하는 방법입니다.

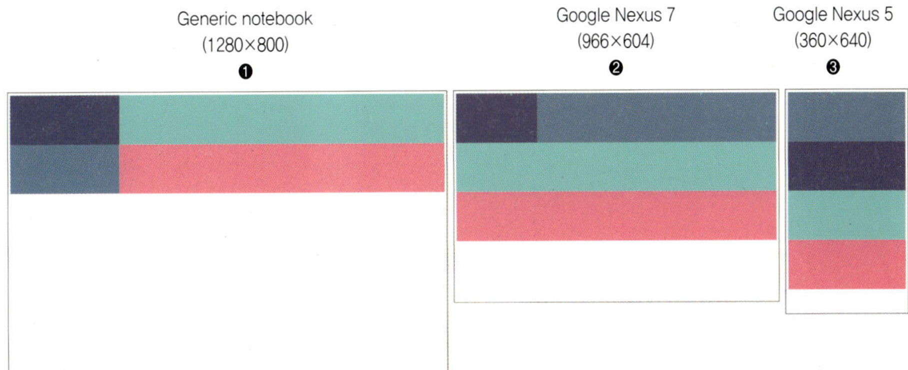

❶ 큰 해상도에서는 왼쪽에 메뉴, 오른쪽에 콘텐츠가 표현됩니다.

❷ 해상도가 작아지면서 왼쪽의 메뉴가 상단으로 이동하였습니다.

❸ 더 작은 해상도에서는 상단의 메뉴를 분리하고 세로로 배치하여 콘텐츠 영역을 확보하였습니다.

▲ Generic notebook

▲ Google Nexus 7

▲ Google Nexus 5

● 저장할 경로 : C:\HTML5CSS3\Part05\5-05.html ● 완성 파일 : C:\HTML5CSS3\완성예제\Part05\5-05.html

01 기본 레이아웃에 대한 CSS를 입력합니다.

```
1 <!DOCTYPE html>
2 <html>
3 <head>
4     <meta charset="utf-8">
5     <title></title>
6     <meta name="viewport" content="width=device-width,initial-scale=1">
7 <style type="text/css">
8 <!--
9 .container div {
10   min-height: 140px;
11   min width: 150px;
12 }
13 .c1 { background-color: #003476; }
14 .c2 { background-color: #18709C; }
15 .c3 { background-color: #19BDC4; }
16 .c4 { background-color: #EF4089; }
17
18 .container {
19     display: flex;
20     flex-flow: row wrap;
21 }
22
23 .c1 { width: 100%; order: 2; }
24 .c2 { width: 100%; order: 1; }
25 .c3 { width: 100%; order: 3; }
26 .c4 { width: 100%; order: 4; }
27
28 @media (min-width: 600px) {
29     .c1 { width: 25%; order: 1; }
30     .c2 { width: 75%; order: 2; }
31     .c3 { width: 100%; order: 3; }
32     .c4 { width: 100%; order: 4; }
33 }
34 @media (min-width: 1000px) {
35     .c1 { width: 25%; order: 1; }
36     .c2 { width: 25%; order: 3; }
```

```
37     .c3 { width: 75%; order: 2; }
38     .c4 { width: 75%; order: 4; }
39 }
40 -->
41 </style>
42 </head>
```


02 미디어 쿼리와 레이아웃
을 구성할 〈div〉를 입력
하고 '5-05.html'이라는
이름으로 저장합니다.

```
 1 <!DOCTYPE html>
 2 <html>
 3 <head>
 4     <meta charset="utf-8">
 5     <title></title>
 6     <meta name="viewport" content="width=device-width,initial-
   scale=1">
 7 <style type="text/css">
 8 <!--
 9 .container div {
10   min-height: 140px;
11   min-width: 150px;
12 }
13 .c1 { background-color: #003476; }
14 .c2 [ background-color: #18709C; }
15 .c3 { background-color: #19BDC4; }
16 .c4 { background-color: #EF4089; }
17
18 .container {
19     display: flex;
20     flex-flow: row wrap;
21 }
22
23 .c1 { width: 100%; order: 2; }
24 .c2 { width: 100%; order: 1; }
25 .c3 { width: 100%; order: 3; }
26 .c4 { width: 100%; order: 4; }
27
28 @media (min-width: 600px) {
29     .c1 { width: 25%; order: 1; }
30     .c2 { width: 75%; order: 2; }
31     .c3 { width: 100%; order: 3; }
32     .c4 { width: 100%; order: 4; }
33 }
34 @media (min-width: 1000px) {
35     .c1 { width: 25%; order: 1; }
36     .c2 { width: 25%; order: 3; }
37     .c3 { width: 75%; order: 2; }
38     .c4 { width: 75%; order: 4; }
39 }
40 -->
41 </style>
42 </head>
43 <body>
44 <div class="container">
45     <div class="c1"></div>
46     <div class="c2"></div>
47     <div class="c3"></div>
48     <div class="c4"></div>
49 </div>
50 </body>
51 </html>
```

 [Device]를 [Generic notebook]으로 변경합니다. 최소 넓이가 1,000px 이상일 때의 레이아웃을 확인합니다.

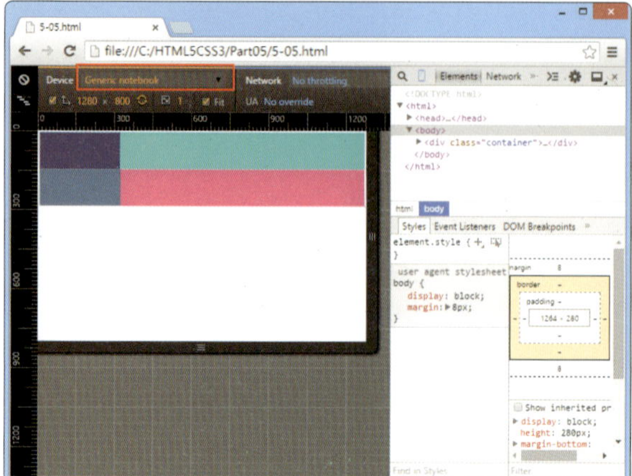

 [Device]를 [Google Nexus 7]으로 변경합니다. 넓이가 600~1,000px 사이일 때의 레이아웃을 보여줍니다.

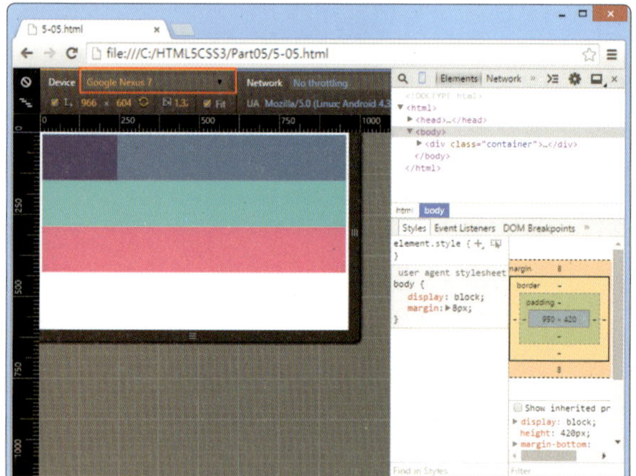

 [Device]를 [Google Nexus 5]로 변경합니다. 최소 넓이가 600px 이하일 때의 레이아웃을 확인합니다.

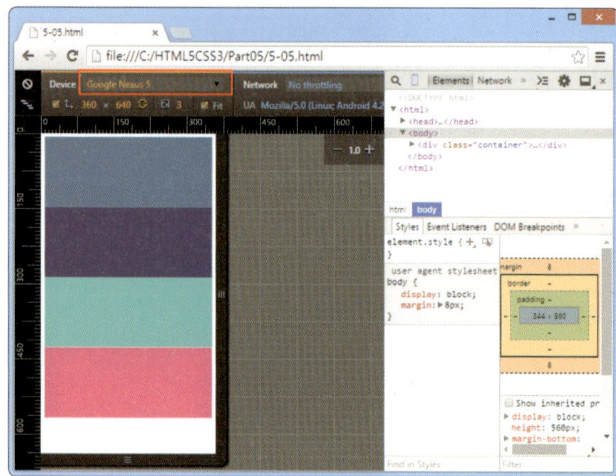

작은 변화 패턴(Tiny Tweaks)은 말 그대로 글꼴 크기나 이미지 크기 등 매우 사소한 것을 조정하여 해상도에 따라 변화를 주는 것을 말합니다. 이 패턴은 내용이 적거나 복잡하지 않을 경우에 적용하면 좋은 레이아웃입니다.

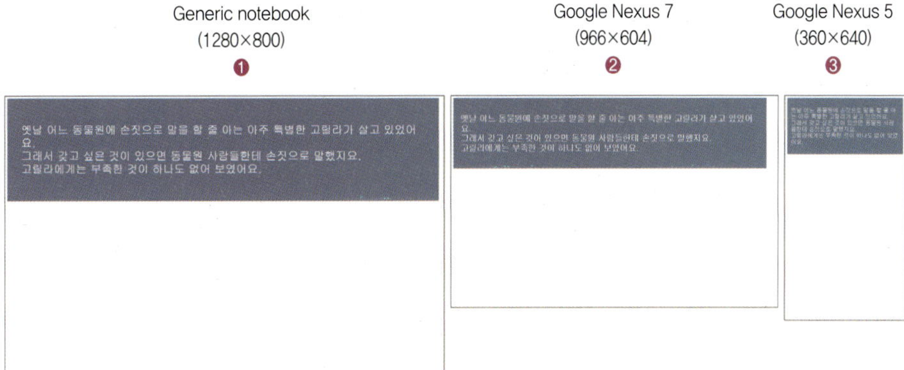

❶ 큰 해상도에서는 콘텐츠가 크게 표현됩니다.

❷ 해상도가 작아지면서 콘텐츠의 크기도 줄었습니다.

❸ 더 작은 해상도에서는 콘텐츠를 가장 작은 크기로 표현하였습니다.

■ 작은 변화 패턴을 사용한 사이트(http://alistapart.com)

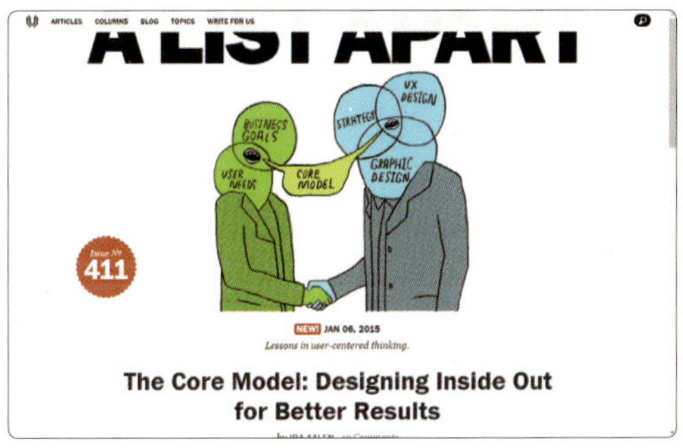
▲ Generic notebook

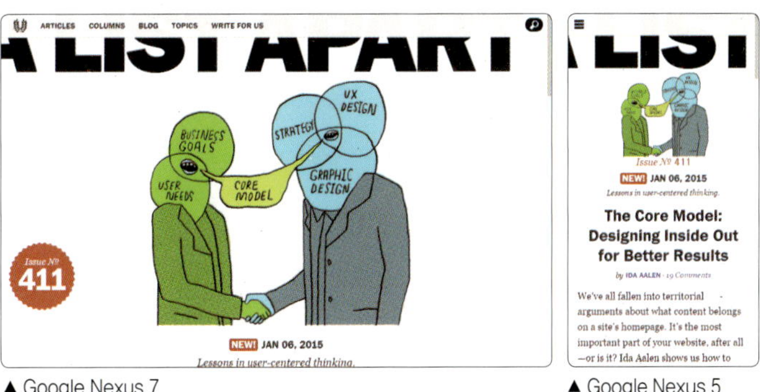
▲ Google Nexus 7   ▲ Google Nexus 5

01 기본 레이아웃에 대한 CSS를 입력합니다.

```
1 <!DOCTYPE html>
2 <html>
3 <head>
4     <meta charset="utf-8">
5     <title></title>
6     <meta name="viewport" content="width=device-width,initial-scale=1">
7 <style type="text/css">
8 <!--
9 .c1 {
10     background-color: #18709C;
11     padding: 10px;
12     font-size: 1em;
13     color: white;
14     width: 93%;
15 }
16
17 @media (min-width: 600px) {
18     .c1 {
19         padding: 20px;
20         font-size: 1.5em;
21     }
22 }
23 @media (min-width: 1000px) {
24     .c1 {
25         padding: 40px;
26         font-size: 2em;
27     }
28 }
29 -->
30 </style>
31 </head>
```

02 미디어 쿼리와 레이아웃을 구성할 〈div〉를 입력하고 '5-06.html'이라는 이름으로 저장합니다.

```
1 <!DOCTYPE html>
2 <html>
3 <head>
4     <meta charset="utf-8">
5     <title></title>
6     <meta name="viewport" content="width=device-width,initial-scale=1">
7 <style type="text/css">
8 <!--
9 .c1 {
10     background-color: #18709C;
11     padding: 10px;
12     font-size: 1em;
13     color: white;
14     width: 93%;
15 }
16
17 @media (min-width: 600px) {
18     .c1 {
19         padding: 20px;
20         font-size: 1.5em;
```

```
21        }
22 }
23 @media (min-width: 1000px) {
24     .c1 {
25          padding: 40px;
26          font-size: 2em;
27     }
28 }
29 -->
30 </style>
31 </head>
32 <body>
33 <div class="container">
34     <div class="c1">
35 <p>옛날 어느 동물원에 손짓으로 말을 할 줄 아는 아주 특별한 고릴라가 살고
   있었어요.<br>
36 그래서 갖고 싶은 것이 있으면 동물원 사람들한테 손짓으로 말했지요.<br>
37 고릴라에게는 부족한 것이 하나도 없어 보였어요.</p>
38     </div>
39 </div>
40 </body>
41 </html>
```

03 [Device]를 [Generic notebook]으로 변경합니다. 최소 넓이가 1,000px 이상일 때의 레이아웃을 확인합니다. 이번 예제에서는 글꼴 크기를 해상도에 따라 변경하였습니다. 따라서 글꼴 크기의 변화를 확인하기 위해 원래 화면 크기로 봐야 합니다. 'Fit' 항목의 체크를 해제합니다.

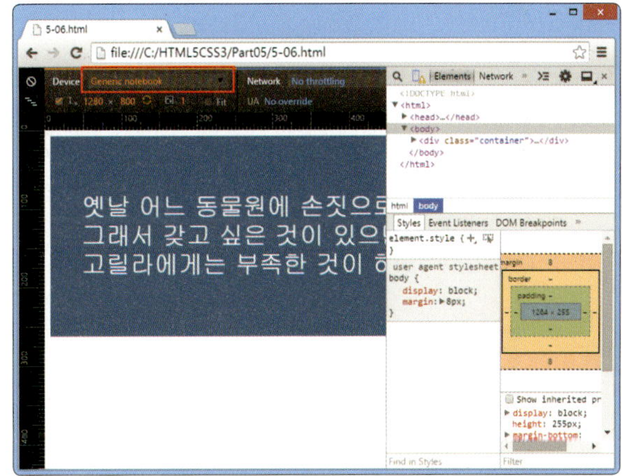

04 [Device]를 [Google Nexus 7]으로 변경합니다. 넓이가 600~1,000px 사이일 때의 레이아웃을 보여줍니다.

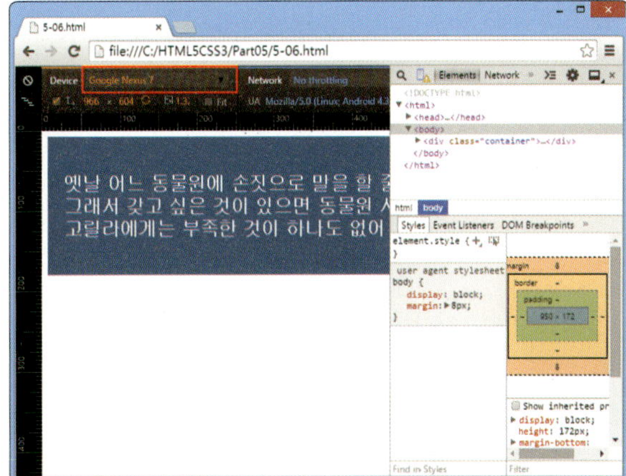

05 [Device]를 [Google Nexus 5]로 변경합니다. 최소 넓이가 600px 이하일 때의 레이아웃을 확인합니다.

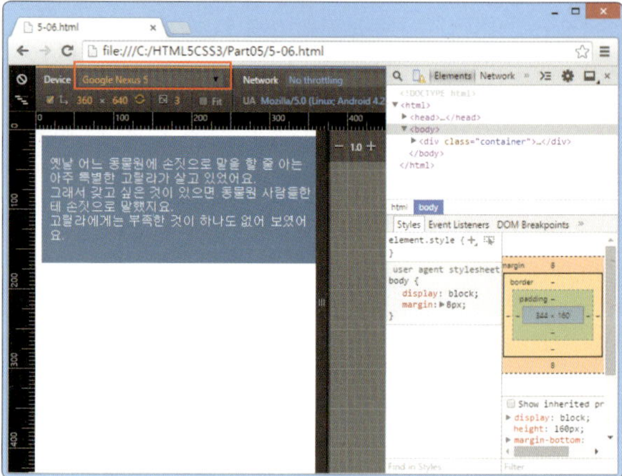

오프 캔버스(Off Canvas) 패턴은 창의 크기가 작아져서 더 이상 창 안에서 콘텐츠를 표현할 수 없을 때 창의 바깥쪽으로 내용을 숨기는 방법입니다. 숨겨진 버튼이나 텍스트 링크 등은 필요할 때 내용을 호출하면 창 안쪽으로 불러와서 보여줍니다.

Generic notebook
(1280×800)
❶

Google Nexus 7
(966×604)
❷

Google Nexus 5
(360×640)
❸

❶ 큰 해상도에서는 왼쪽과 오른쪽 콘텐츠가 표현됩니다.

❷ 해상도가 작아지면서 콘텐츠의 공간 확보를 위해 오른쪽 콘텐츠를 숨겼습니다.

❸ 더 작은 해상도에서는 가운데의 콘텐츠를 제외하고 모두 숨겨 콘텐츠의 공간을 확보하였습니다.

■ 오프 캔버스 패턴을 사용한 사이트(http://thenextweb.com)

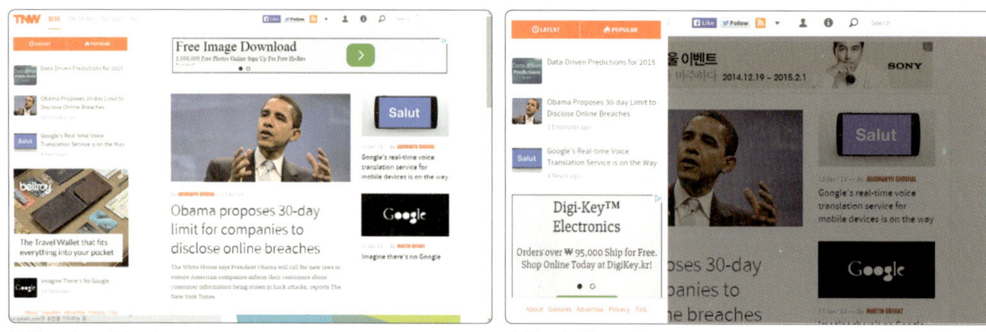

▲ Generic notebook

▲ Google Nexus 7

▲ Google Nexus 5

01 기본 레이아웃에 대한 CSS를 입력합니다.

```
 1 <!DOCTYPE html>
 2 <html>
 3 <head>
 4     <meta charset="utf-8">
 5     <title></title>
 6     <meta name="viewport" content="width=device-width,initial-
   scale=1">
 7 <style type="text/css">
 8 <!--
 9 body { overflow-x: hidden; }
10 .container div {
11     min-height: 640px;
12     min-width: 150px;
13     display: block;
14 }
15 .c1 { background-color: #003476; }
16 .c2 { background-color: #18709C; }
17 .c3 { background-color: #EF4089; }
18 .c1, .c3 {
19     position: absolute;
20     width: 250px;
21     height: 100%;
22     backface-visibility: hidden;
23     transition: transform 0.4s ease-out;
24     z-index: 1;
25 }
26 .c1 { transform: translate(-250px,0); }
27 .c2 { width: 100%; position: absolute; }
28 .c3 { left: 100%; }
29 .c1.open { transform: translate(0,0); }
30 .c3.open { transform: translate(-250px,0); }
31
32 @media (min-width: 600px) {
33     .container {
34         display: flex;
35         flex-flow: row nowrap;
36     }
37     .c1 {
38         position: relative;
39         transition: none 0s ease-out;
40         transform: translate(0,0);
41     }
42     .c2 { position: static; }
43 }
44 @media (min-width: 1000px) {
45     body { overflow-x: auto; }
46     .c3 {
47         position: relative;
48         left: auto;
49         transition: none 0s ease-out;
50         transform: translate(0,0);
51     }
52 }
53 -->
54 </style>
55 </head>
```

 미디어 쿼리와 레이아웃을 구성할 〈div〉를 입력합니다.

```html
1 <!DOCTYPE html>
2 <html>
3 <head>
4     <meta charset="utf-8">
5     <title></title>
6     <meta name="viewport" content="width=device-width,initial-
  scale=1">
7 <style type="text/css">
8 <!--
9 body { overflow-x: hidden; }
10 .container div {
11     min-height: 640px;
12     min-width: 150px;
13     display: block;
14 }
15 .c1 { background-color: #003476; }
16 .c2 { background-color: #18709C; }
17 .c3 { background-color: #EF4089; }
18 .c1, .c3 {
19     position: absolute;
20     width: 250px;
21     height: 100%;
22     backface-visibility: hidden;
23     transition: transform 0.4s ease-out;
24     z-index: 1;
25 }
26 .c1 { transform: translate(-250px,0); }
27 .c2 { width: 100%; position: absolute; }
28 .c3 { left: 100%; }
29 .c1.open { transform: translate(0,0); }
30 .c3.open { transform: translate(-250px,0); }
31
32 @media (min-width: 600px) {
33     .container {
34         display: flex;
35         flex-flow: row nowrap;
36     }
37     .c1 {
38         position: relative;
39         transition: none 0s ease-out;
40         transform: translate(0,0);
41     }
42     .c2 { position: static; }
43 }
44 @media (min-width: 1000px) {
45     body { overflow-x: auto; }
46     .c3 {
47         position: relative;
48         left: auto;
49         transition: none 0s ease-out;
50         transform: translate(0,0);
51     }
52 }
53 -->
54 </style>
55 </head>
56 <body>
57 <div class="container">
58     <div class="c1" id="leftDrawer"></div>
59     <div class="c2" id="mainPanel"></div>
60     <div class="c3" id="rightDrawer"></div>
61 </div>
```

〈div〉 클릭 시 왼쪽과 오른쪽 영역을 보여주는 JavaScript 액션을 설정하고 '5-07.html'이라는 이름으로 저장합니다.

```html
1  <!DOCTYPE html>
2  <html>
3  <head>
4      <meta charset="utf-8">
5      <title></title>
6      <meta name="viewport" content="width=device-width,initial-
   scale=1">
7  <style type="text/css">
8  <!--
9  body { overflow-x: hidden; }
10 .container div {
11     min-height: 640px;
12     min-width: 150px;
13     display: block;
14 }
15 .c1 { background-color: #003476; }
16 .c2 { background-color: #18709C; }
17 .c3 { background-color: #EF4089; }
18 .c1, .c3 {
19     position: absolute;
20     width: 250px;
21     height: 100%;
22     backface-visibility: hidden;
23     transition: transform 0.4s ease-out;
24     z-index: 1;
25 }
26 .c1 { transform: translate(-250px,0); }
27 .c2 { width: 100%; position: absolute; }
28 .c3 { left: 100%; }
29 .c1.open { transform: translate(0,0); }
30 .c3.open { transform: translate(-250px,0); }
31
32 @media (min-width: 600px) {
33     .container {
34         display: flex;
35         flex-flow: row nowrap;
36     }
37     .c1 {
38         position: relative;
39         transition: none 0s ease-out;
40         transform: translate(0,0);
41     }
42     .c2 { position: static; }
43 }
44 @media (min-width: 1000px) {
45     body { overflow-x: auto; }
46     .c3 {
47         position: relative;
48         left: auto;
49         transition: none 0s ease-out;
50         transform: translate(0,0);
51     }
52 }
53 -->
54 </style>
55 </head>
56 <body>
57 <div class="container">
58     <div class="c1" id="leftDrawer"></div>
59     <div class="c2" id="mainPanel"></div>
```

```html
60     <div class="c3" id="rightDrawer"></div>
61 </div>
62 <script type="text/javascript">
63 var position = 0;
64 var mainPanel = document.getElementById("mainPanel");
65 var leftDrawer = document.getElementById("leftDrawer");
66 var rightDrawer = document.getElementById("rightDrawer");
67
68 function toggle(evt) {
69     position++;
70     if (position % 3 == 0) {
71         leftDrawer.classList.remove("open");
72         rightDrawer.classList.remove("open");
73     } else if (position % 3 == 1) {
74         leftDrawer.classList.add("open");
75         rightDrawer.classList.remove("open");
76     } else {
77         leftDrawer.classList.remove("open");
78         rightDrawer.classList.add("open");
79     }
80 }
81
82 mainPanel.addEventListener("click", toggle);
83 leftDrawer.addEventListener("click", toggle);
84 rightDrawer.addEventListener("click", toggle);
85 </script>
86 </body>
87 </html>
```

04 [Device]를 [Generic notebook]으로 변경합니다. 최소 넓이가 1,000px 이상일 때의 레이아웃을 확인합니다.

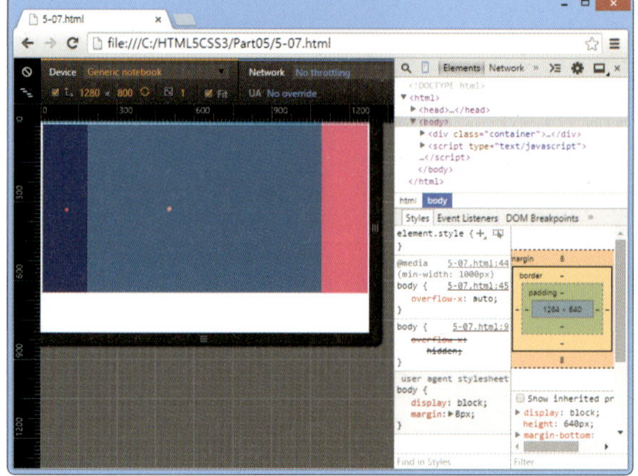

05 [Device]를 [Google Nexus 7]으로 변경합니다. 넓이가 600~1,000px 사이일 때의 레이아웃을 보여줍니다.

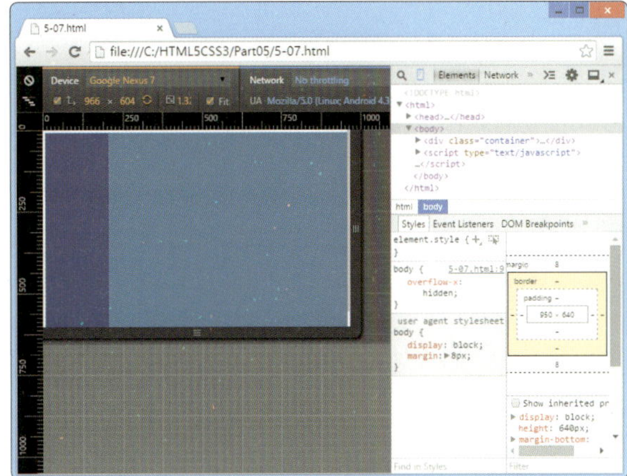

06 넓이가 600~1,000px 사이일 때의 레이아웃에서 아무 위치나 클릭하면 숨어 있던 오른쪽 영역을 보여줍니다.

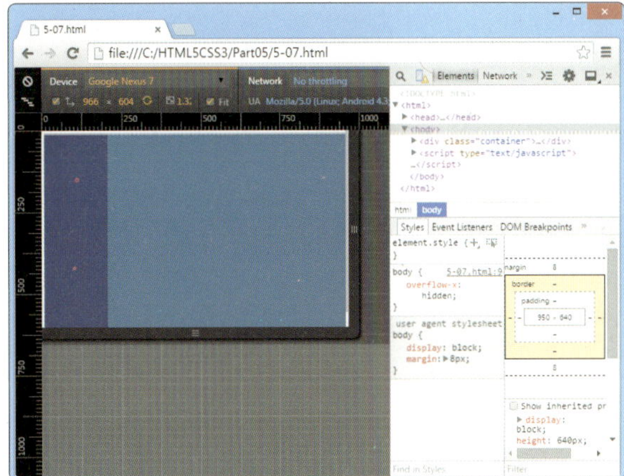

다시 레이아웃을 클릭하면 나타났던 오른쪽 영역을 숨깁니다.

07 [Device]를 [Google Nexus 5]로 변경합니다. 최소 넓이가 600px 이하일 때의 레이아웃을 확인합니다.

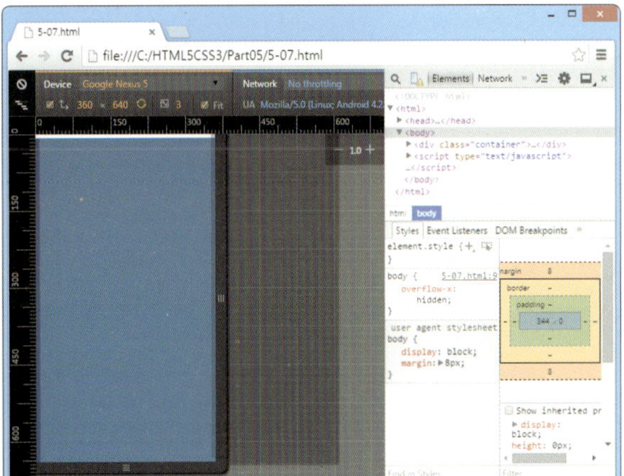

08 최소 넓이가 600px 이하일 때의 레이아웃에서 아무 위치나 클릭하면 숨어 있던 왼쪽 영역을 보여줍니다.

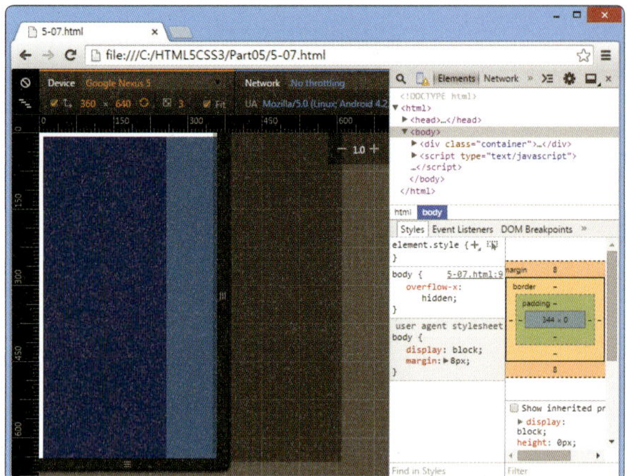

09 다시 한 번 클릭하면 왼쪽 영역을 숨기고 오른쪽 영역을 보여줍니다. 여기에서 한 번 더 클릭하면 왼쪽과 오른쪽 영역을 숨겨 원래 형태로 되돌아갑니다.

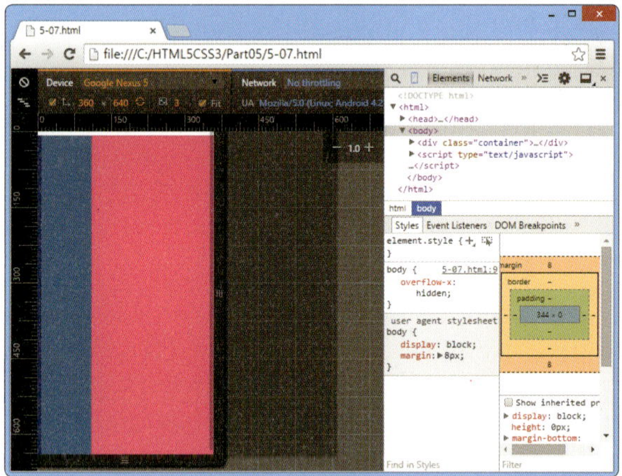

이전 웹 브라우저에서 HTML5 사용하기

이전 버전의 웹 브라우저에서는 HTML5를 사용할 수 없습니다. 또 인터넷 익스플로러에서는 버전에 따라 레이아웃이 깨지는 증상 등이 나타나기도 합니다. 이번 레슨에서는 이러한 문제점을 해결하기 위한 방법에 대해 알아보겠습니다.

사람들은 어떤 웹 브라우저를 많이 사용할까?

웹 브라우저(Web Browser)는 인터넷에서 다양한 정보를 받아 화면에 보여주는 소프트웨어입니다.

▲ 인터넷 익스플로러(Internet Explorer)

▲ 크롬(Chrome)

▲ 파이어폭스(Firefox)

▲ 사파리(Safari)

주로 PC에서 사용되는 웹 브라우저는 인터넷 익스플로러(Internet Explorer), 크롬(Chrome), 파이어폭스(Firefox), 사파리(Safari) 등이 있습니다. 그리고 스마트폰과 태블릿 PC의 보급으로 PC의 웹 브라우저가 모바일용으로 제작되어 사용되고 있습니다.

사람들이 어떤 웹 브라우저를 사용하느냐가 왜 그리 중요할까요? 개발자 입장에서는 '그냥 표준에 맞춰 웹 사이드를 만들기만 하면 되지 않을까?'라고 생각할 수 있습니다. 하지만 문제는 그리 간단하지 않습니다. HTML과 CSS도 계속 발전되어 오기는 했지만 HTML5와 CSS3는 아직 표준으로 확정되지 않고 계속 개발 중에 있는 표준입니다. 이에 따라 웹 브라우저도 표준을 지원하기 위해 수많은 버전이 나왔으며, 계속 발전 중에 있습니다.

여기에서의 문제는 아직도 이전 버전의 웹 브라우저를 사용하고 있는 사용자가 있다는 것입니다. 그렇기 때문에 웹 사이트에 접근하는 사용자의 환경을 알아야 하고, 이를 지원할 수 있는 웹 사이트를 만들어야 하는 것입니다.

HTML5나 CSS3를 사용하여 웹 사이트를 만들 때에는 이전 버전의 IE, 즉 IE7/IE8/IE9/IE10이 가장 큰 걸림돌이 됩니다. 우리나라처럼 IE 사용 비율이 매우 높은 경우에는 이를 배제할 수 없습니다.

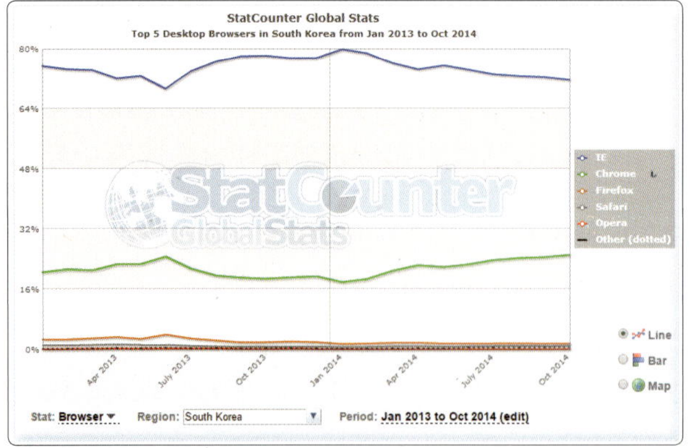

▲ 출처 : http://gs.statcounter.com

위 그림은 우리나라 사용자가 PC에서 사용하는 웹 브라우저의 비율을 보여주고 있습니다. 인터넷 익스플로러 사용 비율이 70%를 넘고 있습니다.

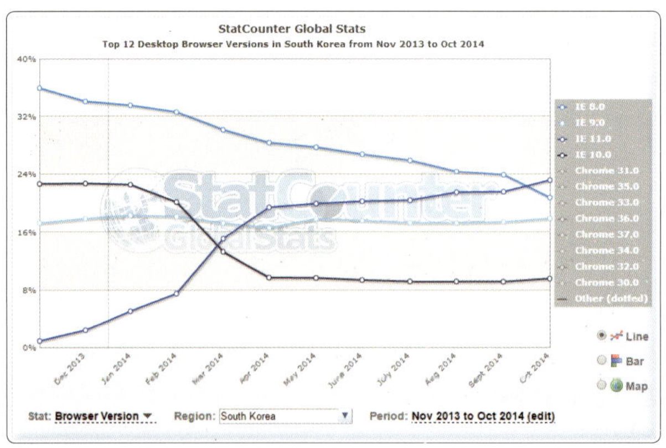

▲ 출처 : http://gs.statcounter.com

또 인터넷 익스플로러의 사용 비율이 IE11>IE8>IE9>IE10 순으로 나타나고 있습니다. 아직까지도 이전 버전의 사용 비율이 높게 나타나고 있는 것입니다.

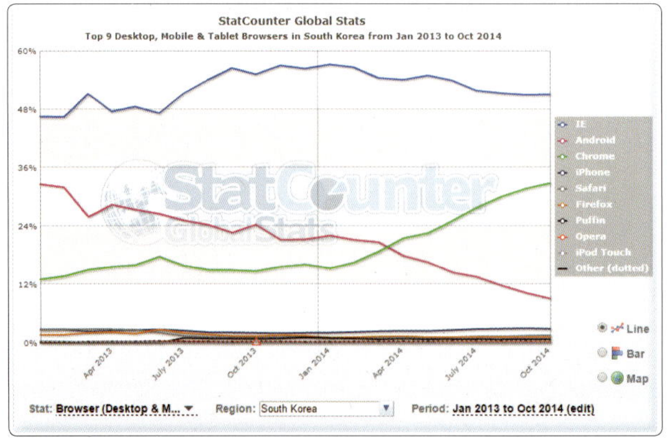

▲ 출처 : http://gs.statcounter.com

그런데 PC와 모바일, 태블릿 PC를 합한 결과를 보면 인터넷 익스플로러가 51%, 크롬이 33%를 차지하여 차이가 많이 줄어든 것을 볼 수 있습니다.

이전에는 웹 사이트를 만들 때 PC 사용자만을 고려하면 되었습니다. 그런데 스마트폰과 태블릿 PC와 같은 인터넷을 접속할 수 있는 다양한 기기들이 생기면서 모바일과 태블릿 PC를 고려해야 할 필요성이 생긴 것입니다.

통계 정보를 제공하는 웹 사이트마다 수치가 다르기 때문에 위의 수치가 정확한 것은 아닙니다.

첫째, 이전 버전의 웹 브라우저를 위해 호환성을 제공할 것
둘째, PC 이외에 모바일과 태블릿 PC를 지원할 수 있는 레이아웃을 제공하거나 모바일과 태블릿 PC용 웹 사이트를 따로 제공할 것

웹 브라우저 버전에 따른 HTML5 사용하기

이전 버전의 웹 브라우저에서는 HTML5를 사용할 수 없습니다. 또 인터넷 익스플로러에서는 버전에 따라 레이아웃이 깨지는 증상 등이 나타나기도 합니다. 이러한 모든 증상들에 대한 대비책을 마련하여 호환성을 확보하기는 어렵습니다.

하지만 그동안 이러한 문제들을 해결하기 위한 방법들이 개발되어 몇 가지만으로도 대부분의 문제들을 해결할 수 있게 되었습니다.

인터넷 익스플로러 9 이하에서 HTML5 엘리먼트를 지원하기 위해서는 html5shiv를 사용하면 됩니다.
html5shiv에는 html5 엘리먼트들을 인식시키기 위한 스크립트가 들어 있으며, 인터넷 익스플로러 6~9, 사파리 4.x(iPhone 3.x), 파이어폭스 3.x를 지원합니다.

다음과 같이 js 파일을 인클루드하면 됩니다. 단, 이 js 파일은 반드시 <head> 안에 넣어야 합니다.

```
<!--[if lt IE9]>
<script src="//html5shiv.googlecode.com/svn/trunk/html5.js"></script>
<![endif]-->
```

위는 URL을 직접 입력하는 방법이고, 파일을 직접 다운로드하여 사용할 수 있습니다.
'https://github.com/aFarkas/html5shiv'를 방문하면 js 파일을 다운로드할 수 있습니다.

IE9 이하 버전에서 HTML5 엘리먼트를 지원하는 간단한 예를 들어 보겠습니다.

● **저장할 경로** : C:\HTML5CSS3\Part05\5-08.html ● **완성 파일** : C:\HTML5CSS3\완성예제\Part05\5-08.html

01 다음과 같이 입력하고 '5-08.html'이라는 이름으로 저장합니다. HTML5 태그인 hearder를 이용하여 간단한 내용과 스타일을 입력하였습니다.

```html
1 <!DOCTYPE html>
2 <html>
3 <head>
4     <meta charset="utf-8">
5     <title></title>
6 <style type="text/css">
7 <!--
8 header {
9     background: #eb6b60;
10 }
11 -->
12 </style>
13 </head>
14 <body>
15 <header>
16     <h1>HTML5 태그 header</h1>
17 </header>
18 </body>
19 </html>
```

02 웹 브라우저에서 내용을 확인합니다. 이번에는 IE 하위 버전에서 테스트하기 위해 IE로 웹 문서를 엽니다. IE9 이상의 버전을 이용하고 있는 경우에는 다음과 같은 화면을 확인할 수 있습니다.

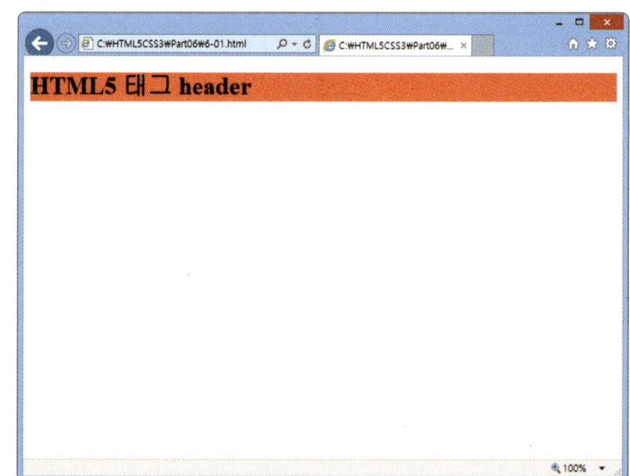

03 IE9 이하에서는 어떻게 보일까요? F12 를 눌러 개발자 도구를 엽니다. 문서 모드에서 하위 버전 테스트를 위해 '8' 버전을 선택합니다.

 지금 화면이 IE8 버전에서 보이는 화면입니다. HTML5 태그인 'header'에 적용한 스타일이 보이지 않는 것을 확인할 수 있습니다. IE8 버전에서는 HTML5 태그를 지원하지 않기 때문입니다.

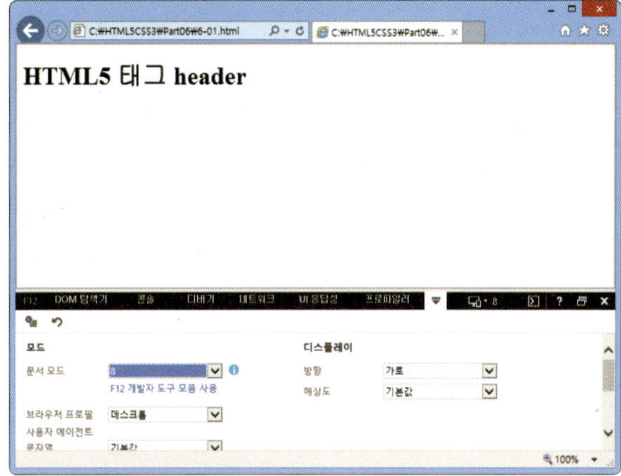

 이번에는 소스에 html5shiv 스크립트 코드를 추가하고 저장합니다.

```
1 <!DOCTYPE html>
2 <html>
3 <head>
4     <meta charset="utf-8">
5     <title></title>
6 <!--[if lt IE 9]>
7 <script
  src="http://html5shiv.googlecode.com/svn/trunk/html5.js">
  </script>
8 <![endif]-->
9 <style type="text/css">
10 <!--
11 header {
12     background: #eb6b60;
13 }
14 -->
15 </style>
16 </head>
17 <body>
18 <header>
19     <h1>HTML5 태그 header</h1>
20 </header>
21 </body>
22 </html>
```

 웹 브라우저에서 내용을 확인합니다. html5shiv가 적용되어 IE8 버전에서도 HTML5 태그인 'header'에 적용한 스타일이 보이는 것을 확인할 수 있습니다.

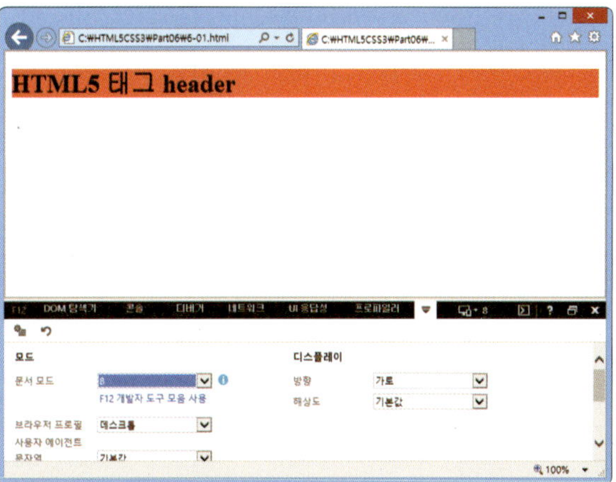

IE7 미만에서 HTML, CSS, 투명 PNG 파일을 지원하기 위해서는 IE 버전에 맞는 스크립트를 제공해주면 됩니다. 현재 사용하는 IE보다 버전이 낮을 경우, 작동하는 스크립트로 버전이 낮은 브라우저에서 호환성을 보장하게 만들어줍니다. 사용법은 다음과 같이 js 파일을 인클루드하면 됩니다. 단, 이 js 파일은 반드시 <head> 안에 넣어야 합니다.

```
<!--[if lt IE 9]>
<script src="http://ie7-js.googlecode.com/svn/version/2.1(beta4)/IE9.js"></script>
<![endif]-->

<!--[if lt IE 8]>
<script src="http://ie7-js.googlecode.com/svn/version/2.1(beta4)/IE8.js"></script>
<![endif]-->

<!--[if lt IE 7]>
<script src="http://ie7-js.googlecode.com/svn/version/2.1(beta4)/IE7.js"></script>
<![endif]-->
```

IE7 이하 버전에서 투명 PNG를 지원하는 간단한 예를 들어보겠습니다.

● **저장할 경로** : C:\HTML5CSS3\Part05\5-09.html　　● **완성 파일** : C:\HTML5CSS3\완성예제\Part05\5-09.html

01 다음과 같이 입력하고 '5-09.html'이라는 이름으로 저장합니다. 투명 PNG 파일을 추가하고 이미지 위에 마우스 포인터를 올려놓았을 때 배경색이 변하도록 스타일을 입력하였습니다.

```
 1 <!DOCTYPE html>
 2 <html>
 3 <head>
 4     <meta charset="utf-8">
 5     <title></title>
 6 <style type="text/css">
 7 <!--
 8 img:hover {
 9     background-color: #eb6b60;
10 }
11 -->
12 </style>
13 </head>
14 <body>
15 <img src="../images/4-19.png">
16 </body>
17 </html>
```

웹 브라우저에서 내용을 확인합니다. 이번에도 IE로 웹 문서를 열어 확인합니다. IE5 이상의 버전을 이용하고 있는 경우, 이미지에 마우스 포인터를 올려놓으면 오른쪽과 같은 화면을 볼 수 있습니다.

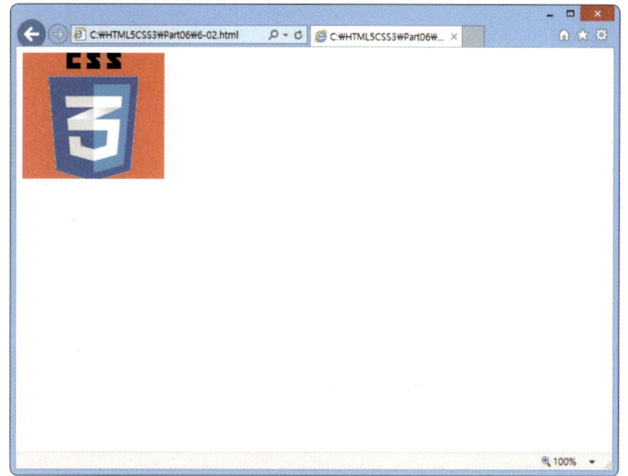

IE7 이하에서 테스트를 위해 F12 를 눌러 개발자 도구를 엽니다. 문서 모드에서 하위버전 테스트를 위해 '5' 버전을 선택합니다.

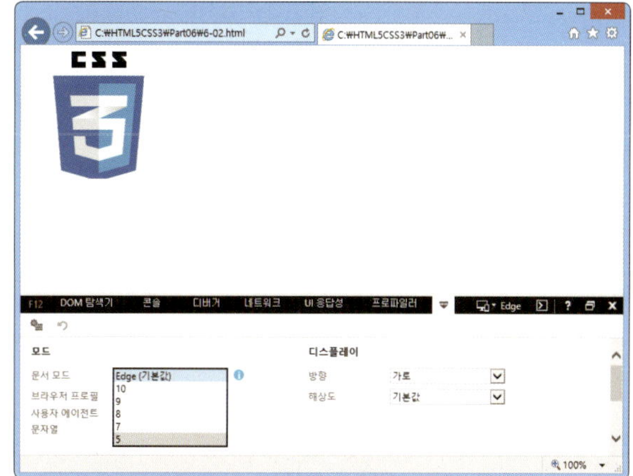

다음 화면이 IE5 버전에서 보이는 화면입니다. 이미지 위에 마우스 포인터를 올려놓더라도 배경 스타일이 보이지 않는 것을 확인할 수 있습니다. IE5 버전에서는 투명 PNG를 지원하지 않기 때문입니다.

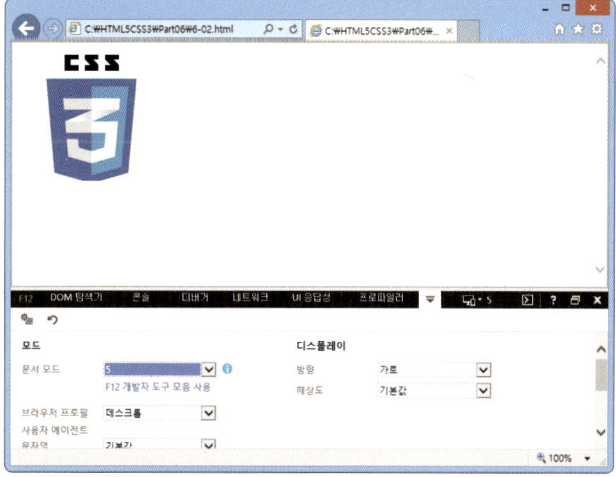

05 소스에 IE9.js 스크립트 코드를 추가합니다.

```
 1 <!DOCTYPE html>
 2 <html>
 3 <head>
 4     <meta charset="utf-8">
 5     <title></title>
 6 <!--[if lt IE 9]>
 7 <script src="http://ie7-
   js.googlecode.com/svn/version/2.1(beta4)/IE9.js"></script>
 8 <![endif]-->
 9 <style type="text/css">
10 <!--
11 img:hover {
12     background-color: #eb6b60;
13 }
14 -->
15 </style>
16 </head>
17 <body>
18 <img src="../images/4-19.png">
19 </body>
20 </html>
```

06 웹 브라우저에서 내용을 확인합니다. IE9.js가 적용되어 IE5 버전에서도 투명 PNG의 배경에 적용한 스타일이 보이는 것을 확인할 수 있습니다.

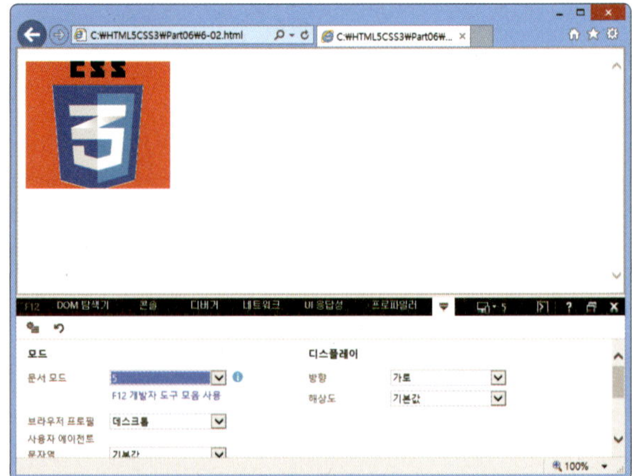

트위터의 오픈 소스, 부트스트랩

부트스트랩(Bootstrap)은 트위터에서 오픈 소스로 공개한 웹 프런트엔드 개발 도구입니다. 부트스트랩은 유연한 HTML, CSS, JavaScript 템플릿과 다양한 UI 컴포넌트, 인터랙션을 제공하기 때문에 웹 사이트를 구축하는 시작점이 될 수 있습니다. 이번 레슨에서는 부트스트랩의 특징이 무엇이고, 어떻게 부트스트랩으로 웹 사이트 구축을 시작할 수 있는지에 대해 간단하게 알아보겠습니다.

부트스트랩의 특징

웹 UI 개발은 쉬워 보이면서도 직접 접해 보면 수많은 어려움에 부딪히게 됩니다. 한 가지 클라이언트 환경만 고려하면 되는 다른 UI 개발과는 달리, 웹 UI 개발은 다양한 웹 브라우저 환경에서 호환성을 충족시키는 크로스 브라우징(Cross Browsing) 작업이 필요합니다. PC에서 많이 사용하는 웹 브라우저만 해도 인터넷 익스플로러, 파이어폭스, 크롬, 사파리, 오페라 등 5가지이며, 각 웹 브라우저의 버전이나 운영체제에 따라 별도의 작업을 해야 하는 경우도 있습니다. 더욱이 최근에는 스마트폰, 태블릿 PC 등 다양한 스크린 크기와 기기에 특화된 웹 브라우저가 포함되어 있는 모바일 환경까지 고려해야 하는 상황입니다. 중소 규모의 웹 사이트에서 이렇게 다양하고 복잡한 웹 브라우저 환경에 대응해 크로스 브라우징 작업을 하기에는 부담이 많을 수밖에 없습니다. 트위터의 프런트엔드 툴킷인 부트스트랩(Bootstrap)은 이런 어려움을 해결함으로써 간편하고 빠르게 유연한 사이트를 구현할 수 있도록 도와줍니다.

또 부트스트랩은 유연한 HTML, CSS, JavaScript 템플릿과 자주 사용하는 다양한 UI 컴포넌트 및 인터랙션을 제공함으로써 웹 사이트를 간편하고 빠르게 구축하는 데 도움을 줍니다.

부트스트랩 다운로드

01 부트스트랩은 공식 사이트인 'http://getbootstrap.com'을 통해 최신 버전을 무료로 다운로드 할 수 있습니다. 웹 브라우저를 열고 'http://getbootstrap.com'로 이동한 후 [Download Bootstrap]을 클릭하여 다운로드 페이지로 이동합니다.

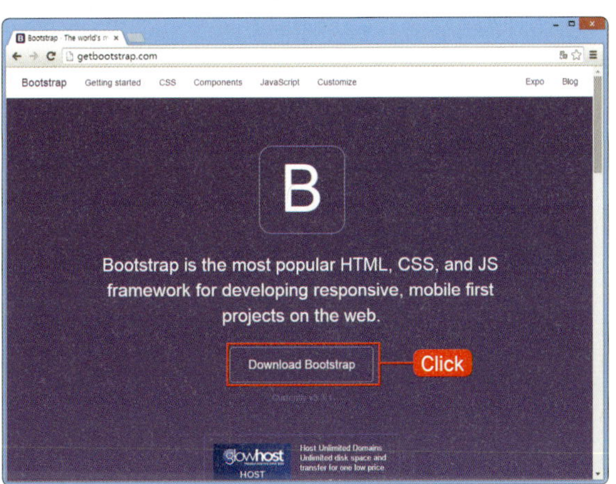

주의

부트스트랩은 수시로 업데이트 되기 때문에 버전은 변경될 수 있습니다.

 다운로드 페이지에서 [Download Bootstrap]을 클릭
하여 파일을 다운로드합니다. 소스 코드 등이 필요한
경우에는 목적에 맞는 파일을 다운로드합니다.

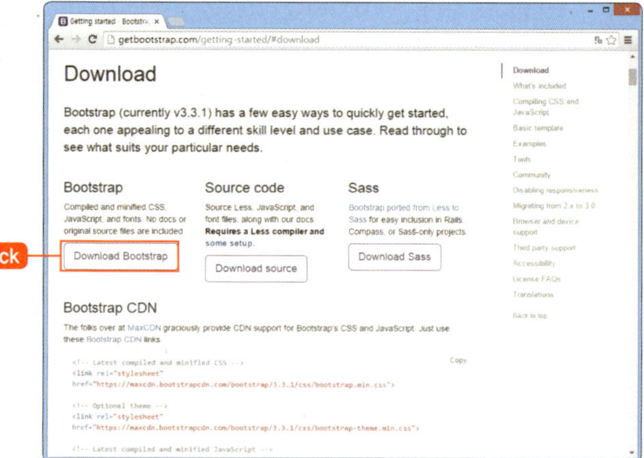

 다운로드한 파일을 실습 폴더로 이동한 후 압축을 해제
합니다. 실습을 하기 위해 'C:\HTML5CSS3\
bootstrap'에 압축을 해제하였습니다.

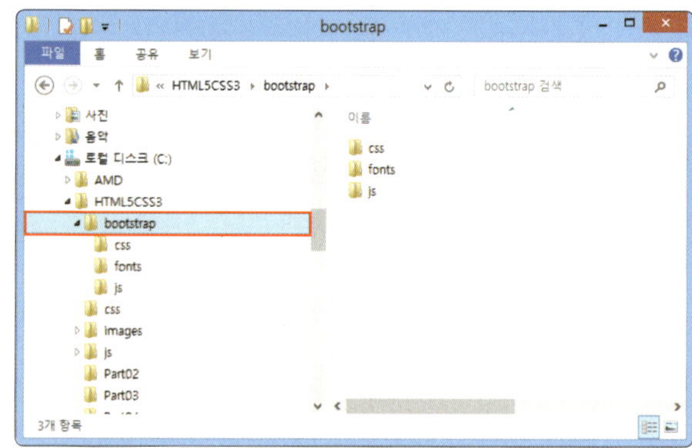

부트스트랩
기본 문서 템플릿

부트스트랩에서는 기본적인 HTML 문서 템플릿을 제공합니다. 이 책에서는 실습 경로와 맞도록 다음과 같이 작성하여 기본 템플릿으로 사용하겠습니다.

● **저장할 경로** : C:\HTML5CSS3\Part05\5-10.html ● **완성 파일** : C:\HTML5CSS3\완성예제\Part05\5-10.html

```html
1  <!DOCTYPE html>
2  <html>
3  <head>
4  <meta charset="utf-8">
5  <title></title>
6  <!-- Bootstrap -->
7  <link href="../bootstrap/css/bootstrap.min.css"
   rel="stylesheet">
8  <!-- jQuery (necessary for Bootstrap's JavaScript plugins) -->
9  <script
   src="https://ajax.googleapis.com/ajax/libs/jquery/1.11.1/jquer
   y.min.js"></script>
10 <!-- Include all compiled plugins (below), or include
   individual files as needed -->
11 <script src="../bootstrap/js/bootstrap.min.js"></script>
```

```
12 </head>
13 <body>
14 <h1>Hello, world!</h1>
15 </body>
16 </html>
```


그리드(Grid)는 레이아웃 디자인의 기본적인 요소입니다. 웹 문서의 레이아웃은 일반적으로 <div> 태그와 CSS를 이용해 화면을 분할하고, 요소를 배치합니다.

부트스트랩도 자체적인 격자 레이아웃 시스템을 제공합니다. 부트스트랩의 격자 시스템은 12열의 격자(12-column grid)로 이루어져 있으며, 정적인 그리드 시스템과 동적인 그리드 시스템을 지원합니다.

정적인 그리드 시스템을 만들 때는 container를 이용합니다.

```
<div class="container">

  ...

</div>
```

동적인 그리드 시스템을 만들 때는 container-fluid를 이용합니다.

```
<div class="container-fluid">

  ...

</div>
```

■ 가로 그리드 시스템(Stacked-to-horizontal)

가로 그리드 시스템은 'col-md-*'로 열을 만들고 'row'로 묶어 행을 만들게 됩니다. 다음과 같은 정적인 그리드 시스템을 만들어 보겠습니다.

.col-md-1	.col-md-1	.col-md-1	.col-md-1	.col-md-1	.col-md-1	.col-md-1	.col-md-1	.col-md-1	.col-md-1	.col-md-1	.col-md-1
.col-md-8								.col-md-4			
.col-md-4				.col-md-4				.col-md-4			
.col-md-6						.col-md-6					

01 다음과 같이 내용을 입력하고 '5-11.html'이라는 이름으로 저장합니다. 기본 열이 12개이므로 하나의 행에 들어가는 열의 합이 12가 되도록 입력합니다.

```
1 <!DOCTYPE html>
2 <html>
3 <head>
4 <meta charset="utf-8">
5 <title></title>
6 <!-- Bootstrap -->
7 <link href="../bootstrap/css/bootstrap.min.css"
  rel="stylesheet">
8 <!-- jQuery (necessary for Bootstrap's JavaScript plugins) -->
9 <script
  src="https://ajax.googleapis.com/ajax/libs/jquery/1.11.1/jquer
  y.min.js"></script>
10 <!-- Include all compiled plugins (below), or include
   individual files as needed -->
11 <script src="../bootstrap/js/bootstrap.min.js"></script>
12 </head>
13 <body>
14 <div class="container">
15     <div class="row">
16         <div class="col-md-1">.col-md-1</div>
17         <div class="col-md-1">.col-md-1</div>
18         <div class="col-md-1">.col-md-1</div>
19         <div class="col-md-1">.col-md-1</div>
20         <div class="col-md-1">.col-md-1</div>
21         <div class="col-md-1">.col-md-1</div>
22         <div class="col-md-1">.col-md-1</div>
23         <div class="col-md-1">.col-md-1</div>
24         <div class="col-md-1">.col-md-1</div>
25         <div class="col-md-1">.col-md-1</div>
24         <div class="col-md-1">.col-md-1</div>
25         <div class="col-md-1">.col-md-1</div>
26         <div class="col-md-1">.col-md-1</div>
27         <div class="col-md-1">.col-md-1</div>
28     </div>
29     <div class="row">
30         <div class="col-md-8">.col-md-8</div>
31         <div class="col-md-4">.col-md-4</div>
32     </div>
33     <div class="row">
34         <div class="col-md-4">.col-md-4</div>
35         <div class="col-md-4">.col-md-4</div>
36         <div class="col-md-4">.col-md-4</div>
37     </div>
38     <div class="row">
39         <div class="col-md-6">.col-md-6</div>
40         <div class="col-md-6">.col-md-6</div>
41     </div>
42 </div>
43 </body>
44 </html>
```

02 웹 브라우저에서 내용을 확인합니다. 정적인 그리드 시스템이 만들어진 것을 확인할 수 있습니다. 그리드 시스템에는 모양이 없기 때문에 화면에는 텍스트만 보이게 됩니다.

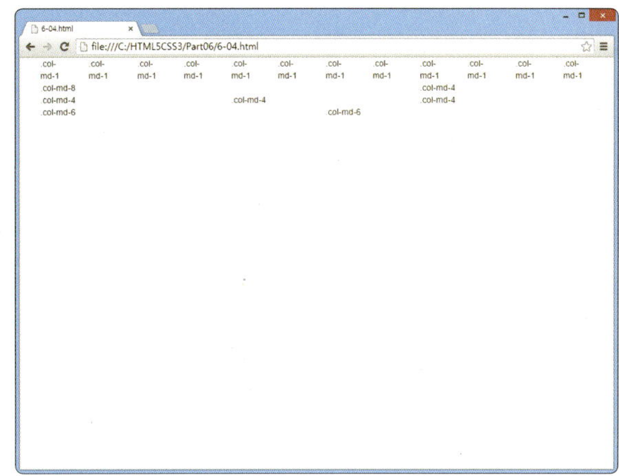

■ 열 위치 이동하기(Offsetting columns)

열에 'col-md-offset-*'을 이용하면 열을 오른쪽으로 이동시킬 수 있습니다. 다음과 같이 열이 오른쪽으로 이동한 그리드 시스템을 만들어 보겠습니다.

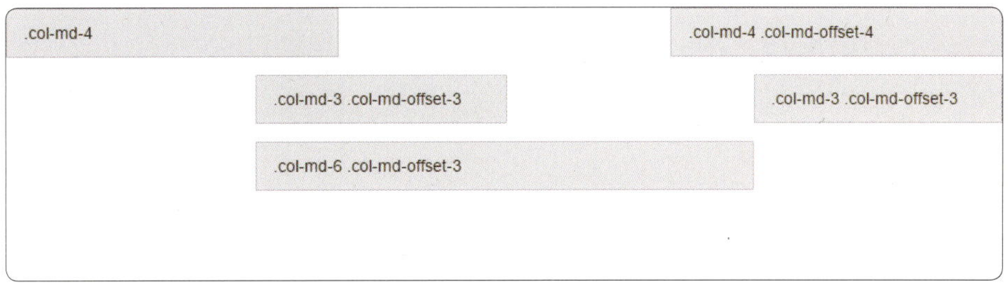

● **저장할 경로** : C:\HTML5CSS3\Part05\5-12.html ● **완성 파일** : C:\HTML5CSS3\완성예제\Part05\5-12.html

01 다음과 같이 내용을 입력하고 '5-12.html'이라는 이름으로 저장합니다. 오른쪽으로 이동하고자 하는 만큼 offset을 지정하고 한 행의 열의 합이 12가 되도록 입력합니다.

```html
1 <!DOCTYPE html>
2 <html>
3 <head>
4 <meta charset="utf-8">
5 <title></title>
6 <!-- Bootstrap -->
7 <link href="../bootstrap/css/bootstrap.min.css"
  rel="stylesheet">
8 <!-- jQuery (necessary for Bootstrap's JavaScript plugins) -->
9 <script
  src="https://ajax.googleapis.com/ajax/libs/jquery/1.11.1/jquer
  y.min.js"></script>
10 <!-- Include all compiled plugins (below), or include
   individual files as needed -->
11 <script src="../bootstrap/js/bootstrap.min.js"></script>
12 </head>
13 <body>
14 <div class="container">
```

```
15      <div class="row">
16          <div class="col-md-4">.col-md-4</div>
17          <div class="col-md-4 col-md-offset-4">.col-md-4 .col-
    md-offset-4</div>
18      </div>
19      <div class="row">
20          <div class="col-md-3 col-md-offset-3">.col-md-3 .col-
    md-offset-3</div>
21          <div class="col-md-3 col-md-offset-3">.col-md-3 .col-
    md-offset-3</div>
22      </div>
23      <div class="row">
24          <div class="col-md-6 col-md-offset-3">.col-md-6 .col-
    md-offset-3</div>
25      </div>
26 </div>
27 </body>
28 </html>
```

02 웹 브라우저에서 내용을 확인합니다. 오른쪽으로 이동
한 그리드 시스템이 만들어진 것을 확인할 수 있습니다.

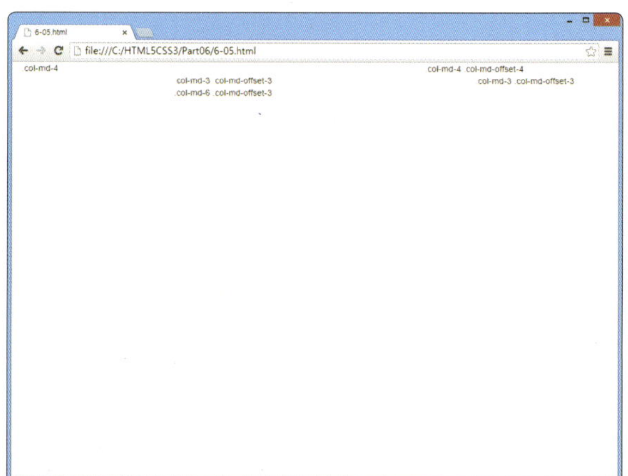

■ 열 내부에 그리드 포함하기(Nesting columns)

열에 내부에 그리드를 추가하려면 열에 'row'를 추가하여 만들 수 있습니다. 다음과 같이 열 내부에 그리드가 포함되도록
만들어 보겠습니다.

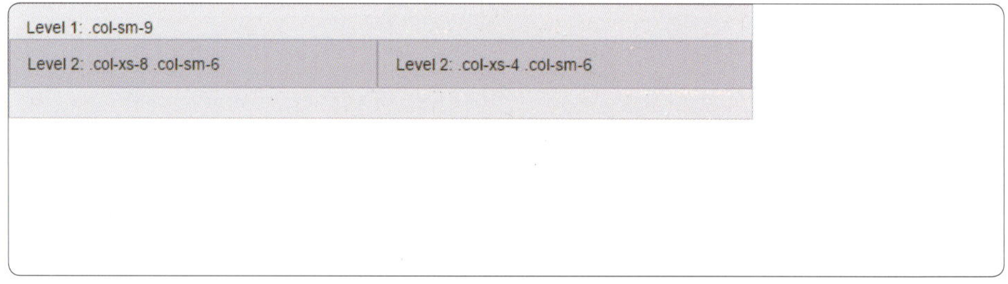

01 다음과 같이 내용을 입력하고 '5-13.html'이라는 이름으로 저장합니다. 열에 'row'를 추가하고 추가된 행에 열을 추가하였습니다.

```html
1 <!DOCTYPE html>
2 <html>
3 <head>
4 <meta charset="utf-8">
5 <title></title>
6 <!-- Bootstrap -->
7 <link href="../bootstrap/css/bootstrap.min.css"
  rel="stylesheet">
8 <!-- jQuery (necessary for Bootstrap's JavaScript plugins) -->
9 <script
  src="https://ajax.googleapis.com/ajax/libs/jquery/1.11.1/jquer
  y.min.js"></script>
10 <!-- Include all compiled plugins (below), or include
  individual files as needed -->
11 <script src="../bootstrap/js/bootstrap.min.js"></script>
12 </head>
13 <body>
14 <div class="container">
15     <div class="row">
16         <div class="col-sm-9">
17         Level 1: .col-sm-9
18             <div class="row">
19                 <div class="col-xs-8 col-sm-6">
20                 Level 2: .col-xs-8 .col-sm-6
21                 </div>
22                 <div class="col-xs-4 col-sm-6">
23                 Level 2: .col-xs-4 .col-sm-6
24                 </div>
25             </div>
26         </div>
27     </div>
28 </div>
29 </body>
30 </html>
```

02 웹 브라우저에서 내용을 확인합니다. 열 내부에 그리드가 추가된 모습을 확인할 수 있습니다.

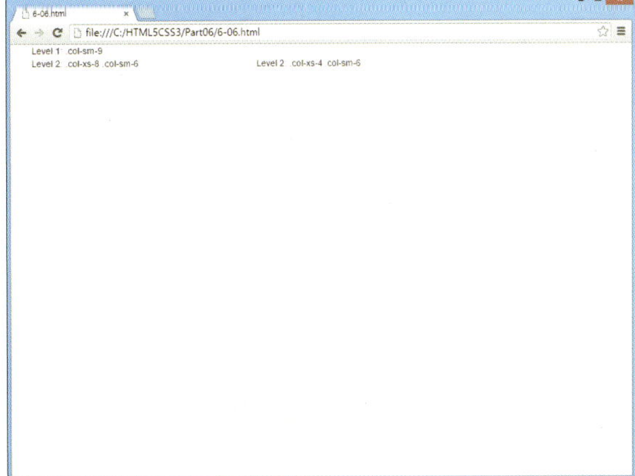

부트스트랩에서는 기본 테이블에 디자인을 적용하여 다양한 모양의 테이블을 제공합니다. 또 작은 화면과 큰 화면에서도 내용을 확인할 수 있도록 반응형 테이블도 제공하고 있습니다.

● **저장할 경로** : C:\HTML5CSS3\Part05\5-14.html   ● **완성 파일** : C:\HTML5CSS3\완성예제\Part05\5-14.html

01 다음과 같이 내용을 입력하고 '5-14.html'이라는 이름으로 저장합니다. 예제로 2개의 테이블을 입력하였습니다.

```html
1  <!DOCTYPE html>
2  <html>
3  <head>
4  <meta charset="utf-8">
5  <title></title>
6  <!-- Bootstrap -->
7  <link href="../bootstrap/css/bootstrap.min.css"
   rel="stylesheet">
8  <!-- jQuery (necessary for Bootstrap's JavaScript plugins) -->
9  <script
   src="https://ajax.googleapis.com/ajax/libs/jquery/1.11.1/jquer
   y.min.js"></script>
10 <!-- Include all compiled plugins (below), or include
   individual files as needed -->
11 <script src="../bootstrap/js/bootstrap.min.js"></script>
12 </head>
13 <body>
14 <div class="container">
15     <table class="table">
16         <thead>
17             <tr>
18                 <th>#</th>
19                 <th>First Name</th>
20                 <th>Last Name</th>
21                 <th>Username</th>
22             </tr>
23         </thead>
24         <tbody>
25             <tr>
26                 <th>1</th>
27                 <td>Mark</td>
28                 <td>Otto</td>
29                 <td>@mdo</td>
30             </tr>
31             <tr>
32                 <th>2</th>
33                 <td>Jacob</td>
34                 <td>Thornton</td>
35                 <td>@fat</td>
36             </tr>
37         </tbody>
38     </table>
39
40     <table class="table">
41         <thead>
42             <tr>
43                 <th>#</th>
44                 <th>Column heading</th>
45                 <th>Column heading</th>
46                 <th>Column heading</th>
47             </tr>
48         </thead>
```

```
49          <tbody>
50              <tr class="success">
51                  <th>1</th>
52                  <td>Column content</td>
53                  <td>Column content</td>
54                  <td>Column content</td>
55              </tr>
56              <tr class="danger">
57                  <th>2</th>
58                  <td>Column content</td>
59                  <td>Column content</td>
60                  <td>Column content</td>
61              </tr>
62          </tbody>
63      </table>
64 </div>
65 </body>
66 </html>
```

02 웹 브라우저에서 내용을 확인합니다. 2개의 테이블을 확인할 수 있습니다.

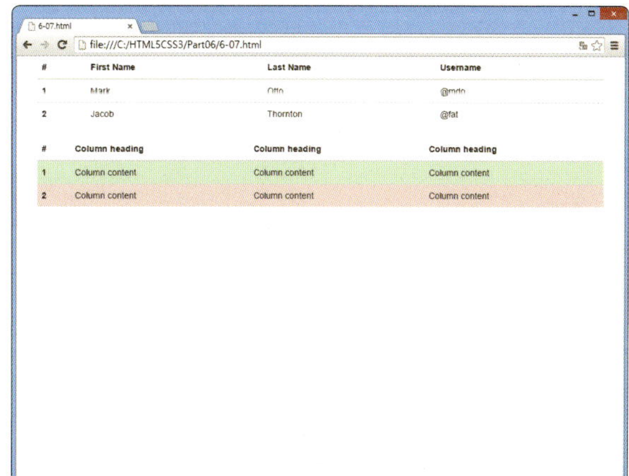

폼과 버튼

부트스트랩은 폼과 버튼에 기본으로 CSS를 적용하여 깔끔하고 잘 정돈된 느낌의 폼과 버튼 스타일을 제공하고 있습니다.

● **저장할 경로** : C:\HTML5CSS3\Part05\5-15.html   ● **완성 파일** : C:\HTML5CSS3\완성예제\Part05\5-15.html

01 다음과 같이 내용을 입력하고 '5-15.html'이라는 이름으로 저장합니다.

```
1 <!DOCTYPE html>
2 <html>
3 <head>
4 <meta charset="utf-8">
5 <title></title>
6 <!-- Bootstrap -->
7 <link href="../bootstrap/css/bootstrap.min.css"
  rel="stylesheet">
8 <!-- jQuery (necessary for Bootstrap's JavaScript plugins) -->
```

```
 9 <script
   src="https://ajax.googleapis.com/ajax/libs/jquery/1.11.1/jquer
   y.min.js"></script>
10 <!-- Include all compiled plugins (below), or include
   individual files as needed -->
11 <script src="../bootstrap/js/bootstrap.min.js"></script>
12 </head>
13 <body>
14 <div class="container">
15     <form>
16         <input type="email" class="form-control"
   placeholder="Enter email">
17         <input type="password" class="form-control"
   placeholder="Password">
18         <input type="checkbox"> Check me out
19     </form>
20
21     <button type="button" class="btn btn-
   default">Default</button>
22     <button type="button" class="btn btn-
   primary">Primary</button>
23     <button type="button" class="btn btn-
   success">Success</button>
24     <button type="button" class="btn btn-info">Info</button>
25     <button type="button" class="btn btn-
   warning">Warning</button>
26     <button type="button" class="btn btn-
   danger">Danger</button>
27 </div>
28 </body>
29 </html>
```

02 웹 브라우저에서 내용을 확인합니다. 깔끔하고 잘 정돈
된 느낌의 폼과 버튼 스타일을 확인할 수 있습니다.

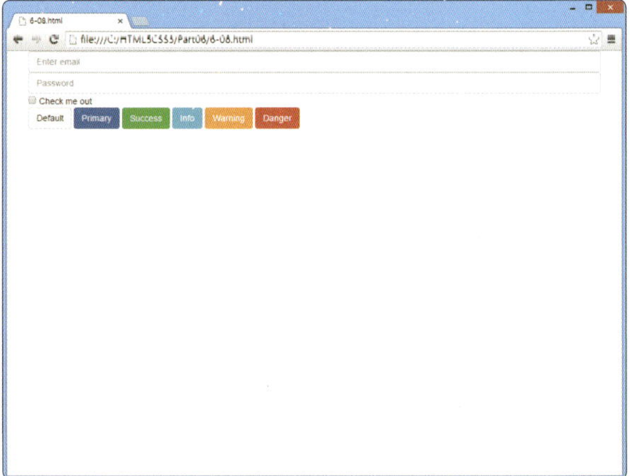

예제로 다루지 않은 Typography, Code, Image, Helper classes도 사이트와 문서를 통해 참조해 보시기 바랍니다.

■ Typography

h1. Bootstrap heading | Semibold 36px

h2. Bootstrap heading | Semibold 30px

h3. Bootstrap heading | Semibold 24px

h4. Bootstrap heading | Semibold 18px

h5. Bootstrap heading | Semibold 14px

h6. Bootstrap heading | Semibold 12px

■ Code

To switch directories, type `cd` followed by the name of the directory.
To edit settings, press `ctrl + ,`

■ Image

■ Helper classes

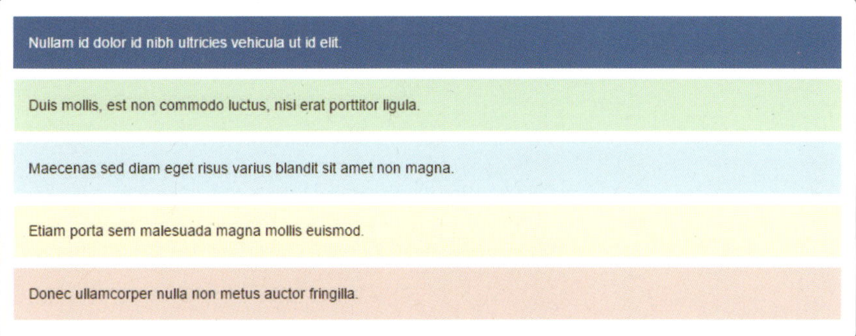

부트스트랩에서는 Glyphicon, Dropdown, Button group, Button dropdown, Input group, Nav, Navbar, Breadcrumb, Pagination, Label, Badge, Jumbotron, Page header, Thumbnail, Alert, Progress bar, Media object, List group, Panel, Responsive embed, Well의 다양한 컴포넌트를 재사용이 가능하도록 제공하고 있습니다. 이 컴포넌트는 독립적으로 사용하거나 부트스트랩에 포함된 JavaScript나 추가적인 플러그인을 사용하여 동적인 기능을 제공해줍니다.

■ Glyphicon

부트스트랩에서는 글꼴 형식의 200개의 아이콘을 제공하고 있습니다. 이를 통해 아이콘 버튼 등에 다양하게 활용할 수 있습니다.

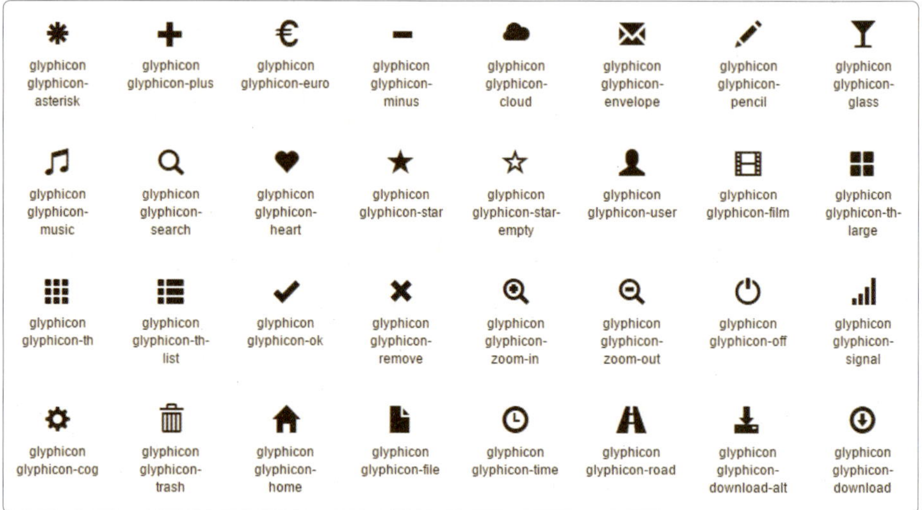

● **저장할 경로** : C:\HTML5CSS3\Part05\5-16.html ● **완성 파일** : C:\HTML5CSS3\완성예제\Part05\5-16.html

01 다음과 같이 내용을 입력하고 '5-16.html'이라는 이름으로 저장합니다.

```html
1 <!DOCTYPE html>
2 <html>
3 <head>
4 <meta charset="utf-8">
5 <title></title>
6 <!-- Bootstrap -->
7 <link href="../bootstrap/css/bootstrap.min.css"
  rel="stylesheet">
8 <!-- jQuery (necessary for Bootstrap's JavaScript plugins) -->
9 <script
  src="https://ajax.googleapis.com/ajax/libs/jquery/1.11.1/jquer
  y.min.js"></script>
10 <!-- Include all compiled plugins (below), or include
   individual files as needed -->
11 <script src="../bootstrap/js/bootstrap.min.js"></script>
12 </head>
```

```
13 <body>
14 <div class="container">
15     <button type="button" class="btn btn-default" aria-
   label="Left Align">
16         <span class="glyphicon glyphicon-align-left" aria-
   hidden="true"></span>
17     </button>
18
19     <button type="button" class="btn btn-default btn-lg">
20         <span class="glyphicon glyphicon-star" aria-
   hidden="true"></span> Star
21     </button>
22 </div>
23 </body>
24 </html>
```

02 웹 브라우저에서 내용을 확인합니다. 아이콘이 적용된
버튼을 확인할 수 있습니다.

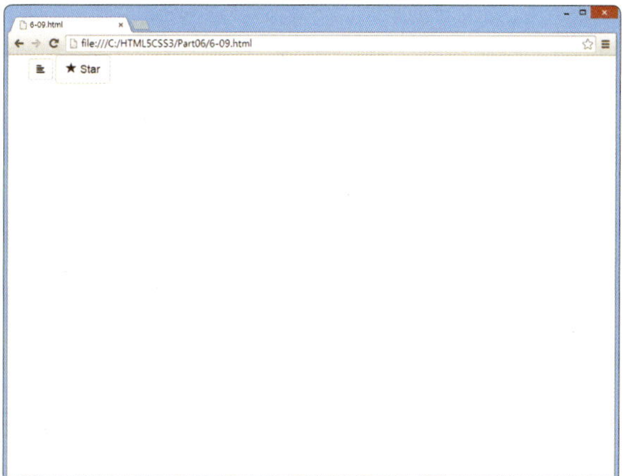

■ Dropdown

부트스트랩에서는 토글이 가능하거나 컨텍스트 형식의 드롭다운을 제공하고 있습니다.

● **저장할 경로** : C:\HTML5CSS3\Part05\5-17.html   ● **완성 파일** : C:\HTML5CSS3\완성예제\Part05\5-17.html

01 다음과 같이 내용을 입력
하고 '5-17.html'이라는
이름으로 저장합니다.

```
 1 <!DOCTYPE html>
 2 <html>
 3 <head>
 4 <meta charset="utf-8">
 5 <title></title>
 6 <!-- Bootstrap -->
 7 <link href="../bootstrap/css/bootstrap.min.css"
   rel="stylesheet">
 8 <!-- jQuery (necessary for Bootstrap's JavaScript plugins) -->
 9 <script
   src="https://ajax.googleapis.com/ajax/libs/jquery/1.11.1/jquer
   y.min.js"></script>
10 <!-- Include all compiled plugins (below), or include
   individual files as needed -->
```

```
11 <script src="../bootstrap/js/bootstrap.min.js"></script>
12 </head>
13 <body>
14 <div class="container">
15 <div class="dropdown">
16     <button class="btn btn-default dropdown-toggle"
   type="button" id="dropdownMenu1" data-toggle="dropdown" aria-
   expanded="true">
17         Dropdown
18         <span class="caret"></span>
19     </button>
20     <ul class="dropdown-menu" role="menu" aria-
   labelledby="dropdownMenu1">
21         <li role="presentation"><a role="menuitem"
   tabindex="-1" href="#">Action</a></li>
22         <li role="presentation"><a role="menuitem"
   tabindex="-1" href="#">Another action</a></li>
23         <li role="presentation"><a role="menuitem"
   tabindex="-1" href="#">Something else here</a></li>
24         <li role="presentation"><a role="menuitem"
   tabindex="-1" href="#">Separated link</a></li>
25     </ul>
26 </div>
27 </div>
28 </body>
29 </html>
```

02 웹 브라우저에서 내용을 확인합니다. 드롭다운의 작동을 확인할 수 있습니다.

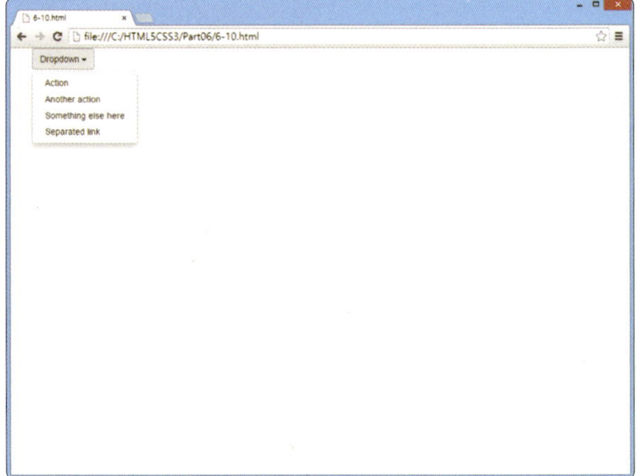

부트스트랩에서도 유연하고 간단한 화면 구성을 위해 그리드 시스템과 함께 반응형 디자인을 제공합니다. 반응형 디자인을 적용하면 부트스트랩의 그리드 시스템도 다음과 같이 변경됩니다.

	Extra small devices Phones (<768px)	Small devices Tablets (≥768px)	Medium devices Desktops (≥992px)	Large devices Desktops (≥1200px)
Grid behavior	Horizontal at all times	Collapsed to start, horizontal above breakpoints		
Container width	None (auto)	750px	970px	1170px
Class prefix	`.col-xs-`	`.col-sm-`	`.col-md-`	`.col-lg-`
# of columns	12			
Column width	Auto	~62px	~81px	~97px
Gutter width	30px (15px on each side of a column)			
Nestable	Yes			
Offsets	Yes			
Column ordering	Yes			

또 부트스트랩에서는 기기에 최적화된 내용이 보이도록 하는 유틸리티 기능의 클래스를 제공하고 있습니다.

	Extra small devices Phones (<768px)	Small devices Tablets (≥768px)	Medium devices Desktops (≥992px)	Large devices Desktops (≥1200px)
`.visible-xs-*`	Visible	Hidden	Hidden	Hidden
`.visible-sm-*`	Hidden	Visible	Hidden	Hidden
`.visible-md-*`	Hidden	Hidden	Visible	Hidden
`.visible-lg-*`	Hidden	Hidden	Hidden	Visible
`.hidden-xs`	Hidden	Visible	Visible	Visible
`.hidden-sm`	Visible	Hidden	Visible	Visible
`.hidden-md`	Visible	Visible	Hidden	Visible
`.hidden-lg`	Visible	Visible	Visible	Hidden

부트스트랩 홈 페이지에서는 LESS에 적용된 변수값을 변경하고, 자신이 사용할 컴포넌트와 jQuery 플러그인을 선택하여 자신만의 커스터마이징 버전을 다운로드할 수 있습니다.

01 웹 브라우저를 열어 부트스트랩(http://getbootstrap.com) 페이지로 이동합니다. [customize] 메뉴를 클릭합니다.

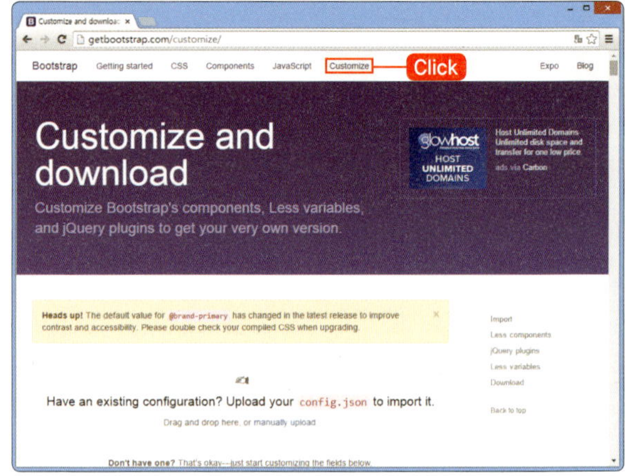

02 원하는 공통 CSS, 컴포넌트, JavaScript 컴포넌트를 선택합니다.

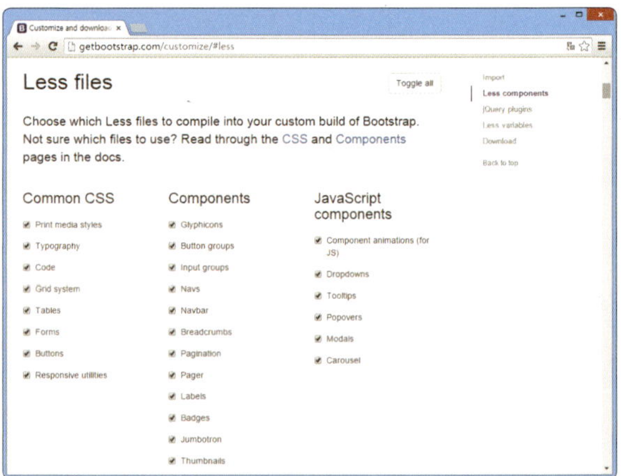

03 원하는 jQuery 플러그인을 선택합니다.

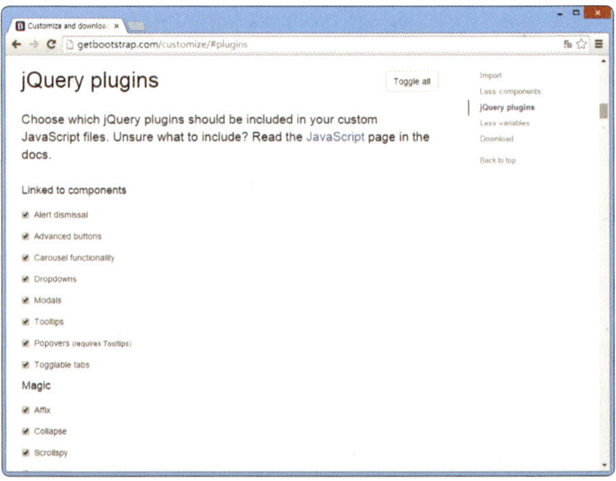

04 LESS 컴파일러가 없어도 LESS 변수에 적용된 값을
원하는 대로 변경할 수 있습니다.

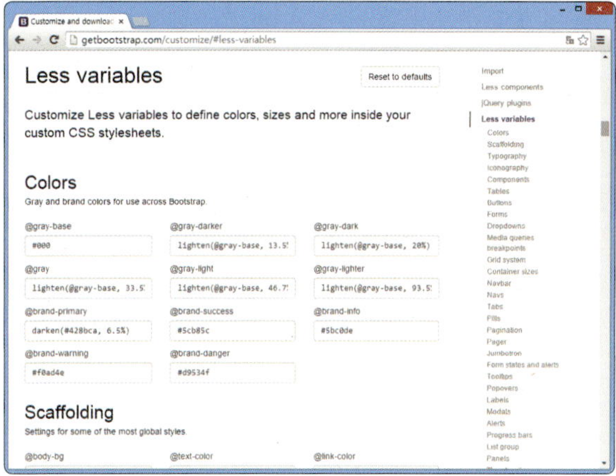

05 [Compile and Download]를 클릭하면 자신이 선택
한 CSS와 컴포넌트, JavaScript를 다운로드할 수 있
습니다.

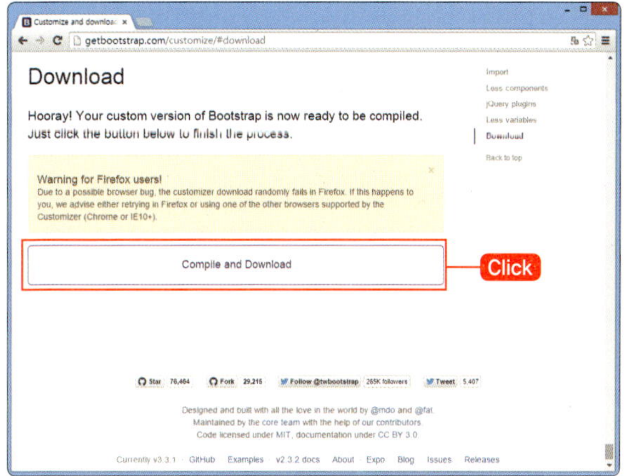

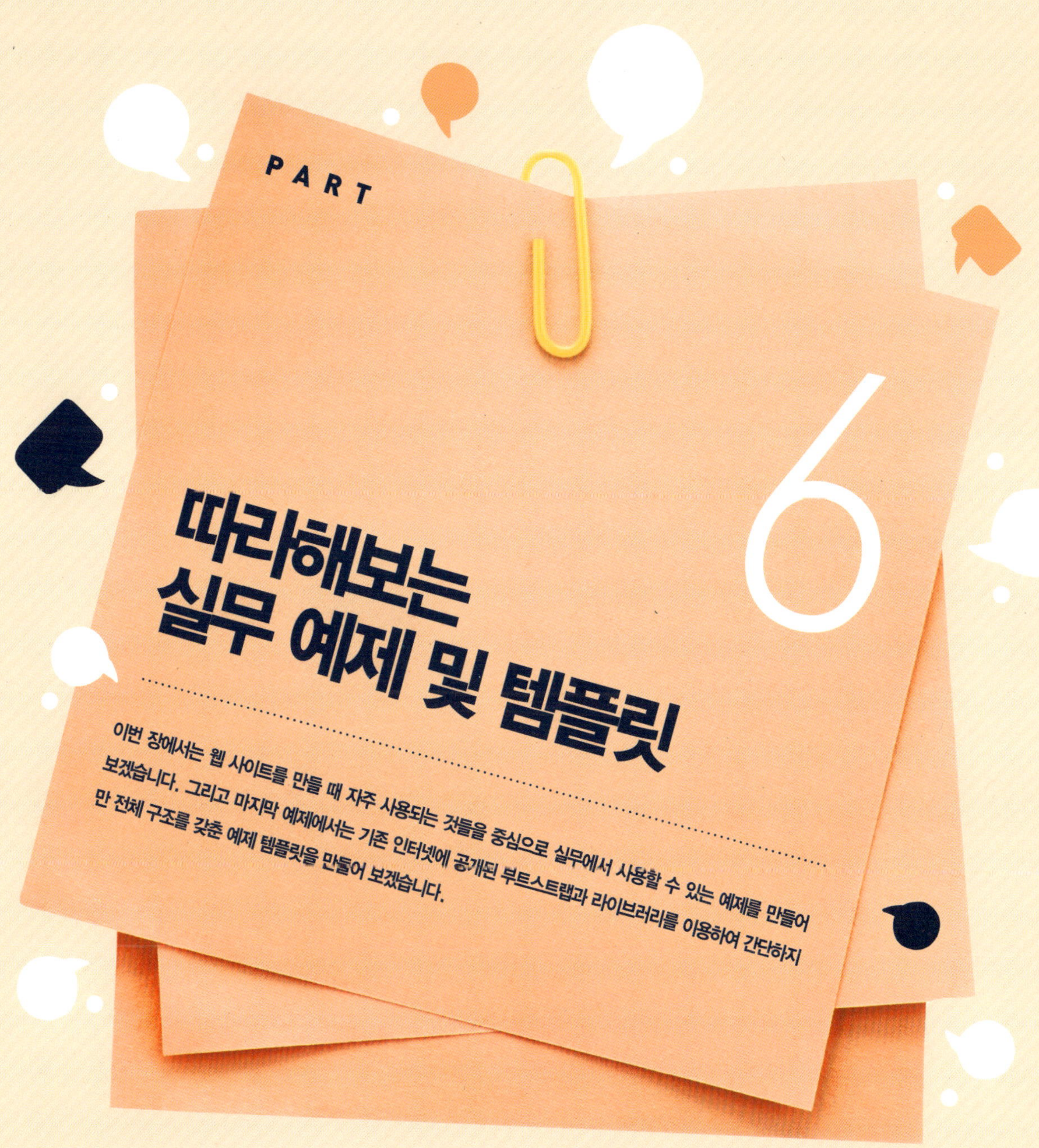

PART

6

따라해보는
실무 예제 및 템플릿

이번 장에서는 웹 사이트를 만들 때 자주 사용되는 것들을 중심으로 실무에서 사용할 수 있는 예제를 만들어 보겠습니다. 그리고 마지막 예제에서는 기존 인터넷에 공개된 부트스트랩과 라이브러리를 이용하여 간단하지만 전체 구조를 갖춘 예제 템플릿을 만들어 보겠습니다.

HTML5 + CSS3

따라하기 전 준비 사항

예제가 HTML과 CSS만으로 이루어져 있는 경우에는 따로 필요한 것이 없지만, 액션을 처리하기 위해 JavaScript를 사용한 예제에서는 jQuery라는 JavaScript 라이브러리가 필요합니다.

jQuery는 JavaScript를 좀 더 쉽고 간편하게 사용하기 위해 만들어진 라이브러리입니다. jQuery를 사용하려면 기본적으로 사용법과 함수에 대해 알아야 하지만, 이 책은 JavaScript가 아니라 HTML과 CSS를 배우는 데 목적이 있고, 여기에서 모든 것을 다루기에는 한계가 있기 때문에 문법적인 사항은 따로 배우지 않겠습니다. 다만 따라하기에 사용한 부분에 대해서는 예제별로 간단한 사항만 설명하고 지나가겠습니다.

■ jQuery를 다운로드하여 사용하기

01 jQuery는 공식 웹 사이트인 'http://jquery.com'을 통해 최신 버전을 무료로 다운로드할 수 있습니다. 먼저 웹 브라우저를 열고 'http://jquery.com'로 이동한 후 [Download jQuery]을 클릭하여 다운로드 페이지로 이동합니다.

> **주의**
>
> jQuery의 버전은 수시로 업데이트되기 때문에 다운로드 페이지가 변경될 수 있습니다.

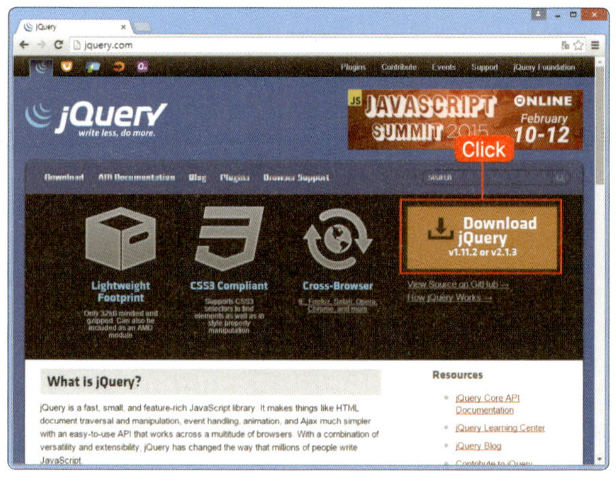

02 다운로드 페이지에서 [Download the compressed, production jQuery 1.11.2]을 클릭하여 파일을 다운로드합니다. 소스 코드 등이 필요한 경우에는 해당 목적에 맞는 파일을 다운로드합니다.

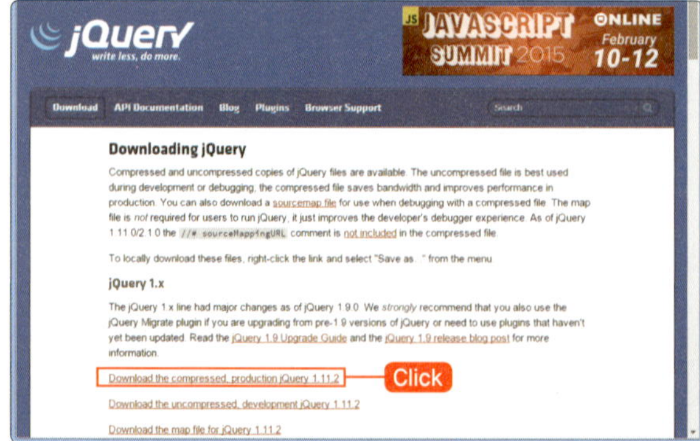

03 다운로드한 파일을 'C:\HTML5CSS3\js'로 이동합니다.

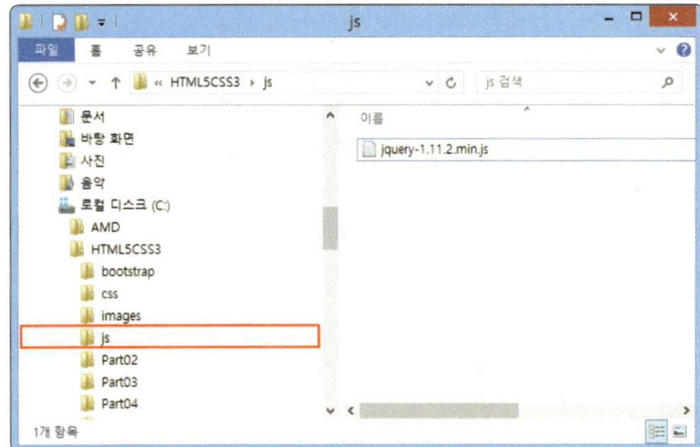

04 HTML에 다음과 같이 추가하여 사용합니다.

```
 1 <!DOCTYPE html>
 2 <html>
 3 <head>
 4     <meta charset="utf-8">
 5     <title></title>
 6 <script src="../js/jquery-1.11.2.min.js"></script>
 7 </head>
 8 <body>
 9 ...
10 </body>
11 </html>
```

■ jQuery를 인터넷으로 사용하기

jQuery는 위와 같이 다운로드하여 사용할 수 있지만, 인터넷에 있는 jQuery를 연결한 후 다음과 같이 HTML에 추가하여 사용할 수도 있습니다.

```
 1 <!DOCTYPE html>
 2 <html>
 3 <head>
 4     <meta charset="utf-8">
 5     <title></title>
 6 <script
   src="https://ajax.googleapis.com/ajax/libs/jquery/1.11.2/jquer
   y.min.js"></script>
 7 </head>
 8 <body>
 9 ...
10 </body>
11 </html>
```

가장 많이 사용하는 드롭다운 상단 메뉴

드롭다운 형태의 상단 메뉴를 만들어 보겠습니다. 일반적으로 메뉴에 마우스 포인터를 올려놓으면 하위 메뉴가 펼쳐지는데, 이때 메뉴는 여러 단계의 구조를 가지게 됩니다.

여기에서는 여러 레벨 구조를 가진 메뉴를 만들기 위해 〈ul〉을 사용했습니다. 〈ul〉을 사용하면 기존에 이미지로 만들었던 메뉴보다 깔끔한 형태의 메뉴를 만들 수 있습니다.

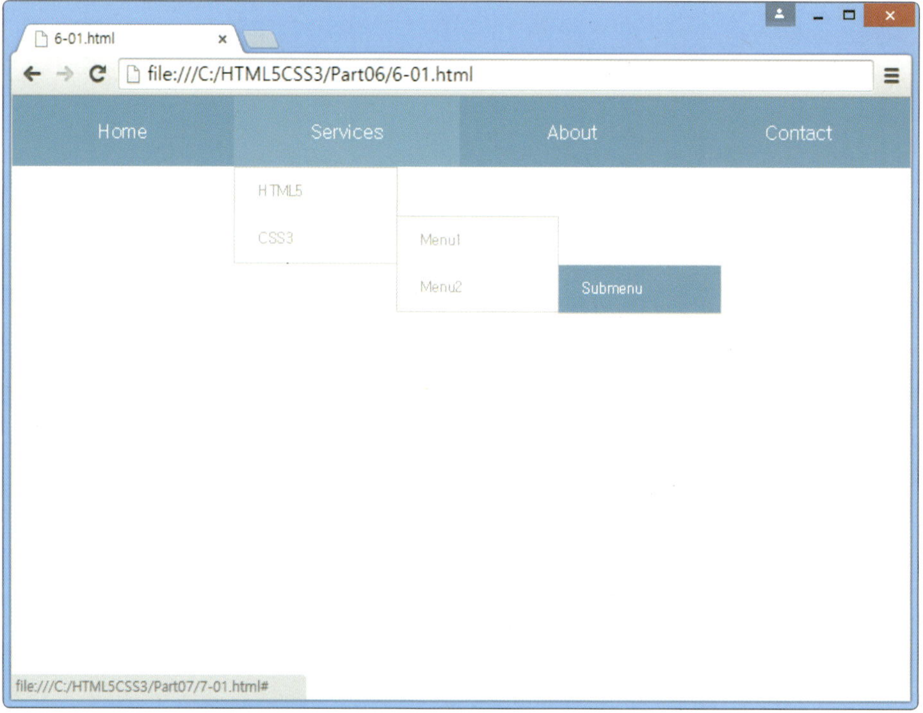

- **저장할 경로** : C:\HTML5CSS3\Part06\6-01.html, C:\HTML5CSS3\css\6-01.css
- **완성 파일** : C:\HTML5CSS3\완성예제\Part06\6-01.html, C:\HTML5CSS3\완성예제\css\6-01.css

 〈ul〉을 사용하여 메뉴에 들어갈 리스트를 만들어 보겠습니다. 다음과 같이 HTML을 입력한 후 '6-01.html'이라는 이름으로 저장합니다.

```html
1 <!DOCTYPE html>
2 <html>
3 <head>
4     <meta charset="utf-8">
5     <title></title>
6 </head>
7 <body>
8 <div>
9     <ul>
10        <li><a href="#">Home</a></li>
11        <li><a href="#">Services</a>
12            <ul>
13                <li><a href="#">HTML5</a></li>
14                <li><a href="#">CSS3</a>
15                    <ul>
16                        <li><a href="#">Menu1</a></li>
17                        <li><a href="#">Menu2</a>
18                            <ul>
19                                <li><a href="#">Submenu</a></li>
20                            </ul>
21                        </li>
22                    </ul>
23                </li>
24            </ul>
25        </li>
26        <li><a href="#">About</a></li>
27        <li><a href="#">Contact</a></li>
28    </ul>
29 </div>
30 </body>
31 </html>
```

 웹 브라우저에서 확인하면 다음과 같이 메뉴에 들어갈 리스트가 화면에 나타납니다. 〈ul〉과 〈li〉를 사용하여 리스트를 만들었기 때문에 가로 형태가 아니라 세로 형태로 출력됩니다.

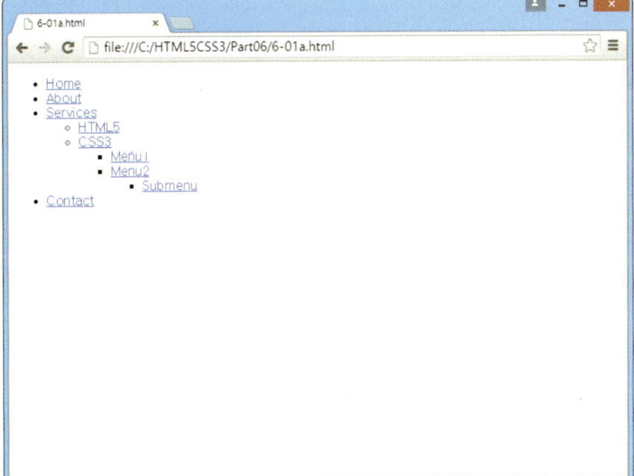

03 우리가 원하는 레벨 1의 메뉴가 가로 형태로 나타나도록 하기 위해 다음 내용을 CSS 파일에 추가합니다. CSS 파일은 Ctrl + N 을 눌러 새 파일을 만든 후 CSS를 입력하고 'css' 폴더에 '6-01.css'로 저장합니다.

```css
/*--------------------------------*/
/* 드롭다운 메뉴                    */
/*--------------------------------*/
/* 1레벨 메뉴 */
.dropdownmenu > li {
    float: left;
}
```

04 이전에 작성한 HTML 파일에 CSS를 추가합니다.

```html
<!DOCTYPE html>
<html>
<head>
    <meta charset="utf-8">
    <title></title>
<link href="../css/6-01.css" rel="stylesheet">
</head>
<body>
<div>
    <ul class="dropdownmenu">
        <li><a href="#">Home</a></li>
        <li><a href="#">Services</a>
            <ul>
                <li><a href="#">HTML5</a></li>
                <li><a href="#">CSS3</a>
                    <ul>
                        <li><a href-"#">Menu1</a></li>
                        <li><a href="#">Menu2</a>
                            <ul>
                                <li><a href="#">Submenu</a>
</li>
                            </ul>
                        </li>
                    </ul>
                </li>
            </ul>
        </li>
        <li><a href="#">About</a></li>
        <li><a href="#">Contact</a></li>
    </ul>
</div>
</body>
</html>
```

05 〈ul〉에 'float:left' 속성을 부여하면 리스트가 가로로 출력됩니다. 여기서는 'dropdownmenu'의 첫 번째 하위 '〈li〉'에만 속성을 부여했기 때문에 첫 번째 〈li〉만 가로로 출력되었습니다.

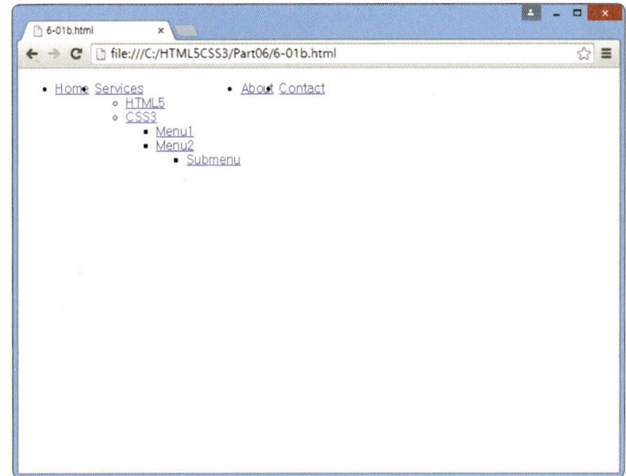

06 하위 메뉴 리스트를 드롭다운으로 처리하기 위해서는 하위 메뉴의 위치를 조정하여 보이지 않도록 해야 합니다. CSS 파일에 다음 내용을 추가합니다.

```
 1 /*-----------------------------------*/
 2 /* 드롭다운 메뉴                      */
 3 /*-----------------------------------*/
 4 /* 1레벨 메뉴 */
 5 .dropdownmenu > li {
 6     float: left;
 7 }
 8
 9 /* 2레벨 메뉴 부터의 속성 */
10 .dropdownmenu ul {
11     position: absolute;
12     top: -9999px;
13 }
14
```

07 하위 리스트가 숨김 처리되어 메뉴가 하나의 라인으로 출력됩니다. 레벨 1 아래에 있는 모든 〈ul〉 리스트의 위치가 조정되어 화면에서는 보이지 않게 되었습니다.

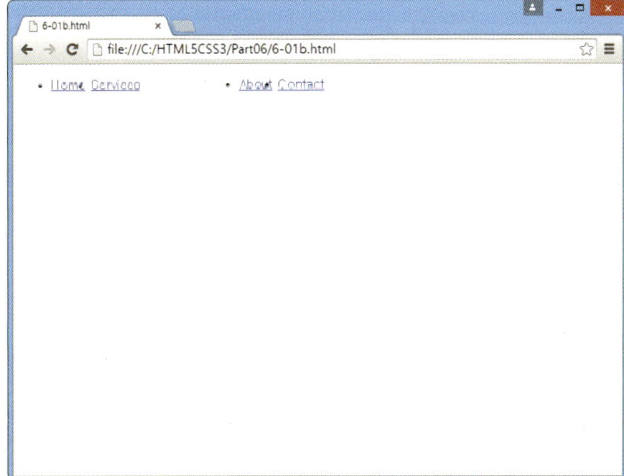

08 이제 메뉴처럼 보이도록 레벨 1에 모양을 준 후, 레벨 1의 위에 마우스 포인터를 올려놓았을 때 하위 메뉴가 나타나도록 해보겠습니다. CSS 파일에 다음 내용을 추가합니다.

```css
1  /*-------------------------------*/
2  /* 태그 기본 설정                */
3  /*-------------------------------*/
4  body, ul {
5      margin: 0;
6      padding: 0;
7  }
8  ul { list-style: none; }
9  a { text-decoration: none; }
10
11 /*-------------------------------*/
12 /* 드롭다운 메뉴                 */
13 /*-------------------------------*/
14 /* 1레벨 메뉴 */
15 /* 1레벨 메뉴의 가로 출력/배경색/크기 지정 */
16 .dropdownmenu > li {
17     float: left;
18     position: relative;
19     background: #67b0d1;
20     width: 25%;
21 }
22 /* 1레벨 메뉴의 텍스트 속성/크기 지정 */
23 .dropdownmenu > li > a {
24     display: block;
25     font-size: 16px;
26     color: #ffffff;
27     text-align: center;
28     height: 60px;
29     line-height: 60px;
30 }
31 /* 1레벨 메뉴에 마우스를 올렸을 때의 배경색 지정 */
32 .dropdownmenu > li:hover {
33     background: #7bbbd7;
34 }
35 /* 1레벨 메뉴에 마우스를 올렸을 때 하위 메뉴의 위치 지정 */
36 .dropdownmenu > li:hover > ul {
37     top: 60px;
38     left: 0;
39 }
40
41 /* 2레벨 메뉴 부터의 속성 */
42 /* 2레벨 메뉴의 기본 위치/크기/테두리 지정
43 현재의 위치에서 위로 "-9999" 픽셀로 하여 화면에서 보이지 않도록 설정 */
44 .dropdownmenu ul {
45     position: absolute;
46     top: -9999px;
47     z-index: 9999;
48     width: 140px;
49     border: 1px solid #cccccc;
50 }
51 /* 2레벨 메뉴의 위치 속성 지정 */
52 .dropdownmenu ul li {
53     position: relative;
54 }
55 /* 2레벨 메뉴의 텍스트 속성/배경색/여백 지정 */
56 .dropdownmenu ul a {
57     display: block;
58     color: #aaaaaa;
59     font-size: 12px;
```

```
60      line-height: 40px;
61      background: #ffffff;
62      padding-left: 20px;
63 }
64 /* 2레벨 메뉴에 마우스를 올렸을 때의 배경색 지정 */
65 .dropdownmenu ul a:hover {
66      color: #ffffff;
67      background: #67b0d1;
68 }
69
```

09 레벨 1의 메뉴 위에 마우스 포인터를 올려놓으면 하위 메뉴가 그 아래에 출력되는 것을 확인할 수 있습니다.

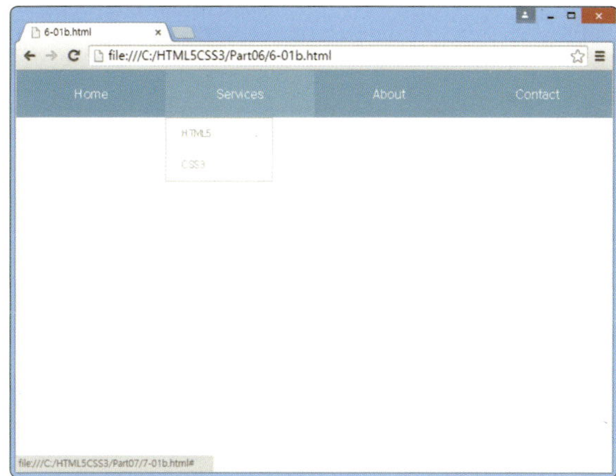

10 이제 레벨 3과 레벨 4 메뉴의 속성을 지정하여 드롭다운 메뉴를 완성해보겠습니다. CSS 파일에 70행부터 다음 내용을 추가합니다.

```
69
70 /* 2레벨 메뉴에 마우스를 올렸을 때의 하위 메뉴의 위치 지정 */
71 .dropdownmenu ul li:hover > ul {
72      position: absolute;
73      top: 0;
74      left: 100%;
75 }
```

11 레벨 2의 메뉴 위에 마우스 포인터를 올려놓으면 하위 메뉴가 오른쪽에 출력되는 것을 확인할 수 있습니다. 레벨 3의 메뉴도 동일하게 작동합니다.

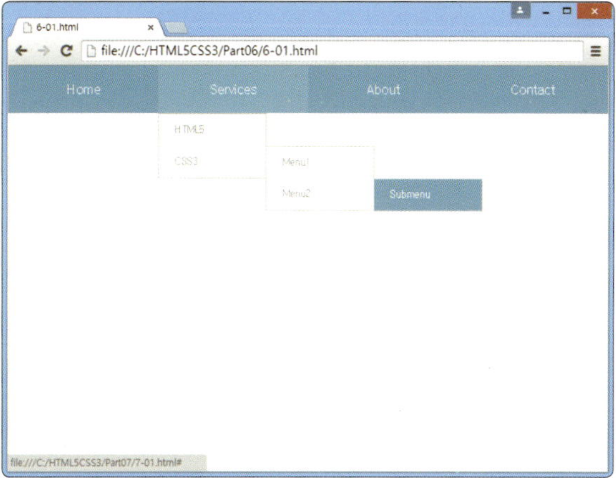

펼쳐지고 접혀지는 아코디언 메뉴

펼쳐지거나 접혀지는 메뉴 형식 때문에 이러한 형태의 메뉴를 '아코디언 메뉴'라고 부릅니다.

아코디언 메뉴는 세로 형태로 이루어져 있기 때문에 상단 메뉴보다는 왼쪽이나 오른쪽 메뉴 형태로 많이 사용합니다.

이번에는 상위 레벨 메뉴를 클릭하면 하위 메뉴가 펼쳐지고, 이를 다시 클릭하면 하위 메뉴가 접혀지는 메뉴를 만들어 보겠습니다.

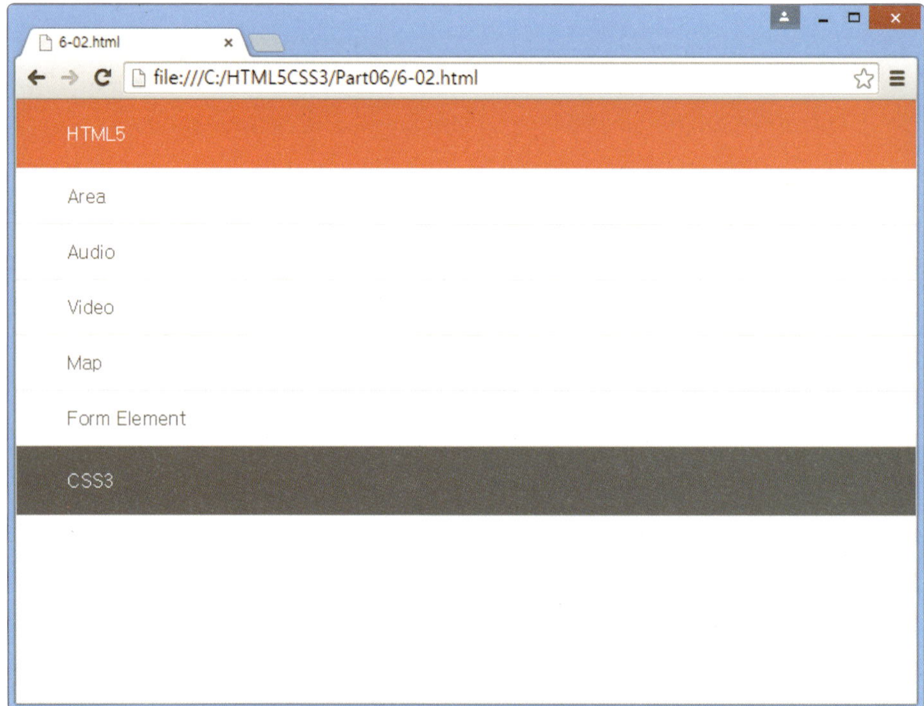

● **저장할 경로** : C:\HTML5CSS3\Part06\6-02.html. C:\HTML5CSS3\css\6-02.css, C:\HTML5CSS3\js\6-02.js

● **완성 파일** : C:\HTML5CSS3\완성예제\Part06\6-02.html, C:\HTML5CSS3\완성예제\css\6-02.css,
　　　　　　　 C:\HTML5CSS3\완성예제\js\6-02.js

01 〈ul〉을 이용하여 메뉴에 들어갈 리스트를 만들기 위해 다음과 같이 HTML을 입력한 후 문서를 저장합니다.

```
1  <!DOCTYPE html>
2  <html>
3  <head>
4      <meta charset="utf-8">
5      <title></title>
6  </head>
7  <body>
8  <div class="accordion">
9      <ul>
10         <li class="open"><a href="#"><span>HTML5</span></a>
11             <ul>
12                 <li><a href="#">Area</a></li>
13                 <li><a href="#">Audio</a></li>
14                 <li><a href="#">Video</a></li>
15                 <li><a href="#">Map</a></li>
16                 <li><a href="#">Form Element</a></li>
17             </ul>
18         </li>
19         <li><a href="#">CSS3</a>
20             <ul>
21                 <li><a href="#">Background</a></li>
22                 <li><a href="#">Border</a></li>
23                 <li><a href="#">Animation</a></li>
24             </ul>
25         </li>
26     </ul>
27 </div>
28 </body>
29 </html>
```

02 웹 브라우저에서 확인하면 다음과 같이 메뉴에 들어갈 리스트가 화면에 나타나는 것을 알 수 있습니다. 여기서는 〈ul〉과 〈li〉를 이용하여 2 레벨 메뉴를 만들었습니다.

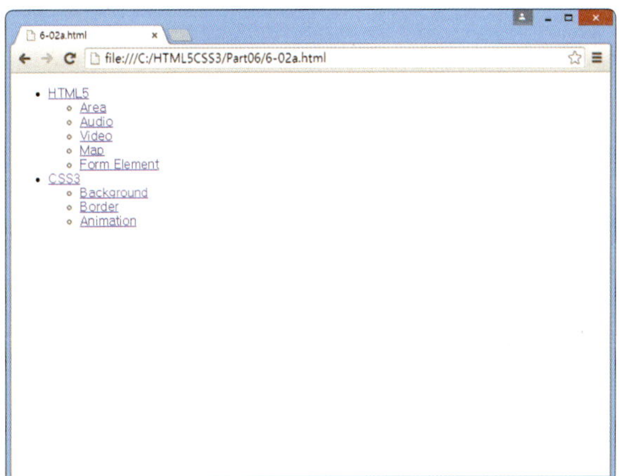

03 메뉴 리스트를 원하는 모양으로 만들기 위해 Ctrl + N 을 눌러 새 파일을 만든 후 다음과 같이 CSS를 입력하고 'css' 폴더에 '06-02.css'로 저장합니다.

```css
 1 /*-------------------------------------------------*/
 2 /* 태그 기본 설정                                  */
 3 /*-------------------------------------------------*/
 4 body, ul {
 5     margin: 0;
 6     padding: 0;
 7 }
 8 a {
 9     color: #666;
10     text-decoration: none;
11 }
12
13 /*-------------------------------------------------*/
14 /*   아코디언 메뉴                                 */
15 /*-------------------------------------------------*/
16 /* li에 포함된 a태그에 block 속성을 지정해 한줄 전체를 차지하도록 만듦 */
17 .accordion ul li a {
18     display: block;
19 }
20
21 /* 1레벨 메뉴의 텍스트 색상/여백/테두리/배경색 지정 */
22 .accordion > ul > li > a {
23     color: #ffffff;
24     padding: 20px 44px;
25     border-bottom: 1px solid #e7e7e7;
26     background-color: #677381;
27 }
28
29 /* 1레벨 메뉴의 하위 메뉴가 펼쳐졌을 때의 배경색 지정 */
30 .accordion > ul > li.open > a {
31     background-color: #eb6b60;
32 }
33
34 /* 2레벨 메뉴의 여백/테두리/배경색 지정 */
35 .accordion ul ul li a {
36     padding: 14px 44px;
37     border-bottom: 1px solid #e7e7e7;
38     background-color: #ffffff;
39 }
```

04 이전에 작성한 HTML 파일에 CSS를 추가합니다.

```html
 1 <!DOCTYPE html>
 2 <html>
 3 <head>
 4     <meta charset="utf-8">
 5     <title></title>
 6 <link href="../css/6-02.css" rel="stylesheet">
 7 </head>
 8 <body>
 9 <div class="accordion">
10     <ul>
11         <li class="open"><a href="#"><span>HTML5</span></a>
12             <ul>
13                 <li><a href="#">Area</a></li>
14                 <li><a href="#">Audio</a></li>
15                 <li><a href="#">Video</a></li>
16                 <li><a href="#">Map</a></li>
```

```
17                    <li><a href="#">Form Element</a></li>
18                </ul>
19            </li>
20            <li><a href="#">CSS3</a>
21                <ul>
22                    <li><a href="#">Background</a></li>
23                    <li><a href="#">Border</a></li>
24                    <li><a href="#">Animation</a></li>
25                </ul>
26            </li>
27        </ul>
28 </div>
29 </body>
30 </html>
```

05 〈ul〉과 〈li〉에 스타일이 적용되어 메뉴가 출력됩니다. 첫 번째의 메뉴에는 'open' CSS를 주었기 때문에 하위 메뉴가 펼쳐진 모양으로 나타났습니다.

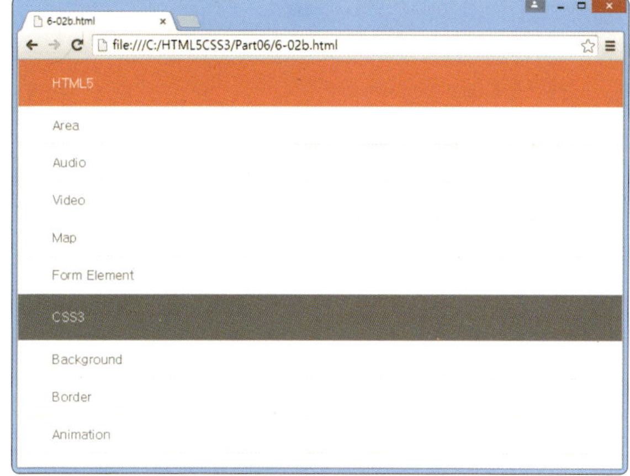

06 이제 메뉴가 펼쳐지거나 접혀지도록 해보겠습니다. 펼쳐지거나 접혀지는 것과 같은 액션을 처리하기 위해서는 JavaScript를 사용해야 합니다. Ctrl + N 을 눌러 새 파일을 만든 후 다음과 같이 JavaScript를 입력하고 'js' 폴더에 '6-02.js'로 저장합니다.

```
1 // 문서가 로드된 이후에 처리되는 함수 정의
2 $(document).ready(function() {
3     // 1레벨 메뉴 클릭시 하위 메뉴 펼치기/접기
4     $(".accordion > ul > li > a").on("click", function(){
5         var element = $(this).parent("li");
6
7         // 하위 메뉴가 펼쳐져 있는 경우
8         // 현재의 하위 메뉴는 접음
9         if (element.hasClass("open")) {
10            element.removeClass("open");
11            element.find("li").removeClass("open");
12            element.find("ul").slideUp();
13        }
14        // 하위 메뉴가 접혀 있는 경우
15        // 현재의 하위 메뉴를 펼치면서 다른 하위 메뉴는 접음
16        else {
17            element.addClass("open");
18            element.children("ul").slideDown();
19            element.siblings("li").children("ul").slideUp();
20            element.siblings("li").removeClass("open");
21
    element.siblings("li").find("li").removeClass("open");
```

```
22                element.siblings("li").find("ul").slideUp();
23            }
24        });
25
26        // 문서 로드후 처리
27        // 2레벨 메뉴를 모두 접음
28        $(".accordion ul ul").hide();
29        // 1레벨 메뉴중 "open"으로 되어 있는 메뉴의 하위메뉴를 펼침
30        $(".open").children("ul").slideDown();
31 });
```


액션을 적용하기 위해 이전에 작성한 HTML 파일에 JavaScript를 추가합니다. jQuery 함수를 이용하여 JavaScript 액션을 만들었으므로 jQuery도 함께 추가합니다.

```
 1 <!DOCTYPE html>
 2 <html>
 3 <head>
 4     <meta charset="utf-8">
 5     <title></title>
 6 <link href="../css/6-02.css" rel="stylesheet">
 7 <script src="../js/jquery-1.11.2.min.js"></script>
 8 <script src="../js/6-02.js"></script>
 9 </head>
10 <body>
11 <div class="accordion">
12     <ul>
13         <li class="open"><a href="#"><span>HTML5</span></a>
14             <ul>
15                 <li><a href="#">Area</a></li>
16                 <li><a href="#">Audio</a></li>
17                 <li><a href="#">Video</a></li>
18                 <li><a href="#">Map</a></li>
19                 <li><a href="#">Form Element</a></li>
20             </ul>
21         </li>
22         <li><a href="#">CSS3</a>
23             <ul>
24                 <li><a href="#">Background</a></li>
25                 <li><a href="#">Border</a></li>
26                 <li><a href="#">Animation</a></li>
27             </ul>
28         </li>
29     </ul>
30 </div>
31 </body>
32 </html>
```

08 처음 HTML과 CSS만으로 만들었을 때와는 달리 문서가 로드된 후에 'HTML5' 메뉴는 펼쳐지고 'CSS3' 메뉴는 접힌 것을 확인할 수 있습니다. 그 이유는 문서가 로드되면서 모든 2 레벨 메뉴를 접고 1 레벨 메뉴 중 'open'으로 되어 있는 메뉴만 하위 메뉴를 펼치도록 지정했기 때문입니다.

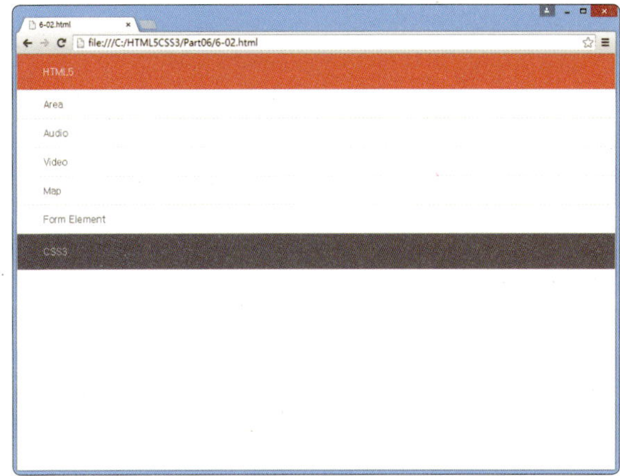

09 접혀 있는 'CSS3' 메뉴를 마우스로 클릭해보면 'CSS3'의 하위 메뉴는 펼쳐지고 'HTML5' 하위 메뉴는 접히는 것을 알 수 있습니다. 그 이유는 1 레벨 메뉴 클릭 시 하위 메뉴가 펼쳐져 있는 경우에는 하위 메뉴를 접고, 접혀 있는 경우에는 하위 메뉴를 펼치면서 다른 1 레벨의 하위 메뉴는 모두 접도록 지정했기 때문입니다. 이 밖에 펼친 메뉴와 접힌 메뉴를 구분하기 위해 펼치고 접음에 따라 1 레벨 메뉴의 색상을 변경하도록 지정했습니다.

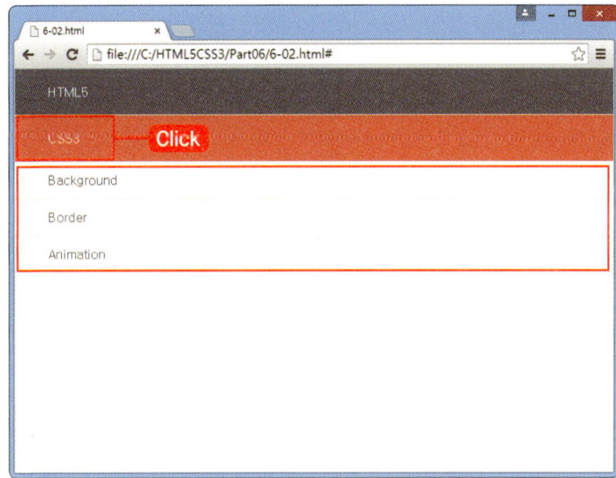

그룹화시켜 보여주는 탭 메뉴

탭 메뉴는 내용을 그룹화하여 보여주는 경우에 매우 유용합니다. 이번에는 탭을 클릭하면 하위 내용을 보여주는 메뉴를 만들어 보겠습니다.

탭 메뉴를 만들어 세로로 길게 늘어지는 내용을 정리해보겠습니다.

- **저장할 경로** : C:\HTML5CSS3\Part06\6-03.html, C:\HTML5CSS3\css\6-03.css, C:\HTML5CSS3\js\6-03.js
- **완성 파일** : C:\HTML5CSS3\완성예제\Part06\6-03.html, C:\HTML5CSS3\완성예제\css\6-03.css

  C:\HTML5CSS3\완성예제\js\6-03.js

01 〈ul〉을 이용하여 탭 메뉴에 들어갈 타이틀과 내용 리스트를 만들기 위해 다음과 같이 HTML을 입력한 후 '6-03.html'이라는 이름으로 저장합니다.

```html
1 <!DOCTYPE html>
2 <html>
3 <head>
4     <meta charset="utf-8">
5     <title></title>
6 </head>
7 <body>
8 <div class="tab_container">
9     <ul class="tab_title">
10         <li><a href="#tab1" class="selected">LITTLE</a></li>
11         <li><a href="#tab2">BEAUTY</a></li>
12     </ul>
13     <ul class="tab_panel">
14         <li id="tab1">
15             <div class="tab_image"><img src="../images/6-05-01.jpg" alt="" /></div>
16             <h2>LITTLE</h2>
17             <p>옛날 어느 동물원에 손짓으로 말을 할 줄 아는 아주 특별한 고릴라가 살고 있었어요.<br>
18             그래서 갖고 싶은 것이 있으면 동물원 사람들한테 손짓으로 말했지요.<br>
19             고릴라에게는 부족한 것이 하나도 없어 보였어요.</p>
20         </li>
21         <li id="tab2">
22             <div class="tab_image"><img src="../images/6-05-02.jpg" alt="" /></div>
23             <h2>BEAUTY</h2>
24             <p>옛날 어느 동물원에 손짓으로 말을 할 줄 아는 아주 특별한 고릴라가 살고 있었어요.<br>
25             그래서 갖고 싶은 것이 있으면 동물원 사람들한테 손짓으로 말했지요.<br>
26             고릴라에게는 부족한 것이 하나도 없어 보였어요.</p>
27         </li>
28     </ul>
29 </div>
30 </body>
31 </html>
```

02 웹 브라우저에서 확인하면 나음과 같이 탭 메뉴에 들어갈 리스트가 화면에 나타납니다.

 메뉴 리스트를 원하는 모
양으로 만들기 위해
`Ctrl` + `N` 을 눌러 새 파일
을 만든 후 다음과 같이
CSS를 입력하고 'css' 폴
더에 '6-03.css'로 저장
합니다.

```css
1  /*----------------------------------*/
2  /* 태그 기본 설정                      */
3  /*----------------------------------*/
4  body, ul {
5      margin: 0;
6      padding: 0;
7  }
8  li { list-style: none; }
9  a {
10     color: #666;
11     text-decoration: none;
12 }
13
14 /*----------------------------------*/
15 /* 탭                               */
16 /*----------------------------------*/
17 /* 탭 타이틀 */
18 /* 탭 타이틀의 위치/여백/배경색 지정 */
19 .tab_title li {
20     float: left;
21     position: relative;
22     margin-right: 3px;
23     margin-top: 4px;
24     background: #e87352;
25 }
26 /* 탭 타이틀의 위치/여백/크기/텍스트 속성 지정 */
27 .tab_title li a {
28     display: block;
29     padding: 0 22px;
30     height: 50px;
31     line-height: 48px;
32     font-size: 20px;
33     font-style: italic;
34     color: #f8f3f0;
35     text-align: center;
36 }
37 /* 탭 타이틀 선택시 배경색 지정 */
38 .tab_title li a.selected {
39     background: #67b0d1;
40 }
41
42 /* 탭 내용 */
43 /* 탭 내용의 테두리 지정 */
44 .tab_panel {
45     clear: both;
46     border: 4px solid #ddd;
47 }
48 /* 탭 내용 내의 목록 속성 지정 */
49 .tab_panel li {
50     padding: 20px;
51 }
52 /* 탭 내용 내의 이미지 속성 지정 */
53 .tab_image img {
54     width: 26%;
55     padding: 20px;
56 }
```

04 이전에 작성한 HTML 파일에 CSS를 추가합니다.

```html
1 <!DOCTYPE html>
2 <html>
3 <head>
4     <meta charset="utf-8">
5     <title></title>
6 <link href="../css/6-03.css" rel="stylesheet">
7 </head>
8 <body>
9 <div class="tab_container">
10     <ul class="tab_title">
11         <li><a href="#tab1" class="selected">LITTLE</a></li>
12         <li><a href="#tab2">BEAUTY</a></li>
13     </ul>
14     <ul class="tab_panel">
15         <li id="tab1">
16             <div class="tab_image"><img src="../images/6-05-
01.jpg" alt="" /></div>
17             <h2>LITTLE</h2>
18             <p>옛날 어느 동물원에 손짓으로 말을 할 줄 아는 아주 특별한
고릴라가 살고 있었어요.<br>
19             그래서 갖고 싶은 것이 있으면 동물원 사람들한테 손짓으로 말
했지요.<br>
```

05 〈ul〉과 〈li〉에 스타일이 적용되어 메뉴가 출력됩니다. 탭 메뉴의 타이틀은 우리가 원하는 모양대로 출력되었지만, 내용은 모두 펼쳐진 상태로 만들어졌습니다. 숨기는 것은 JavaScript를 사용하여 만들어 보겠습니다.

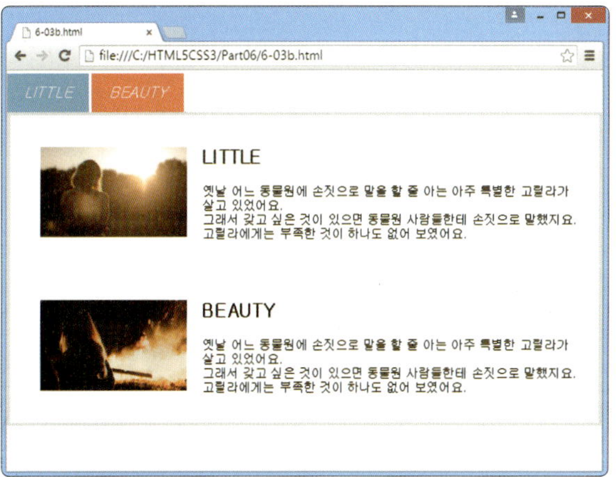

06 이제, 내용을 숨기고 탭 메뉴의 타이틀을 클릭하면 해당 내용이 나타나도록 해보겠습니다. Ctrl + N 을 눌러 새 파일을 만든 후 다음과 같이 JavaScript를 입력하고 'js' 폴더에 '6-03.js'로 저장합니다.

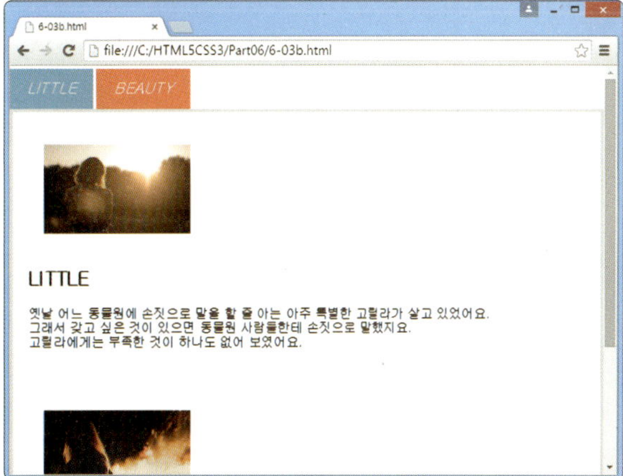

07 액션을 적용하기 위해 이전에 작성한 HTML 파일에 JavaScript를 추가합니다. jQuery 함수를 이용해 JavaScript 액션을 만들었으므로 jQuery도 함께 추가합니다.

```html
 1 <!DOCTYPE html>
 2 <html>
 3 <head>
 4     <meta charset="utf-8">
 5     <title></title>
 6 <link href="../css/6-03.css" rel="stylesheet">
 7 <script src="../js/jquery-1.11.2.min.js"></script>
 8 <script src="../js/6-03.js"></script>
 9 </head>
10 <body>
11 <div class="tab_container">
12     <ul class="tab_title">
13         <li><a href="#tab1" class="selected">LITTLE</a></li>
14         <li><a href="#tab2">BEAUTY</a></li>
15     </ul>
16     <ul class="tab_panel">
17         <li id="tab1">
18             <div class="tab_image"><img src="../images/6-05-
   01.jpg" alt="" /></div>
19             <h2>LITTLE</h2>
20             <p>옛날 어느 동물원에 손짓으로 말을 할 줄 아는 아주 특별한
   고릴라가 살고 있었어요.<br>
21             그래서 갖고 싶은 것이 있으면 동물원 사람들한테 손짓으로 말
   했지요.<br>
22             고릴라에게는 부족한 것이 하나도 없어 보였어요.</p>
23         </li>
24         <li id="tab2">
25             <div class="tab_image"><img src="../images/6-05-
   02.jpg" alt="" /></div>
26             <h2>BEAUTY</h2>
27             <p>옛날 어느 동물원에 손짓으로 말을 할 줄 아는 아주 특별한
   고릴라가 살고 있었어요.<br>
28             그래서 갖고 싶은 것이 있으면 동물원 사람들한테 손짓으로 말
   했지요.<br>
29             고릴라에게는 부족한 것이 하나도 없어 보였어요.</p>
30         </li>
31     </ul>
32 </div>
33 </body>
34 </html>
```

08 문서가 로드된 후에 선택된 탭 메뉴 타이틀의 내용만 나타나는 것을 확인할 수 있습니다. 그 이유는 문서가 로드되면서 선택된 타이틀의 내용만 나타나도록 지정했기 때문입니다.

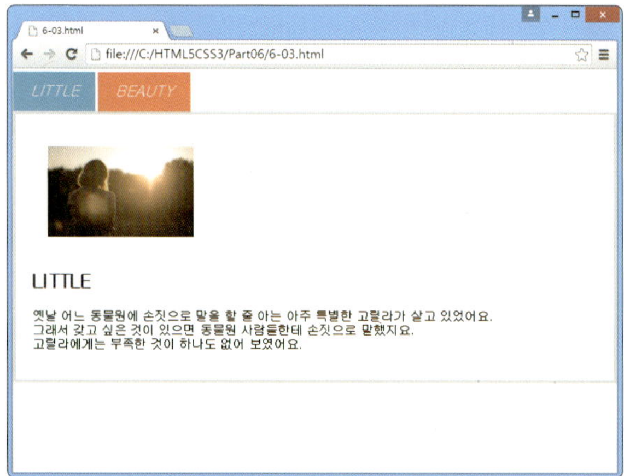

09 탭 메뉴의 타이틀인 'BEAUTY'를 마우스로 클릭해 보면 타이틀에 따라 내용이 보이는 것을 알 수 있습니다. 이 밖에도 선택에 따라 탭 메뉴 타이틀의 색상을 변경하도록 지정했습니다.

Note

웹 브라우저의 크기에 따라 이미지 크기 변경하기

앞의 예제에서 웹 브라우저의 크기를 변경하면 탭에 사용된 이미지 크기가 같이 변하는 것을 볼 수 있습니다.

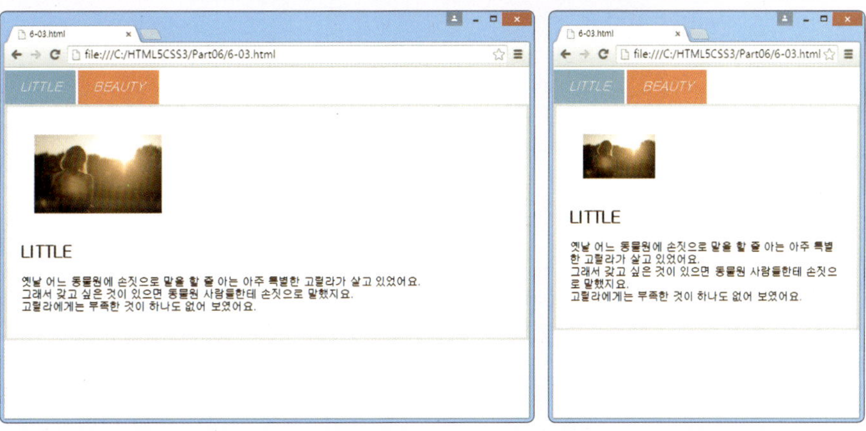

그 이유는 이미지의 CSS 속성에 이미지의 폭을 지정하는 "width" 속성 값을 "%"로 지정하였기 때문입니다. 예제에서는 "width: 26%"로 사용하였습니다. 실무에서 동적으로 이미지의 크기를 변경하고자 한다면 "width"의 속성 값을 "%"로 지정해보기 바랍니다.

```
52 /* 탭 내용 내의 이미지 속성 지정 */
53 .tab_image img {
54     width: 26%;
55     padding: 20px;
56 }
```

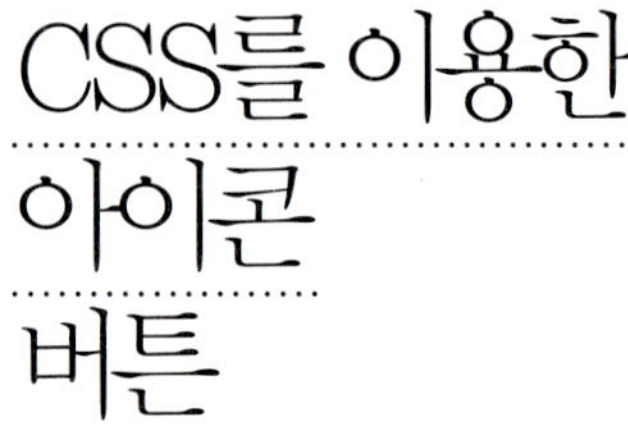

LESSON05

HTML에서 기본으로 제공되는 버튼은 디자인이 별로 예쁘지 않기 때문에 포토샵 등의 이미지 편집 프로그램을 이용하여 이미지로 버튼을 만들어 사용했습니다. 그런데 이미지로 만들다 보니 버튼에 들어가는 텍스트가 변경되면 그때마다 버튼 이미지를 만들어야만 했습니다. 이러한 이유 때문에 요즘에는 대부분 CSS를 이용하여 버튼을 만들거나 배경이나 아이콘 정도만 이미지를 사용하고, 텍스트는 그대로 입력하여 CSS로 만드는 버튼을 많이 사용하고 있습니다.

이번 예제에서는 아이콘을 가지고 있는 CSS 버튼을 만들어 보겠습니다.

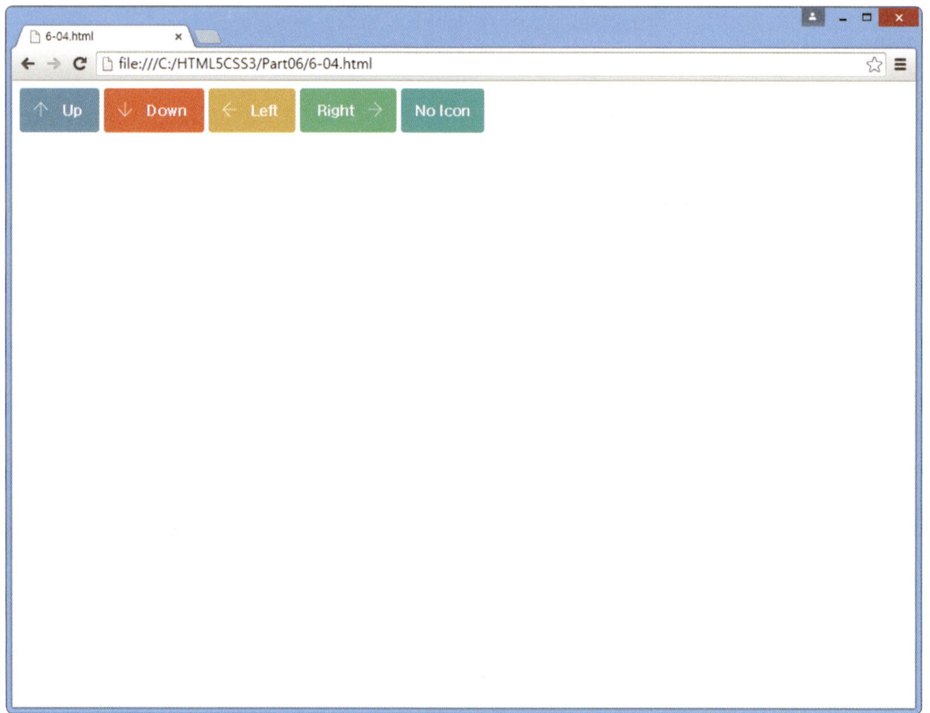

● **저장할 경로** : C:\HTML5CSS3\Part06\6-04.html, C:\HTML5CSS3\css\6-04.css

● **완성 파일** : C:\HTML5CSS3\완성예제\Part06\6-04.html, C:\HTML5CSS3\완성예제\css\6-04.css '〈a〉'를 이용하여 버튼 리스트를 만들기 위해 다음과 같이 HTML을 입력한 후 '6-04.html'이라는 이름으로 저장합니다.

```html
1  <!DOCTYPE html>
2  <html>
3  <head>
4      <meta charset="utf-8">
5      <title></title>
6  </head>
7  <body>
8  <a href="#" class="btn btn-blue btn-icon-left btn-arrow-up"><span>Up</span></a>
9  <a href="#" class="btn btn-red btn-icon-left btn-arrow-down"><span>Down</span></a>
10 <a href="#" class="btn btn-yellow btn-icon-left btn-arrow-left"><span>Left</span></a>
11 <a href="#" class="btn btn-green btn-icon-right btn-arrow-right"><span>Right</span></a>
12 <a href="#" class="btn"><span>No Icon</span></a>
13 </body>
14 </html>
```

 웹 브라우저에서 확인하면 다음과 같이 버튼으로 표현될 링크 리스트가 화면에 나타납니다.

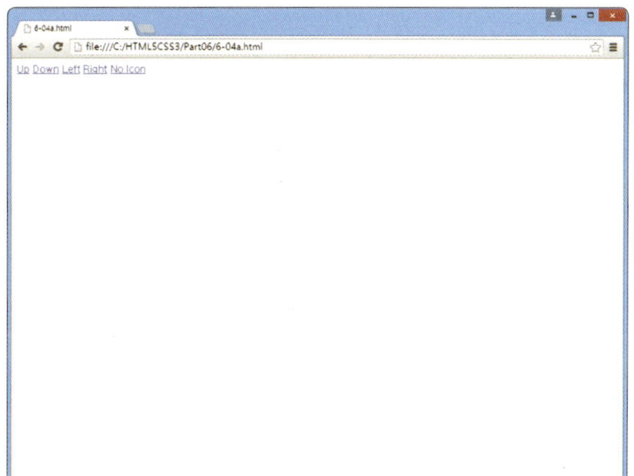

 링크를 버튼 모양으로 만들기 위해 Ctrl + N 을 눌러 새 파일을 만든 후 다음과 같이 CSS를 입력하고 'css' 폴더에 '6-04.css'로 저장합니다.

```css
1  /*----------------------------------------*/
2  /* 태그 기본 설정                          */
3  /*----------------------------------------*/
4  a { text-decoration: none; }
5
6  /*----------------------------------------*/
7  /* 아이콘 버튼                             */
8  /*----------------------------------------*/
9  /* inline-block 속성을 지정해 한줄에 표시되지만 block 처럼 공간을 차
      지하도록 만듦 */
10 .btn {
11     display: inline-block;
12 }
13
```

```css
14 /* 버튼의 크기/텍스트 속성/여백/테두리/배경색 및 이미지 지정 */
15 .btn span
16 {
17     display: block;
18     height: 48px;
19     line-height: 48px;
20     color: #fff;
21     font-weight: bold;
22     padding: 0 16px;
23     border-radius: 4px;
24     background-color: #3bbec0;
25     background-image: url(../images/6-04.png);
26     background-repeat: no-repeat;
27     background-position: -300px -300px;
28 }
29 /* 버튼에 마우스를 올렸을 때의 투명도 지정 */
30 .btn span:hover
31 {
32     opacity: 0.5;
33 }
34
35 /* 왼쪽 아이콘 속성 지정 */
36 .btn-icon-left span
37 {
38     padding-left: 48px;
39     padding-right: 20px;
40     background-position: left top;
41 }
42 /* 왼쪽 아이콘 중 왼쪽 화살표 속성 지정 */
43 .btn-icon-left.btn-arrow-left span {
44     background-position: left -45px;
45 }
46 /* 왼쪽 아이콘 중 위쪽 화살표 속성 지정 */
47 .btn-icon-left.btn-arrow-up span {
48     background-position: left -90px;
49 }
50 /* 왼쪽 아이콘 중 아래쪽 화살표 속성 지정 */
51 .btn-icon-left.btn-arrow-down span {
52     background-position: left -135px;
53 }
54
55 /* 오른쪽 아이콘 속성 지정 */
56 .btn-icon-right span {
57     padding-right: 48px;
58     padding-left: 20px;
59     background-position: right top;
60 }
61 /* 오른쪽 아이콘 중 왼쪽 화살표 속성 지정 */
62 .btn-icon-right.btn-arrow-left span {
63     background-position: right -45px;
64 }
65 /* 오른쪽 아이콘 중 왼쪽 화살표 속성 지정 */
66 .btn-icon-right.btn-arrow-up span {
67     background-position: right -90px;
68 }
69 /* 오른쪽 아이콘 중 왼쪽 화살표 속성 지정 */
70 .btn-icon-right.btn-arrow-down span{
71     background-position: right -135px;
72 }
73
```

```css
74 /* 색상 */
75 .btn-blue span{ background-color: #67b0d1; }
76 .btn-green span{ background-color: #60cd9b; }
77 .btn-red span{ background-color: #e87352; }
78 .btn-yellow span{ background-color: #ebc85e; }
```

04 이전에 작성한 HTML 파일에 CSS를 추가합니다.

```html
1  <!DOCTYPE html>
2  <html>
3  <head>
4      <meta charset="utf-8">
5      <title></title>
6  <link rel="stylesheet" href="../css/6-04.css"/>
7  </head>
8  <body>
9  <a href="#" class="btn btn-blue btn-icon-left btn-arrow-up">
   <span>Up</span></a>
10 <a href="#" class="btn btn-red btn-icon-left btn-arrow-down">
   <span>Down</span></a>
11 <a href="#" class="btn btn-yellow btn-icon-left btn-arrow-
   left"><span>Left</span></a>
12 <a href="#" class="btn btn-green btn-icon-right btn-arrow-
   right"><span>Right</span></a>
13 <a href="#" class="btn"><span>No Icon</span></a>
14 </body>
15 </html>
```

05 링크에 스타일이 적용되어 버튼으로 만들어진 모습을 볼 수 있습니다.

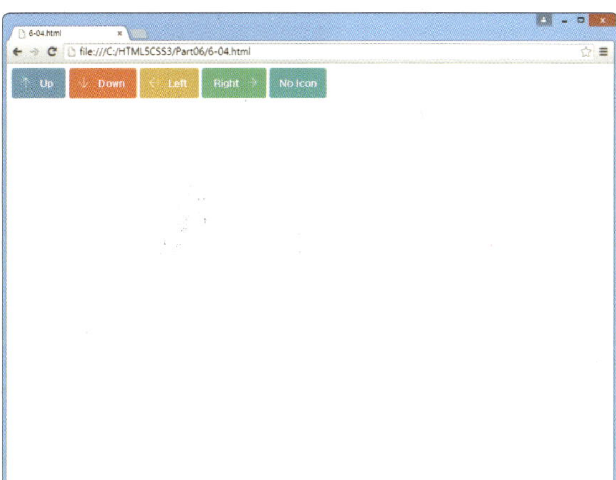

여러 가지 이미지를 보여주는 이미지 슬라이더

LESSON06

이미지 슬라이더란, 여러 개의 이미지를 순서대로 보여주는 것을 말합니다. 슬라이더의 이미지가 자동으로 넘어가도록 하거나 사용자가 마우스로 클릭했을 때 다음 이미지를 보여줄 수 있습니다.

이미지 슬라이더는 보통 웹 사이트의 메인 페이지에서 많이 사용되고 있습니다. 이미지나 동영상이 텍스트보다 전달력이 뛰어나므로 많은 공간을 할당하여 중요 내용을 이미지 슬라이더를 통해 구성하기도 합니다.

이번 예제에서는 사용자가 클릭하면 다음 이미지로 바뀌는 이미지 슬라이더를 만들어 보겠습니다.

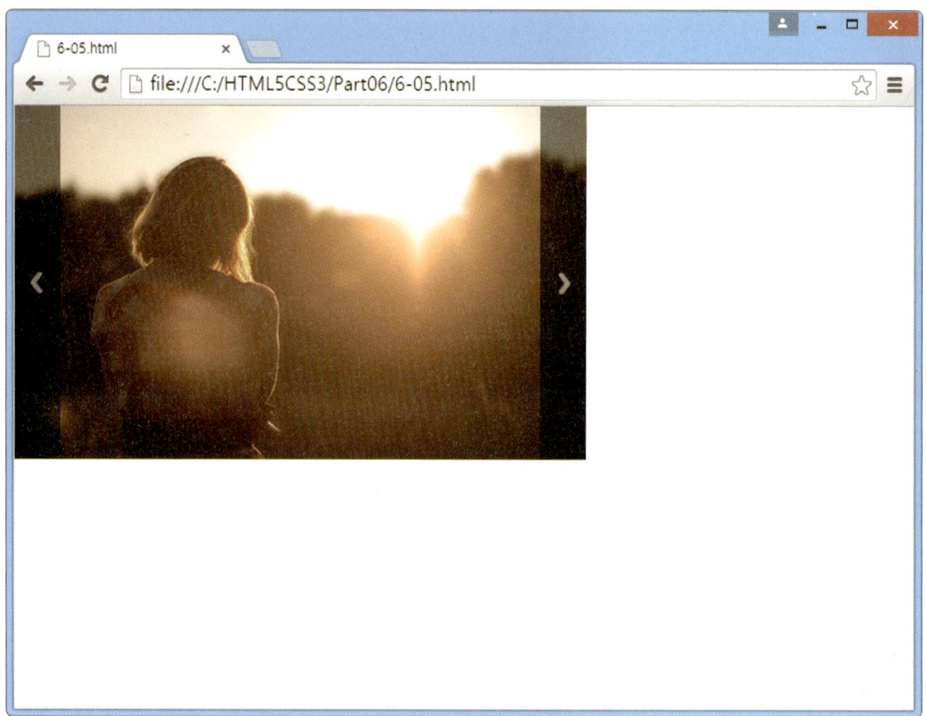

- **저장할 경로** : C:\HTML5CSS3\Part06\6-05.html, C:\HTML5CSS3\css\6-05.css, C:\HTML5CSS3\js\6-05.js
- **완성 파일** : C:\HTML5CSS3\완성예제\Part06\6-05.html, C:\HTML5CSS3\완성예제\css\6-05.css
  C:\HTML5CSS3\완성예제\js\6-05.js

01 이미지 슬라이더에 들어갈 이미지 리스트를 만들기 위해 다음과 같이 HTML을 입력한 후 '6-05.html'이라는 이름으로 저장합니다.

```
 1 <!DOCTYPE html>
 2 <html>
 3 <head>
 4     <meta charset="utf-8">
 5     <title></title>
 6 </style>
 7 </head>
 8 <body>
 9 <div class="slider_container">
10     <ul id="slider">
11         <li><img src="../images/6-05-01.jpg" alt=""></li>
12         <li><img src="../images/6-05-02.jpg" alt=""></li>
13         <li><img src="../images/6-05-03.jpg" alt=""></li>
14         <li><img src="../images/6-05-04.jpg" alt=""></li>
15         <li><img src="../images/6-05-05.jpg" alt=""></li>
16     </ul>
17     <a href='#' class='slider_nav prev'></a>
18     <a href='#' class='slider_nav next'></a>
19 </div>
20 </body>
21 </html>
```

02 웹 브라우저에서 확인하면 다음과 같이 이미지 슬라이더에 들어갈 리스트가 화면에 나타납니다.

03 이미지 슬라이더 모양으로 만들기 위해 Ctrl + N을 눌러 새 파일을 만든 후 다음과 같이 CSS를 입력하고 'css' 폴더에 '6-05.css'로 저장합니다.

```
 1 /*------------------------------------*/
 2 /* 태그 기본 설정                      */
 3 /*------------------------------------*/
 4 * {
 5     margin: 0;
 6     padding: 0;
 7 }
 8 li { list-style: none; }
 9 img { display: block; }
10
11 /*------------------------------------*/
12 /* 이미지 슬라이더                     */
13 /*------------------------------------*/
14 /* 이미지 슬라이더 콘테이너 속성 */
15 .slider_container {
```

```css
16      position: relative;
17      float: left;
18 }
19
20 /* 네비게이션 버튼 속성 */
21 /* 네비게이션 버튼 위치/배경이미지/크기/투명도 지정 */
22 .slider_nav {
23      z-index: 3;
24      position: absolute;
25      top: 0;
26      bottom: 0;
27      left: 0;
28      background: #000 url("../images/6-05-00.gif") no-repeat
   left 50%;
29      width: 40px;
30      opacity: 0.5;
31 }
32 /* 네비게이션 버튼 클릭시 투명도 지정 */
33 .slider_nav:active {
34      opacity: 1.0;
35 }
36 /* 네비게이션 오른쪽 버튼 위치/배경이미지 지정 */
37 .slider_nav.next {
38      left: auto;
39      right: 0;
40      background-position: right 50%;
41 }
```

04 이전에 작성한 HTML 파일에 CSS를 추가합니다.

```html
1 <!DOCTYPE html>
2 <html>
3 <head>
4     <meta charset="utf-8">
5     <title></title>
6 <link href="../css/6-05.css" rel="stylesheet">
7 </style>
8 </head>
9 <body>
10 <div class="slider_container">
11     <ul id="slider">
12         <li><img src="../images/6-05-01.jpg" alt=""></li>
13         <li><img src="../images/6-05-02.jpg" alt=""></li>
14         <li><img src="../images/6-05-03.jpg" alt=""></li>
15         <li><img src="../images/6-05-04.jpg" alt=""></li>
16         <li><img src="../images/6-05-05.jpg" alt=""></li>
17     </ul>
18     <a href='#' class='slider_nav prev'></a>
19     <a href='#' class='slider_nav next'></a>
20 </div>
21 </body>
22 </html>
```

05 아직 하나로 합쳐지지 않은 이미지 슬라이더 모양이 만들어졌습니다.

06 이제 이미지가 하나로 합쳐지고 왼쪽과 오른쪽 버튼을 클릭하면 이미지가 변하도록 액션 처리를 해보겠습니다. 액션을 처리하기 위한 JavaScript를 생성하기 위해 Ctrl + N 을 눌러 새 파일을 만든 후 다음과 같이 Java-Script를 입력하고 'js' 폴더에 '6-05.js'로 저장합니다.

```javascript
1  // 문서가 로드된 이후에 처리되는 함수 정의
2  $(document).ready(function() {
3      // 이미지 슬라이더 생성
4      $("#slider").imageSlides({
5          speed: 500,
6          namespace: "slider",
7      });
8  });
9
10 // 이미지 슬라이더 함수
11 (function ($, window, i) {
12     $.fn.imageSlides = function (options) {
13         // 기본 설정
14         var settings = $.extend({
15             // 변환효과 시간
16             "speed": 500,
17             // 이미지 슬라이드명
18             "namespace": "slider",
19             // callback 함수
20             "before": $.noop,
21             "after": $.noop
22         }, options);
23
24         return this.each(function () {
25             i++;
26
27             var $this = $(this),
28
29             // 변수
30             vendor,
31             index = 0,
32             $slide = $this.children(),
33             length = $slide.size(),
34             fadeTime = parseFloat(settings.speed),
35
36             // 슬라이더명
37             namespace = settings.namespace,
38             namespaceIdx = namespace + i,
39
40             // CSS 클래스
```

```javascript
41              navClass = namespace + "_nav " + namespaceIdx +
    "_nav",
42              visibleClass = namespaceIdx + "_on",
43              slideClassPrefix = namespaceIdx + "_s",
44
45              // 슬라이드 보여주기/숨기기 스타일
46              visible = {"float": "left",
47                      "position": "relative",
48                      "opacity": 1, "zIndex": 2},
49              hidden = {"float": "none",
50                      "position": "absolute",
51                      "opacity": 0, "zIndex": 1},
52
53              // 변환효과 지원여부 검사
54              supportsTransitions = (function () {
55                  var docBody = document.body ||
    document.documentElement;
56                  var styles = docBody.style;
57                  var prop = "transition";
58                  if (typeof styles[prop] === "string") {
59                      return true;
60                  }
61                  vendor = ["Moz", "Webkit", "Khtml", "O",
    "ms"];
62                  prop = prop.charAt(0).toUpperCase() +
    prop.substr(1);
63                  var i;
64                  for (i = 0; i < vendor.length; i++) {
65                      if (typeof styles[vendor[i] + prop] ===
    "string") {
66                          return true;
67                      }
68                  }
69                  return false;
70              })(),
71
72              // 이미지 바꾸기시 애니메이션 처리
73              slideTo = function (idx) {
74                  settings.before(idx);
75                  // CSS3 변환효과 지원시
76                  if (supportsTransitions) {
77                      $slide
78                          .removeClass(visibleClass)
79                          .css(hidden)
80                          .eq(idx)
81                          .addClass(visibleClass)
82                          .css(visible);
83                      index = idx;
84                      setTimeout(function () {
85                          settings.after(idx);
86                      }, fadeTime);
87                  // CSS3 변환효과 지원하지 않으면 jQuery 기능 사용
88                  } else {
89                      $slide
90                          .stop()
91                          .fadeOut(fadeTime, function () {
92                              $(this)
93                                  .removeClass(visibleClass)
94                                  .css(hidden)
95                                  .css("opacity", 1);
```

```javascript
                })
                    .eq(idx)
                    .fadeIn(fadeTime, function () {
                        $(this)
                            .addClass(visibleClass)
                            .css(visible);
                        settings.after(idx);
                        index = idx;
                    });
            }
        };

        // 각 슬라이드에 ID 부여
        $slide.each(function (i) {
            this.id = slideClassPrefix + i;
        });

        // 첫번째만 남기고 모두 숨기기
        $slide.hide().css(hidden).eq(0)
            .addClass(visibleClass).css(visible).show();

        // CSS 변환효과
        if (supportsTransitions) {
            $slide.show().css({
                "-webkit-transition": "opacity "
                    + fadeTime + "ms ease-in-out",
                "-moz-transition": "opacity "
                    + fadeTime + "ms ease-in-out",
                "-o-transition": "opacity "
                    + fadeTime + "ms ease-in-out",
                "transition": "opacity "
                    + fadeTime + "ms ease-in-out"
            });
        }

        // 이미지가 하나 이상일때
        if ($slide.size() > 1) {
            // 네비게이션
            var navMarkup =
                "<a href='#' class='" + navClass + "
prev'></a>" +
                "<a href='#' class='" + navClass + "
next'></a>";

            // 네비게이션 추가
            $this.after(navMarkup);

            var $trigger = $("." + namespaceIdx + "_nav"),
            $prev = $trigger.filter(".prev");

            // 네비게이션 클릭시 수행
            $trigger.bind("click", function (e) {
                e.preventDefault();

                var $visibleClass = $("." + visibleClass);

                // 보여줄 슬라이드 결정
                var idx = $slide.index($visibleClass),
                prevIdx = idx - 1,
                nextIdx = idx + 1 < length ? index + 1 :
0;
```

```
154
155                                  // 슬라이드 이동
156                                  slideTo($(this)[0] === $prev[0] ? prevIdx
    : nextIdx);
157                          });
158                  }
159          });
160      };
161 })(jQuery, this, 0);
```

 액션을 적용하기 위해 이
전에 작성한 HTML 파일
에 JavaScript를 추가합
니다. jQuery 함수를 이
용해 JavaScript 액션을
만들었으므로 jQuery도
함께 추가합니다. 그리고
이미지가 하나일 때는 내
비게이션 버튼을 만들지
않고 JavaScript에서 조
건에 따라 내비게이션 버
튼을 만들도록 했습니다.
그래서 HTML에서는 내
비게이션 버튼을 주석 처
리합니다.

```
 1 <!DOCTYPE html>
 2 <html>
 3 <head>
 4     <meta charset="utf-8">
 5     <title></title>
 6 <link href="../css/6-05.css" rel="stylesheet">
 7 <script src="../js/jquery-1.11.2.min.js"></script>
 8 <script src="../js/6-05.js"></script>
 9 </head>
10 <body>
11 <div class="slider_container">
12     <ul id="slider">
13         <li><img src="../images/6-05-01.jpg" alt=""></li>
14         <li><img src="../images/6-05-02.jpg" alt=""></li>
15         <li><img src="../images/6-05-03.jpg" alt=""></li>
16         <li><img src="../images/6-05-04.jpg" alt=""></li>
17         <li><img src="../images/6-05-05.jpg" alt=""></li>
18     </ul>
19     <!--a href='#' class='slider_nav prev'></a>
20     <a href='#' class='slider_nav next'></a-->
21 </div>
22 </body>
23 </html>
```

 처음 HTML과 CSS만으로 만들었을 때와는 달리 이미
지가 하나로 합쳐져서 나타나는 것을 알 수 있습니다.
그 이유는 문서가 로드되면서 이미지가 하나로 보이도
록 지정했기 때문입니다.

09 이미지의 왼쪽과 오른쪽에 있는 버튼을 클릭하면 이미지가 하나씩 변하는 것을 알 수 있습니다. 계속 클릭하여 마지막 이미지까지 이동하면 처음 이미지부터 다시 시작하게 됩니다.

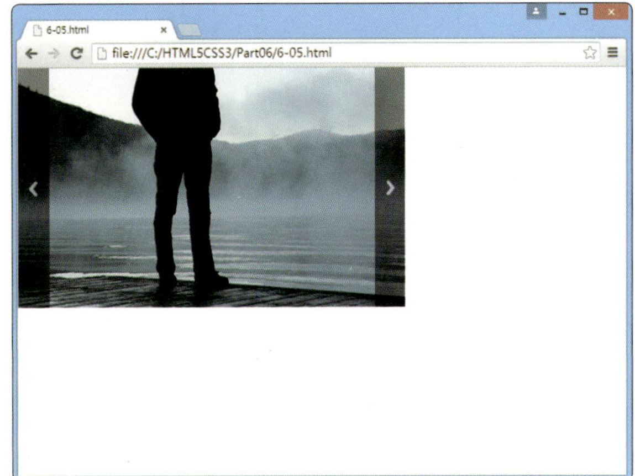

Note

CSS Sprite 사용하기

웹 사이트를 만들다 보면 이미지를 많이 사용하게 됩니다. 메뉴, 사이드 바, 검색 창 등에 많은 이미지를 사용하다 보면 웹 브라우저는 이미지를 불러오기 위해 여러 번 서버에 요청하게 됩니다. 만약, 20개의 이미지를 사용한다면 웹 문서를 표시하기 위해 이미지 파일을 20번에 걸쳐 서버로부터 받게 되는 것이죠. 이렇게 다수의 이미지를 받는 것은 웹 사이트의 속도와도 관계가 있습니다. 이럴 때 서버에의 요청 횟수를 줄여 로딩 속도를 빠르게 하는 기법이 CSS Sprite입니다.

CSS Sprite의 개념은 만약 4개의 이미지를 사용해야 한다면 4개의 이미지를 하나로 합쳐서 불러온 후 필요한 부분을 CSS에서 위치를 지정하여 불러오는 방식입니다.

사용 방법은 CSS 속성에서 "background-position"을 이용하여 이미지의 가로, 세로 위치를 지정하면 됩니다. CSS Sprite는 이미 아이콘 버튼과 이미지 슬라이더에서 사용했습니다.

아이콘 버튼에서 사용한 CSS Sprite의 일부입니다.

```css
55 /* 오른쪽 아이콘 속성 지정 */
56 .btn-icon-right span {
57     padding-right: 48px;
58     padding-left: 20px;
59     background-position: right top;
60 }
61 /* 오른쪽 아이콘 중 왼쪽 화살표 속성 지정 */
62 .btn-icon-right.btn-arrow-left span {
63     background-position: right -45px;
64 }
```

❶ background-position: right top 이미지를 나타냅니다.

❷ background-position: right -45px 이미지를 나타냅니다.

동영상을 컨트롤하는 동영상 플레이어

HTML5에서는 웹 브라우저에서 동영상을 직접 재생할 수 있습니다. 또 동영상을 컨트롤할 수 있는 방법도 제공하고 있습니다. 이를 이용해 동영상을 재생하고 컨트롤할 수 있는 간단한 동영상 플레이어를 만들어 보겠습니다.

LESSON07

- **저장할 경로** : C:\HTML5CSS3\Part06\6-06.html, C:\HTML5CSS3\css\6-06.css, C:\HTML5CSS3\js\6-06.js
- **완성 파일** : C:\HTML5CSS3\완성예제\Part06\6-06.html, C:\HTML5CSS3\완성예제\css\6-06.css

  C:\HTML5CSS3\완성예제\js\6-06.js

01 동영상을 재생할 video 태그와 컨트롤을 담당할 a 태그를 다음과 같이 입력합니다.

```html
1  <!DOCTYPE html>
2  <html>
3  <head>
4      <meta charset="utf-8">
5      <title></title>
6  </head>
7  <body>
8  <div class="video_container">
9      <video id="video1" src="../images/6-06.mp4" width="768"></video>
10     <div class="video_control">
11        <span class="info info_play">
12             Play :
13             <a href="#" id="play" class="btn btn_play"><span id="vPlay">Play</span></a>
14             <span id="vLength"></span>초 / <span id="vTime"></span>초
15        </span>
16        <span class="info info_speed">
17             Speed : <span id="vSpeed">1</span>
18             <a href="#" class="btn btn_speedDown"><span>-</span></a>
19             <a href="#" class="btn btn_speedUp"><span>+</span></a>
20        </span>
21        <span class="info info_volumn">
22             Volume : <span id="vVolume">100%</span>
23             <a href="#" class="btn btn_mute"><span>Mute</span></a>
24             <a href="#" class="btn btn_volumeDown"><span>-</span></a>
25             <a href="#" class="btn btn_volumeUp"><span>+</span></a>
26        </span>
27     </div>
28  </div>
29  </body>
30  </html>
```

02 웹 브라우저에서 확인하면 다음과 같이 동영상과 컨트롤 화면이 보입니다.

```css
1  /*---------------------------------*/
2  /* 태그 기본 설정                   */
3  /*---------------------------------*/
4  a { text-decoration: none; }
5  span {
6      font-size: 14px;
7      color: #fff;
8      font-weight: bold;
9  }
10 /*---------------------------------*/
11 /* 아이콘 버튼                      */
12 /*---------------------------------*/
13 /* video_control의 info 영역 속성 지정 */
14 .info {
15     display: inline-block;
16     text-align: center;
17     padding: 4px;
18 }
19
20 .info_play {
21     width: 30%;
22     background-color: #67b0d1;
23 }
24
25 .info_speed {
26     width: 25%;
27     background-color: #ebc85e;
28 }
29
30 .info_volumn {
31     width: 40%;
32     background-color: #60cd9b;
33 }
34
35 /* info 영역의 버튼을 inline-block 속성을 지정해 한줄에 표시되지만
      block 처럼 공간을 차지하도록 만듬 */
36 .btn {
37     display: inline-block;
38 }
39
40 /* 버튼의 크기/텍스트 속성/여백/테두리 지정 */
41 .btn span
42 {
43     display: block;
44     width: 50px;
45     height: 40px;
46     text-align: center;
47     line-height: 40px;
48     color: #fff;
49     font-weight: bold;
50     padding: 0 10px;
51     border-radius: 4px;
52     border: 1px solid #fff;
53 }
54
55 /* play 버튼의 배경색 지정 */
56 .btn_play span
57 {
58     background-color: #67b0d1;
```

```
59 }
60
61 /* pause 버튼의 배경색 지정 */
62 .btn_pause span
63 {
64     background-color: #e87352;
65 }
66
67 /* up down 버튼의 크기 지정 */
68 .btn_speedUp span, .btn_speedDown span, .btn_volumeDown span,
   .btn_volumeUp span {
69     width: 20px;
70 }
```

04 이전에 작성한 HTML 파일을 열어 CSS를 추가합니다.

```html
1 <!DOCTYPE html>
2 <html>
3 <head>
4     <meta charset="utf-8">
5     <title></title>
6 <link href="../css/6-06.css" rel="stylesheet">
7 </head>
8 <body>
9 <div class="video_container">
10     <video id="video1" src="../images/6-06.mp4" width="768">
   </video>
11     <div class="video_control">
12         <span class="info info_play">
13             Play :
14             <a href="#" id="play" class="btn btn_play"><span
   id="vPlay">Play</span></a>
15             <span id="vLength"></span>초 / <span id="vTime">
   </span>초
16         </span>
17         <span class="info info_speed">
18             Speed : <span id="vSpeed">1</span>
19             <a href="#" class="btn btn_speedDown"><span>-
   </span></a>
20             <a href="#" class="btn btn_speedUp"><span>+</span>
   </a>
21         </span>
22         <span class="info info_volumn">
23             Volume : <span id="vVolume">100%</span>
24             <a href="#" class="btn btn_mute"><span>Mute</span>
   </a>
25             <a href="#" class="btn btn_volumeDown"><span>-
   </span></a>
26             <a href="#" class="btn btn_volumeUp"><span>+
   </span></a>
27         </span>
28     </div>
29 </div>
30 </body>
31 </html>
```

06 이제 버튼을 클릭하면 동영상을 컨트롤할 수 있도록 액션 처리를 하도록 하겠습니다. 액션을 처리하기 위한 JavaScript를 생성하기 위해 Ctrl + N 을 눌러 새 파일을 만든 후 다음과 같이 입력합니다. 입력한 후 'js' 폴더에 '6- 06.js'라는 이름으로 저장합니다.

```javascript
// 문서가 로드된 이후에 처리되는 함수 정의
$(document).ready(function() {
    var video = document.getElementById("video1");

    // 동영상의 기초정보를 화면에 디스플레이
    video.addEventListener("loadedmetadata", function () {
        vLength = video.duration.toFixed(0);
        $("#vLength").html(vLength);
        $("#vTime").html("0");
    }, false);

    // 동영상의 현재 재생시간을 디스플레이
    video.addEventListener("timeupdate", function () {
        var vTime = video.currentTime;
        $("#vTime").html(vTime.toFixed(0));
    }, false);

    // Play 버튼 클릭시 동영상 재생/일시정지
    $(".btn_play").click(function(){
        // 일시정지 상태인 경우 재생
        if (video.paused) {
            video.play();
            $("#vPlay").html("Pause");
            $("#play").removeClass("btn_play");
            $("#play").addClass("btn_pause");
        }
        // 재생 상태인 경우 일시정지
        else {
            video.pause();
            $("#vPlay").html("Play");
            $("#play").removeClass("btn_pause");
            $("#play").addClass("btn_play");
        }
```

07 액션을 적용하기 위해 이전에 작성한 HTML 파일에 JavaScript를 추가합니다. jQuery 함수를 이용해 JavaScript 액션을 만들었으므로 jQuery도 함께 추가합니다.

```html
1  <!DOCTYPE html>
2  <html>
3  <head>
4      <meta charset="utf-8">
5      <title></title>
6  <link href="../css/6-06.css" rel="stylesheet">
7  <script src="../js/jquery-1.11.2.min.js"></script>
8  <script src="../js/6-06.js"></script>
9  </head>
10 <body>
11 <div class="video_container">
12     <video id="video1" src="../images/6-06.mp4" width="768">
   </video>
13     <div class="video_control">
14         <span class="info info_play">
15             Play :
16             <a href="#" id="play" class="btn btn_play"><span
   id="vPlay">Play</span></a>
17                 <span id="vLength"></span>초 / <span id="vTime">
   </span>초
18         </span>
19         <span class="info info_speed">
20             Speed : <span id="vSpeed">1</span>
21             <a href="#" class="btn btn_speedDown"><span>-
   </span></a>
22             <a href="#" class="btn btn_speedUp"><span>+</span>
   </a>
23         </span>
24         <span class="info info_volumn">
25             Volume : <span id="vVolume">100%</span>
26             <a href="#" class="btn btn_mute"><span>Mute</span>
   </a>
27             <a href="#" class="btn btn_volumeDown"><span>-
   </span></a>
28             <a href="#" class="btn btn_volumeUp"><span>+
   </span></a>
29         </span>
30     </div>
31 </div>
32 </body>
33 </html>
```

08 이제 완성된 동영상 플레이어에서 [Play] 버튼을 클릭합니다. 동영상이 재생되고 버튼은 [Pause]로 변경됩니다. 또 화면에는 동영상의 전체 길이와 현재 재생 시간을 보여줍니다. 동영상이 재생되면서 현재까지의 재생 시간을 화면에 보이도록 처리했기 때문입니다.

 [Speed] 버튼은 동영상의 재생 속도를 변경합니다. + 와 - 버튼을 클릭하여 재생 속도를 변경할 수 있습니다. 재생 속도는 1~4배속까지 변경할 수 있도록 설정되어 있습니다.

 [Volume] 버튼은 동영상의 소리의 크기를 변경합니다. + 와 - 버튼을 클릭하여 소리 크기를 변경할 수 있습니다. 소리 크기는 0~100%까지 변경할 수 있도록 설정되어 있습니다. 또 [Mute] 버튼은 음소거 기능을 제공합니다.

실무에서 바로 써먹는 웹 사이트 템플릿

이제까지는 메뉴나 버튼 등과 같이 웹 사이트를 만드는 데 필요한 요소를 하나씩 살펴보았습니다. 웹 사이트에 사용되는 요소는 매우 다양하고, 웹 사이트가 가지고 있는 성격에 따라 다양한 모습으로 변형하여 사용되고 있습니다.

이번에는 앞에서 다루었던 요소를 이용하여 모양이 갖추어진 웹 사이트를 만들어 보겠습니다. 그러나 이번에 만들 때는 모든 요소들을 직접 만들지 않고 앞에서의 요소와 비슷한 기능을 가지지만 또 다른 방법을 이용하여 만들어 보겠습니다.

이번 예제에서는 부트스트랩의 기능을 최대한 이용하여 만들어 보겠습니다. 부트스트랩에는 우리가 많은 시간을 들여서 만들어야 하는 것들이 이미 많은 부분 만들어져 있기 때문입니다.
모든 것을 스스로 만들어 익히는 것도 중요하지만 이번 장은 간단하더라도 전체 모양을 만드는 데 목표를 두고 있으므로 이미 잘 만들어진 도구를 사용하는 것도 좋은 방법이라고 생각합니다.

다음 화면이 우리가 만들고자 하는 웹 사이트의 일부 페이지입니다.

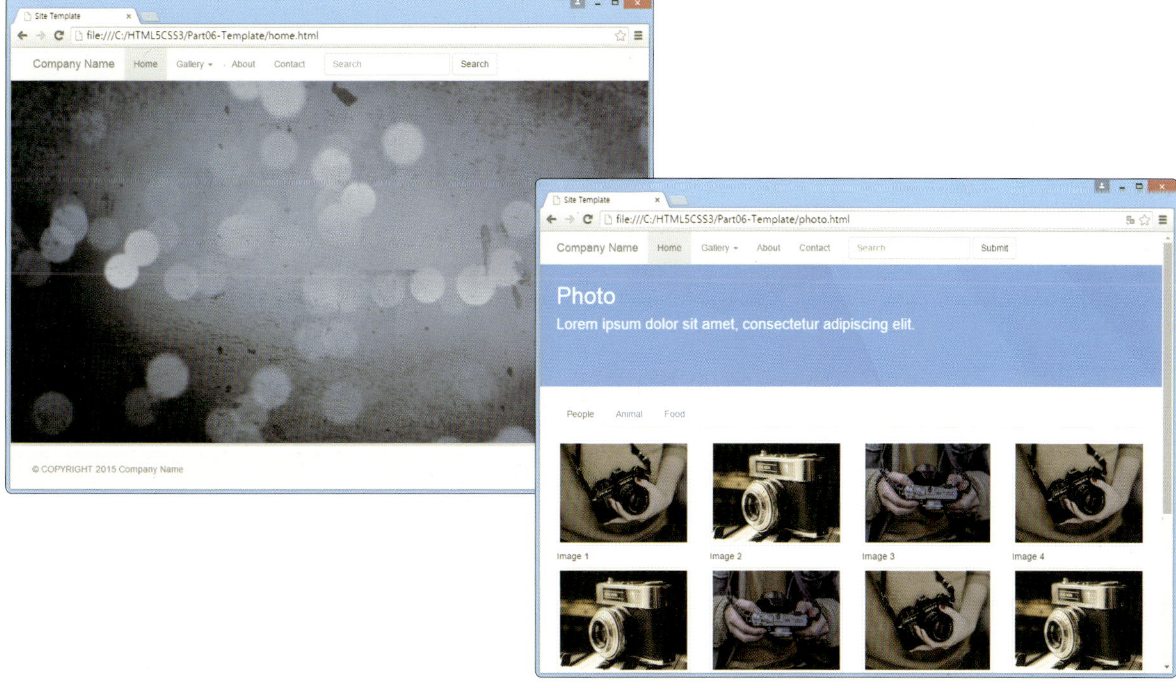

무엇인가를 만들고자 할 때에는 어떤 것을 원하는지, 어떤 모양으로 만들 것인지 결정해야 합니다. 웹 사이트도 이와 마찬가지입니다. 웹 사이트가 담아야 할 내용과 모양 등을 잘 결정해야만 사용자를 위한 웹 사이트를 만들 수 있습니다.

■ 웹 사이트에 담길 내용 결정하기

웹 사이트의 성격이 회사 소개 홈페이지인지, 쇼핑몰인지, 개인의 포트폴리오를 소개하고자 하는지에 따라 웹 사이트의 모양 및 내용 구성은 많은 차이를 보이게 됩니다.

이 책에서는 그런 다양한 상황을 모두 다루기는 힘들기 때문에 일반적인 회사 소개 홈페이지에 갤러리 기능을 추가하여 만들어 보겠습니다.

이번에 만들게 될 웹 사이트는 총 5개의 페이지로 구성할 것입니다. 그리고 각 페이지에서는 다음과 같은 내용과 기능을 제공하겠습니다.

페이지	내용
Home	웹 사이트의 메인 페이지 동영상을 배경으로 사용하여 페이지 구성
Photo Gallery	이미지 갤러리 탭으로 구분된 카테고리와 이미지 리스트 제공 이미지를 클릭하면 확대 이미지 제공
Movie Gallery	동영상 갤러리 동영상 플레이어를 이용한 동영상 재생
About	회사 소개 페이지 이미지 슬라이더를 이용한 회사 소개 및 직원 소개
Contact	연락처 정보 페이지 구글 맵을 이용한 회사 위치 제공 문의 사항 작성 폼 및 회사 연락처 제공

템플릿은 일반적인 모습의 페이지를 제공하므로, 원하는 구조의 모습이 아닐 수도 있습니다. 그러나 간단하지만 전체적인 모습을 가진 웹 사이트를 만들어 본다는 의미에서 예제를 따라해보기 바랍니다.

■ 웹 사이트의 레이아웃 결정하기

내용이 결정이 되었다면 이번에는 웹 사이트의 모양을 결정할 차례입니다. 메뉴는 상단 메뉴만 넣을 것인지, 왼쪽 또는 오른쪽에 사이드 메뉴를 넣을 것인지를 결정해야 하는 것이죠.

최근에는 사이드 메뉴는 거의 사용하지 않고 상단 메뉴만 제공하는 웹 사이트가 많아지고 있습니다.

우리가 만들 웹 사이트도 아래처럼 3개의 레이아웃으로 구성하겠습니다.

<table>
<tr><td>Top Menu</td></tr>
<tr><td>Content</td></tr>
<tr><td>Footer</td></tr>
</table>

■ 웹 사이트의 크기 결정하기

웹 사이트를 방문하다 보면 웹 브라우저의 크기에 따라 웹 사이트가 넓어지기도 하고, 좁아지기도 하며, 어떤 경우에는 고정된 크기로 나오기도 하는 것을 경험하였을 것입니다. 이러한 경우를 각각 고정폭, 유동폭이라고 합니다.

고정폭의 예로는 네이버 웹 사이트를 들 수 있습니다.

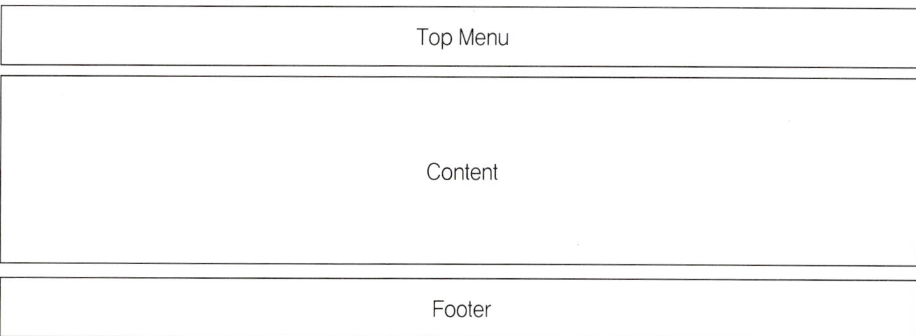

유동폭의 예로는 마이크로소프트 웹 사이트를 들 수 있습니다.

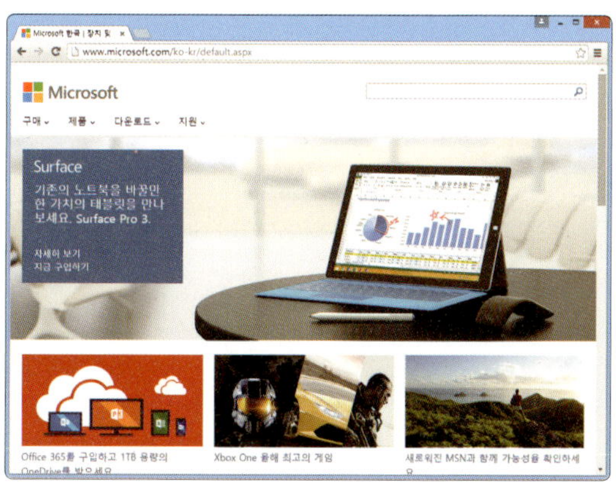
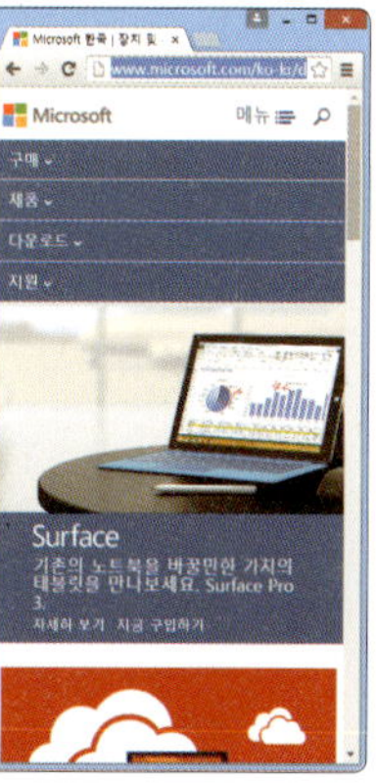

예제에서는 부르스트랩의 고정폭을 이용하여 웹 사이트를 만들어 보겠습니다.

■ 웹 사이트의 색상 결정하기

웹 사이트도 사람이 옷을 입는 것과 마찬가지로 어떤 색의 옷을 입힐지 고민해야 합니다. 하나의 비슷한 계열의 색상으로 입힐 수도 있고, 다양한 색상을 이용하여 컬러풀하게 입힐 수도 있습니다.

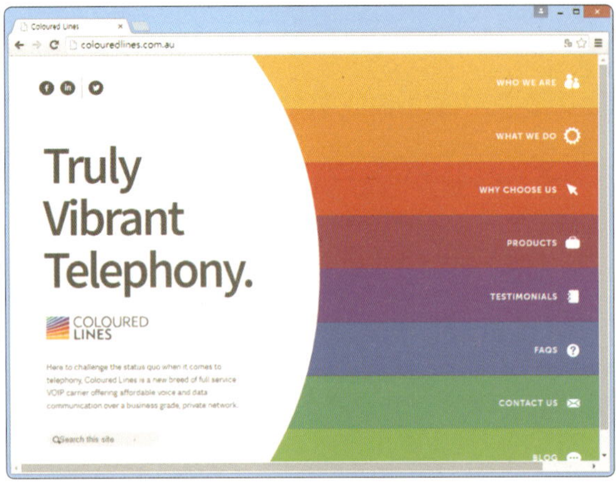

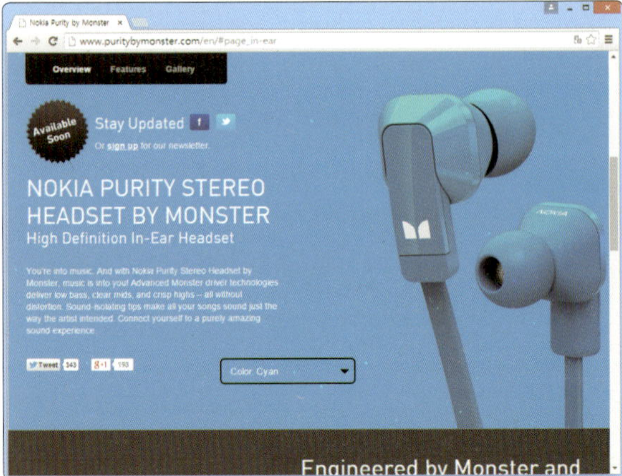

예제에서는 각 페이지에 약간의 색상을 사용하여 표현하겠습니다.

Top Menu & Footer

웹 사이트의 상단 메뉴와 하단의 푸터를 만들어 보겠습니다. 상단 메뉴는 웹 사이트에서 제공하는 모든 페이지에 대한 링크를 제공합니다. 각 페이지를 방문하기 위해서 반드시 필요한 기능이죠. 그리고 푸터는 하단에 오는 기능으로, 사이트의 저작권 및 간략한 링크를 배치하여 만들게 됩니다.

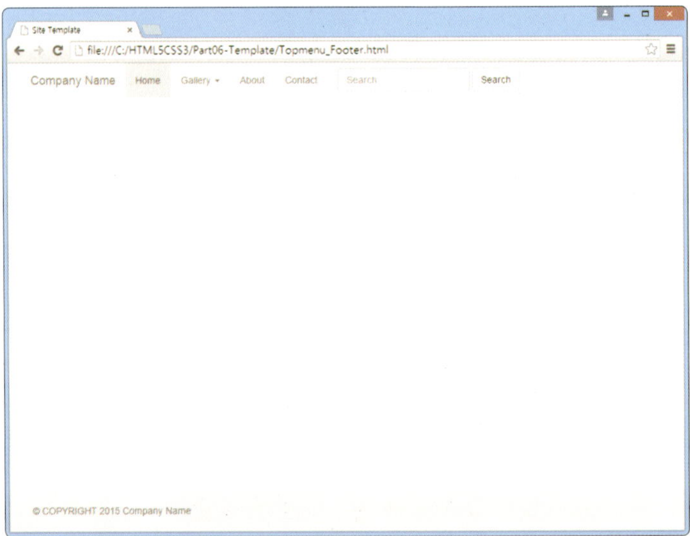

● 저장할 경로 : C:\HTML5CSS3\Part06-Template\Topmenu_Footer.html

C:\HTML5CSS3\Part06-Template\css\sticky-footer-navbar.css

● 완성 파일 : C:\HTML5CSS3\완성예제\Part06-Template\Topmenu_Footer.html

C:\HTML5CSS3\완성예제\Part06-Template\css\sticky-footer-navbar.css

01 부트스트랩에서 제공하는 예제 소스를 이용하여 상단 고정 메뉴와 푸터를 만들고, 내용은 웹 사이트에 맞도록 수정하였습니다. 전체 소스는 다음과 같습니다.

```html
1  <!DOCTYPE html>
2  <html>
3  <head>
4  <meta charset="utf-8">
5  <meta name="viewport" content="width=device-width, initial-
   scale=1">
6  <title>Site Template</title>
7  <!-- Bootstrap core CSS & JavaScript -->
8  <link href="bootstrap/css/bootstrap.min.css" rel="stylesheet">
9  <script
   src="https://ajax.googleapis.com/ajax/libs/jquery/1.11.2/jquer
   y.min.js"></script>
10 <script src="bootstrap/js/bootstrap.min.js"></script>
11 <!-- Footer Custom style -->
12 <link href="css/sticky-footer-navbar.css" rel="stylesheet">
13 <!-- 예제에서 사용하기 위해 정의한 CSS -->
14 <link href="css/style.css" rel="stylesheet">
15 </head>
16 <body>
17
18 <!-- Top Menu(상단고정) -->
19 <nav class="navbar navbar-default navbar-fixed-top">
20     <div class="container">
21         <div class="navbar-header">
22             <button type="button" class="navbar-toggle
   collapsed" data-toggle="collapse" data-target="#navbar" aria-
   expanded="false" aria-controls="navbar">
23                 <span class="sr-only">Toggle navigation</span>
   <span class="icon-bar"></span> <span class="icon-bar"></span>
   <span class="icon-bar"></span>
24             </button>
25             <a class="navbar-brand" href="#">Company Name</a>
26         </div>
27         <div id="navbar" class="collapse navbar-collapse">
28             <ul class="nav navbar-nav">
29                 <li class="active"><a
   href="home.html">Home</a></li>
30                 <li class="dropdown"><a href="#"
   class="dropdown-toggle" data-toggle="dropdown" role="button"
   aria-expanded="false">Gallery <span
31                     class="caret"></span>
32                 </a>
33                     <ul class="dropdown-menu" role="menu">
34                         <li><a href="photo.html">Photo</a>
   </li>
35                         <li class="divider"></li>
36                         <li><a href="movie.html">Movie</a>
   </li>
37                     </ul></li>
38                 <li><a href="about.html">About</a></li>
39                 <li><a href="contact.html">Contact</a></li>
40             </ul>
```

```
41
42              <form class="navbar-form navbar-left"
   role="search">
43                  <div class="form-group">
44                      <input type="text" class="form-control"
   placeholder="Search">
45                  </div>
46                  <button type="submit" class="btn btn-
   default">Search</button>
47              </form>
48          </div>
49      </div>
50 </nav>
51 <!--/ Top Menu(상단고정) -->
52
53 <!-- Footer(하단 고정) -->
54 <footer class="footer">
55      <div class="container">
56          <p class="text-muted">&copy; COPYRIGHT 2015 Company
   Name</p>
57      </div>
58 </footer>
59 <!--/ Footer(하단 고정) -->
60
61 </body>
62 </html>
```

02 상단 고정 메뉴는 기존 CSS에 정의되어 있어 CSS를 추가하지 않고도 바로 화면에 나오게 됩니다. 반면, 푸터는 기존에 제공하고 있지 않기 때문에 CSS를 만들어줘야 합니다. 푸터의 모양을 만들기 위해 `Ctrl` + `N`을 눌러 새 파일을 만든 후 다음과 같이 CSS를 입력합니다. 입력한 후 'css' 폴더에 'sticky-footer-navbar.css'로 저장합니다.

```
 1 /* Sticky footer styles
 2 -------------------------------------------------- */
 3 html {
 4   position: relative;
 5   min-height: 100%;
 6 }
 7 body {
 8   /* Margin bottom by footer height */
 9   margin-bottom: 60px;
10 }
11 .footer {
12   position: absolute;
13   bottom: 0;
14   width: 100%;
15   /* Set the fixed height of the footer here */
16   height: 60px;
17   background-color: #f5f5f5;
18 }
19
20
21 /* Custom page CSS
22 -------------------------------------------------- */
23 /* Not required for template or sticky footer method. */
24
25 body > .container {
26   padding: 60px 15px 0;
27 }
28 .container .text-muted {
29   margin: 20px 0;
30 }
```

```
31
32 .footer > .container {
33   padding-right: 15px;
34   padding-left: 15px;
35 }
36
37 code {
38   font-size: 80%;
39 }
```

03 웹 브라우저에서 확인하면 상단 메뉴와 푸터를 볼 수 있습니다.

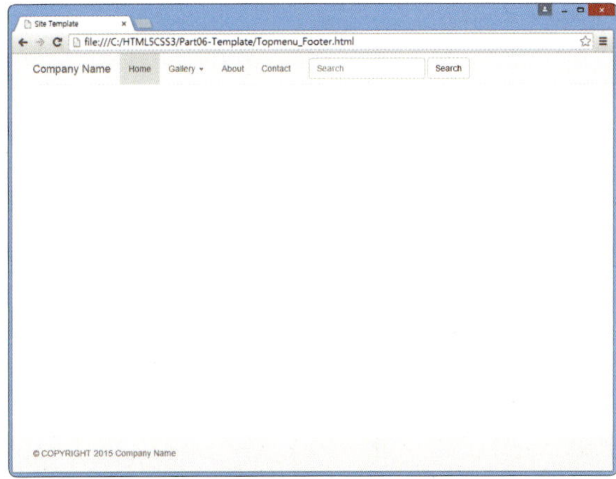

04 우리가 만든 상단 메뉴는 상단에 항상 고정되는 속성을 가지고 있습니다. 다음 화면처럼 스크롤바를 움직여 화면을 아래로 내려도 사라지지 않고 화면 상단에 붙여 놓은 것처럼 고정되어 나타납니다.

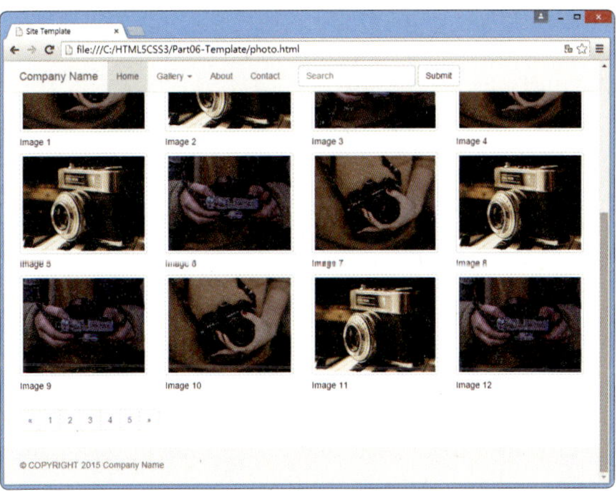

또 푸터는 상단 메뉴와 반대로 웹 브라우저의 하단에 붙어 나타나는 속성을 가지고 있습니다. 웹 문서의 내용이 긴 경우에는 내용 아래에 푸터가 존재하게 되어 웹 브라우저의 하단에 보이지 않지만, 내용이 짧은 경우에는 웹 브라우저의 하단에 붙어 있는 모습으로 나타납니다. 다음 화면에서처럼 웹 브라우저의 하단을 마우스로 잡아 늘리게 되면 푸터가 웹 브라우저 하단에 붙어 따라오는 것을 볼 수 있습니다.

부트스트랩을 이용하여 만든 상단 메뉴의 경우, 화면 크기가 변하게 되면 상단 메뉴의 모양도 바뀌게 됩니다. 앞에서 배웠던 반응형 웹 사이트가 만들어진 것입니다. 반응형 웹 사이트를 만들기 위해 작업한 것도 아닌데 어떻게 지원하게 된 것일까요? 이는 부트스트랩이 기본적으로 반응형 웹 사이트를 지원할 수 있도록 만들어져 있기 때문입니다.

웹 브라우저의 크기로 변경해보면 옆으로 펼쳐져 있던 상단 메뉴가 아이콘 형태로 바뀌는 모습을 볼 수 있습니다.

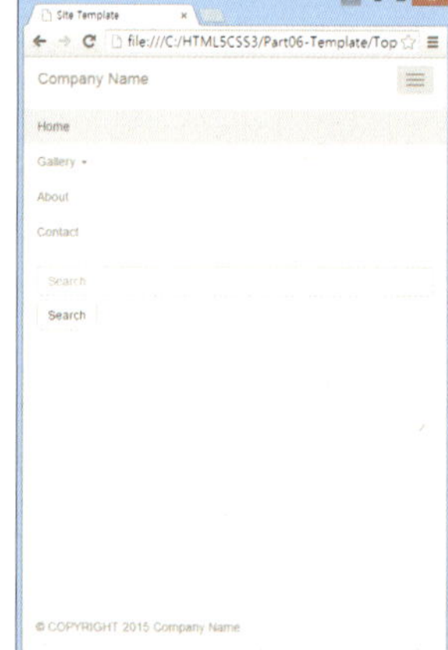

Main Page

메인 페이지는 웹 사이트에서 가장 중요한 페이지입니다. 사용자에게 좋은 느낌을 주어 웹 사이트에 대한 신뢰가 생기고 다시 방문하고 싶은 욕구를 생긴다면 메인 페이지가 성공적으로 만들어졌다고 할 수 있습니다. 그렇지만 이것이 말처럼 쉽지는 않습니다. 사람마다 보는 관점이 서로 다르기 때문입니다.

이번 예제에서는 다이내믹하고 멋지게 꾸밀 수 있다는 이유로 많이 사용하고 있는 동영상을 배경으로 하는 페이지를 만들어 보겠습니다.

다음과 같이 화면 전체가 동영상으로 채워집니다.

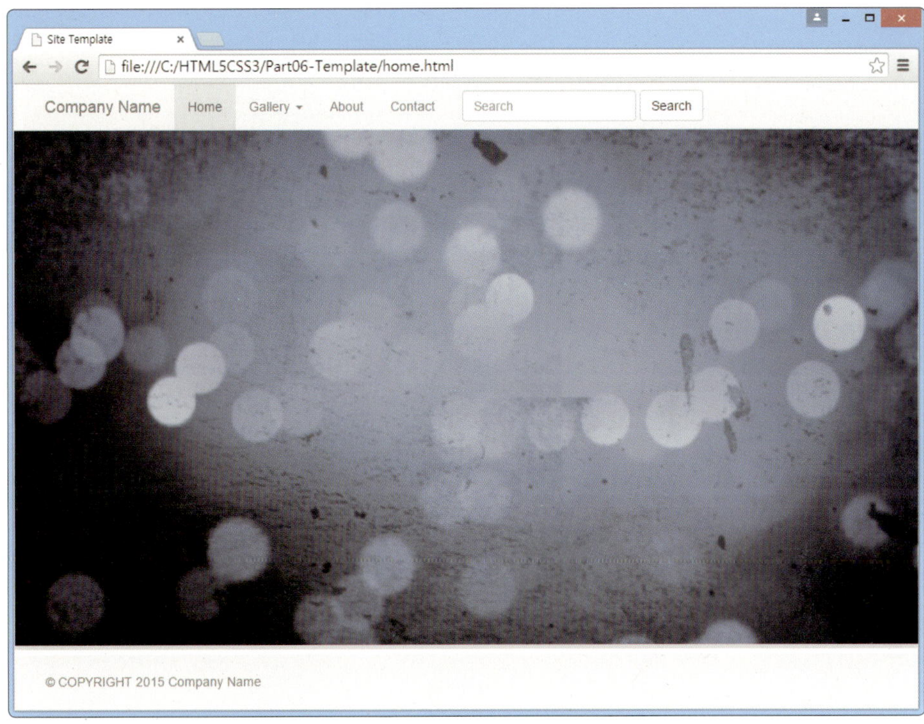

- **저장할 경로** : C:\HTML5CSS3\Part06-Template\home.html, C:\HTML5CSS3\Part06-Template\css\style.css

  C:\HTML5CSS3\Part06-Template\js\video-full.js
- **완성 파일** : C:\HTML5CSS3\완성예제\Part06-Template\home.html, C:\HTML5CSS3\완성예제\Part06-Template\css\

  style.css, C:\HTML5CSS3\완성예제\Part06-Template\js\video-full.js

01 상단 메뉴와 푸터가 모든 페이지에 있어야 하므로 'Topmenu_Footer.html' 파일을 이용하여 메인 페이지를 만들겠습니다. 'Topmenu_Footer.html' 파일에 다음 내용을 추가한 후 'home.html'로 저장합니다. 추가되는 내용은 상단 메뉴와 푸터 사이에 입력합니다.

```html
1  <!DOCTYPE html>
2  <html>
3  <head>
4  <meta charset="utf-8">
5  <meta name="viewport" content="width=device-width, initial-
   scale=1">
6  <title>Site Template</title>
7  <!-- Bootstrap core CSS & JavaScript -->
8  <link href="bootstrap/css/bootstrap.min.css" rel="stylesheet">
9  <script
   src="https://ajax.googleapis.com/ajax/libs/jquery/1.11.2/jquer
   y.min.js"></script>
10 <script src="bootstrap/js/bootstrap.min.js"></script>
11 <!-- Footer Custom style -->
12 <link href="css/sticky-footer-navbar.css" rel="stylesheet">
13 <!-- 예제에서 사용하기 위해 정의한 CSS -->
14 <link href="css/style.css" rel="stylesheet">
15 </head>
```

```
16 <body>
17
18 <!-- Top Menu(상단고정) -->
19 <nav class="navbar navbar-default navbar-fixed-top">
20     <div class="container">
21         <div class="navbar-header">
22             <button type="button" class="navbar-toggle collapsed" data-toggle="collapse" data-target="#navbar" aria-expanded="false" aria-controls="navbar">
23                 <span class="sr-only">Toggle navigation</span> <span class="icon-bar"></span> <span class="icon-bar"></span> <span class="icon-bar"></span>
24             </button>
25             <a class="navbar-brand" href="#">Company Name</a>
26         </div>
27         <div id="navbar" class="collapse navbar-collapse">
28           <ul class="nav navbar-nav">
29               <li class="active"><a href="home.html">Home</a></li>
30               <li class="dropdown"><a href="#" class="dropdown-toggle" data-toggle="dropdown" role="button" aria-expanded="false">Gallery <span
31                     class="caret"></span>
32               </a>
33                 <ul class="dropdown-menu" role="menu">
34                     <li><a href="photo.html">Photo</a></li>
35                     <li class="divider"></li>
36                     <li><a href="movie.html">Movie</a></li>
37                 </ul></li>
38               <li><a href="about.html">About</a></li>
39               <li><a href="contact.html">Contact</a></li>
40           </ul>
41
42           <form class="navbar-form navbar-left" role="search">
43               <div class="form-group">
44                   <input type="text" class="form-control" placeholder="Search">
45               </div>
46               <button type="submit" class="btn btn-default">Search</button>
47           </form>
48         </div>
49     </div>
50 </nav>
51 <!--/ Top Menu(상단고정) -->
52
53 <!-- Content -->
54 <div class="video-container">
55     <video id="video-full" height="400" preload="true" autoplay="" loop="">
56         <source src="images/bg-video.mp4" type="video/mp4;">
57     </video>
58 </div>
59 <script src="js/video-full.js"></script>
60 <!-- Content -->
61
62 <!-- Footer(하단 고정) -->
```

```
63 <footer class="footer">
64     <div class="container">
65         <p class="text-muted">&copy; COPYRIGHT 2015 Company
   Name</p>
66     </div>
67 </footer>
68 <!--/ Footer(하단 고정) -->
69
70 </body>
71 </html>
```

02 메인 페이지에 동영상만을 추가했으므로 다음과 같이 보일 것입니다. 동영상 추가 시 높이를 400px로 지정하였기 때문에 지정된 크기대로 화면에 나타나게 된 것입니다.

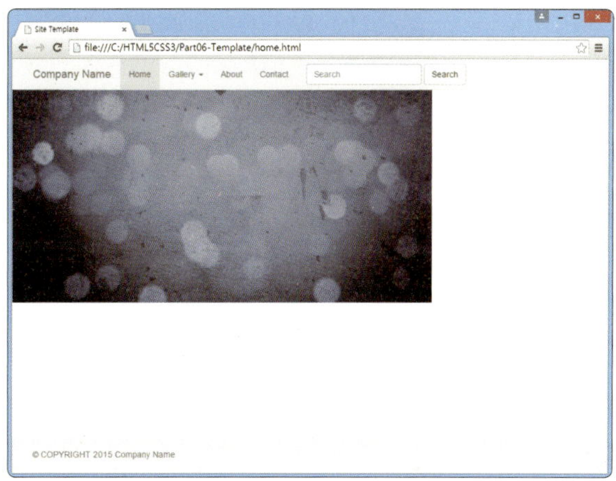

03 이제 동영상을 화면의 전체 크기로 만들기 위해 CSS와 JavaScript를 만들어야 합니다. CSS는 'css' 폴더에 'style.css'로 저장하고 JavaScript는 'js' 폴더에 'video-full.js'로 저장합니다. CSS 파일을 다음과 같이 입력한 후 CSS 폴더에 'style.css'라는 이름으로 저장합니다.

```javascript
1 $(document).ready(function() {
2     var video = document.getElementById("video-full");
3
4     // 동영상이 준비되고 나면 화면크기에 맞도록 크기 조정
5     video.addEventListener("loadedmetadata", function () {
6         setVideoFullsize();
7     }, false);
8
9     // 윈도우 크기가 변경되면 화면크기에 맞도록 크기 조정
10    $(window).resize(function(){
11        setVideoFullsize();
12    }).resize();
13
14    // 동영상 크기 조정
15    function setVideoFullsize() {
16        video.height = $(window).height() - 70;
17    }
18 });
```


CSS는 동영상의 위치 및 모양을 지정하고, JavaScript는 화면에 크기에 따라 전체 크기로 조정하는 역할을 합니다.

```css
1 .video-container {
2     height: auto;
3     width: auto;
4     display: block;
5     overflow: hidden;
6     z-index: -10000;
7     background: #ddd;
8 }
```

04 JavaScript 파일은 다음과 같이 입력한 후 'js' 폴더에 'video-full.js'로 저장합니다.

```javascript
1 $(document).ready(function() {
2     var video = document.getElementById("video-full");
3
4     // 동영상이 준비되고 나면 화면크기에 맞도록 크기 조정
5     video.addEventListener("loadedmetadata", function () {
6         setVideoFullsize();
7     }, false);
8
9     // 윈도우 크기가 변경되면 화면크기에 맞도록 크기 조정
10    $(window).resize(function(){
11        setVideoFullsize();
12    }).resize();
13
14    // 동영상 크기 조정
15    function setVideoFullsize() {
16        video.height = $(window).height() - 70;
17    }
18 });
```

05 웹 브라우저에서 확인하면 동영상이 화면 전체에 배경으로 설정된 것을 볼 수 있습니다. 웹 페이지가 로드되고 난 후 JavaScript에서 동영상의 크기를 화면의 크기에 맞도록 조정하였기 때문입니다.

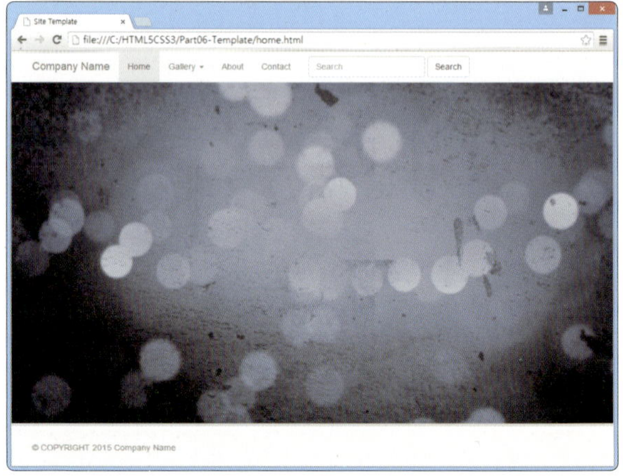

웹 브라우저의 크기를 변경해도 동영상은 배경 전체에 채워지는 것을 볼 수 있습니다. 웹 브라우저의 크기가 변경되더라도 JavaScript에서 동영상의 크기를 화면의 크기에 맞도록 조정하였기 때문입니다.

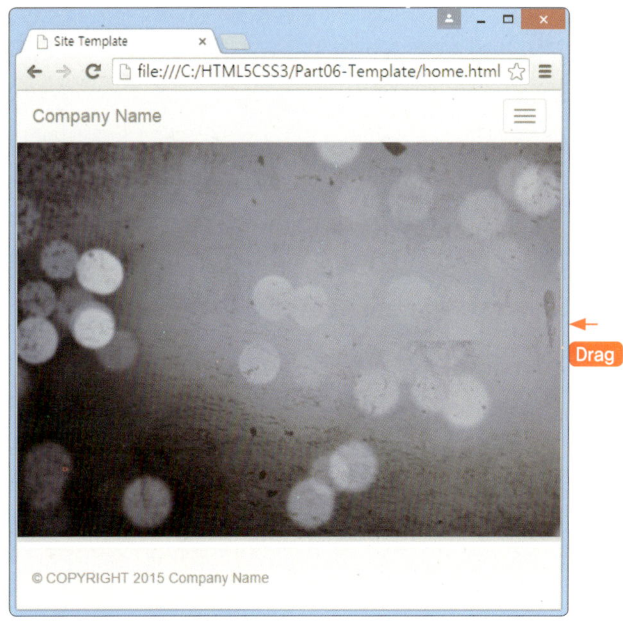

Photo Gallery

이번에 만들 페이지는 이미지 갤러리입니다. 탭으로 구분된 카테고리와 이미지 리스트를 제공하고 이미지를 클릭하면 해당 이미지의 확대된 이미지를 모달 팝업으로 제공하는 기능을 가지게 됩니다.

다음과 같은 일반적인 이미지 갤러리를 간단하게 만들어 보겠습니다.

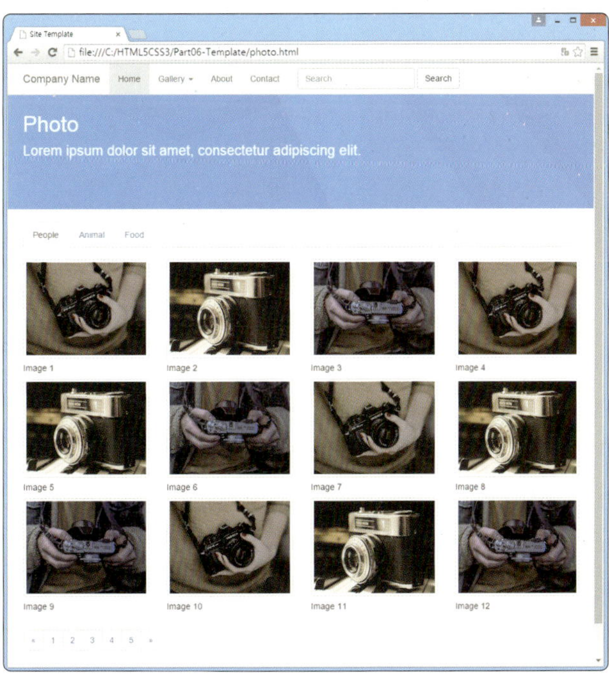

● **저장할 경로** : C:\HTML5CSS3\Part06-Template\photo.html

C:\HTML5CSS3\Part06-Template\css\style.css

● **완성 파일** : C:\HTML5CSS3\완성예제\Part06-Template\photo.html

C:\HTML5CSS3\완성예제\Part06-Template\css\style.css

01 'Topmenu_Footer.html' 파일을 이용하여 이미지 갤러리를 만들겠습니다. 'Topmenu_Footer.html' 파일에 다음 내용을 추가한 후 'photo.html'로 저장합니다. 추가되는 내용은 상단 메뉴와 푸터 사이에 입력합니다.

```html
42              <form class="navbar-form navbar-left"
   role="search">
43                      <div class="form-group">
44                          <input type="text" class="form-control"
   placeholder="Search">
45                      </div>
46                      <button type="submit" class="btn btn-
   default">Search</button>
47                  </form>
48              </div>
49          </div>
50      </nav>
51  <!--/ Top Menu(상단고정) -->
52
53  <!-- Content -->
54  <!-- Page Header -->
55  <div class="book-page-header-photo">
56      <div class="page-header book-page-header">
57          <div class="container">
58              <h1>
59                  Photo <br> <small>Lorem ipsum dolor sit amet,
   consectetur adipiscing elit.</small>
60              </h1>
61          </div>
62      </div>
63  </div>
64  <!--/ Page Header -->
```

02 메인 페이지를 제외한 다른 페이지에서는 페이지 헤더를 문서 상단에 넣을 것입니다. 위에서 입력한 내용이 페이지 헤더에 대한 내용이었습니다. 페이지 헤더는 부트스트랩에서 기본적으로 제공하는 'page-header'을 이용하였으며, 화면에 기본적인 모양으로 나타나게 됩니다. 여기에 배경 이미지를 추가하여 좀 더 예쁜 모양으로 만들어 보겠습니다.

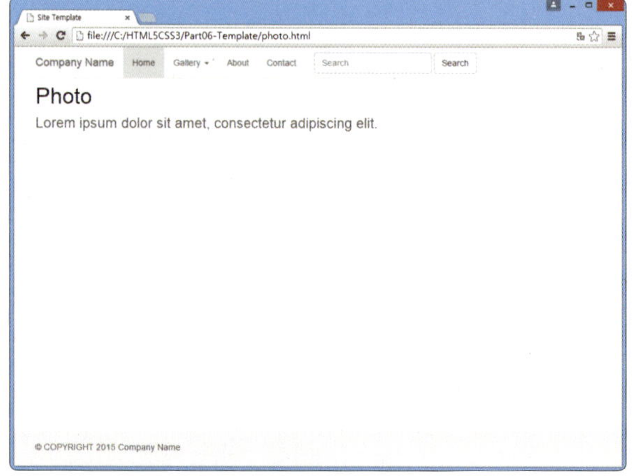

03 페이지 헤더를 꾸미기 위해 CSS를 만들어야 합니다. CSS는 기존에 만들었던 'style.css'에 페이지 헤더를 위한 스타일을 추가하겠습니다. CSS 파일에 다음과 같이 입력합니다.

```css
10 .book-page-header {
11     height: 200px;
12     background-repeat: no-repeat;
13     background-position: top center;
14     background-size: cover;
15     background-image: url(../images/bg-blue.jpg);
16     opacity: 0.7;
17     margin-bottom: -40px;
18     padding-top: 20px;
19     color: #fff;
20 }
21
22 .book-page-header small {
23     color: #fff;
24 }
25
26 .book-page-header-movie {
27     background-color: yellow;
28 }
29
30 .book-page-header-about {
```

04 웹 브라우저에서 확인하면 페이지 헤더에 크기, 배경 이미지, 여백, 투명도 등의 스타일이 적용된 것을 알 수 있습니다.

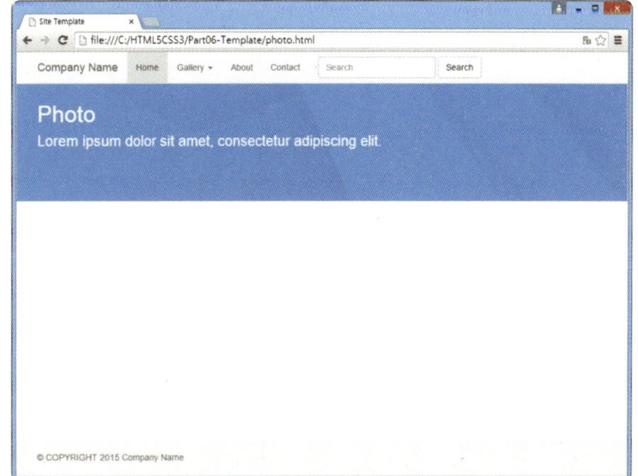

05 이제 내용에 들어갈 탭 형태의 카테고리와 이미지 리스트, 그리고 페이지 내 비게이션을 만들어 보겠습니다. 탭과 페이지 내비게이션은 부트스트랩에서 기본적으로 제공하는 'nav-tabs'과 'pagination'을 이용하겠습니다. 그리고

```html
66 <div class="container">
67
68     <!--/ Tab -->
69     <div role="tabpanel">
70         <!-- Nav tabs -->
71         <ul class="nav nav-tabs" role="tablist">
72             <li role="presentation" class="active"><a
  href="#People" aria-controls="People" role="tab" data-
  toggle="tab">People</a></li>
73             <li role="presentation"><a href="#Animal" aria-
  controls="Animal" role="tab" data-toggle="tab">Animal</a></li>
74             <li role="presentation"><a href="#Food" aria-
  controls="Food" role="tab" data-toggle="tab">Food</a></li>
75         </ul>
76     </div>
```

이미지 리스트는 'col-md-0'를 이용하여 만들 겠습니다. 추가되는 내용 은 'photo.html'의 페이지 헤더 이후에 입력합니다.

```
77        <!--/ Tab -->
78
79        <br>
80
81        <!-- Content -->
82        <div class="row">
83            <div class="col-md-3">
84                <a href="#" data-toggle="modal" data-
   target="#imageModal" data-whatever="images/crew-01.jpg"><img
   src="images/crew-01.jpg"
85                    class="img-responsive img-thumbnail"
   alt="Responsive image"></a>
86                <h5>Image 1</h5>
87            </div>
88
89            <div class="col-md-3">
                            ⋮
150                <h5>Image 11</h5>
151            </div>
152
153            <div class="col-md-3">
154                <a href="#" data-toggle="modal" data-
   target="#imageModal" data-whatever="images/crew-03.jpg"><img
   src="images/crew-03.jpg"
155                    class="img-responsive img-thumbnail"
   alt="Responsive image"></a>
156                <h5>Image 12</h5>
157            </div>
158        </div>
159        <!--/ Content -->
160
161        <!-- Pagination -->
162        <nav>
163            <ul class="pagination">
164                <li><a href="#" aria-label="Previous"> <span aria-
   hidden="true">&laquo;</span>
165                </a></li>
166                <li><a href="#">1</a></li>
167                <li><a href="#">2</a></li>
168                <li><a href="#">3</a></li>
169                <li><a href="#">4</a></li>
170                <li><a href="#">5</a></li>
171                <li><a href="#" aria-label="Next"> <span aria-
   hidden="true">&raquo;</span>
172                </a></li>
173            </ul>
174        </nav>
175        <!--/ Pagination -->
176
177 </div>
178 <!-- Content -->
179
```

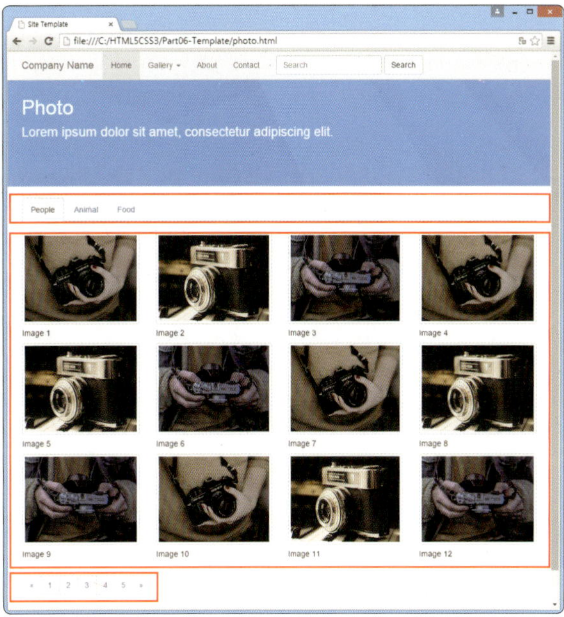

07 이제 마지막으로 이미지를 클릭했을 때 해당 이미지의 확대된 이미지를 모달 팝업으로 제공하는 기능을 추가하도록 하겠습니다. 모달 팝업은 Bootstrap에서 기본적으로 제공해 주는 'modal'을 이용하도록 하겠습니다. 추가 되는 내용은 'photo.html'의 페이지 내비게이션 이후에 입력합니다.

```html
175        <!--/ Pagination -->
176
177 </div>
178 <!-- Content -->
179
180 <!-- Modal -->
181 <div class="modal fade" id="imageModal" tabindex="-1"
    role="dialog" aria-labelledby="imageModalLabel" aria-
    hidden="true">
182     <div class="modal-dialog">
183         <div class="modal-content">
184             <div class="modal-body">
185                 <img src="" class="img-responsive img-
    thumbnail" alt="Responsive image"
    onClick="javascript:$('#imageModal').modal('hide');">
186             </div>
187         </div>
188     </div>
189 </div>
190
191 <script type="text/javascript">
192     $('#imageModal').on('show.bs.modal', function(event) {
193         var link = $(event.relatedTarget); // Button that
    triggered the modal
194         var recipient = link.data('whatever'); // Extract info
    from data-* attributes
195         // If necessary, you could initiate an AJAX request
    here (and then do the updating in a callback).
196         // Update the modal's content. We'll use jQuery here,
    but you could use a data binding library or other methods
    instead.
197         var modal = $(this);
198         modal.find('.modal-body img').attr("src", recipient);
199         modal.find('.modal-body img').attr("width", 800);
```

```
200     });
201 </script>
202 <!--/ Modal -->
203
204 <!-- Footer(하단 고정) -->
205 <footer class="footer">
206     <div class="container">
207         <p class="text-muted">&copy; COPYRIGHT 2015 Company
    Name</p>
208     </div>
209 </footer>
210 <!--/ Footer(하단 고정) -->
211
212 </body>
213 </html>
```

08 웹 브라우저에서 이미지를 클릭하면 모달 팝업으로 확대된 이미지가 나타나는 것을 확인할 수 있습니다.

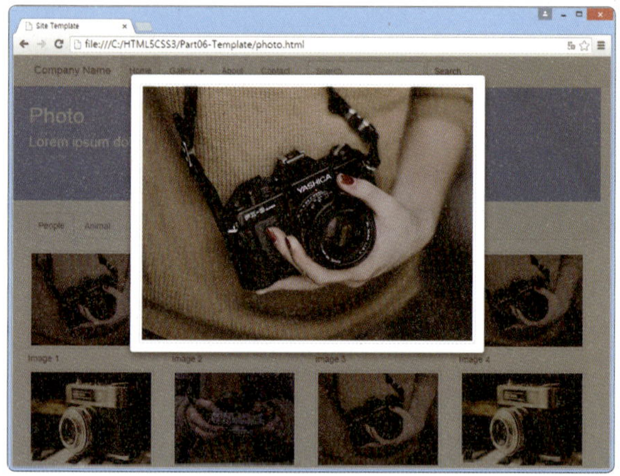

09 이 페이지에도 반응형 웹 사이트를 위한 요소가 추가되어 있습니다. 화면 크기를 작게 변경해보면 이미지 리스트의 이미지 크기가 변경되고 4개의 컬럼으로 구성되었던 리스트가 한 줄로 바뀌는 모습을 볼 수 있습니다. 이미지의 크기는 img 태그를 입력할 때 'class="img-responsive img-thumbnail"'라는 스타일을 지정하였는데, 이를 통해 이미지의 사이즈가 동적으로 바뀌게 되는 것입니다. 또 리스트는 'col-md-0'를 사용함으로써 폭이 작아질 경우 아래로 떨어져서 리스트를 구성하도록 스타일이 지정되어 있는 것입니다.

이번에 만들 페이지는 동영상 갤러리입니다. 웹 브라우저에서 지원하는 형식의 동영상은 vide 태그만으로도 재생할 수 있습니다. 그러나 이번 페이지에서는 HTML5와 CSS3를 이용해 만들어진 동영상 플레이어를 이용하여 만들어 보겠습니다. 동영상 플레이어를 직접 만들어 사용할 수도 있지만, 기존에 잘 만들어진 플러그인 기능을 이용한다면 훨씬 쉽게 만들 수 있습니다.

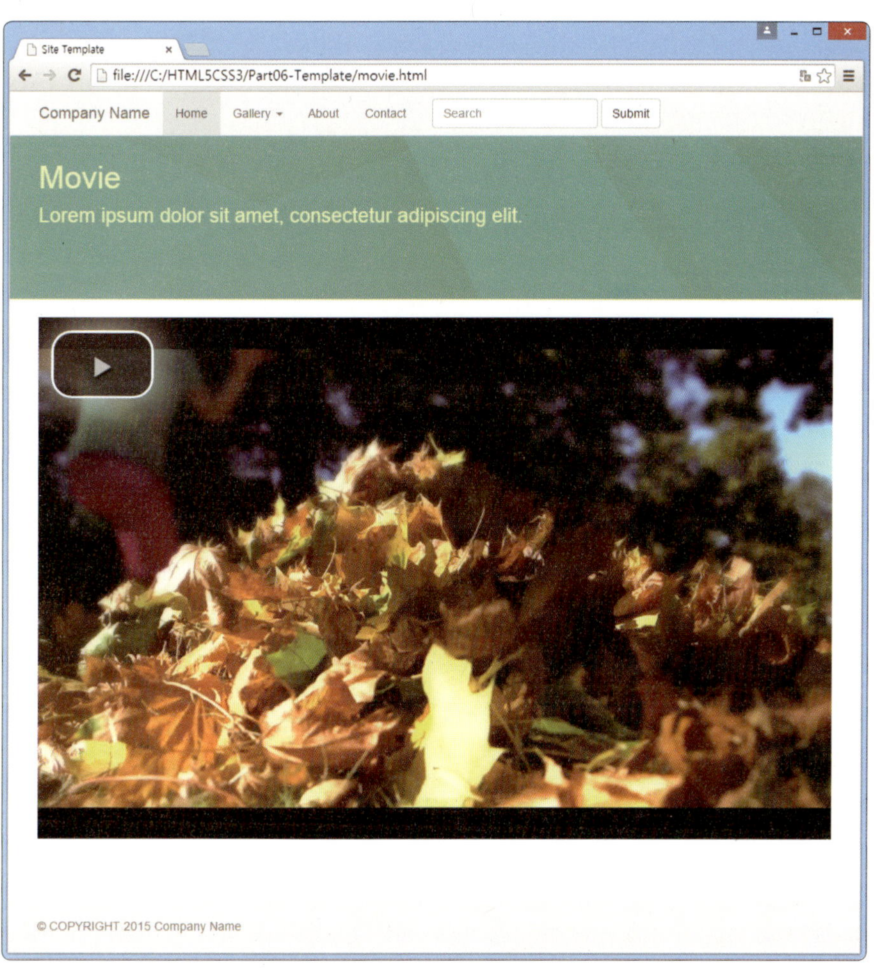

- **저장할 경로** : C:\HTML5CSS3\Part06-Template\movie.html

  C:\HTML5CSS3\Part06-Template\css\style.css

  C:\HTML5CSS3\Part06-Template\video-js\video-js.css

  C:\HTML5CSS3\Part06-Template\video-js\video.js
- **완성 파일** : C:\HTML5CSS3\완성예제\Part06-Template\movie.html

  C:\HTML5CSS3\완성예제\Part06-Template\css\style.css

  C:\HTML5CSS3\완성예제\Part06-Template\video-js\video-js.css

  C:\HTML5CSS3\완성예제\Part06-Template\video-js\video.js

'Topmenu_Footer. html' 파일을 이용하여 동영상 갤러리를 만들겠습니다. 'Topmenu_Footer. html' 파일에 다음 내용을 추가한 후 'movie.html'로 저장합니다. 추가되는 내용은 상단 메뉴와 푸터 사이에 입력합니다.

```
          default">Search</button>
47                      </form>
48                  </div>
49              </div>
50      </nav>
51      <!--/ Top Menu(상단고정) -->
52
53      <!-- Content -->
54      <!-- Page Header -->
55      <div class="book-page-header-movie">
56          <div class="page-header book-page-header">
57              <div class="container">
58                  <h1>
59                      Movie <br> <small>Lorem ipsum dolor sit amet,
          consectetur adipiscing elit.</small>
60                  </h1>
61              </div>
62          </div>
63      </div>
64      <!--/ Page Header -->
65
66      <div class="container">
```


이 페이지에서도 페이지 헤더를 문서 상단에 넣는데 앞의 이미지 갤러리의 페이지 헤더와는 다른 색상으로 만들고자 합니다. 페이지 헤더를 다른 색상으로 만들기 위해 기존에 만들었던 'style.css'에 페이지 헤더를 위한 스타일을 추가하겠습니다. CSS 파일에 다음과 같이 입력합니다.

```
          background-image: url(../images/bg-btde.jpg);
16          opacity: 0.7;
17          margin-bottom: -40px;
18          padding-top: 20px;
19          color: #fff;
20      }
21
22      .book-page-header small {
23          color: #fff;
24      }
25
26      .book-page-header-movie {
27          background-color: yellow;
28      }
29
30      .book-page-header-about {
31          background-color: green;
32      }
33
34      .book-page-header-contact {
35          background-color: red;
36      }
```

03 웹 브라우저에서 확인하면 페이지 헤더의 색상이 바뀐 것을 알 수 있습니다. 각 페이지는 위의 CSS를 통해 다음과 같은 색상으로 표현됩니다.

04 배경 이미지의 색이 다르게 나타나는 이유는 배경색과 배경 이미지의 투명도와 관련이 있습니다. 배경 이미지에 투명도를 약간 주어서 아래에 위치한 배경색이 이미지를 통해 보이도록 처리하였기 때문입니다.

05 이제 내용에 동영상 플레이어를 추가해보겠습니다. <video> 태그를 이용하여 동영상을 추가하고 동영상 플레이어 관련 CSS와 JavaScript를 추가합니다. 추가되는 내용은 'movie.html'의 페이지 헤더 이후에 입력합니다.

```
60                </h1>
61            </div>
62        </div>
63 </div>
64 <!--/ Page Header -->
65
66 <div class="container">
67
68     <link href="video-js/video-js.css" rel="stylesheet">
69     <script src="video-js/video.js"></script>
70
71     <video id="video_1" src="images/7-06.mp4" class="video-js
vjs-default-skin" controls preload="auto" width="100%"
height="600" data-setup='{}'></video>
72
73 </div>
74 <!--/ Content -->
75
76 <!-- Footer(하단 고정) -->
77 <footer class="footer">
```

06 웹 브라우저에서 확인하면 동영상 플레이어가 나타나는 것을 알 수 있습니다.

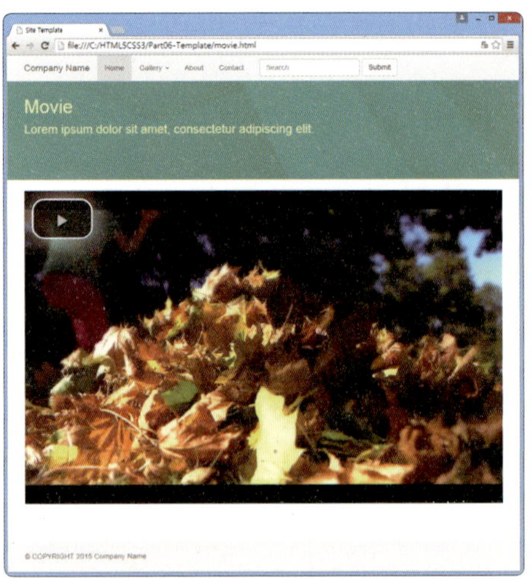

07 [재생] 버튼을 클릭하면 동영상이 재생되는 모습을 볼 수 있습니다. 플러그인을 사용하여 추가한 동영상 플레이어는 기본 동영상 플레이어와는 조금 다른 모습으로 나타납니다. 왼쪽이 플러그인 동영상 플레이어이고, 오른쪽이 기본 동영상 플레이어입니다.

08 이번 페이지에서 사용한 동영상 플레이어는 'video.js'라는 플러그인입니다.

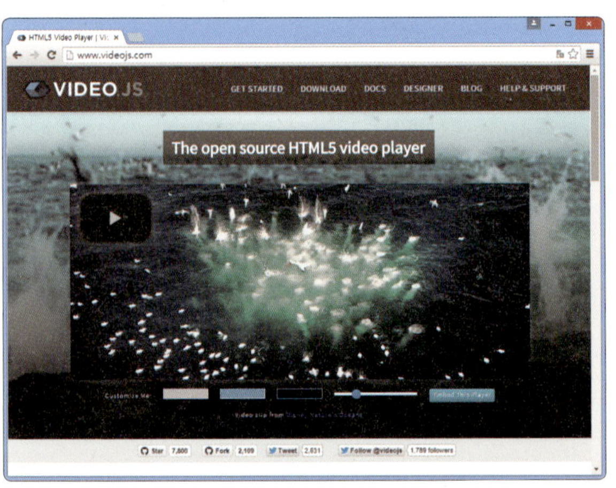

> **Tip**
>
> HTML5와 CSS3를 이용하여 만들어진 동영상 플레이어는 많이 존재합니다. 필요에 따라 적절한 기능을 지원하는 동영상 플레이어를 사용하면 될 것입니다.
> 'video.js'에 대한 자세한 사항은 'http://www.videojs.com/'를 참조하기 바랍니다.

이번에 만들 페이지는 회사 소개 페이지입니다. 이미지 슬라이더를 이용하여 회사를 소개하고 직원에 대한 정보를 제공하는 페이지를 만들어 보겠습니다.

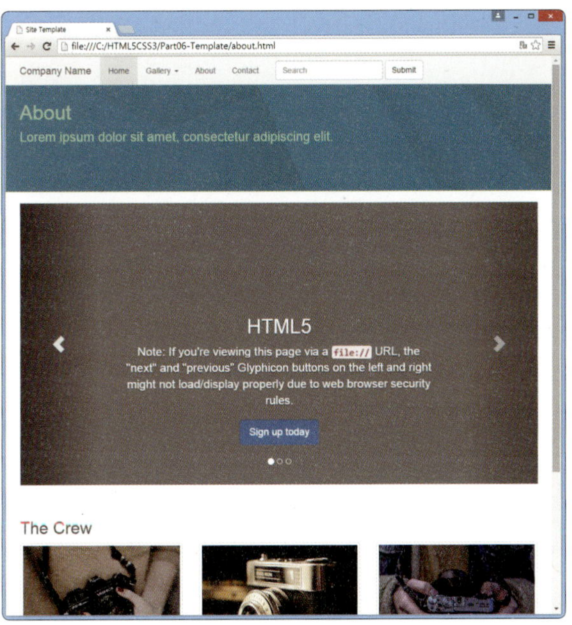

- **저장할 경로** : C:\HTML5CSS3\Part06-Template\about.html, C:\HTML5CSS3\Part06-Template\css\style.css

  C:\HTML5CSS3\Part06-Template\css\carousel.css

- **완성 파일** : C:\HTML5CSS3\완성예제\Part06-Template\about.html, C:\HTML5CSS3\완성예제\Part06-Template\css\

  style.css, C:\HTML5CSS3\완성예제\Part06-Template\css\carousel.css

01 'Topmenu_Footer.html' 파일을 이용하여 회사 소개 페이지를 만들겠습니다. 'Topmenu_Footer.html' 파일에 다음과 같은 페이지 헤더 내용을 추가한 후 'about.html'로 저장합니다. 추가되는 내용은 상단 메뉴와 푸터 사이에 입력합니다.

```html
46                    <button type="submit" class="btn btn-
   default">Search</button>
47               </form>
48          </div>
49     </div>
50 </nav>
51 <!--/ Top Menu(상단고정) -->
52
53 <!-- Content -->
54 <!-- Page Header -->
55 <div class="book-page-header-about">
56     <div class="page-header book-page-header">
57         <div class="container">
58             <h1>
59                 About <br> <small>Lorem ipsum dolor sit amet,
   consectetur adipiscing elit.</small>
60             </h1>
61         </div>
62     </div>
63 </div>
64 <!--/ Page Header -->
65
```

02 이제 내용에 이미지 슬라이더를 추가해보겠습니다. 부트스트랩에서 제공하는 'carousel'을 이용하여 이미지 슬라이더를 만들기 위해 'carousel.css'도 함께 추가합니다. 추가되는 내용은 'about.html'의 페이지 헤더 이후에 입력합니다.

```
64 <!--/ Page Header -->
65
66 <div class="container">
67
68     <!-- Custom styles for this template -->
69     <link href="css/carousel.css" rel="stylesheet">
70
71     <!-- Carousel -->
72     <div id="myCarousel" class="carousel slide" data-
   ride="carousel">
73         <!-- Indicators -->
74         <ol class="carousel-indicators">
75             <li data-target="#myCarousel" data-slide-to="0"
   class="active"></li>
76             <li data-target="#myCarousel" data-slide-to="1">
   </li>
77             <li data-target="#myCarousel" data-slide-to="2">
   </li>
78         </ol>
79         <div class="carousel-inner" role="listbox">
80             <div class="item active">
81                 <img
   src="data:image/gif;base64,R0lGODlhAQABAIAAAHd3dwAAACH5BAAAAAA
   ALAAAAAABAAEAAAICRAEAOw==" alt="First slide">
82                 <div class="container">
83                     <div class="carousel-caption">
84                         <h1>HTML5</h1>
85                         <p>
86                             Note: If you're viewing this page
   via a
87                             <code>file://</code>
88                             URL, the "next" and "previous"
   Glyphicon buttons on the left and right might not load/display
   properly due to web browser security rules.
89                         </p>
90                         <p>
91                             <a class="btn btn-lg btn-primary"
   href="#" role="button">Sign up today</a>
92                         </p>
93                     </div>
94                 </div>
95             </div>
96             <div class="item">
97                 <img
   src="data:image/gif;base64,R0lGODlhAQABAIAAAGZmZgAAACH5BAAAAAA
   ALAAAAAABAAEAAAICRAEAOw==" alt="Second slide">
98                 <div class="container">
99                     <div class="carousel-caption">
```

```
120                     </div>
121                 </div>
122             </div>
123             <a class="left carousel-control" href="#myCarousel"
   role="button" data-slide="prev"> <span class="glyphicon
   glyphicon-chevron-left"
124                 aria-hidden="true"></span> <span class="sr-
   only">Previous</span>
```

```html
125         </a> <a class="right carousel-control"
    href="#myCarousel" role="button" data-slide="next"> <span
    class="glyphicon glyphicon-chevron-right"
126             aria-hidden="true"></span> <span class="sr-
    only">Next</span>
127         </a>
128     </div>
129     <!-- /.carousel -->
130
131     <h2>The Crew</h2>
132     <div class="row">
133         <div class="col-md-4">
134             <img src="images/crew-01.jpg" class="img-
    responsive img-thumbnail" alt="Responsive image">
135             <h4>
136                 Kim <small>CEO</small>
137             </h4>
138             <p>Lorem ipsum dolor sit amet, consectetur
    adipiscing elit. Sed euismod sapien vitae elit aliquet varius.
    Pellentesque metus ligula, semper
139                 quis sapien a, fringilla varius sem.</p>
140         </div>
141
142         <div class="col-md-4">
143             <img src="images/crew-02.jpg" class="img-
    responsive img-thumbnail" alt="Responsive image">
144             <h4>
145                 Lee <small>Graphic Designer</small>
146             </h4>
147             <p>Lorem ipsum dolor sit amet, consectetur
    adipiscing elit. Sed euismod sapien vitae elit aliquet varius.
    Pellentesque metus ligula, semper
148                 quis sapien a, fringilla varius sem.</p>
149         </div>
150
151         <div class="col-md-4">
152             <img src="images/crew-03.jpg" class="img-
    responsive img-thumbnail" alt="Responsive image">
153             <h4>
154                 Park <small>Developer</small>
155             </h4>
156             <p>Lorem ipsum dolor sit amet, consectetur
    adipiscing elit. Sed euismod sapien vitae elit aliquet varius.
    Pellentesque metus ligula, semper
157                 quis sapien a, fringilla varius sem.</p>
158         </div>
159     </div>
160
161 </div>
162 <!--/ Content -->
163
164 <!-- Footer(하단 고정) -->
165 <footer class="footer">
166     <div class="container">
167         <p class="text-muted">&copy; COPYRIGHT 2015 Company
    Name</p>
168     </div>
169 </footer>
170 <!--/ Footer(하단 고정) -->
171
172 </body>
173 </html>
```

  웹 브라우저에서 확인하면 이미지 슬라이더가 나타난
것을 알 수 있습니다. 이미지 슬라이더는 기본적으로 일
정 시간 간격으로 이미지를 바꿔가며 보여주게 됩니다.

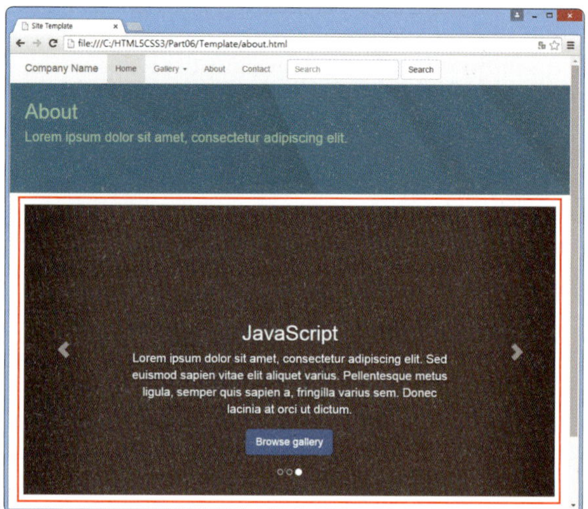

04 이제 직원 소개 내용을 입
력하여 페이지를 마무리
합니다. 추가되는 내용은
'about.htm'의 이미지
슬라이더 이후에 입력합
니다.

```
128      </div>
129      <!-- /.carousel -->
130
131      <h2>The Crew</h2>
132      <div class="row">
133          <div class="col-md-4">
134              <img src="images/crew-01.jpg" class="img-
     responsive img-thumbnail" alt="Responsive image">
135              <h4>
136                  Kim <small>CEO</small>
137              </h4>
138              <p>Lorem ipsum dolor sit amet, consectetur
     adipiscing elit. Sed euismod sapien vitae elit aliquet varius.
     Pellentesque metus ligula, semper
139                  quis sapien a, fringilla varius sem.</p>
140          </div>
141
142          <div class="col-md-4">
143              <img src="images/crew-02.jpg" class="img-
     responsive img-thumbnail" alt="Responsive image">
144              <h4>
145                  Lee <small>Graphic Designer</small>
146              </h4>
147              <p>Lorem ipsum dolor sit amet, consectetur
     adipiscing elit. Sed euismod sapien vitae elit aliquet varius.
     Pellentesque metus ligula, semper
148                  quis sapien a, fringilla varius sem.</p>
149          </div>
150
151          <div class="col-md-4">
152              <img src="images/crew-03.jpg" class="img-
     responsive img-thumbnail" alt="Responsive image">
153              <h4>
154                  Park <small>Developer</small>
155              </h4>
156              <p>Lorem ipsum dolor sit amet, consectetur
     adipiscing elit. Sed euismod sapien vitae elit aliquet varius.
     Pellentesque metus ligula, semper
```

```
157                          quis sapien a, fringilla varius sem.</p>
158              </div>
159      </div>
160
161 </div>
162 <!--/ Content -->
```

05 웹 브라우저에서 확인하면 직원 소개 내용을 볼 수 있습니다.

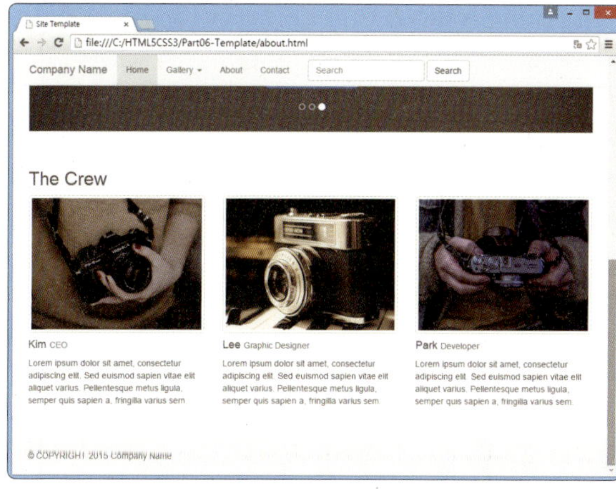

Contact

이번에는 구글 맵을 이용하여 회사 위치 정보를 제공하고 문의 사항 작성 폼 및 회사 연락처를 제공하는 페이지를 만들어 보겠습니다.

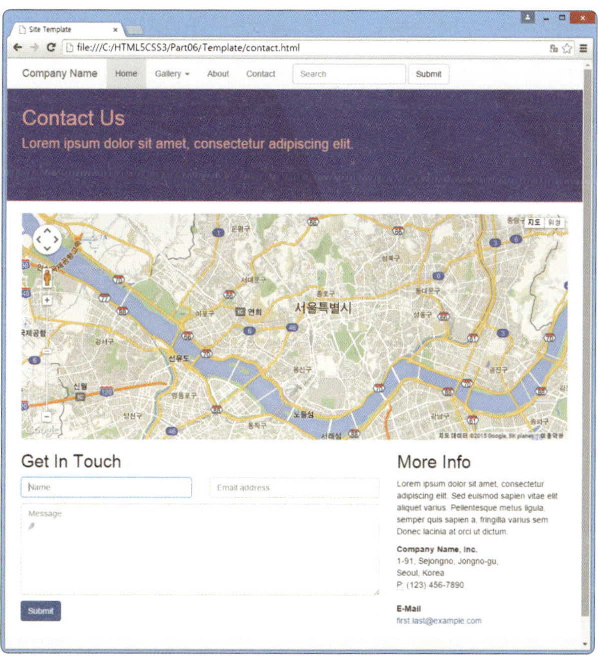

● **저장할 경로** : C:\HTML5CSS3\Part06-Template\contact.html, C:\HTML5CSS3\Part06-Template\css\style.css

● **완성 파일** : C:\HTML5CSS3\완성예제\Part06-Template\contact.html

C:\HTML5CSS3\완성예제\Part06-Template\css\style.css

01 'Topmenu_Footer.html' 파일을 이용하여 회사 연락처 페이지를 만들겠습니다. 'Topmenu_Footer.html' 파일에 다음과 같은 페이지 헤더 내용을 추가한 후 'contact.html'이라는 이름으로 저장합니다. 추가되는 내용은 상단 메뉴와 푸터 사이에 입력합니다.

```
46                    <button type="submit" class="btn btn-
   default">Search</button>
47              </form>
48          </div>
49      </div>
50  </nav>
51  <!--/ Top Menu(상단고정) -->
52
53  <!-- Content -->
54  <!-- Page Header -->
55  <div class="book-page-header-contact">
56      <div class="page-header book-page-header">
57          <div class="container">
58              <h1>
59                  Contact Us <br> <small>Lorem ipsum dolor sit
   amet, consectetur adipiscing elit.</small>
60              </h1>
61          </div>
62      </div>
63  </div>
64  <!--/ Page Header -->
```

02 이제 내용에 구글 맵을 추가해 보겠습니다. 구글에서 제공하는 API를 이용하여 지도를 표시하게 됩니다. 추가되는 내용은 'contact.html'의 페이지 헤더 이후에 입력합니다.

```
64  <!--/ Page Header -->
65
66  <div class="container">
67
68      <div id="googleMap" style="width: 100% x; height: 380px;">
   </div>
69
70      <!-- Google Map -->
71      <script src="http://maps.googleapis.com/maps/api/js">
   </script>
72      <script>
73          function initialize() {
74              var mapProp = {
75                  center : new google.maps.LatLng(37.5575348,
   126.9617080),
76                  zoom : 12,
77                  mapTypeId : google.maps.MapTypeId.ROADMAP
78              };
79              var map = new
   google.maps.Map(document.getElementById("googleMap"),
80                  mapProp);
81          }
82          google.maps.event.addDomListener(window, 'load',
   initialize);
83      </script>
84
```

 웹 브라우저에서 확인하면 구글 지도가 나타나는 것을 알 수 있습니다.

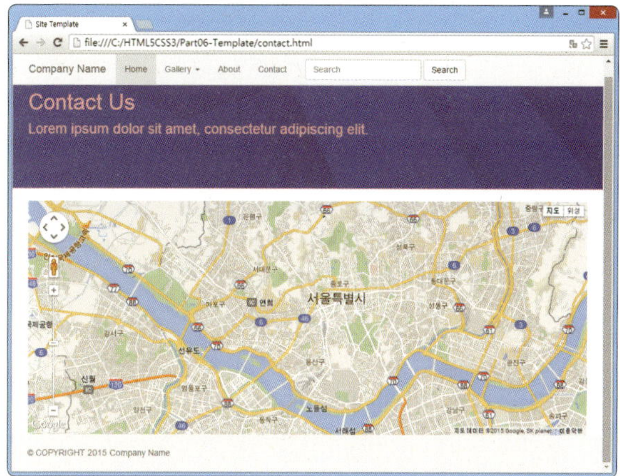

 이제 문의 사항 작성 폼 및 회사 연락처 내용을 입력하여 페이지를 마무리 합니다. 추가되는 내용은 'contact.html'의 구글 맵 이후에 입력합니다.

```
 85        <div class="row">
 86
 87            <div class="col-md-8">
 88                <h2>Get In Touch</h2>
 89                <form>
 90                    <p>
 91                    <div class="row">
 92                        <div class="col-md-6">
 93                            <input type="password" id="inputName"
class="form-control" placeholder="Name" required autofocus>
 94                        </div>
 95                        <div class="col-md-6">
 96                            <input type="email" id="inputEmail"
class="form-control" placeholder="Email address" required>
 97                        </div>
 98                    </div>
 99                    </p>
100                    <p>
101                        <textarea class="form-control" rows="7"
placeholder="Message" required></textarea>
102                    </p>
103                    <p>
104                        <button class="btn btn-primary"
type="submit">Submit</button>
105                    </p>
106                </form>
107            </div>
108
109            <div class="col-md-4">
110                <h2>More Info</h2>
111                <p>Lorem ipsum dolor sit amet, consectetur
adipiscing elit. Sed euismod sapien vitae elit aliquet varius.
Pellentesque metus ligula, semper
112                quis sapien a, fringilla varius sem. Donec
lacinia at orci ut dictum.</p>
113            <p>
114            <address>
115                <strong>Company Name, Inc.</strong><br> 1-91,
Sejongno, Jongno-gu,<br>Seoul, Korea<br> <abbr
title="Phone">P:</abbr> (123) 456-7890
```

```
116            </address>
117
118            <address>
119                <strong>E-Mail</strong><br> <a
   href="mailto:#">first.last@example.com</a>
120            </address>
121        </div>
122    </div>
123
124 </div>
125 <!--/ Content -->
126
127 <!-- Footer(하단 고정) -->
128 <footer class="footer">
129    <div class="container">
130        <p class="text-muted">&copy; COPYRIGHT 2015 Company
   Name</p>
131    </div>
132 </footer>
133 <!--/ Footer(하단 고정) -->
134
135 </body>
136 </html>
```

05 웹 브라우저에서 확인하면 문의 사항 작성 폼 및 회사
연락처 내용을 알 수 있습니다.

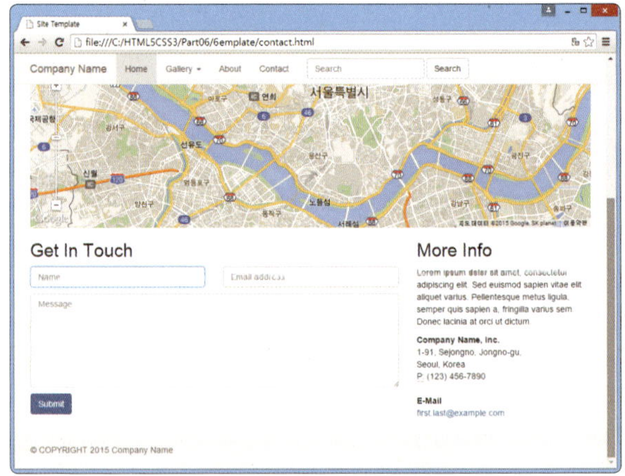